Schulanfang ohne Umwege – Mehr Flexibilität im Bildungswesen

Beiträge zur Reform der Grundschule – Band 111
Herausgeber: Der Vorstand des Grundschulverbandes
– Arbeitskreis Grundschule e. V.
Verantwortlich für diesen Band: Angelika Speck-Hamdan

Gabriele Faust-Siehl / Angelika Speck-Hamdan (Hrsg.)

Schulanfang ohne Umwege

Mehr Flexibilität im Bildungswesen

Grundschulverband – Arbeitskreis Grundschule e.V.
Frankfurt am Main

Satz und Gestaltung: novuprint · Agentur für Mediendesign, Werbung, Publikationen GmbH, 30161 Hannover
Druck und Bindung: Druckhaus Beltz, 69502 Hemsbach
Bildnachweis: S. Matitschka (S. 15, 65, 83, 87, 89, 95, 176, 180, 185, 187, 193, 313), A. Speck-Hamdan (S. 19, 20, 21, 24, 26, 35, 39, 41, 42, 56, 59, 69), B. Beldermann (S. 204, 205), H. Brändle (S. 275, 276, 277, 278), R. Cosson (S. 283, 287, 289, 290), U. Hameyer (S. 304)
Titelgrafik: Alois Jesner
ISBN 3-930024-79-9

Inhalt

3 Die neue Schuleingangsstufe

4 Hilfen

Einführung

Seit über 80 Jahren ist der Schulanfang in der Diskussion. Im Wechselspiel von miteinander verschränkter Förderung und Selektion wird der Übergang in den Primarbereich immer wieder neu thematisiert. Hartnäckig begleitet dieses Thema die Grundschulentwicklung. Auf der Liste der Maßnahmen und Ereignisse stehen z. B.: der Ausbau der Schulkindergärten für zurückgestellte Schulanfänger, in den 60er und 70er Jahren der Boom der Vorschulerziehung, 1970 die Einbeziehung des Elementarbereichs in den Strukturplan des Bildungswesens, in der gleichen Zeit die Einrichtung von Eingangsstufen mit einer Schulaufnahme der Fünfjährigen, mehrfach Veränderungen des Einschulungsalters und des Einschulungstermins, Entwicklung und Diskussion von Diagnoseverfahren zur Schulfähigkeit, der Beobachtungszeitraum mit der Möglichkeit der Ausschulung, Diagnose-Förder-Klassen, Vorlaufkurse für Kinder mit nichtdeutscher Muttersprache, die Kooperation Kindergarten – Grundschule zur besseren Abstimmung von Elementar- und Primarbereich, als neueste Entwicklung schließlich die Schulversuche zur neuen Schuleingangsstufe. Was macht den Schulanfang so schwierig?

Im Hinblick auf die Entwicklung des Kindes – mit davon betroffen auch die seiner Eltern – ist die Einschulung ein kritisches Lebensereignis. Der Übergang vom Elementar- in den Primarbereich muss bewältigt werden. Bei günstigen Rahmenbedingungen werden die eigenen Handlungsmöglichkeiten wahrgenommen, Selbstvertrauen und Zuversicht unterstützt. Im negativen Fall wird die Einschulung als Ausgeliefertsein an die Situation erlebt. Alle Kinder müssen sich der gesellschaftlich für eine bestimmte Lebensphase vorgesehenen »Entwicklungsaufgabe Schulanfang« stellen. Ob sie positiv verlaufen kann, hängt nicht zuletzt davon ab, dass eine »Passung« zwischen den Voraussetzungen, mit denen das Kind die Schule beginnt, und den schulischen Abläufen zustande kommt. Die Familie und die vorschulischen Lebens- und Entwicklungsbedingungen dürfen demnach nicht vergessen werden, wenn es um den Schulanfang geht.

Auf das Bildungswesen bezogen schließen am Schulanfang zwei Stufen aneinander an, die in Deutschland bis in die organisatorischen Einzelheiten von eigenen Gesetzmäßigkeiten bestimmt sind. Kontinuität als Organisationsprinzip spielt eine relativ geringe Rolle. Elementar- und Primarbereich sind bisher nicht auf Anschlussfähigkeit hin konzipiert. Der internationale Vergleich zeigt andere Möglichkeiten. Die Frage nach der bestmöglichen Förderung von Kindern im Alter von ca. vier bis acht Jahren muss als systemisches Problem diskutiert werden. Der ganze Altersbereich mit den Chancen und Problemen pädagogischer Förderung ist im Zusammenhang zu bedenken.

Der Schulanfang ist der Einstieg in das Schulsystem, das auf Homogenität ausgerichtet ist. Es will Qualifikationen erreichen, setzt dazu in der Breite noch immer Eintrittsbedingungen voraus und richtet Zwischenziele für einzelne Etappen auf. Jahrgangsklassen, Versetzungs- und Selektionsbedingungen sowie Übergangsregelungen sind dafür Indizien. Unterschiedliche Voraussetzungen und Erfahrungen aus dem vorschulischen Leben in Familie und Kindertageseinrichtung müssen jetzt durch den Vergleich mit den anderen offenkundig werden und ins Gewicht fallen. Die großen empirischen Studien wie z. B. SCHOLASTIK (Weinert/Helmke 1997) haben gezeigt, dass die Voraussetzungen der erklärungskräftigste Pfad für die nachfolgenden Entwicklungen sind. Die Erfahrungen vor der Schule wirken sich bis weit in die ersten Schuljahre hinein aus. Der Einfluss der vorschulischen familiären Erziehungsbedingungen überwiegt den der außerhäuslichen Erziehung in Kindergärten bzw. Vorschulen. Aber auch deren Auswirkungen sind keineswegs unerheblich. Dies lässt verstärkt nach der Qualität der vorschulischen Erziehungs- und Bildungseinrichtungen fragen.

Eigentlich alle Bildungspläne setzen das Ziel, sich am einzelnen Kind zu orientieren und es zu fördern. Dieser Ausrichtung wirken jedoch die Organisationsstrukturen entgegen, die vom Homogenitätsprinzip geleitet sind. In Teilbereichen des Schulsystems wird die Ausrichtung auf Homogenität inzwischen überprüft. Die Einsicht in die Unterschiedlichkeit der Individuen wird zum Gesichtspunkt, an dem die Organisation des Schulsystems überprüft wird. In der Folge werden flexiblere strukturelle Bedingungen erprobt, die den Kindern und Eltern mehr Variationsmöglichkeiten nach ihren eigenen Entscheidungen anbieten. In diese Veränderungen lässt sich auch die neue Schuleingangsstufe einordnen. Flexiblere Gestaltungen vor allem von Stufenübergängen sieht Hurrelmann als mittelfristige Entwicklungstendenzen im Bildungswesen (Hurrelmann 1997, S. 22).

Flexibilisierung und Individualisierung stellen große Herausforderungen für den Schulanfang und den Anfangsunterricht dar. Die anspruchsvollste Aufgabe besteht darin, den beiden Extremgruppen der Kinder mit besonders ungünstigen und besonders günstigen Voraussetzungen gerecht zu werden, und zwar so, dass jedes Kind für sich optimale Bedingungen vorfindet und die verschiedenen Kinder zusammen erfolgreich und mit Freude die Schule beginnen können. Nicht Homogenisierung, sondern Individualisierung ist die leitende Perspektive. Gleichzeitig muss das Miteinander geübt werden. Dazu bedarf es allerdings einer Didaktik für das Lernen und Lehren in heterogenen Gruppen und einer verstärkten Teamarbeit unter den beteiligten Pädagoginnen und Pädagogen. Dies sind große Herausforderungen. Wenn sie erfolgreich bewältigt werden, verändert sich die schulische Arbeit in wesentlichen Zügen.

Vieles von dem, was im Folgenden dargestellt und diskutiert wird, ist nicht neu. Der Schulanfang ist seit 1969 ein Schwerpunkt in der Arbeit des Grundschulverbandes.

Erwin Schwartz' Frage »Ist die Grundschule reformbedürftig?« richtete sich auch auf den Schulbeginn. Statt »Jedem Kind das Seine«, so kritisierte Schwartz, gibt die Grundschule allen das Gleiche. Er sah Schulfähig-Werden als Prozess, weshalb Einschulungen weniger an Stichtagen als am Entwicklungsstand ausgerichtet werden sollten. Er forderte deshalb Einschulungen zwei- oder mehrmals im Schuljahr und verwies auf internationale Erfahrungen, z.B. in England. Durch didaktische Differenzierung sollten die schulischen Anforderungen auf die individuellen Voraussetzungen i.S. der Passung abgestellt werden. Schwartz verlangte vor allem eine stärkere Berücksichtigung der Lernmöglichkeiten besonders begabter Kinder. Dies war für ihn sozial vertretbar, weil die soziale Integration Vorrang behalten sollte und es ihm gleichzeitig um die Verbesserung der Bedingungen für alle ging (vgl. SCHWARTZ 1966, wieder abgedruckt in MEIERS 1999, S. 7ff., SCHWARTZ 1969, S. 119ff.). Allerdings wurde damals am Grundgedanken leistungshomogener Lerngruppen festgehalten. Die Schulaufnahme entsprechend dem Entwicklungsstand sollte zu Klassen führen, die zwar altersheterogener, aber entwicklungshomogener sein sollten.

Seit dem Grundschulkongress 1969 werden vom Arbeitskreis Grundschule e.V./Der Grundschulverband alle damals aktuellen Themen des Schulanfangs aufgegriffen: Vorschulerziehung und Eingangsstufe, Kritik am Schulreifebegriff und an Zurückstellungen, Forderungen nach einem Anfangsunterricht, der sich auf die Kinder einstellt, die Situation am Schulanfang für Kinder, Eltern und Lehrer/-innen, die Zusammenarbeit zwischen Elternhaus und Schule, die Lerninhalte und Methoden sowie der Beginn und die zeitliche Dauer der Grundschule.

Die bildungspolitische Aktivität des Arbeitskreises Grundschule e.V./Der Grundschulverband setzte an den Einschulungsbedingungen im ersten Schuljahr an. Hieran entzündete sich der Protest gegen die Benachteiligung der Grundschule, was Lehrerwochenstunden, Klassengröße, Lehrmittelausstattung und Qualifikation (gemessen am Ausbildungsumfang) sowie gesellschaftliche Anerkennung (gemessen an der Bezahlung) der Lehrerinnen und Lehrer anging. An der Verbesserung der Bedingungen im 1. Schuljahr sollte der »Hebel« für die Verbesserung der Grundschule insgesamt angesetzt werden: »Die Einschulung der Sechsjährigen ist und bleibt der archimedische Punkt, von dem her nicht nur der Schulweg des einzelnen Kindes neu und auf Dauer bestimmt, sondern auch ein neuer Anfang der Schule für alle bewirkt werden kann« (Schwartz 1975, S. VIII).

In einer Notstandskartei wurden die von überall eingehenden Mitteilungen über die Mangelversorgung gesammelt. Die Bedingungen besonders benachteiligter Klassen wurden als »verstümmelte erste Schuljahre« öffentlich angeprangert (damaliger Spitzenwert: 12 Wochenstunden bei 50 Kindern, Zum Schulanfang 1971, S. 106f.). 400 Bürgerinitiativen arbeiteten bundesweit an der Verbesserung des Schulanfangs und erreichten spektakuläre Erfolge: Vor Schuljahresbeginn 1970 stellte die Stadt Frankfurt der Bürgerinitiative »Aktion kleine Klasse« einmalig 1 Million DM zur Einstellung von zusätzlichen Lehrkräften zur Verfügung (ebd., S. 140ff., vgl. auch das unten abgedruckte Foto aus dieser Zeit). Auch in Kooperation mit den Schul- und Kultusverwaltungen konnte einiges erreicht werden, z.B. die Abschaffung der doppelten Klassenführung für erste Schuljahre (Modell »Erstes Schuljahr« 1975, S. 9ff.). Seither gehört die enge Zusammenarbeit mit den Eltern zum Profil des Grundschulverbandes.

In den ersten zwanzig Jahren erscheinen in den verschiedenen Schriftenreihen ca. 20 Buchveröffentlichungen, die sich unmittelbar oder in

Aus: Unser Kind kommt zur Schule. Schulanfang mit Eltern. Frankfurt 1975, S. 125

weiterem Rahmen mit dem Schulanfang befassen (Aufstellung im Vorwort des Bandes 73, PORTMANN 1988, S. 7, vgl. auch das nebenstehende Titelbild). Der vorliegende Band 111 schließt an die beiden vorangegangenen Bände 73 und 86 der Reihe »Beiträge zur Reform der Grundschule« an (PORTMANN 1988, FAUST-SIEHL/PORTMANN 1992). Beide werden nicht mehr aufgelegt: Die neuen Entwicklungen rund um die Einschulung erforderten offensichtlich eine Neubearbeitung, und auch der didaktisch akzentuierte Folgeband zum Anfangsunterricht kann – trotz nach wie vor hilfreicher Anregungen – in seiner notwendigen Begrenztheit auf einzelne Lernbereiche und Anforderungssituationen nicht mehr voll überzeugen. Im Vergleich zu den beiden Vorgängern widmet sich der vorliegende Band dem Schulanfang in systematischer Sicht. Längere Beiträge fassen jeweils zu den wichtigsten Fragen den Stand der Fachdiskussion zusammen. Sie wollen dabei auch praktisch und bildungspolitisch wirksam werden.

Sonderband von 1973

Der Band ist in vier Teile gegliedert: Der erste Teil *»Vor der Schule«* bearbeitet das Leben und Lernen der Kinder vor der Schule in Familie und Kindertageseinrichtung. Schon hier wird die Frage nach der Anschlussfähigkeit von Kindergarten und Grundschule gestellt und es werden weiterführende Beispiele beschrieben. Der zweite Teil *»Schulfähigkeit«* behandelt systematisch die Rahmenbedingungen der Einschulung: das Problem der Schulfähigkeit und die Schuleingangsdiagnostik, Zurückstellungen und vorzeitige Einschulungen sowie die Spannweite der Erfahrungen und Voraussetzungen der eingeschulten Kinder als pädagogische und didaktische Herausforderung. Im Beitrag von H.-G. ROSSBACH werden die derzeitigen Einschulungsregelungen in allen 16 Bundesländern zusammengestellt und diskutiert. Der dritte Teil *»Die neue Schuleingangsstufe«* stellt dieses Reformmodell vor und diskutiert zahlreiche Einzelfragen anhand der Erfahrungen aus verschiedenen Bundesländern. Nach einer aktuellen Übersicht folgen Mut machende Beiträge aus Hessen, Baden-Württemberg und Nordrhein-Westfalen sowie Schleswig-Holstein, in dem die Erfahrungen von Schulen, die sich »auf den Weg« gemacht haben, in den allgemeineren Rahmen der Schulinnovationsforschung gestellt werden. Im vierten Teil *»Hilfen«* ist ein Konzept für die Zusammenarbeit von Schule, dem Schulärztlichen und dem Schulpsychologischen Dienst zu finden. Es regt dazu an, anstelle der bisherigen punktuellen Einschulungsuntersuchungen eine professionelle Fachberatung aufzubauen. Eine aktuelle kommentierte Auswahlbibliographie schließt den Band ab. Nicht alles wird in eigenen Beiträgen bearbeitet, z.B. nicht die nach wie vor geforderte Zusammenarbeit zwischen Elementar- und Primarbereich.

Zumindest in dreifacher Hinsicht will der vorliegende Band Anstöße geben: Er will (erstens) auf die Langfristigkeit der kindlichen Entwicklungen und die Bedeutung der Vorläuferfähigkeiten aufmerksam machen. Die Entwicklungs- und Lernprozesse beginnen weit vor der Grundschule und reichen in sie hinein bzw. über sie hinaus. U.a. deshalb sind die Bedingungen, unter denen das Kind in der Familie und in den vorschulischen Einrichtungen aufwächst, auch für seine schulische Entwicklung mit bestimmend und sollten weiter verbessert werden. Es ist eine Herausforderung für die vorschulischen und schulischen Einrichtungen, sich in ihren Themen, Verfahren, Zielen und Rahmenbedingungen auf Kontinuität einzustellen. Zweitens will der Band die Unterschiedlichkeit dieser Entwicklungs- und Lernprozesse verdeutlichen. Pädagogische Arbeit mit Kindern im Umfeld des Schulanfangs (und nicht nur dann) erfordert deshalb Förderdiagnostik und didaktische Differenzierung, durch die die Heterogenität als Herausforderung zur besseren Berücksichtigung der Individuen angenommen wird. Drittens will der Band ein Reformmodell vorstellen und diskutieren, das diese beiden Sichtweisen in ein Konzept einmünden lässt, durch das mehr Flexibilität und die individuellere Förderung am Anfang der Schullaufbahn ermöglicht werden. Es stellt Ansprüche an Kompetenz und Einsatz der Pädagoginnen und Pädagogen, aber es verspricht auch neue Lösungen für eine Reihe von Problemen, die bisher mit der Einschulung verbunden sind. Übergeordnet wird in diesem Band ein Blickwinkel entwickelt, der Kindergarten und Grundschule systemisch begreift und dazu beitragen will, die Diskussion darüber zu eröffnen.

Vielen sind wir zu Dank verpflichtet, insbesondere den Autorinnen und Autoren und Silvia Matitschka, die viele Illustrationen beisteuerte. Die aktuellen Informationsübersichten in den Beiträgen von ROSSBACH und FAUST-SIEHL verdanken wir der Bereitschaft der Referentinnen und Referenten in den Ministerien, auf die Umfrage des Grundschulverbandes zu antworten und uns teilweise umfangreiches Material zur Verfügung zu stellen. Durch die Unterstützung aus Österreich und der Schweiz konnten aktuelle Veränderungen des Schulanfangs in diesen beiden Nachbarländern einbezogen werden. Besonderer Dank geht an Dr. Margot Heyer-Oeschger und Dr. Peter Hubler aus Zürich sowie nach Wien an Dr. Brigitta Scheiber und Dr. Wilhelm Wolf. Dr. Heinz Bartel, Deutsches Institut für Internationale Pädagogische Forschung (DIPF), Frankfurt, half mit Hinweisen auf die wichtigsten Informationsquellen zur internationalen Vorschulerziehung.

Zitate aus älteren Texten wurden an die neue Rechtschreibung angeglichen. In den Formulierungen wollen wir die Gleichstellung von Frauen und Männern deutlich machen, indem wir bevorzugt die Frauen nennen, wenn sie beteiligt sind. Wir sind jedoch flexibel mit dieser Regel umgegangen.

Frankfurt/M. und München, im August 2001

GABRIELE FAUST-SIEHL und ANGELIKA SPECK-HAMDAN

Literatur

FAUST-SIEHL, G. / PORTMANN, R. (Hrsg.): Die ersten Wochen in der Schule. Beiträge zur Reform der Grundschule, Bd. 86. Frankfurt 1992

HURRELMANN, K.: Die Struktur des deutschen Schulwesens im Jahre 2020. In: Pädagogik, 49. Jg., 1997/H. 6, S. 18-22

LERNEN UND LEHREN IM ERSTEN SCHULJAHR. Handreichungen für Lehrer und Eltern. Sonderband. Frankfurt 1973

MODELL »ERSTES SCHULJAHR«. Beiträge zum Schulanfang. Frankfurt 1975

PORTMANN, R. (Hrsg.): Kinder kommen zur Schule. Hilfen und Hinweise für eine kindorientierte Einschulungspraxis. Beiträge zur Reform der Grundschule, Bd. 73. Frankfurt 1988

SCHWARTZ, E.: Ist die Grundschule reformbedürftig? Wieder abgedruckt in: MEIERS, K. (Hrsg.): Erwin Schwartz und sein Beitrag zur Reform der Grundschule. Texte und Dokumente aus den Jahren 1966 bis 1970. Heinsberg 1999, S. 7-21

SCHWARTZ, E.: Die Grundschule – Funktion und Reform. Braunschweig 1969
SCHWARTZ, E.: Vorwort. In: Unser Kind kommt zur Schule. Schulanfang mit Eltern. Frankfurt 1975, VIIf.
WEINERT, F. E. / HELMKE, A. (Hrsg.): Entwicklung im Grundschulalter. Weinheim 1997
ZUM SCHULANFANG. Hinweise für Lehrer und Eltern. Zusammengestellt von D. Haarmann. Frankfurt 1971

1 Vor der Schule

Angelika Speck-Hamdan

Schulanfänger: Könner? – Debütanten?

Kinder kommen nicht »mit dem Schulranzen auf dem Rücken« zur Welt; es gibt ein Leben *vor* der Schule, wie es ein Leben *nach* der Schule gibt. Auf das Leben danach soll die Schule vorbereiten; davon wird oft geredet, und damit wird mancher Lernstoff legitimiert, der nicht das unmittelbare Interesse der Schülerinnen und Schüler findet. Vom Leben davor ist *in* der Schule seltener die Rede. Bei der Durchsicht des Lernangebots für die erste Klasse kann man bisweilen sogar den Eindruck bekommen, als würde für jeden Schulneuling sozusagen die Stunde Null angesetzt. So beginnt die Schulmathematik mit dem Aufbau des Zahlenraums bis 10, als ob Kinder bis zur Schule nicht mit Zahlen, Mengen und Größen experimentiert hätten. Die Schule scheint die Schulanfänger für *Lern*anfänger zu halten. Sicher enthält das Konzept der Schulfähigkeit (siehe die Beiträge von Kammermeyer in diesem Band) die Vorstellung von Basisfähigkeiten und –fertigkeiten, auf die der Grundschulunterricht aufbaut. Es geht davon aus, dass Lern- und Entwicklungsprozesse in den ersten sechs Lebensjahren stattgefunden haben. Idealerweise soll die Schule daran anknüpfen und förderlich auf sie einwirken. Doch wird – auch durch die Trennung der Institutionen für Vorschulkinder und für Schulkinder (siehe den Beitrag von Hacker in diesem Band) – eine folgenreiche Unterscheidung zwischen dem Lernen vor und dem Lernen in der Schule getroffen.

Fragt man Vorschulkinder danach, was sie in der Schule erwarte, antworten sie in der Regel: Lernen. Dabei unterscheiden sie Lernen ganz explizit von Spielen. Spielen gehöre in den Kindergarten, Lernen in die Schule. Zum Lernen gehöre Anstrengung. Spielen mache Spaß. Lernen müsse man, spielen dürfe man. Beim Lernen könne man versagen, beim Spielen nicht. Dass der Zusammenhang zwischen Spielen und Lernen sehr viel verwobener und keineswegs nur in dieser dichotomen Weise zu beschreiben (vgl. Petillon 1999) ist, ist Vorschulkindern in der Regel nicht bewusst. Es gibt allerdings auch Erwachsene, die Kinder in ihrer einseitigen Anschauung bestärken. Könnte es sein, dass sich hier die in den Erwachsenen noch vorhandenen Fünfjährigen (vgl. Gardner 1994) zu Wort gemeldet haben? Selbstverständlich findet auch vor der Schule Lernen statt, und das zum großen Teil im Spiel. Und in der Tat unterscheidet sich das Lernen in der Schule vom Lernen außerhalb und vor der Schule. Pädagogisch gesehen, stellt sich allerdings die Frage, ob die Kluft, die vielfach in diesem Zusammenhang beklagt wird, unüberbrückbar ist.

Nach Ansicht vieler Entwicklungspsychologen sind Fünf- bis Siebenjährige außerordentlich kompetente Lerner. Im Folgenden sollen zunächst die Potenziale dieser Kompetenz näher beschrieben werden. Drei davon werden herausgegriffen, die für das schulische Lernen besondere Relevanz besitzen. Für die Diversität in deren Entfaltung dürften Einschränkungen unterschiedlicher Art verantwortlich sein, die im Anschluss daran erörtert werden. Schließlich muss nach den Konsequenzen für den Anfangsunterricht gefragt werden. Sowohl die Könnerschaft als auch die Neulingssituation müssen dabei berücksichtigt werden.

Die Kompetenzen der Fünf- bis Siebenjährigen

Wer Vorschulkinder beobachtet und belauscht, dem kann die hohe Lernfähigkeit der Fünf- bis Siebenjährigen nicht entgehen. Ein Kind von fünf, sechs oder sieben Jahren »kann nicht nur geschickt eine Reihe von symbolischen Formen benutzen, sondern hat auch eine Vielfalt robuster Theorien entwickelt, die sich für die meisten Zwecke als recht nützlich erweisen und sich sogar auf fruchtbare Art ausweiten lassen, um überzeugende Repräsentationen unvertrauter Materialien und Prozesse zu erzeugen. Das Kind kann sich außerdem intensiv und extensiv mit kognitiven Tätigkeiten befassen, von Versuchen mit Flüssigkeiten in der Badewanne bis zu komplexen Bauten aus Bauklötzen und der Beherrschung von Brettspielen, Kartenspielen und Sportarten« (GARDNER 1994, S. 142). Es kann sich in eine andere Person hineinversetzen, es weiß, wie es sich in bestimmten sozialen Situationen zu verhalten hat, und es kann Vereinbarungen einhalten. Es kann Auskunft über sich und sein Denken geben. Seine ungebremste Neugier und seine unverkrampfte Kreativität rufen Begeisterung, bisweilen auch Stöhnen der erwachsenen Umgebung hervor. Es ist sozusagen auf dem Sprung, die Welt zu erobern. Im Grunde kommt das Angebot der Schule gerade zur rechten Zeit.

Aus dem Gesamt der Kompetenzen sollen drei näher beleuchtet werden, die besondere Potenziale für das schulische Lernen beinhalten.

Lern- und Gedächtnisfähigkeiten

»Lern- und Gedächtnisfähigkeiten gehören zur biologischen und psychologischen Grundausstattung des Menschen, deren Wirksamkeit schon vor der Geburt nachweisbar ist« (WEINERT 1998 a, S. 94). Sie bilden die

Basis für immer wirkungsvollere kognitive Kompetenzen, die sich durch das Zusammenwirken äußerer Reize und innerer Prozesse im Lauf der Zeit herausbilden. Die strukturellen Gedächtnisfähigkeiten verdichten sich im Zusammenspiel mit aktuellen Lernprozessen zu individuellen Erfahrungen, die ihrerseits die Richtung für die Entwicklung des Lernens bestimmen. Lernen ist erfahrungsabhängig. Allerdings spricht vieles dafür, dass es auch ein »*angeborenes Wissen* gibt und dass dieses Wissen modular organisiert ist. Mit anderen Worten: Dass es sich dabei um bereichsspezifische, voneinander relativ unabhängige kognitive Kompetenzen handelt« (Weinert 1998 a, S. 94). Man geht davon aus, dass Säuglinge über beachtliche kognitive Kompetenzen verfügen und dass sie diese intensiv nutzen und weiter entwickeln, d.h. dass sie lernen. Das Lernen von Säuglingen ist kein bewusster und gezielter Erwerb von Wissen und Fähigkeiten, es ist vielmehr ein vielfältiges Verarbeiten verschiedenster Erfahrungen nach unterschiedlichen psychologischen Mechanismen. Im Lauf der Zeit kristallisieren sich mit Hilfe einer förderlichen und unterstützenden Umgebung effiziente kognitive Strategien heraus. Im Vorschulalter haben Kinder bereits vielfältige Erfahrungen mit dem Lernen gemacht. Sie nutzen gekonnt ihr Gedächtnis und sie wenden unterschiedliche Strategien des Wissens- und Erfahrungserwerbs an. Sie sind sozusagen Lerner »par excellence«.

Symbolbeherrschung

Zu den grundlegenden Symbolsystemen gehört die Sprache. Kinder im Vorschulalter können sich in der Regel in ihrer Muttersprache differenziert ausdrücken. Nicht wenige Kinder beherrschen daneben eine zweite Sprache, die sie ebenso mühelos wie die erste erlernt haben. Die Sprache dient zum einen als wichtigstes Kommunikationsmittel, zum andern als Werkzeug des Denkens. Ebenso kann man die Sprache als Vehikel für das Lernen ansehen. Mit ihrer Hilfe lässt sich das Denken kommunizieren und modellieren. Nicht zuletzt ist sie auch ein »notwendiges Mittel zur Selbstreflexion« (Weinert 1998 b, S. 11), das die kognitive Entwicklung des Kindes befördert.

Man geht davon aus, dass die Entwicklungsaufgabe des Spracherwerbs mit etwa fünf Jahren »in seinen Grundzügen bewältigt« ist. »Das Kind beherrscht die Regeln der Grammatik, bildet sinnvolle und teilweise schon sehr komplexe Sätze und kann auch inkorrekte Satzformen erkennen und korrigieren« (Grimm/Wilde 1998, S. 446). Es verfügt über einen Wortschatz von mehreren tausend Wörtern. Das erste Wort hat es in der Regel um den ersten Geburtstag herum gesprochen. Mit etwa 18 Monaten verfügen Kinder im Durchschnitt schon über etwa 50 Wörter. Bei

Erreichen der »entwicklungskritischen Zahl 50« setzt eine »Benennungsexplosion« (GRIMM/WILDE 1998, S. 464) ein, und es folgt ein rapides Wortlernen für Gegenstände, ihre Merkmale und Tätigkeiten. Wortlernen und Grammatiklernen gehen dabei Hand in Hand. Mit fünf bis sieben Jahren kann das Kind die Sprache situations- und kommunikationsangemessen gebrauchen. Sein Sprachlernen umfasst genau genommen drei unterschiedliche Kompetenzen: die prosodische, die linguistische und die pragmatische, die sich auch in etwa dieser Reihenfolge ausbilden.

Das Erstaunliche am Sprachlernprozess ist nicht nur die Mühelosigkiet, mit der diese komplexe Aufgabe bewältigt wird (das Kind wendet Regeln an, ohne sie zu kennen), sondern auch eine gewisse Ungleichzeitigkeit im Vergleich zu anderen Bereichen der Entwicklung. »So können sie sich noch nicht das Schuhband zubinden, beherrschen noch nicht die Zahlen von eins bis zehn, vermögen auch nicht die einfachsten Analogieaufgaben zu lösen und sprechen dennoch in wohlgeformten Sätzen« (GRIMM/WILDE 1998, S. 447). Sprachforscher/-innen haben für diese enorme Fähigkeit unterschiedliche Erklärungen, die an dieser Stelle nicht ausführlich referiert werden können (vgl. dazu GRIMM 1995). Zusammenfassend lässt sich aber festhalten, dass die Sprache sich nicht ohne eine sprechende Umgebung entwickelt, dass sie aber auch nicht über bloße Imitation erworben wird; vielmehr muss man davon ausgehen, dass das Kind zwar angeborene Voraussetzungen für den Spracherwerb mitbringt, aber auf sprachliche Interaktionen angewiesen ist, die zudem in

bestimmten biologischen Zeitfenstern erfolgen müssen. Das lernende Kind ist beim Spracherwerb in hohem Maß aktiv und kreativ, zudem im Streben, verstanden zu werden, an seine Umgebung rückgekoppelt. Es erwirbt mit der Sprache eine verfeinerte Kommunikationsfähigkeit.

Doch neben der Sprache eignen sich Vorschulkinder eine ganze Palette weiterer Symbolsysteme an; sie sind »in vollem Umfang Symbolverarbeiter« (Gardner 1994, S. 77), weshalb man diese Entwicklungsphase »am besten als Zeit der 'Symbolbeherrschung' bezeichnet« (Gardner 1994, S. 79). Beim Malen stellen sie die sie umgebende dreidimensionale Welt zweidimensional dar. Sie erkennen umgekehrt bekannte Gegenstände auf Bildern wieder. Sie verfertigen dreidimensionale Gebilde aus Bauklötzen oder anderem Material und geben ihnen eine Bedeutung. Sie spielen Rollenspiele, in denen es um Als-ob-Realitäten geht, die jederzeit gewechselt werden können. Sie lernen Gesten einzusetzen und sie zu deuten. Sie beschäftigen sich mit Mengen und Zahlen, aber auch mit der Musik und kulturellen, resp. religiösen Symbolen. Sie eignen sich damit die wichtigsten Symbolsysteme und ein Verständnis über Symbole an, das ihnen später beim Erwerb weiterer Zeichensysteme – etwa der Schrift – zugute kommen wird.

Wir wissen, dass die Entwicklung des Symbolverstehens in der Vorschulzeit entscheidende Fortschritte macht, über die Entwicklungsmechanismen im Einzelnen wissen wir dagegen im Bereich der zuletzt angesprochenen Symbolsysteme – ausgenommen die mathematischen – weniger differenziert Bescheid als über den Spracherwerb. Mit dem mathematischen Denken scheint es sich ähnlich zu verhalten wie mit der Sprache. Seine Grundlagen sind angeboren (vgl. Stern 1998, S. 98 f.). Studien an Säuglingen zeigen, dass Mengenveränderungen wahrgenommen werden können. Zudem scheinen alle Kinder über die verschiedenen Kulturen hinweg Zählprinzipien zu kennen und richtig anwenden zu können. Vorschulkinder lernen »spontan und ohne systematische Unterweisung die Anzahl der Elemente einer Menge durch Zählen zu bestimmen« (Stern 1998, S. 99). Kleinere Mengen können die meisten Kinder zwischen dem 3. und 4. Lebensjahr korrekt zählen. In »den folgenden beiden Lebensjahren erlangen Kinder immer mehr Übung darin, die Welt zu quantifizieren« (Stern 1998, S. 101). Gardner beschreibt die Ten-

denz zur Quantifizierung als eine von vier »Wellen« – gemeint sind Gipfel in der Entwicklung –, in der das Kind einfach alles zählen möchte. »Die Welt wird jetzt oft mit erstaunlicher Geschwindigkeit und Gewalt als Herausforderung zum Zählen gesehen« (GARDNER 1994, S. 101). Dabei erlangen Vorschulkinder auch ein Grundverständnis mathematischer Operationen. Erwähnenswert ist die Tatsache, dass schon in der Vorschulzeit große interindividuelle Unterschiede festzustellen sind, die über die Zeit hinweg weitgehend stabil bleiben, wie auch die LOGIK-Studie nachweisen konnte (vgl. STERN 1998).

Beim Schuleintritt kann man davon ausgehen, dass Kinder ein Zahlkonzept ausgebildet haben und die Grundlagen der Addition und Subtraktion verstehen. Viele Kinder bringen mehr Wissen und Können mit, als Schulbücher und Lehrpläne voraussetzen (vgl. SPIEGEL 1998, S. 77). Warum das Schulfach Mathematik im Lauf der Schulzeit trotz dieser Voraussetzungen für viele Schülerinnen und Schüler zum »Angstfach« wird, lässt sich nicht allein mit ungleich verteilter mathematischer Begabung erklären.

Theoriebildungen

Vorschulkinder sind – wenn ihre Bedürfnisse nach Zuwendung und Fürsorge gestillt sind – Entdecker und Abenteurer, aktiv damit beschäftigt, die Welt zu erforschen und zu enträtseln. Mit Hilfe ihrer Lern- und Gedächtnisfähigkeiten, ihres wachsenden Denkvermögens und ihrer Kompetenz zur Symbolverwendung können sie ihre konkreten (sensumotorischen) Erfahrungen verarbeiten. Sie eignen sich ihre Umwelt und damit auch Wissen über die Welt an. Mindestens in drei Bereichen bilden sie dabei Theorien aus:

- in der Welt der physikalischen Objekte eine Theorie der Materie,
- in der Welt der lebenden Organismen eine Theorie des Lebens, und
- in der Welt des Menschen eine Theorie des Denkens, in der eine Theorie des Selbst enthalten ist (nach GARDNER 1994, S. 111).

Es mag ein wenig hochtrabend klingen, die Vorstellungen von Vorschulkindern über einzelne Phänomene, die ja oft den wissenschaftlichen Erklärungen widersprechen, als Theorien zu bezeichnen. Es trifft jedoch den Kern der Tätigkeit, die dazu führt: Erfahrungen werden bewertet, mit dem vorhandenen Wissen abgeglichen und zueinander in eine sinnvolle Beziehung gesetzt. Auf diese Weise lassen sich die Dinge ordnen und erklären. Das trifft auf im strengen Sinn wissenschaftliche Theorien ebenso zu wie auf kindliche, vorläufige. Sie liefern gewissermaßen Raster zum Verständnis der Welt. Aus ihnen lassen sich Folgerungen für das Denken und Handeln ableiten. Sie sind aber nicht statisch, sondern dynamisch; d.h. sie können jederzeit widerlegt und weiterentwickelt werden.

Im Fall »intuitiver« Theorien müsste eigentlich damit gerechnet werden, dass sie relativ bald verworfen werden. Aber die Theorien der Fünf- bis Siebenjährigen scheinen besonders robust und oft auch resistent gegen spätere Erklärungen zu sein, wie GARDNER (1994) nachdrücklich herausstellt. Sie überlagern vielfach sogar das in der Schule angebotene und angelernte Wissen. In der Nicht-Beachtung dieses Einflusses mag ein Grund für die Kluft zwischen dem alltäglichen und dem schulischen Lernen liegen.

Mit den entstehenden Theoriebildungen von Kindern hat sich PIAGET ausführlich schon in der ersten Hälft des letzten Jahrhunderts beschäftigt. »Das Weltbild des Kindes« ist 1926 erschienen. Es beschreibt die kindlichen Vorstellungen über einzelne Bereiche seiner Erfahrung und analysiert sie aus der theoretischen Vorannahme der kindlichen Egozentrizität heraus. Auch wenn Entwicklungspsychologen heute manchen Annahmen Piagets – etwa über die Typik und Allgemeinheit der Entwicklungsstadien – nicht mehr folgen (vgl. dazu SODIAN 1998, S. 157 ff., KAGAN 2001, S. 259 ff.) so ist doch seinen genauen und aufmerksamen Beobachtungen die Hinwendung auf das Denken des Kindes und den Prozess einer kindlichen Theoriebildung zu wesentlichen Teilen zu verdanken. Die Dynamik der theoriebildenden Tätigkeit wird von Piaget durch das allgemeine Modell der Äquilibration erklärt. Heute dagegen werden bereichsspezifische Lernmechanismen für angemessener gehalten, um den Prozess der Veränderung kindlicher Vorstellungen zu beschreiben und zu erklären.

Eine der interessantesten Forschungsrichtungen betrifft die dritte der oben genannten Theorien, die Theorie über das Denken (»theory of mind«). Gemeint sind Annahmen über Vorgänge im Bewusstsein, etwa im Sinne einer »Alltagspsychologie«: Wie denken Kinder z.B. über Wünsche, Motive, Erwartungen, Intentionen, Überzeugungen oder über das Denken selbst? Können sie Täuschungen, Lügen, falsche Meinungen als solche erkennen? Eine »florierende Forschung an Vorschulkindern« (BI-

SCHOF-KÖHLER 1998, S. 354) hat sich um diese Fragen herum entwickelt. Mit fantasiereichen Versuchsanordnungen versuchen die Forscherinnen und Forscher, dem Denken der Kinder auf die Spur zu kommen (eine Fülle an Beispielen dazu in ASTINGTON 2000).

Schon Dreijährige können »recht kompetent auf die Verfassung eines anderen bezugnehmen, sofern es sich um dessen Bedürfnise, Gefühle und bestimmte Wahrnehmungsinhalte handelt« (BISCHOF-KÖHLER 1998, S. 355). Aus Leistungen wie dem Erkennen und Verstehen fehlerhafter Überzeugungen oder dem Unterscheiden-Können zwischen Schein und Wirklichkeit wird geschlossen, dass Kinder eine Theorie über das Denken entwickelt haben. Mehr und mehr verstehen sie mentale Erfahrungen, ihre eigenen und die anderer Menschen. Dabei kommen ihnen sowohl Gedächtnis- als auch Sprachfähigkeiten zugute. Im Verlauf dieser Entwicklung lassen sich nach bisherigen Befunden qualititative Veränderungen beim Verständnis verschiedener mentaler Zustände beobachten. So ist beispielsweise die Unterscheidung zwischen dem, was jemand sagt und tut, und dem, was jemand meint, eine wichtiger Schritt auf dem Weg dazu, sich in andere hineinzuversetzen. Aus dieser Fähigkeit entwickelt sich einerseits das Vermögen sozialer Einfühlsamkeit, andererseits aber auch die Kunst zu lügen und zu betrügen. Schon Vierjährige sind in der Lage, Menschen absichtlich zu täuschen (siehe ASTINGTON 2000, S.152). Um eine falsche Fährte zu legen, muss man sich in das Denken eines anderen hineinversetzen können.

Unterschiede

Bei Schuleintritt kann man davon ausgehen, dass Kinder über eine Palette von Fähigkeiten und Theorien verfügen, mit denen sie sich die Welt erklären und sich in ihr zurecht finden können. Grundlage dafür sind reale Erfahrungen, die bewertet und geordnet werden. Nun kann man davon ausgehen, dass es einerseits kollektive Erfahrungsbereiche, andererseits aber individuelle Erfahrungen gibt. Auch sind die Unterstützungsangebote der Umgebung, Erfahrungen zu ordnen und zu erweitern, verschieden. So gibt es Fünfjährige, die relativ komplexe Erklärungen über den Verdauungsvorgang von Hunden geben können, andere, die ausgefeilte Vorstellungen über die Bewegung der Himmelskörper haben, und wieder andere, die höchstes Vergnügen an Sprachspielereien zeigen, wozu eine relativ elaborierte Theorie über die Sprache vorausgesetzt werden muss. Hier zeigen sich bereits kindliche Interessen, die per definitionem eng an einen Gegenstand gebunden sind. Außer diesen bereichsspezifischen existieren selbstverständlich auch qualitative Differenzen. Nicht alle Schulanfänger haben gleichwertige Theorien über die belebte, die unbelebte Natur oder über das Denken entwickelt. Pädagogisch wirft diese differentielle Sicht die wichtige Frage nach günstigen bzw. ungünstigen Kontextbedingungen auf. Lassen sich entwicklungs- und lernförderliche Faktoren ausfindig machen?

Diese Frage ist beileibe nicht neu; sie wurde vor ca. dreißig Jahren heftig diskutiert und führte zu den bekannten kompensatorischen Programmen wie z. B. Head Start (siehe Pines 1969), deren langfristige Erfolge mittlerweile zwar skeptisch beurteilt werden, aber deren Ansatz heute durchaus Aktualität besitzt. Einschränkend zur damaligen Sichtweise geht man inzwischen von einem geringeren Einfluss der Umgebung auf die Entwicklung aus. Folglich können die Erwartungen an die Beeinflussbarkeit nicht in gleich hohem Maß wie damals angesetzt werden, was einerseits vor zu großen Enttäuschungen schützt, andererseits aber wegen der nach wie vor nicht bestimmbaren Größe den pädagogischen Optimismus nicht untergraben sollte. Zudem greifen die damaligen Kategorien zur Beschreibung der soziokulturellen Entwicklungskontexte heute nicht mehr. Sie sind zu grob und bilden auch die gesellschaftliche Realität nicht mehr ab. Soziale Ungleichheit ist heute ungleich komplexer zu sehen. An die Stelle relativ statischer, hierarchischer Klassen- oder Schichtungsmodelle sind Modelle sozialer Lagen und Milieus getreten (siehe HRADIL 1987), die die Vielfältigkeit und Relativität der Lebensbedingungen in modernen Gesellschaften adäquater beschreiben. Eine solche veränderte Sichtweise führt im Bereich pädagogischer Bemühungen dazu, dass zur Abschätzung von Entwicklungschancen und –risiken Herkunftskontexte sehr viel genauer beobachtet werden müssen, nicht nur auf ihre Defizite, sondern auch auf ihre speziellen Ressourcen hin (vgl. SASSE 1999).

Entwicklungs- und lernförderliche Kontexte enthalten vielfältige Erfahrungsmöglichkeiten in einer Atmosphäre, die emotionale Sicherheit und Geborgenheit ebenso bietet wie Freiräume zur Erprobung der wachsenden Fähigkeiten. Dazu kann jederzeit auf gerne gewährte und geeignete Unterstützung bei der Verarbeitung und Einordnung der Erfahrungen gezählt werden. Durch eine grundsätzlich positive und in der Regel liebevolle Resonanz erfährt das Kind nicht nur, dass es in seinem Bemühen, sich die Welt zu erschließen, Ernst genommen wird; es erhält dadurch auch die Gelegenheit, seine Vorstellungen zu kommunizieren und mit anderen Erklärungen bzw. Theorieentwürfen zu vergleichen. Einschränkungen – sei es ein Mangel an Erfahrungsmöglichkeiten, ein Mangel an Unterstützung, ein Mangel an emotionaler Sicherheit oder ein Mangel an Resonanz – wirken sich auf Entwicklung und Lernen negativ aus. In diesem Kontext lässt sich erklären, warum Armut als Entwicklungsrisiko eingeschätzt werden muss (siehe dazu auch den Beitrag von OPP/SPECK-HAMDAN in diesem Band).

Aber nicht nur die Lern- und Erfahrungsmöglichkeiten der Umgebung sind für unterschiedliche Kompetenzen der Kinder verantwortlich. Auch persönlichkeitsinterne Eigenschaften beeinflussen Lernen und Entwicklung. Temperament und Neigungen bestimmen in hohem Maß Art und Richtung möglicher Entdeckungen und Erfahrungen. Kinder, die sich der Welt eher ungeschützt und heftig zuwenden, machen andere Erfahrungen als solche, die stets vorsichtig agieren oder sich gar ängstlich zurückgezogen halten. Kinder, deren bevorzugte Haltung das intensive und stille Beobachten ist, kommen möglicherweise zu anderen Einschätzungen als solche, die durch Ausprobieren und spontanes Handeln lernen. Dabei muss von einer Wechselwirkung zwischen Persönlichkeitseigenschaften und sozialer Umgebung ausgegangen werden; die soziale Umwelt passt sich den individuellen Eigenschaften an und umgekehrt. Die Entwicklung und Auswirkung von Temperamentsunterschieden wird durch die soziale Umwelt moderiert (vgl. MONTADA 1987, S. 84 f.). Die Reaktion auf einen kindlichen Wutausbruch etwa wird in unterschiedlichen soziokulturellen Kontexten variieren. Was in der einen Familie als »gesunde« Gefühlsäußerung bewertet und daher nicht weiter beachtet wird, kann in einer anderen Familie als Verletzung einer Norm interpretiert und entsprechend strikt geahndet werden. Beide Extremreaktionen werden Schwierigkeiten des temperamentvollen Kindes mit seiner Umgebung nicht verhindern; diese werden voraussichtlich aber in unterschiedlichen Situationen auftreten und zu unterschiedlichen Problemen führen.

Fünf- bis Siebenjährige verfügen über viele verschiedene Kompetenzen in verschiedenen Bereichen. Auch wenn von gewissen Standards ausgegangen werden kann, so sind doch individuelle Unterschiede unübersehbar. In ihnen spiegeln sich persönlichkeits- und umweltspezifische Bedingungen wider.

Konsequenzen für den Anfangsunterricht

Kinder sind also, wenn sie in die Schule kommen, keine Lernanfänger. Sie sind kompetente Lernerinnen und Lerner, die sich durch eigene Aktivität und auf Grund von Erfahrungen bereits viel Wissen angeeignet und etliche Kompetenzen erworben haben. Lernen als aktiven Prozess der Wissenskonstruktion zu begreifen, heißt für die Schule, Lernangebote auf Lernvoraussetzungen abzustimmen. Auch wenn manches Wissen noch lückenhaft, manche Theorie noch sehr vorläufig und manche Überzeugung noch fehlerhaft ist, so kann doch nicht ignoriert werden, dass Prozesse der Wissenskonstruktion bereits in Gang sind. Die Schule kann

in der Regel auf Vorläuferfertigkeiten und -fähigkeiten aufbauen, deren Bedeutung auch zunehmend wahrgenommen wird (siehe dazu den Beitrag zur Schuleingangsdiagnostik von KAMMERMEYER in diesem Band).

Gleichzeitig sind Kinder, die in die Schule kommen, tatsächlich Neulinge, Debütanten auf der »Bühne Schule«. Sie beginnen mit dem organisierten und systematisierten Lernen in einer Institution, die zu dem Zweck eingerichtet worden ist, das kulturelle Erbe an die nachfolgende Generation weiterzugeben und sie mit dem auszustatten, was zur Bewältigung ihrer Zukunft als notwendig und sinnvoll erscheint. Was gelernt werden soll, ist verbindlich festgelegt. Aus individuellem Wissen wird in der Schule geteiltes, gemeinsames Wissen. Dabei hat die Schule selbstverständlich auch einen Auftrag dem einzelnen Kind gegenüber. Sie soll jedes Kind bei der Realisierung seiner Bildungschancen bestmöglich unterstützen. Über ihre Qualifikationsfunktion verfügt sie über erheblichen Einfluss auf die zukünftigen Möglichkeiten der Lebensgestaltung jedes Einzelnen. Aber auch für die Dauer der nun angebrochenen Schulzeit wird sie das Leben massiv prägen, nicht nur das des Schulkinds, sondern das seiner gesamten Familie. Die Zeitplanung wird sich um die Schule herum abzuspielen haben, Gespräche werden großteils von schulischen Themen beherrscht werden, Erfolge und Misserfolge des Schulkinds werden die emotionale Tönung der Familienatmosphäre beeinflussen (siehe dazu auch den Beitrag von ROOS/WALPER in diesem Band).

Die Schulneulinge selbst müssen sich zuerst einmal im neuen Setting Schule zurecht finden. Sie müssen mit dessen Ordnungen, Regeln und Gewohnheiten vertraut werden. Sie werden herausfinden, ob und wie sich das Lernen *vor* der Schule vom Lernen *in* der Schule unterscheidet. Das Gewicht wird sich vom Lernen nach Gelegenheit stärker zum Lernen nach Plan verlagern. Das kommt im übrigen dem kindlichen Interesse nach Erweiterung seiner Kompetenzen entgegen. Neben einem individuellen »Lern-Cocktail« wird nun außerdem ein gemeinschaftlicher zusammengestellt, der zunehmend an Bedeutung gewinnt, weil er die Lernenden über Prozesse der Ko-Konstruktion auch miteinander verbindet.

Was das Lernen in der Schule angeht, sind Schulanfänger in der Tat gleichzeitig Könner und Debütanten. Die Herausforderung der Schule besteht darin, die Balance zwischen Kontinuität und neuer Herausforderung zu gestalten. Dabei müssen zum einen die individuellen Lernausgangslagen, zum andern die gesellschaftlich definierten Bildungsziele beachtet werden. Wie kann die Schule, speziell der Anfangsunterricht dieser Herausforderung gerecht werden?

- Von entscheidender Bedeutung ist die Haltung der Schule gegenüber den Kompetenzen der Schulanfänger. Viele dieser Kompetenzen werden einfach übersehen, entweder, weil sie mehr oder weniger als selbstverständlich angesehen werden, wie die mündliche Kommunikationsfähigkeit, oder aber, weil sie sich in den schulisch festgelegten Lernbereichen nicht unmittelbar abbilden, wie spezielle Interessen. Sie sollten aber bewusst und mit Wertschätzung wahrgenommen werden. Kinder nicht nur als Neulinge, sondern auch als Könner zu sehen, stärkt deren Selbstvertrauen und macht ihnen den Schritt in die neue Welt der Schule leichter. Unter dieser Perspektive gewinnt auch die Schuleingangdiagnostik eine neue Bedeutung (siehe dazu den Beitrag von KAMMERMEYER in diesem Band). Sie richtet den Blick auf das, was Schulanfänger schon wissen und können.

- Konsequenterweise muss das schulische Lernen darauf aufbauen. In Gang befindliche Lernprozesse im Unterricht aufzugreifen, ist aber angesichts der Differenzen zwischen den Kindern nicht einfach. Lernen ist ein intraindividueller Prozess – auch wenn er in Kooperation stattfindet. Dieselbe Lernsituation kann daher von verschiedenen Kindern unterschiedlich genutzt werden, »denn Neues kann nur durch Assimilation an eine kognitive Struktur bewältigt werden, die das erfahrende Subjekt bereits besitzt« (v. GLASERSFELD 1997, S. 191). Gerade für Kinder an den Rändern des Leistungsspektrums entscheidet sich der schulische Erfolg oft an der Möglichkeit des Anknüpfens an Bekanntem und Vorhandenem. Zwischen vorschulischen und schulischen Lernprozessen muss mehr Anschlussfähigkeit gesichert sein (siehe auch den Beitrag von HACKER in diesem Band). Die Öffnung des Anfangsunterrichts ist ein Schritt in diese Richtung. Dabei kommt es nicht nur auf Reichhaltigkeit und sorgsame Auswahl der Lernangebote an, durch eine klare und transparente Strukturierung muss dafür gesorgt sein, dass sich jedes Kind auch zurechtfindet.
- Was für den vorschulischen Bereich zutrifft, gilt auch für die Schule: die Umgebung kann förderliche, aber auch hemmende Wirkungen haben. Mehr noch als die übrige Umwelt des Kindes ist die Schule bewusst gestaltete Lernumwelt. Als solche muss sie optimale Voraussetzungen für das Lernen schaffen. Dazu brauchen Lerner/-innen Freiräume zur eigenen Erprobung, was sich in offenen Unterrichtsformen gut realisieren lässt. Gleichzeitig brauchen sie aber auch eine sichere, vertrauensvolle und ermutigende Atmosphäre, die ihnen Fehlversuche, Irrungen und Umwege beim Lernen zugesteht und Unterstützung bereit hält. Es kommt darauf an, die kindliche Neugier und den kindlichen Wissensdrang zu erhalten, Lernende in ihrem »Bedürfnis nach besserem Verstehen« (v. GLASERSFELD 1997, S. 208) zu bestärken.
- Von kaum zu überschätzender Bedeutung ist die Kommunikation beim Lernen. Über das Gespräch vermitteln sich den Erwachsenen

nicht nur die bestehenden kindlichen Vorstellungen und Überzeugungen, sie lassen sich darüber auch weiter entwickeln. Über Kommunikation kann man das Denken und das Lernen selbst zum Gegenstand der Reflexion machen (vgl. ASTINGTON 2000, S. 202 ff.). Damit ist ein wesentlicher Grundstein dafür gelegt, dass Kinder ihre Lernprozesse auch in der Schule aktiv und erfolgreich gestalten.

Literatur

ASTINGTON, J.: Wie Kinder das Denken entdecken. München 2000

BISCHOF-KÖHLER, D.: Zusammenhänge zwischen kognitiver, motivationaler und emotionaler Entwicklung in der frühen Kindheit und im Vorschulalter. In: KELLER, H. (Hrsg.): Lehrbuch Entwicklungspsychologie. Bern u. a. 1998, S. 319-376

GARDNER, H.: Der ungeschulte Kopf. Wie Kinder denken. Stuttgart 1994, 2. Aufl.

v. GLASERSFELD, E.: Wege des Wissens. Konstruktivistische Erkundungen durch unser Denken. Heidelberg 1997

GRIMM, H. / WILDE, S.: Im Zentrum steht das Wort. In: KELLER, H. (Hrsg.): Lehrbuch Entwicklungspsychologie. Bern u. a. 1998, S. 445-473

GRIMM, H.: Sprachentwicklung – allgemein-theoretisch und differentiell betrachtet. In: OERTER, R. / MONTADA, L. (Hrsg.): Entwicklungspsychologie. Neuauflage. Weinheim 1987, 2. Auflage, S. 705-757

HRADIL, S.: Sozialstrukturanalyse in einer fortgeschrittenen Gesellschaft: Von Klassen und Schichten zu Lagen und Milieus. Opladen 1987

KAGAN, J.: Die Natur des Kindes. Weinheim 2001

MONTADA, L.: Themen, Traditionen, Trends. In: OERTER, R. / MONTADA, L. (Hrsg.): Entwicklungspsychologie. Neuauflage. Weinheim 1987, 2. Auflage, S. 1-86

PETILLON, H.: Spielen in der Grundschule – Versuch einer Gegenstands- und Ortsbestimmung. In: PETILLON, H. / VALTIN, R. (Hrsg.): Spielen in der Grundschule. Frankfurt 1999, S. 14-42

PIAGET, J.: Das Weltbild des Kindes. Frankfurt/M. 1980

PINES, M.: Kinder werden klüger. Intelligenztraining im Vorschulalter. Frankfurt a. M. 1969

SASSE, A.: Lernbehinderungen aus der Perspektive »neuer« Formen sozialer Ungleichheit. In: Die neue Sonderschule 44, 1999, 6, S. 421-433

SODIAN, B.: Theorien der kognitiven Entwicklung. In: KELLER, H. (Hrsg.): Lehrbuch Entwicklungspsychologie. Bern u. a. 1998, S. 147-169

SPIEGEL, H.: Kinder in der Welt der Zahlen. In: BRÜGELMANN, H. (Hrsg.): Kinder lernen anders vor der Schule – in der Schule. Lengwil 1998, S. 71-88

STERN, E.: Die Entwicklung schulbezogener Kompetenzen: Mathematik. In: WEINERT, F. E. (Hrsg.): Entwicklung im Kindesalter. Weinheim 1998 b, S. 95-113

WEINERT, F. E.: Entwicklung, Lernen, Erziehung. In: ROST, D. (Hrsg.): Handwörterbuch Pädagogische Psychologie. Weinheim 1998 a, S. 91-99

WEINERT, F. E.: Überblick über die psychische Entwicklung im Kindesalter: Was wir darüber wissen, was wir noch nicht wissen und was wir wissen sollten. In: WEINERT, F. E. (Hrsg.): Entwicklung im Kindesalter. Weinheim 1998 b, S. 1-35

Sabine Walper / Jeanette Roos

Die Einschulung als Herausforderung und Chance für die Familie

Einleitung

Der Übergang in die Schule ist eine nahezu universell geteilte Erfahrung, ein Meilenstein in der Entwicklung von Kindern und ihren Familien. Der erste Schultag und die folgenden Jahre in der Schule setzen sich oft lebenslang in unserer Erinnerung fest. Die Einschulung stellt im Erleben des Kindes ein bedeutsames Ereignis und den Beginn eines neuen Lebensabschnittes mit neuem Erfahrungsraum dar. Es ist nun durch den Eintritt in einen neuen Lebensbereich mit vielen neuen Erlebnissen, Chancen, Anforderungen, Herausforderungen und Problemen konfrontiert, die auch das Leben seiner Familie beeinflussen und tangieren. Solchen normativ sozialen (Olbrich 1995) bzw. sozial-ökologischen Übergängen (Bronfenbrenner 1981), wie sie auch von Jugendlichen und Erwachsenen im Verlauf ihres Lebens immer wieder bewältigt werden müssen, kommt nach neueren Forschungserkenntnissen für die weitere Entwicklung eine besondere Bedeutung zu (vgl. Filipp 1995). Durch die Konfrontation mit bislang unbekannten Lebensbedingungen und -anforderungen können wichtige Impulse für Weiterentwicklung und Wachstum gegeben werden. Die Meisterung und Bewältigung dieser neuen (Leistungs-) Anforderungen stärken die Leistungsbereitschaft des Kindes, wecken und fördern Fähigkeiten, Fertigkeiten und Kräfte im Sinne eines Entwicklungsfortschrittes. Es können aber auch krisenhafte Entwicklungen mit all ihren negativen Konsequenzen ausgelöst und begünstigt werden. Dies ist z. B. dann der Fall, wenn die neuen Anforderungen so hoch sind, dass ihre Bewältigung erschwert ist oder gar misslingt. Spezifische personale und soziale Risiko- bzw. Schutzfaktoren entscheiden mit darüber, ob die Anpassung an die neue Situation ge- oder misslingt (vgl. etwa Scheithauer / Petermann 1999).

Handelt es sich um das erste Kind, das nun seine Laufbahn als Schüler oder Schülerin antritt, so beginnt gleichzeitig auch für die Familie eine neue Entwicklungsphase, d. h. sie avanciert nun zu einer »Familie mit Schulkind« (Hill / Rodgers 1964). Der viel beschworene »Ernst des Lebens« beginnt, und zwar nicht nur für die betreffenden Kinder, die sich nun mit vielfältigen Erwartungen an ihre intellektuellen Leistungen, ihren Ordnungssinn, ihre Gewissenhaftigkeit und Selbstverantwortung und nicht zuletzt ihre sozialen Kompetenzen im Umgang mit Gleichaltrigen konfrontiert sehen. Auch die Eltern stehen nun einer neuen Institution gegenüber, die ab dem Schuleintritt für mindestens neun Jahre an der Bildung, Erziehung und Sozialisation ihrer Kinder beteiligt sein wird, deren Auftrag gesetzlich verankert ist und für dessen Umsetzung beträchtliche Regularien existieren.

In der Regel ist dies nicht die erste Bildungsinstitution, der die Kinder angehören, denn die weitaus größte Mehrheit hat vor der Einschulung den Kindergarten besucht. Während jedoch der Kindergartenbesuch noch freiwillig ist und die Wahl des Kindergartens der elterlichen Entscheidung untersteht, kann man sich der Schulpflicht in Deutschland nicht entziehen. Auch die Möglichkeiten der Schulwahl sind – jedenfalls im Grundschulbereich – deutlich eingeschränkt. Damit wird der Schuleintritt zu einem normativen Entwicklungsschritt für Kinder und Familie, der wie kaum ein anderer ein Höchstmaß an altersgradierter Verbindlichkeit besitzt und die Kinder in einen neuen, gesellschaftlich und bildungspolitisch regierten Entwicklungskontext einführt.

Aus ökologischer Perspektive stellen Familie und Schule, speziell der neue Klassenverband, dem das Kind nun angehört, zentrale »Mikrosysteme« der Entwicklung dar, die durch jeweils eigene Rollen, Interaktionsmuster und typische Tätigkeiten charakterisiert sind (Bronfenbrenner 1981). Sie stehen jedoch nicht unverbunden nebeneinander, sondern bilden in ihrer Verwobenheit ein eigenes System höherer Ordnung, ein »Mesosystem« der Entwicklung. Wie wir noch sehen werden, hat der Gesetzgeber Familie und Schule je eigene Aufgaben zugewiesen, aber diese Trennung erweist sich in der Praxis rasch als brüchig. Wie die Familie soll auch die Schule die Kinder in ihrer Entwicklung fördern. Mit den Erwartungen an die Kinder richtet sie unvermeidlich ebenso Erwartungen an die Erziehungs- und Sozialisationsleistungen der Familie und ist zum Gelingen ihres Bildungsauftrages auf die Unterstützung der Eltern angewiesen. Schon auf diesem Wege der »sozialisatorischen Vorleistungen« und der weiteren Kooperation wirken die Familien in die Schule hinein. Umgekehrt wird mit dem Schuleintritt in der Regel der Tagesablauf der Familie neu strukturiert, und in der Schule machen die Kinder neue Erfahrungen, die wiederum ihre Familien nicht unberührt lassen (vgl. Hofer 1992).

Um diese Wechselwirkungen zwischen Familie und Schule speziell beim Eintritt in die Schule geht es im Folgenden. Wir beginnen mit einem näheren Blick auf Familien und skizzieren zunächst die gegenwärtigen familialen Lebensverhältnisse in Deutschland. Danach gehen wir auf Familie und Schule in ihrer Rolle als Sozialisationsinstanzen ein und disku-

diskutieren ihr prekäres Verhältnis, das idealiter als Miteinander gedacht, in der Praxis jedoch oft als Nebeneinander oder gar Gegeneinander realisiert ist. Der darauf folgende Abschnitt wendet sich speziell dem Übergang in die Schule zu. Er zeigt auf, welche Anforderungen an die Schulen, die Kinder und ihre Familien mit diesem Übergang verbunden sind und welche Bedingungen Einfluss darauf nehmen, ob dieser Übergang gut oder weniger gut gelingt. Anschließend werden gängige und weiterreichende Möglichkeiten der Kooperation zwischen Familie und Schule aufgezeigt, bevor wir im Schlussabschnitt die wesentlichen Punkte nochmals zusammentragen und einen Ausblick auf offene Fragestellungen geben.

Familien heute

Gerade im Hinblick auf die Aufgaben und veränderten Anforderungen, denen Schulen sich stellen müssen, spielen familiale Wandlungstendenzen in der öffentlichen Diskussion oft eine bedeutende Rolle. Da jeglicher Diagnose familialen Wandels mehr oder minder implizite Bezugsnormen zugrunde liegen, an denen sich die Veränderungen von Haushaltsformen und Lebensbedingungen bemessen, scheint ein kurzer Exkurs zumindest in die jüngere Geschichte angezeigt.

Die im Zuge der Industrialisierung und Urbanisierung im 19. Jahrhundert entstandene bürgerliche Kernfamilie, in der durch Heirat und Elternschaft miteinander verbundene Personen innerhalb der Grenzen ihrer häuslichen Privatheit miteinander zusammenleben, hat sich in nahezu allen westlichen Industrienationen als außerordentlich beständig erwiesen. Wesentliche Kennzeichen in der Entwicklung dieses »vorherrschenden Paradigmas« (SCANZONI ET AL. 1989, S. 13) oder »Normalentwurfs« der Familie (NAUCK 1991, S. 397) waren: (1) eine Emotionalisierung und Intimisierung der Ehe und Eltern-Kind-Beziehung, wobei ökonomische Heiratsmotive gegenüber der Liebesheirat in den Hintergrund traten und auch der Kinderwunsch zunehmend psychologisch begründet war, (2) die Heraushebung der Kindheit als eigene Periode im individuellen Lebensverlauf, verbunden mit einer stärkeren familiären Unterstützung der kindlichen Verhaltensentwicklung, (3) eine Spezialisierung der Rollen, wobei dem Vater die instrumentelle Rolle des Ernährers und der Mutter die expressive Rolle in der Gestaltung der Familienbeziehungen, insbesondere der Kinderbetreuung, zugewiesen wurde, und (4) die Privatisierung des Familienlebens, markiert durch eine relativ hohe Nicht-Einmischung anderer sozialer Institutionen (vgl. PEUKERT 1991; SCHNEEWIND 1999).

Auch in Deutschland bewies dieses Familienmodell mit einem gewissen Höhepunkt in den 60er Jahren bis in die 70er Jahre hohe Stabilität. Danach mehrten sich die Zeichen für Wandlungstendenzen, die als »Deinstitutionalisierung«, »Desintegration« oder gar »Disorganisation« gedeutet wurden (vgl. NAVE-HERZ 1988; SCHNEEWIND 1999). Maßgebliche Indikatoren sind die sinkende Heiratsneigung, der Rückgang der Kinderzahl, die Zunahme nicht-ehelicher Lebensgemeinschaften, steigende Scheidungsraten und der Vormarsch der Singles (vgl. SCHNEEWIND 1999). Waren 1972 noch 38,9 % aller Haushalte in der Bundesrepublik klassische Familien (Ehepaar mit ledigen Kindern), so galt dies 1996 nur noch für 26,9 % der Haushalte in den alten Bundesländern (ENGSTLER 1999, S. 49). In den neuen Bundesländern waren es mit 28,3 % der Haushalte kaum mehr. Dort finden sich allerdings mehr nicht-eheliche Lebensgemeinschaften mit ledigen Kindern als im Westen (3,2 % versus 0,9 % der Haushalte). Im Gegenzug ist der Anteil der Ein-Personen-Haushalte im Westen von 26,2 % auf 36,4 % gestiegen.

Kinder sind insgesamt eine »rare Kostbarkeit« geworden (SCHNEEWIND 1999, S. 61). So ist die Geburtenrate der 15- bis 44-jährigen Frauen von 2,37 im Jahr 1960 auf 1,39 im Jahr 1996 gesunken (ENGSTLER 1999). Wer sich jedoch für Kinder entscheidet, belässt es mehrheitlich nicht bei einem. 80,8 % der Kinder im Grundschulalter (6 – 9 Jahre) hatten 1996 noch mindestens ein Geschwister im Haushalt.

Angesichts der gestiegenen Scheidungsraten, die vor allem seit Mitte der 60er Jahre deutlich zugenommen haben und sich in den letzten Jahren zu stabilisieren scheinen (vgl. WALPER / SCHWARZ 1999), sind immer mehr Kinder von einer Scheidung der Eltern betroffen. Von allen Kindern, deren Eltern 1960 geheiratet hatten, erlebten 4,3 % in der Zeit bis zu 10 Jahren nach der elterlichen Heirat eine Scheidung der Eltern. Unter den Kindern des Heiratsjahrgangs 1985 waren es mit 8,3 % schon doppelt so viele. Fasst man mit 15 Jahren Ehedauer einen längeren Zeitraum ins Auge, so stehen den 6,7 % Scheidungskindern aus dem Heiratsjahrgang 1960 immerhin 12 % Scheidungskinder aus dem Heiratsjahrgang 1980 gegenüber (ENGSTLER 1999, S. 93; Zahlen für das frühere Bundesgebiet). Die DDR hatte 1989 eine der höchsten Scheidungsquoten in ganz Europa. Nach der Vereinigung gab es zunächst einen drastischen Rückgang der Scheidungszahlen, und trotz des nachfolgenden Anstiegs der Scheidungshäufigkeiten wurde das ehemals sehr hohe Niveau nicht wieder erreicht. Dennoch ist die Wahrscheinlichkeit, zum Scheidungskind zu werden, im Osten höher als im Westen, da im Osten mehr Ehen mit Kindern geschieden werden. Von den aus dem Heiratsjahrgang 1990 geborenen Kindern erlebten bis 1995 immerhin 7,2 % schon eine Scheidung der Eltern, im Westen nur 3,4 % (ENGSTLER 1999, S. 93).

Dennoch ist für Kinder die Zwei-Eltern-Familie mit beiden leiblichen Eltern immer noch der vorherrschende Familientyp. Laut amtlicher Statistik traf dies 1996 für 84,5 % der westdeutschen Kinder im Alter zwischen 15 und 17 Jahren und für 78,8 % ihrer ostdeutschen Altersgenossinnen und -genossen zu (Engstler 1999). Welche Risiken eine Trennung oder Scheidung der Eltern für die Kinder mit sich bringt, ist vor allem international (vgl. Amato 2000), aber auch in Deutschland (z. B. Schmidt-Denter 2000; Walper / Schwarz 1999; vgl. Walper, im Druck) zum Gegenstand empirischer Untersuchungen gemacht worden. Insgesamt scheint die Anpassungsfähigkeit der Kinder an die veränderten Familienverhältnisse beträchtlich zu sein. Obwohl eine Reihe von Studien Nachteile in ihrer Befindlichkeit, ihrer Sozialentwicklung und ihren schulischen Leistungen aufzeigen, sind die Befunde keineswegs einheitlich. So scheinen sowohl die finanziellen Verhältnisse der Familie nach der elterlichen Trennung, vor allem jedoch die Qualität der Beziehung zwischen den Ex-Partnern und zwischen Eltern und Kindern wesentlichen Einfluss darauf zu nehmen, wie sich die Kinder im weiteren Verlauf entwickeln. Zudem kann der schulische Kontext Kompensationsmöglichkeiten bieten, wenn das dortige Erziehungsklima den Kindern hohe Zuwendung zukommen lässt und klar strukturierte Erwartungen bereit hält.

Deutliche Veränderungen der familialen Lebensverhältnisse, die eine noch größere Zahl der Kinder betreffen, liegen in der Erwerbstätigkeit der Mütter (vgl. Engstler 1999; Walper / Galambos 1997). Während 1972 in Westdeutschland die Erwerbsquote von Müttern mit Kindern im Alter zwischen 6 und 14 Jahren bei 44,2 % lag, war sie 1996 auf 62,3 % angewachsen. Im Osten, wo zu DDR-Zeiten die Erwerbstätigkeit der Mütter stark gefördert wurde und die Erwerbsquote der Frauen sogar diejenige der Männer leicht übertraf (vgl. Walper / Galambos 1997), waren 1996 immer noch mehr Mütter als im Westen erwerbstätig. Unter denjenigen mit Kindern zwischen 6 und 14 Jahren waren dies 77,9 % (vgl. Engstler 1999, S. 115). Immerhin 57,1 % der Mütter mit Kindern dieser Altersgruppe waren im Osten vollzeitbeschäftigt, während im Westen der Vergleichswert mit 18,6 % deutlich niedriger lag. Geht man von den Kindern aus und berücksichtigt deren Geschwisterzahl, so zeigt sich, dass im Westen 58,5 % der 6- bis 12-jährigen Einzelkinder und immerhin noch 21,8 % derjenigen mit zwei und mehr Geschwistern eine erwerbstätige Mutter hatten. Im Osten waren es sogar 81,7 % der Einzelkinder und 55,7 % der Kinder aus kinderreichen Familien (Nauck 1995; Zahlen aus dem Familiensurvey des Deutschen Jugendinstituts für 1988 – Westdeutschland – und 1990 – Ostdeutschland). Generell nimmt mit steigendem Alter der Kinder die durchschnittliche Wochenarbeitszeit der Mütter zu.

Damit ist deutlich, dass sich für viele Familien das Problem stellt, Aufgaben der Kinderbetreuung mit der Erwerbstätigkeit beider Partner – oder des alleinerziehenden Elternteils – zu vereinbaren. Nicht immer bedeutet die Einschulung eine Erleichterung, da gerade im ersten Schuljahr oftmals die Schulzeiten zwischen den einzelnen Wochentagen stark variieren und nur für einen kleinen Teil der Kinder ein Hortplatz oder eine Hausaufgabenbetreuung verfügbar ist.

Verändert haben sich jedoch nicht nur strukturelle Merkmale der Familienzusammensetzung und die Rollenverteilung in der Familie, sondern auch Erziehungsziele der Eltern. Besonders Ende der 60er Jahre bis Mitte der 70er Jahre, aber auch darüber hinaus lässt sich eine zunehmende Gewichtung von Selbständigkeit und Autonomie in den Erziehungszielen deutscher Eltern beobachten, während Gehorsam und Bereitschaft zur Unterordnung als Orientierungslinien der Eltern für ihre Kinder in den Hintergrund treten (Reuband 1999). Zum einen steht dieser Trend im Kontext eines allgemeinen »Werteschubs« in dieser Zeit, zum anderen erscheint er vor dem Hintergrund zunehmender Individualisierung der biographischen Lebensplanung als durchaus funktional. In dem Maße, wie Rollen weniger festgelegt sind, individuelle Entwicklungsverläufe nicht nur Raum für Gestaltungsprozesse lassen, sondern diese sogar fordern und die Notwendigkeit flexibler Neuorientierungen antizipierbar wird, sind Selbstkompetenzen erforderlich, die weniger auf eine Tradierung des Hergebrachten als vielmehr eigenverantwortliche Planungs- und Entscheidungsprozesse abzielen. Eine entsprechende Demokratisierung des Familienalltags mit zunehmender Kindzentrierung zeichnet sich auch in einer Längsschnittstudie ab, die Erziehungsziele der jungen Generation vor dem Hintergrund ihrer eigenen Sozialisationserfahrungen betrachtet und gleichzeitig Veränderungen der Erziehungsziele in der Elterngeneration verfolgt (Schneewind/Ruppert 1995).

Günstige Entwicklungsbedingungen scheinen vor allem dort gegeben zu sein, wo Eltern autoritatives Erziehungsverhalten realisieren, das durch ein hohes Maß an Zuwendung gegenüber den Kindern gekennzeichnet ist, die Einhaltung der ausgehandelten Vereinbarungen und Regeln jedoch auch kontrolliert (vgl. SCHWARZ/SILBEREISEN 1996). Angemessene Kontrolle auszuüben ist allerdings zu einer zunehmend schwierigen Aufgabe geworden, zumal sie auf die Offenheit und Mitteilungsbereitschaft der Kinder angewiesen ist.

Es liegt auf der Hand, dass sich im familiären Kontext weitaus mehr Gelegenheiten für »individualisierte« Interaktionen bieten als im schulischen Kontext, wo deutlich mehr individuelle Bedürfnisse aufeinander treffen und im Hinblick auf die Lernaufgaben koordiniert werden müssen. Damit kommen wir zu der Gegenüberstellung von Familie und Schule als Sozialisationsinstanzen.

Familie und Schule als Sozialisationsinstanzen: Gegeneinander, nebeneinander oder miteinander?

Familie und Schule stellen zunächst scheinbar voneinander separierte Institutionen dar. Obliegt der Familie zunächst (weitestgehend) die alleinige Verantwortung für das Kind, tritt mit dem Tag der Einschulung eine weitere Sozialisationsinstanz auf und es werden (Teil-) Funktionen aus dem Verantwortungsbereich der Familie in denjenigen des Staates ausgelagert. Familie und Schule werden von diesem Zeitpunkt an zu zentralen parallel wirksamen Sozialisationsinstanzen im Kindes- und Jugendalter. Sie haben die Möglichkeit nebeneinander, gegeneinander oder miteinander zu agieren. Was sie prinzipiell miteinander verbindet, ist die gemeinsame Aufgabe Kinder zu erziehen und zu kompetenten Mitgliedern unserer Gesellschaft zu machen.

Die Beziehung der beiden Sozialisationsinstanzen lässt sich eher durch geringe, bisweilen sogar mangelnde Beachtung oder Konkurrenz charakterisieren als durch Kooperation im Sinne des Kindeswohls. Das problematische Verhältnis spiegelt sich bereits in den juristischen Schwierigkeiten einer Abgrenzung ihrer Rechte und Pflichten wider. In Artikel 6 (2) des Grundgesetzes findet sich die Formulierung: »Pflege und Erziehung der Kinder sind das natürliche Recht der Eltern und die zuvörderst ihnen obliegende Pflicht«, während in Artikel 7 (1) ausgeführt wird: »Das gesamte Schulwesen steht unter der Aufsicht des Staates« – und nur in geringem Maß, wie wir noch sehen werden, dem Einfluss der Eltern. Wenngleich eine gewisse Aufgabenteilung als Legitimationsbasis der Gewaltenteilung dient, greifen die Aufgaben beider Institutionen jedoch deutlich ineinander. Schule übt neben ihrer Qualifikations- und Selektionsfunktion immer auch Einfluss auf die Sozialisation und Entwicklung von Kindern aus, und umgekehrt trägt die Familie nicht nur zur Sozialisation und Entwicklung, sondern in erheblichem Umfang auch zum Wissenserwerb von Kindern und Jugendlichen bei. Das Bundesverfassungsgericht hat bereits 1972 auf die sich überschneidenden Kompetenzbereiche zwischen Elternhaus und Schule hingewiesen. Danach ist der Staat verpflichtet, in der Schule die Verantwortung der Eltern für die Erziehung ihrer Kinder zu achten und für die Vielfalt der Anschauungen in Erziehungsfragen so weit offen zu sein, wie es sich mit einem geordneten Schulsystem verträgt.

Aus der zumindest teilweisen Parallelität der Funktionen, aber mehr noch aus den unterschiedlichen Zielen von Eltern und Schule ergibt sich eine Situation, die sich als strukturelles Spannungsverhältnis von Familie und Schule charakterisieren lässt. Pekrun (1997) drückt dies folgendermaßen aus: »Da nicht nur die Familie, sondern auch die Schule faktisch Erziehungsaufgaben wahrnimmt, ergibt sich aus diesen beiden Bestimmungen unmittelbar ein Konflikt zwischen dem Elternrecht auf Kindeserziehung einerseits und dem Prinzip nicht etwa elterngesteuerter, sondern staatlicher Schulaufsicht andererseits« (S. 55). Funktionen und Ziele von Schule sind die (a) Weitergabe von kulturnotwendigen Wissens- und Basisfertigkeiten (Qualifikation), (b) Sozialisation, (c) die Bereitstellung von Gleichaltrigengruppen und (d) Selektion bzw. Allokation (Selektion im Rahmen der Schullaufbahn und Zuweisung von Berechtigungen für nachschulische Ausbildungs- und Berufswege). Qualifizierung und Sozialisation werden als Funktionen und Ziele von der Familie (weitgehend) geteilt. Der letztgenannte Zielbereich (d) birgt – quasi vorprogrammiert – Konflikt- und Problembereiche, denn Schule ist durch Schülerselektion anhand kompetitiver Leistungsprinzipien gekennzeichnet (leistungsschwächere Schülerinnen und Schüler werden negativ, leistungsstärkere positiv selegiert). Ziel und Aufgabe der Eltern ist es demgegenüber, ihren Kindern zu günstigen Leistungsbewertungen sowie einem möglichst hohen Schulabschluss zu verhelfen, um damit eine aussichtsreiche Startposition für nachschulische Ausbildungs- und Berufswege zu schaffen.

Die Differenzierung der gesellschaftlichen Institutionen Familie und Schule spiegelt sich auch in einer Aufspaltung und mangelnden Kommunikation der politischen und wissenschaftlichen Instanzen wider, die für die beiden Institutionen zuständig sind: Auf Bundes- wie auf Länderebene sind für Familie und Schule unterschiedliche Ministerien verantwortlich, was eine Koordination der Anliegen und Interessen erschwert. Die unter Erziehungs- und Sozialisationsaspekten für Familie wie Schule primär zuständige Wissenschaftsdisziplin der Pädagogik konzentriert sich auf Institutionen der außerfamiliären Bildung (Kindergarten, Vorschule, Schule, Erwachsenenbildung) sowie Fragen von Unterricht und Didaktik –

eine Pädagogik der Familie fehlt weitgehend. Noch in den 70er Jahren waren in der Psychologie personelle und institutionelle Verflechtungen von Unterrichts- und Schulpsychologie einerseits und Familienpsychologie andererseits zu verzeichnen. An ihre Stelle ist heute eine zunehmende Separierung getreten. In ähnlicher Weise sind auch Schul- und Familiensoziologie in geringem Maße miteinander vernetzt. Eine Folge ist, dass zu den Entwicklungs- und Sozialisationseinflüssen von Familie auf der einen und Schule auf der anderen Seite jeweils zahlreiche empirische Studien vorliegen, während wir zum Zusammenspiel und zur relativen Entwicklungsbedeutung der beiden Instanzen ziemlich wenig wissen.

Nicht zuletzt hat das Verhältnis von Elternhaus und Schule auch eine historische Dimension. Im Zuge fortschreitender Industrialisierung kam es in Europa und den USA im 18. und 19. Jahrhundert zu einer Trennung von Familien- und Arbeitswelt, die eine entsprechende Differenzierung von Familie einerseits und Ausbildungsinstitutionen andererseits bis hin zur Einführung der Schulpflicht nach sich zog, welche bei den Eltern auf erheblichen Widerstand stieß. Die Eltern fürchteten um die wirtschaftliche Sicherung der Familie, für deren Bestand sie die Arbeitskraft ihrer nunmehr schulpflichtigen Kinder benötigten (BRÜCHER 1985). Bis heute beschränken sich die Einflussmöglichkeiten der Eltern im Wesentlichen auf Informations-, Vorschlags- und Mitwirkungsrechte. Die Wahl der Elternvertreter orientiert sich am System der Persönlichkeitswahl. Erziehungsrelevante Tatbestände wie z. B. die Organisation des Schulwesens, die Ausbildung, Einstellung und Besoldung von Lehrerinnen und Lehrern, die Konstitution von Schülergruppen, curriculare Inhalte, die zeitliche Segmentierung von Lehr- und Lernprozessen oder die Festsetzung von Formen und Resultaten schulischer Leistungskontrolle werden dem Einflussbereich des Staates zugeordnet und elterlichen Eingriffsmöglichkeiten weitestgehend entzogen.

Deutsche Staatsschullehrerinnen und -lehrer sind in ihrem Selbstverständnis eher Staatsdienerinnen und -diener als Auftragnehmer des Elternhauses. Durch eine Reihe von empirischen Studien wird belegt, dass Lehrerinnen und Lehrer sich in der Regel eher als Unterrichtsexpertinnen und -experten und weniger als zuständig für Erziehungsfragen sehen, wobei die pädagogische Kooperation mit den Eltern objektiv wie subjektiv eher am Rande ihrer Berufsrolle angesiedelt ist (vgl. etwa KRUMM 1991). Dem entspricht, dass die Hochschulausbildung von Lehrerinnen und Lehrern heute in allen Bundesländern stark auf fachliche und fachdidaktische Fragen konzentriert ist. Für Erziehungs- und Entwicklungsfragen pädagogischer und psychologischer Art werden künftige Lehrerinnen und Lehrer wenig und für die Arbeit mit Eltern bzw. Familien so gut wie gar nicht ausgebildet. Dementsprechend gaben in einer schon etwas betagteren Studie von DANNHÄUSER (1980) ca. 85 % aller befragten Lehrerinnen und Lehrer an, während ihrer Hochschulausbildung nie mit Problemen der Elternarbeit konfrontiert worden zu sein. Hieran dürfte sich in den vergangenen 20 Jahren wenig geändert haben. Mit für das schulische Arbeitsfeld relevanten Themen der Familienentwicklungspsychologie oder ausgewählten Aspekten der Entwicklung von Kindern in Problemfamilien verhält es sich ähnlich.

Bereits aus der Dominanz staatlicher Schulaufsichtsrechte gegenüber elterlichen Erziehungsrechten in Gesetzgebung und Rechtsprechung ergibt sich ein formales Gefälle zugunsten der Schule. Zu diesem Ungleichgewicht tragen eine Reihe von weiteren Faktoren bei. Familien stellen kleine mehr oder weniger isolierte gesellschaftliche informelle Einheiten dar. Schulen sind formelle, handlungsmächtige Institutionen, die in Schulsysteme und Hierarchien der Schulverwaltung eingebettet sind. Insbesondere aus dem Ausland kommende Eltern oder Eltern niedrigerer sozialer Schichten empfinden eine erhebliche Distanz gegenüber der Institution Schule: Sie beherrschen die Techniken des Kontakts mit formalisierten und bürokratischen Institutionen weniger gut (vgl. MELZER 1987). Auf der Ebene der handelnden Personen gilt, dass Lehrer und Lehrerinnen für ihre Rolle ausgebildet und für ihre Lehr- und Erziehungstätigkeit besoldet werden. Entsprechendes trifft für Eltern nicht zu. Das formale Machtverhältnis von Schule und Elternhaus findet sich, dies wissen wir aus zahlreichen Studien zu Wahrnehmungs- und Attributionsmustern von Lehrerinnen und Lehrern sowie Eltern, in ihren subjektiven Theorien wieder. Sie sind zum bestehenden Machtverhältnis weitestgehend kongruent: Lehrerinnen und Lehrer werden als Expertinnen und Experten, Eltern eher als Laien angesehen. Problematische Entwicklungen im Leistungs- und Disziplinbereich werden von Seiten der Lehrpersonen in der Regel external attribuiert, während Eltern schulische Probleme ihrer Kinder häufig auf sich

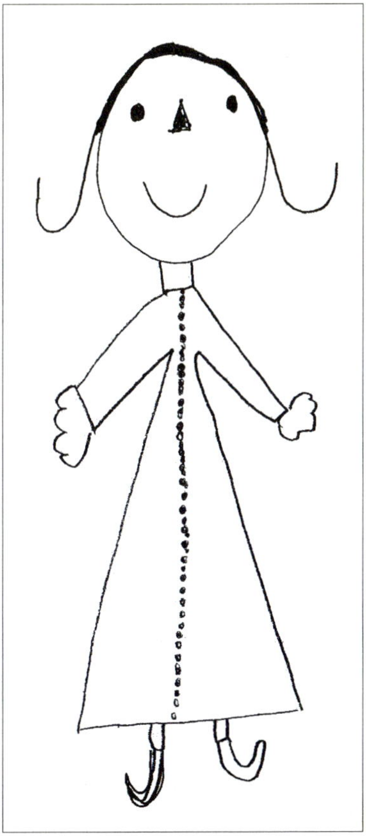

bzw. ihr Kind beziehen. Leistungsversagen liegt aus Sicht von Lehrpersonen vornehmlich bei den Schülerinnen und Schülern selbst und Ursachen für Disziplinprobleme werden eher im Elternhaus lokalisiert. Die Schule nimmt den kaum zu überschätzenden Beitrag der Familie zu einer gelungenen Leistungs- und Sozialentwicklung nicht hinreichend wahr, während sie familiäre und schülerseitige Ursachen für misslungene Entwicklung überbetont (vgl. KRUMM 1996).

Im hiesigen Schulwesen ist die direkte Interaktion zwischen Eltern sowie Lehrerinnen und Lehrern selten und kurz. Sie ist meist auf in der Schule stattfindende Elternabende, Elternsprechtage und Elternsprechstunden beschränkt. Hausbesuche durch Lehrpersonal oder Unterrichtsbesuche durch Eltern sind die Ausnahme. Indirekte Interaktionen finden durch die Schülerinnen und Schüler als Informationsträger und durch schriftliche Mitteilungen (meist Zeugnisse) statt. Formen und Richtung der Interaktion sind häufig wenig symmetrisch und beziehen sich in der Regel auf zwei wesentliche Themen: Leistungs- und Disziplinverhalten im Unterricht. Fragen der Kindesentwicklung und des Kindeswohls jenseits des Leistungs- und Disziplinbereiches werden kaum berührt. Für beide Themen gilt, dass Lehrerinnen und Lehrer einerseits sowie Eltern andererseits unterschiedliche Interessen mitbringen. Während die schulische Seite an Lernfortschritten und Unterrichtsdisziplin der Gesamtklasse interessiert ist, richten sich elterliche Interessen primär auf die Optimierung des Wohles ihres eigenen Kindes.

Eine der Hauptschwierigkeiten im Verhältnis von Familie und Schule dürfte folglich in der Abgrenzung ihrer Verantwortungsbereiche liegen. Wo beginnt die Zuständigkeit der Lehrerinnen und Lehrer, wo hört diejenige der Eltern auf? »Schule« ist eines der Themen, das den Familienfrieden nachhaltig stören kann, wenn die schulischen Leistungen des Nachwuchses nicht den elterlichen Erwartungen entsprechen. Umgekehrt ist auch die Schule von Ereignissen und Lebensbedingungen in der Familie betroffen, da diese das Leistungs- und Sozialverhalten der Schülerinnen und Schüler beeinflussen. Schulische Anforderungen beeinflussen also das Familienleben ebenso, wie das Familienleben in die Schule hineinwirkt. Eltern, Lehrerinnen und Lehrer haben es mit den selben Kindern zu tun und damit ist Kooperation im Grunde unvermeidlich (vgl. KRUMM 2001).

Fragen und Möglichkeiten der Gestaltung der Kooperation zwischen Elternhaus und Schule greifen wir im fünften Abschnitt auf. Zunächst betrachten wir jedoch den entscheidenden ersten Schritt: die Einschulung. Inwiefern sie nicht nur einen Übergang für die betroffenen Schülerinnen und Schüler, sondern auch für deren Familien darstellt, wird im Folgenden diskutiert.

Die Einschulung als Übergang für die Familie

Wie schon angedeutet bringt die Einschulung des Kindes auch für die Familie weitreichende Änderungen mit sich. Da die Betreuung und Erziehung der Kinder in der Regel in den Händen der Mütter liegt, mag es nicht überraschen, dass Mütter diese Phase intensiver und anders erleben als Väter. Es ist hilfreich, sich an dieser Stelle die Entwicklungsaufgaben zu vergegenwärtigen, mit denen die Familien konfrontiert sind, wenn die Kinder in die Schule eintreten (vgl. HOFER 1992).

(1) *Teilhabe am schulischen Bereich.* Mit der Einschulung ändert sich zunächst in der Regel der Tagesablauf der Familie, der nun dem Rhythmus der Schule Rechnung tragen muss. Die Familien haben den täglichen Schulbesuch der Kinder sicherzustellen, einerseits durch eine Anpassung der zeitlichen Taktung von Aufsteh- und Essenszeiten, andererseits aber auch durch die motivationale Begleitung der Schulkinder. Enttäuschungen in der Schule müssen aufgefangen werden und die Bereitschaft der Kinder, ihren schulischen Aufgaben nachzukommen, muss durch die Eltern unterstützt und aufrecht erhalten werden.

(2) *Umverteilung der Verantwortlichkeiten im häuslichen Bereich.* Die Einschulung signalisiert einen Entwicklungsschritt, der mit vermehrter Eigenverantwortlichkeit der Kinder verbunden ist. Der Einblick der Eltern in schulische Aufträge der Kinder ist begrenzt und macht es erforderlich, dass die Kinder ihre Tätigkeiten und Aufgaben zunehmend selbst organisieren. Mit dem Aufkommen dieser gestiegenen Eigenverantwortlichkeit der Kinder wachsen oft auch die Erwartungen, dass die Kinder vermehrt häusliche Pflichten übernehmen. Dies gilt um so mehr, wenn die Mütter sich in dieser Phase entschließen, ihre Erwerbstätigkeit (wieder) aufzunehmen. Auch dies legt oftmals eine differenziertere Aufgabenverteilung in der Familie nahe, wobei zumindest ein Teil der bisherigen Aufgaben der Mutter auf die anderen Familienmitglieder, auch die Kinder, umverteilt werden.

(3) *Öffnung der Beziehungen nach außen.* Durch den Kon-

takt zu Klassenkameradinnen und -kameraden entwickeln Schulkinder viele neue Beziehungen außerhalb der Familie, nicht nur zu diesen Gleichaltrigen, sondern auch zu deren Familien. Die meisten Freundschaften werden nun in der Schule geschlossen. Inwieweit sich die Familien für diese Kontakte öffnen, hat bedeutsamen Einfluss darauf, inwieweit die Eltern an wichtigen Erfahrungen und Aktivitäten ihrer Kinder teilhaben. Die Informiertheit der Eltern über Kontakte und Freizeitaktivitäten ihrer Kinder ist oft als wesentliche Prophylaxe für mögliche Problementwicklungen, vor allem später im Jugendalter, herausgestellt worden (vgl. STATTIN / KERR 2000). Auch die Eltern scheinen sich in dieser Phase wieder vermehrt nach außen zu orientieren, greifen Hobbys auf und pflegen Freundschaften und Nachbarschaftskontakte.

Mit dem Eintritt der Kinder in die Schule scheinen sich nicht nur familiale Rollen und Erwartungen, sondern auch die Enge der Beziehungen zu verändern. Wenngleich sich in der Studie von KLÜTER-BOMMERT (1995) keine Hinweise auf ein »empty nest-Syndrom« der Eltern bei der Einschulung ihrer Kinder fanden, zeigte sich doch, dass sich im Zuge dieses Übergangs – zumindest aus Sicht der Eltern – der familiale Zusammenhalt lockerte, eine Entwicklung, über die sich die befragten Eltern nicht glücklich äußerten. Auch die zunehmende Strukturiertheit des Tagesablaufs sahen die Eltern eher skeptisch.

Wie gestaltet sich nun der Übergang aus der Sicht der Schülerinnen und Schüler? Schon im vorherigen Abschnitt wurden Unterschiede in den Zielen und Funktionen von Familie und Schule hervorgehoben, die die Interaktionen in beiden Kontexten prägen und damit umreißen lassen, mit welchen neuen Erfahrungen die Kinder in der Schule konfrontiert werden. In der Familie sind die Beziehungen in der Regel partikularistisch orientiert, d.h. dem Besonderen und Individuellen jeden Mitglieds wird Rechnung getragen. So wird auch bei der Beurteilung des kindlichen Verhaltens in der Regel nicht nur auf allgemein verbindliche Regeln Bezug genommen, sondern die individuelle Entwicklungsgeschichte wird mit berücksichtigt. In der Schule herrschen demgegenüber universalistische Orientierungen vor, d.h. das Allgemeine, für alle gleichermaßen Verbindliche steht im Vordergrund. Geltende Regeln und Verpflichtungen haben als Grundlage des Handelns und der Interaktion Vorrang vor Zuneigung und Liebe. Maßgeblich sind die zugeschriebenen Rollen, die nur einen Teil der Persönlichkeit betreffen. Vor allem werden allgemein verbindliche Leistungsmaßstäbe nun zur Grundlage der Beurteilung.

Kinder müssen also mit der Einschulung lernen, diese neuen Interaktionsformen konstruktiv zu verarbeiten und zu akzeptieren. Gleichzeitig müssen sie ihren Platz in dem neuen sozialen Gefüge der Schulklasse finden. Dass dies mit beträchtlichen Anforderungen verbunden ist, zeigt die Studie von Paetzold (1988), in der die Mütter kurz nach Schulanfang über schulische Probleme ihrer Kinder befragt wurden. Körperliche Aggressionen der Kinder, die wahrscheinlich den Rangordnungskämpfen entsprangen, wurden am häufigsten genannt. Ihnen folgten Schwierigkeiten mit den Lehrpersonen, die durch das Vorenthalten positiver und Verteilen negativer Verstärker sowie die Nichtbeachtung bei Problemen bedingt waren. Besonders schwierig scheint es für Kinder zu sein, wenn sie sich melden, aber nicht beachtet werden. Während sie bei der Mutter weitaus häufiger Gehör finden, müssen sie in der Klasse lernen zu warten und anderen den Vortritt zu lassen. Probleme mit den Lehrerinnen und Lehrern hatten sich bis zum Ende der ersten Klasse keineswegs verringert, sondern waren eher noch gestiegen.

Kinder meistern diesen Übergang in den schulischen Kontext unterschiedlich gut, und hierbei scheinen nicht nur ihre individuellen Dispositionen, sondern auch ihre Erfahrungen in der Familie eine nicht unwesentliche Rolle zu spielen. Zwei Modellvorstellungen sind hier zu nennen. Zum einen liegt es nahe zu vermuten, dass Kinder aus engagierten Familien mit sehr engen, positiven Beziehungen und hoher elterlicher Zuwendung besonders hohe familiale Ressourcen und damit günstige Voraussetzungen zur Bewältigung des Schuleintritts haben. Andererseits mag eine stark partikularistisch orientierte, kindzentrierte Familie den Übergang erschweren, da die Diskrepanz zu den neuen Erfahrungen unter diesen Umständen besonders hoch sein sollte.

Welchen Einfluss familiale und individuelle Faktoren auf das Gelingen des Schuleintritts nehmen, hat Beelmann (2000) in einer Längsschnittstudie näher beleuchtet. Da gleichzeitig auch andere Übergänge, nämlich der Eintritt in den Kindergarten und der Übertritt an eine weiterführende Schule untersucht wurden, erlaubt es diese Studie, sowohl generell bedeutsame als auch spezifische Ressourcen und Risikomerkmale herauszuarbeiten, die mit bestimmen, wie die Kinder sich im Verlauf dieser Übergänge entwickeln. Die erste Erhebung fand jeweils ca. 3 Monate vor dem Übertritt, die zweite durchschnittlich ca. 3 Monate nach dem Übertritt statt. Befragt wurden sowohl Kinder, Eltern als auch die in den jeweiligen Institutionen tätigen Pädagoginnen und Pädagogen. Die drei Gruppen, die entweder den Eintritt in den Kindergarten, die Grundschule oder den Übertritt in die weiterführende Schule vollzogen, umfassten jeweils 60 Kinder. Anhand der längsschnittlich erfassten Entwicklungsverläufe kindlicher Verhaltensauffälligkeiten wurden vier Verlaufstypen bestimmt:

- ein erster Verlaufstyp der »Übergangsgestressten«, zu dem jene Kinder gehören, die eine deutliche Zunahme von Anpassungsproblemen im Übergangsprozess zeigten (unter den Erstklässlern gehörten 14 % zu diesem Typ),
- ein zweiter Verlaufstyp der »Übergangsgewinner« mit Kindern, deren Anpassungsprobleme innerhalb der untersuchten 6 Monate abnahmen (15 % der Erstklässler),
- ein dritter Verlaufstyp der »Geringbelasteten«, der Kinder mit konstant niedrigen Verhaltensauffälligkeiten umfasste (42 % der Erstklässler), und
- ein vierter Verlaufstyp der »Risikokinder« mit hohen Verhaltensauffälligkeiten sowohl vor als auch nach dem Übertritt (29 % der Erstklässler).

Interessanterweise erwiesen sich gerade unter den Kindern, die den Eintritt in die Grundschule zu meistern hatten, die Familienbeziehungen als sehr bedeutsam dafür, welchem Verlaufstyp die Kinder angehörten. Hierbei waren die Übergangsgestressten keineswegs diejenigen Kinder, die über geringe familiale Ressourcen verfügten. Im Gegenteil: Sie gaben ein hohes Maß an positiven und ein geringes Maß an negativen Gefühlen zur Mutter an. Allerdings waren ihre positiven Gefühle zum Vater eher gering ausgeprägt und die Väter übernahmen nur wenig Sozialisationsfunktionen gegenüber diesen Kindern. Überraschenderweise zeigte sich, dass gerade in dieser Gruppe die Eltern häufig versucht hatten, ihre Kinder durch Lernspiele gezielt auf den Übergang vorzubereiten. Demgegenüber scheint unter den Übergangsgewinnern die asymmetrische Beziehung zu den Eltern umgekehrt zu sein: Sie hatten ein eher negatives Verhältnis zur Mutter, gekennzeichnet durch ein hohes Maß an negativen Gefühlen ihr gegenüber, und ein besonders positives Verhältnis zum Vater. Anders als die Übergangsgestressten wurden sie wenig durch Lernspiele auf den Übergang vorbereitet. Geringbelastete, die in gewissem Sinne das Ideal darstellen, und ihre Gegengruppe, die Risikokinder, zeigten erstaunliche Parallelen hinsichtlich der Familienbeziehungen und der Vorbereitung auf den Übergang. Beide Gruppen waren durch ein geringes Maß an positiven Gefühlen gegenüber der Mutter gekennzeichnet und wurden weniger durch Lernspiele auf den bevorstehenden Schuleintritt vorbereitet. Allerdings zeigten sich zwischen beiden Gruppen deutliche Unterschiede hinsichtlich ihres Temperaments. Während die Geringbelasteten eher wenig emotional waren, waren Risikokinder durch hohe Emotionalität, geringe Aktivität und geringe Soziabilität gekennzeichnet.

Was sich in diesen Befunden andeutet, sind die besonderen Anforderungen, die der Schuleintritt für jene Kinder bereithält, die zuvor eine besonders positive und exklusive Beziehung zur Mutter hatten. In diesen Fällen scheint das Verlassen des familialen Schutzraums und der Eintritt in die öffentliche Sphäre der Schule besonders belastend zu sein. Waren diese Kinder noch vor der Einschulung sehr unauffällig hinsichtlich ihrer Verhaltensentwicklung, so erreichen sie nach dem Schuleintritt ein Niveau von Anpassungsschwierigkeiten, das nur unwesentlich unter dem der »Risikokinder« liegt. Umgekehrt scheint der Schuleintritt für jene Kinder positive Entwicklungschancen zu bieten, die zuvor ein negatives Verhältnis zur Mutter hatten, aber immerhin – anders als die Risikokinder – über eine positive Beziehung zum Vater verfügten. Auch hier scheinen neben den Familienbeziehungen Persönlichkeitsmerkmale der Kinder bedeutsam zu sein, denn die »Übergangsgewinner« zeichnen sich durch hohe Soziabilität aus, Kompetenzen, die ihnen im Umgang mit den neuen Klassenkameraden und -kameradinnen vermutlich zugute kommen.

Bemerkenswert sind einige Parallelen, aber auch Unterschiede zu den Befunden für den Eintritt in den Kindergarten. Auch hier wurden die Übergangsgestressten häufiger durch Lernspiele gezielt auf den Übergang vorbereitet, während für die Übergangsgewinner eher das Gegenteil galt. Dies mag nahe legen, dass eine allzu intensive Vorbereitung für die Auseinandersetzung mit den konkreten neuen Anforderungen eher hinderlich ist, vielleicht weil falsche Vorstellungen und Erwartungen seitens der Kinder geweckt werden, vielleicht weil hierdurch hohe Erwartungen der Eltern an das Gelingen dieses Übergangs signalisiert werden, die eher angsteinflößend wirken mögen. Allerdings ist auch nicht auszuschließen, dass die Eltern in guter Kenntnis ihrer Kinder und im antizipatorischen Vorgriff auf deren mögliche Probleme beim Übertritt zu diesen Lernspielen gegriffen haben, die sich dann in der Vermeidung dieser Schwierigkeiten als wenig effektiv erwiesen haben. Ein Hinweis hierauf könnte sein, dass Übergangsgestresste unter den Kindergartenkindern eher wenig nach sozialer Unterstützung suchten, während Übergangsgewinner dies deutlich mehr unternahmen. Hier wäre vermutlich eine Stärkung ihrer sozialen Kompetenzen eher angezeigt gewesen.

Dass hierbei – wie auch in anderen Bereichen – der Kindergarten wesentliche Vorleistungen erbringt und so den Übergang erleichtern kann, zeigt eine amerikanische Repräsentativstudie (Entwistle / Alexander 1998). Kinder mit längerer Vorerfahrung im Kindergarten haben es nach diesen Befunden leichter, die Einschulung in die Grundschule mit guten schulischen Leistungen zu meistern als andere Kinder, die nur für geringere Zeit zuvor den Kindergarten besucht hatten. Da auch der Kindergarten eine öffentliche Institution darstellt und dort eine Reihe von Fähigkeiten eingeübt werden, die für die Schule bedeutsam sind, ist davon auszugehen, dass der Übergang dann weniger drastisch erlebt wird und die Kinder sich rascher konstruktiv mit den neuen Erwartungen auseinandersetzen können. In der Untersuchung von Mader (1989, S. 258ff.), die sich auf hiesige Verhältnisse bezieht, ging vom Besuch des Kindergartens ein relativ niedriger, jedoch signifikant positiver Einfluss auf die Reduzierung der Zurückstellungsrate nach Schulbeginn aus. Dabei wirken sich eine gute Versorgung mit Kindergartenplätzen im Schuleinzugsbereich indirekt, der Anteil von Schulanfängern mit Kindergartenerfahrung in der Schulanfangsklasse direkt positiv aus. Mader folgert: »Der Kindergarten begünstigt offenbar die Herausbildung von Fähigkeiten, die die Übernahme der Schülerrolle im Anfangsunterricht erleichtern« (ebd., S. 259).

Erstaunlicherweise hatte sich in der Studie von Beelmann das konkrete elterliche Erziehungsverhalten als wenig maßgeblich für den Verlaufstyp kindlicher Verhaltensentwicklung erwiesen. Nur bei den Kindergartenkindern zeigte sich, dass überbehütendes Erziehungsverhalten der Mütter eher hinderlich ist. Allerdings verweisen andere Befunde darauf, dass das Erziehungsverhalten der Eltern selbst bis ins Jugendalter hinein für die Bewältigung schulischer Übergänge relevant ist. So ergab eine amerikanische Längsschnittstudie, dass Kinder mit unterstützenden und interessierten Eltern beim Übergang in die weiterführende Schule bessere Schulleistungen, positiveres Sozialverhalten und eine bessere psychische Anpassung zeigten als andere Kinder und auch in den folgenden zwei Jahren noch Entwicklungsgewinne zu verzeichnen hatten. Demgegenüber waren Kinder mit hart kontrollierenden, unaufmerksamen Eltern nicht nur direkt nach dem Übertritt im Nachteil, sondern entwickelten sich auch in der Folgezeit noch stärker negativ.

Wenngleich die letztgenannten Daten dafür sprechen, dass hohes »soziales Kapital« der Kinder auf Seiten der Eltern ihrem schulischen Erfolg zugute kommt, scheint es doch auch auf das Passungsverhältnis zwischen familiären und schulischen Erfahrungen anzukommen. So zeigte sich in einer Studie von HANSON (1986), dass die schulischen Leistungen von Grundschulkindern davon profitierten, wenn der Beziehungstyp, der ihre Familie charakterisiert, auch in ihrer Schulklasse vorherrschte. Kinder aus kohäsiven Familien erzielten in kohäsiven Klassen durchschnittlich die besten Leistungen, während Kinder aus autoritären Familien in autoritär strukturierten Schulklassen ebenso hohe Leistungen erzielten und Kinder aus laissez-faire-Familien in laissez-faire-Klassen die größten Lernfortschritte zeigten.

Dies unterstreicht, dass der ökologische Übergang zwischen Schule und Familie dann besonders gut gelingt, wenn die Regeln und Orientierungen in beiden Kontexten nicht drastisch divergieren. Schon in diesem Sinne beeinflussen Familie und Schule die Kinder nicht unabhängig voneinander, selbst wenn sie sich wenig aneinander orientieren und – wie häufig der Fall – ihre Ziele und Strategien kaum koordinieren. Wie dies im besseren Fall möglich wäre, soll nun im folgenden Abschnitt behandelt werden.

Kooperation, Zusammenarbeit und Austausch zwischen Elternhaus und Schule

Wie bislang deutlich geworden ist, überschneiden sich nicht nur die Kompetenzbereiche von Elternhaus und Schule, sondern Kon- und Divergenzen der jeweiligen Regeln und Interaktionsmuster sind direkt für die Kinder relevant. Sollen der Übergang in die Schule, Erziehung und (Aus-)bildung gelingen, ist das Zusammenwirken der Schule bzw. der dort Lehrenden mit den Eltern – die Zusammenarbeit der Erziehungspartner also – unerlässlich. Mit KRUMM könnte man auch sagen: »Eltern und Lehrende haben es mit dem selben Kind zu tun und damit ist Kooperation unvermeidlich« (2001, S. 109). Wie ist es nun in der Praxis um diese Kooperation bestellt?

Die alltäglichen Verkehrsformen zwischen Lehrenden und Eltern spielen sich außer bei spontanen Kontakten – wie (zufälligen) Treffen in der Schule oder Telefongesprächen – weitestgehend institutionalisiert ab und finden in Form von Elternabenden, Elternsprechtagen, Sprechstunden, gelegentlicher Mitarbeit von Eltern im Schulleben (meist bei Ausflügen und Schulfesten), seltenen Hausbesuchen, Elternbriefen und -informationsblättern, Zeugnissen u. a. m. statt. Lehrerinnen und Lehrer (Gesetzeslage und im Grunde auch ihr pädagogisches Selbstverständnis veranlassen sie dazu) sind verpflichtet, Eltern anzuhören, sie zu informieren, ihnen bestimmte Kontrollrechte und minimale Mitentscheidungsrechte einzuräumen und auch sich mit ihnen in pädagogischen Fragen zu beraten. In welchem Umfang und welchen Formen wird dieser Verpflichtung entsprochen (vgl. etwa HÖSL-KULIKE 1994; NEUBAUER ET. AL. 1998)?

- Elternabende, Elternsprechtage oder Sprechstunden bzw. Sprechzeiten sind die häufigsten Formen der Begegnung zwischen Eltern und Lehrenden. Sie sind von Seiten der Schule bzw. der Lehrerinnen und Lehrer meist auf die vorgeschriebene Pflichtzahl begrenzt. Für Eltern ist von großem Interesse, ob ihr Kind in der Schule zurechtkommt – so entstehen intensivere Kontakte und Kooperation häufig erst dann, wenn das Kind tatsächlich Probleme hat.
- Die Gesprächsinhalte sind von Wünschen der Lehrerinnen an die Eltern und vom Interesse der Eltern an Informationen über Leistung und Verhalten ihres Kindes in der Schule geprägt. Intensivere und nachhaltigere pädagogische Beratung und Unterstützung entstehen, wenn (pädagogische) Probleme zu bewältigen sind.
- Hausbesuche von Seiten der Lehrenden sind ausgesprochen selten. Lehrerinnen und Lehrer kennen die häuslichen Lernbedingungen ihrer Schülerinnen und Schüler wenig – sie wirken auch selten mit Rat und/oder Hilfe pädagogisch in die Familie hinein. Eltern begeben sich selten in den schulischen Unterricht, sie werden auch selten zur Unterrichtsbeobachtung eingeladen; Mithilfe im Unterricht findet fast nie statt.
- Lehrerinnen und Lehrer werden in ihrer Ausbildung nicht oder kaum auf Elternarbeit vorbereitet und die meisten Schulen sind für eine systematische Elternarbeit nicht eingerichtet (vgl. KRUMM 1996).

Den Eltern werden in der Schule im Wesentlichen folgende Mitwirkungsmöglichkeiten eingeräumt:

- das Recht auf Bestimmung des Bildungsweges,
- das Recht auf Unterrichtung, Mitsprache und Anhörung,
- das Recht, über die Teilnahme des Kindes an Untersuchungen mit psychodiagnostischen Verfahren sowie an wissenschaftlichen Erhebungen und Befragungen zu befinden.

Die Mehrzahl der vorliegenden Untersuchungen zum Thema Kooperation bzw. Umgang zwischen Elternhaus und Schule konstatieren eine Störung der alltäglichen Verkehrsformen zwischen beiden Sozialisationsinstanzen. Belastet durch Vorurteile, Desinteresse und die Verfolgung jeweils egoistischer Ziele befindet sich die Zusammenarbeit zumindest in einer eher problematischen Situation. Ein weiterer Grund für die Entwicklung eines schwierigen Umgangs miteinander liegt in den meist negativen Kontaktanlässen. Eltern erhalten in den seltensten Fällen die Nachricht, dass sich Lehrpersonen über das Verhalten ihres Kindes im

Unterricht gefreut haben, es überwiegen vielmehr Beschwerden oder dringende pädagogische Hinweise mit der Bitte um Abhilfe.

Das oft ambivalente Verhältnis von Lehrenden und Eltern kann durch rechtliche Vorschriften kaum verbessert werden. Eltern sind, wir haben bereits darauf hingewiesen, häufig motiviert durch ihr Partialinteresse an der Schullaufbahn ihres eigenen Kindes, vor allem aber an seinem Leistungsstand. Wenn auch die Leistungsfixiertheit vieler Eltern den pädagogischen Anliegen vieler Lehrerinnen und Lehrer widerspricht, scheint dies zunächst verständlich. An das Gesamtwohl der Klasse denken nur wenige Eltern. Das aber ist zentrales Anliegen der Lehrenden, die ja über die individuelle Förderung des einzelnen Kindes hinaus auch immer das Gesamtwohl der Klasse im Auge haben und z. B. auch Ziele im Bereich des Sozialverhaltens und der Persönlichkeitsentwicklung realisieren möchten.

Reger Austausch zwischen Elternhaus und Schule kann als Ausdruck von gemeinsamer Verantwortung betrachtet werden. Für eine sinnvolle Zusammenarbeit ist es wichtig, nicht nur über Schwierigkeiten, sondern auch über gelungene Aktivitäten miteinander zu sprechen.

Schlussbetrachtung

Kinder sind erstaunlich flexibel. Sie geraten so lange weniger in Schwierigkeiten, wie Lehrende und Eltern einander in ihrer Art zu denken, zu fühlen und zu handeln wohlwollend tolerieren. Prinzipiell ist zwischen Elternhaus und Schule von einem gemeinsamen Interesse am Wohlergehen des Kindes auszugehen. Vertrauensvoll zusammenarbeiten sollen sie, demokratisch miteinander umgehen und den gemeinsamen Erziehungsauftrag wahren. Dennoch können sich, wie wir zeigen konnten, aus den unterschiedlichsten Gründen Interessengegensätze ergeben, bei denen eine einigende Lösung nicht erreichbar oder zumindest schwierig erscheint. Konfligierende Interessen können nicht durch wechselseitige Schuldzuweisungen gelöst werden – auch wenn es verführerisch erscheint, sich angesichts von Lernstörungen und Verhaltensauffälligkeiten über die Unfähigkeit der Lehrenden oder umgekehrt über wenig traditionelle familiäre Lebens- und Erziehungsformen zu empören. Die Erziehungsziele haben sich gewandelt. Im Vergleich zu früheren Untersuchungen wird dem Erziehungsziel Autonomie gegenüber dem Erziehungsziel Konformität und Anpassung mehr Bedeutung beigemessen. Mit den meisten Operationalisierungen von elterlichen Erziehungsvorstellungen werden vor allem allgemeine Wertorientierungen erfasst; d. h. mit den Erziehungszielen werden auch gesamtgesellschaftliche Wertorientierungen bestimmt. Die Schulen haben diesen Wandel nicht gleichermaßen mitvollzogen. Wenn traditionelle Strukturen und Wertorientierungen, vertraute Denk- und Handlungsmuster brüchig werden, stellt die Alltagsbewältigung für alle Betroffenen – auch für Kinder und Jugendliche – eine Belastungsprobe dar; d.h. Elternhaus und Schule kommt für gelingende Entwickungsprozesse von Kindern eine besondere Bedeutung zu. Die veränderte Lebenswelt zwingt Kinder zu neuen Anpassungsleistungen, die mitunter als »auffällig« und »störend« erlebt werden. Lehrerinnen und Lehrer tendieren bisweilen dazu, in der Wahrnehmung von und in der Auseinandersetzung mit auffälligen Kindern wieder stärker auf traditionelle, individualisierende Erklärungs- und Handlungsmuster zurückzugreifen (vgl. Voss 2000). Demgegenüber steht die Einstellung, Auffälligkeiten als passende Antwort auf gegebene schulische und familiale Lebensumstände zu betrachten. Diese Sicht ermöglicht es, lebenswelt- und lösungsorientierte Handlungsoptionen zu entwickeln, die die Kinder aus der traditionellen »Beschuldigung der Opfer« entlassen und Eltern wie Lehrerinnen und Lehrern Entlastung für ihren Lebens- und Berufsalltag ermöglichen.

Leichter ertragen und überwinden lassen sich mögliche Barrieren zwischen Elternhaus und Schule, wenn man die Perspektive des Gegenübers nachzuvollziehen versucht, Empathie und Ambiguitätstoleranz zeigt und generell Gesprächsbereitschaft signalisiert. Bei den verschiedenen Begegnungsformen zwischen Lehrenden und Eltern registrieren die Kinder sensibel, wie Lehrende und Eltern miteinander umgehen – und später, wie sie in Abwesenheit »der Miterzieherin und des Miterziehers« übereinander reden. Reger Austausch zwischen Elternhaus und Schule kann als Ausdruck von gemeinsamer Verantwortung gegenüber den Schülerinnen und Schülern betrachtet werden. Für eine sinnvolle und kontinuierliche Zusammenarbeit ist es wichtig, nicht nur über Schwierigkeiten, sondern auch über gelungene Aktivitäten miteinander zu sprechen. Alle Versuche, Austausch, Kooperation und Zusammenarbeit zu verbessern, müssen die jeweils real vorhandenen Bedingungen und Grenzen der Institution Schule und des Elternhauses beachten und respektieren.

Literatur

Amato, P. R.: The consequences of divorce for adults and children. In: Journal of Marriage and the Family, 62. Jg., 2000, S. 1269-1287

Beelmann, W.: Normative soziale Übergänge im Kindesalter: Differentielle Anpassungsverläufe bei Eintritt in den Kindergarten, die Grundschule oder die weiterführende Schule. Poster auf dem 42. Kongress der Deutschen Gesellschaft für Psychologie in Jena 2000

BRONFENBRENNER, U.: Die Ökologie der menschlichen Entwicklung: Natürliche und geplante Experimente. Stuttgart 1981

BRÜCHER, B.: Die Geschichte der Elternpartizipation im Spannungsfeld zwischen Staatsschule und Elternrecht. In: MELZER, W. (Hrsg.): Eltern – Schüler – Lehrer. Zur Elternpartizipation an Schule. Weinheim/München 1985, S. 193-218

DANNHÄUSER, A.: Kooperation zwischen Schule und Elternhaus. In: Forum Erziehung, 1980, S. 33-36

ENGSTLER, H.: Die Familie im Spiegel der amtlichen Statistik. Bonn: Bundesministerium für Familie, Senioren, Frauen und Jugend 1999

ENTWISLE, D. R. / ALEXANDER, K. L.: Facilitating the transition to first grade: the nature of transition and research on factors affecting it. In: The Elementary School Journal, 1998 (4), S. 351-364

FILIPP, S.-H. (Hrsg.): Kritische Lebensereignisse. München 1995

HANSEN, D. A.: Family-school articulations: The effects of interaction rule mismatch. In: American Educational Research Journal, 23. Jg., 1986, S. 643-659.

HILL, R. / RODGERS, R. H.: The developmental approach. In: CHRISTENSEN, H. (Hrsg.): Handbook of marriage and the family. Chicago 1964, S. 171-211

HOFER, M.: Die Familie mit Schulkindern. In: HOFER, M. / KLEIN-ALLERMANN, E. / NOACK, P. (Hrsg.): Familienbeziehungen. Eltern und Kinder in der Entwicklung. Ein Lehrbuch. Göttingen 1992, S. 171-193

HÖSL-KULIKE, C.: Schule aus Elternsicht. Frankfurt 1994

KLÜTER-BOMMERT, J.: Interaktion in tetradischen Familien. Einschulung und Kindergarteneintritt beim jüngeren und älteren Kind. Frankfurt a. M. 1995

KRUMM, V.: Wem gehört die Schule? Anmerkungen zu einem Mißstand, mit dem fast alle zufrieden sind. In: GANTHALER, H. / ZECHA, C. (Hrsg.): Wissenschaft und Werte im Wandel. Wien 1991, S. 22-44

KRUMM, V.: Über die Vernachlässigung der Eltern durch Lehrer und Erziehungswissenschaft – Plädoyer für eine veränderte Rolle der Lehrer bei der Erziehung der Kinder. In: LESCHINSKY, A. (Hrsg.): Die Institutionalisierung von Lehren und Lernen – Beiträge zu einer Theorie der Schule. In: Zeitschrift für Pädagogik, 42. Jg., 1996, S. 119-140 (Sonderheft 34)

KRUMM, V.: Elternhaus und Schule. In: ROST, D. H. (Hrsg.): Handwörterbuch Pädagogische Psychologie. Weinheim 2001, S. 108-115

MADER, J.: Schulkindergarten und Zurückstellung. Zur Bedeutung schulisch-ökologischer Bedingungen bei der Einschulung. Münster 1989

MELZER, W.: Familie und Schule als Lebenswelt. München 1987

NAUCK, B.: Familien- und Betreuungssituation im Lebenslauf von Kindern. In: BERTRAM, H. (Hrsg.): Die Familie in Westdeutschland. Stabilität und Wandel familialer Lebensformen. Opladen 1991, S. 389-428

NAUCK, B.: Lebensbedingungen von Kindern in Einkind-, Mehrkind- und Vielkindfamilien. In: NAUCK, B. / BERTRAM, H. (Hrsg.): Kinder in Deutschland. Lebensverhältnisse von Kindern im Regionalvergleich. Opladen 1995, S. 137-169

NAVE-HERZ, R.: Kontinuität und Wandel in der Bedeutung, in der Struktur und Stabilität von Ehe und Familie in der Bundesrepublik Deutschland. In: NAVE-HERZ, R. (Hrsg.): Wandel und Kontinuität der Familie in der Bundesrepublik Deutschland. Stuttgart 1988, S. 61-94

NEUBAUER, C. / ASTLEITNER, H. / KRUMM, V.: Lehrer-Eltern-Kooperation im Lichte empirischer Untersuchungen. Institut für Erziehungswissenschaft der Universität Salzburg 1989

OLBRICH, E.: Normative Übergänge im menschlichen Lebenslauf: Entwicklungskrisen oder Herausforderungen? In: FILIPP, S.-H. (Hrsg.): Kritische Lebensereignisse. München 1995, S. 123-138

PAETZOLD, B.: Familie und Schulanfang. Eine Untersuchung des mütterlichen Erziehungsverhaltens. Bad Heilbrunn 1988

PEKRUN, R.: Kooperation zwischen Elternhaus und Schule. In: VASKOVICS, L. A. / LIPINSKI, H. (Hrsg.): Familiale Lebenswelten und Bildungsarbeit (2). Opladen 1997, S. 51-79

PEUKERT, R.: Familienformen in Deutschland. Opladen 1991

REUBAND, K.-H.: Aushandeln statt Gehorsam? Erziehungsziele und Erziehungspraktiken in den alten und neuen Bundesländern im Wandel. In: BÖHNISCH, L. / LENZ, K. (Hrsg.): Familien. Eine interdisziplinäre Einführung. Weinheim 1999, S. 129-153

SCANZONI, J. / POLONKO, K. / TEACHMAN, J. / THOMSON, L.: The sexual bond. Rethinking families and close relationships. Newsbury Park 1989

SCHEITHAUER, H. / PETERMANN, F.: Zur Wirkungsweise von Risiko- und Schutzfaktoren in der Entwicklung von Kindern und Jugendlichen. In: Kindheit und Entwicklung, 3, 1999, S. 3-14

SCHMIDT-DENTER, U.: Entwicklung von Trennungs- und Scheidungsfamilien: Die Kölner Längsschnittstudie. In: SCHNEEWND, K. A. (Hrsg.): Familienpsychologie im Aufwind. Brückenschläge zwischen Forschung und Praxis. Göttingen 2000, S. 203-221

SCHNEEWIND, K. A.: Familienpsychologie. Stuttgart 1999

SCHNEEWIND, K. A. / RUPPERT, S.: Familien gestern und heute: ein Generationenvergleich über 16 Jahre. München 1995

SCHWARZ, B. / SILBEREISEN, R. K.: Anteil und Bedeutung autoritativer Erziehung in verschiedenen Lebenslagen. In: ZINNECKER, J. / SILBEREISEN, R. K. (Hrsg.): Kindheit in Deutschland. Aktueller Survey über Kinder und ihre Eltern. Weinheim 1996. S. 229-242

STATTIN, H. / KERR, M.: Parental Monitoring: A reinterpretation. In: Child Development, 71. Jg., 2000, S. 1072-1085

VOSS, R.: Neue Lösungen oder alte Rezepte? Lebenswelt- und lösungsorientierte Perspektiven für den Umgang mit Kindern in schwierigen Zeiten. In: VOSS, R. (Hrsg.): Verhaltensauffällige Kinder in Schule und Familie. Neuwied 2000, S. 1-35

WALPER, S.: Elternverlust durch Trennung, Scheidung und Tod. In: OERTER, R. / MONTADA, L. (Hrsg.): Entwicklungspsychologie. Neuauflage. Weinheim (im Druck)

WALPER, S. / GALAMBOS, N. L.: Employed mothers in Germany. In: FRANKEL, J. (Hrsg.): Families of employed mothers. An international perspective. New York 1997, S. 35-66

WALPER, S. / SCHWARZ, B.: Risiken und Chancen für die Entwicklung von Kindern aus Trennungs- und Stieffamilien: Eine Einführung. In: WALPER, S. / SCHWARZ, B. (Hrsg.): Was wird aus den Kindern? Chancen und Risiken für die Entwicklung von Kindern aus Trennungs- und Stieffamilien. Weinheim 1999, S. 7-22

GABRIELE FAUST-SIEHL

Konzept und Qualität im Kindergarten

Seit längerem ist vorwiegend aus amerikanischen Studien bekannt, dass die Entwicklung der Kinder durch Vorschulerziehung langfristig positiv beeinflusst wird, solange die pädagogische Qualität der Einrichtungen gut ist. Dies gilt vor allem für die kognitive und sprachliche, etwas weniger konsistent auch für die sozial-emotionale Entwicklung innerhalb und außerhalb von Interventionsstudien und für Kinder aus allen Familien (EUROPEAN CHILD CARE AND EDUCATION STUDY 1999, S. 10ff.). Der Abschlussbericht dieser Langzeitstudie erlaubt für drei europäische Länder vergleichende Aussagen zum relativen Einfluss des Vorschul- und des Schulbereichs auf die Entwicklung der Kinder bis zum 8. Lebensjahr. Unter Berücksichtigung der Stichprobengröße kann maximal die Hälfte der Varianz erklärt werden. Der stärkste Einfluss geht von der Qualität der familiären Erziehungsbedingungen aus (mindestens doppelt so groß wie Vor- und Grundschulbereich zusammen). Von der verbleibenden Varianz erklärt der Einfluss des Vorschulbereichs höhere Anteile als der des Schulbereichs, obwohl die Kinder zum Untersuchungszeitpunkt die Grundschule besuchen und bereits vor zwei (in Deutschland und Österreich) bzw. drei Jahren (in Spanien) den Vorschulbereich verlassen haben (ebd., S. 188ff.). In einer Teilstudie wird der Einfluss der Kindergartenqualität in Deutschland auf die Entwicklung im 4. Lebensjahr untersucht. Zwar dominiert der Einfluss der Familie, jedoch wirkt sich die Kindergartenqualität in Bezug auf die Sprachentwicklung und die Bewältigung von Alltagssituationen im Kindergarten in einem Ausmaß aus, das – vergleicht man die Extreme mit sehr hoher und sehr niedriger Qualität – einem Jahr Altersunterschied vergleichbar ist (TIETZE U. A. 1998, S. 319ff.). Die Betreuung, Bildung und Erziehung der Kinder vor der Schule ist deshalb nach wie vor für die Grundschulpädagogik von großem Interesse: Wie viele Kinder werden wie lange nach welchem Konzept und mit welcher Qualität gefördert?

Von der Einzelfallhilfe zum pädagogischen Regelangebot

Außerfamiliäre Einrichtungen für Kinder im Vorschulalter sind ca. 200 Jahre alt. An ihrem Beginn stehen zwei unterschiedliche Motive: zum einen eine sozialfürsorgerische Reaktion auf individuelle Notlagen; in »Bewahranstalten« werden die Kinder aus proletarischen Familien, die sonst während des Tages sich selbst überlassen bleiben würden, versorgt, beaufsichtigt, in einfache Handarbeiten eingeführt und religiös erzogen. Anfänglich werden viele von privaten Initiativen eingerichtet, später von den Kirchen. Zum anderen entstehen Bildungseinrichtungen für die Kinder besser gestellter Familien. Durch eine breite Palette von Tätigkeiten sollen die Kinder einige Stunden am Tag oder in der Woche unterhalten und belehrt werden. Dadurch werden sie auch auf die Schule vorbereitet. Das bekannteste Beispiel dafür ist der Fröbelsche Kindergarten. Friedrich Fröbel (1782 – 1852) entwickelt erstmals eine Frühpädagogik mit einer Anthropologie des Kindes und einer Theorie des Spiels. Der erste Kindergarten in Rudolstadt wird 1840 gegründet. Von hier aus verbreiten sich diese Einrichtungen über zahlreiche europäische und außereuropäische Länder (Grossmann 1987, S. 13ff.). Fröbel gliedert den Kindergarten dem Bildungswesen ein, was schon 1848 in Fachkreisen diskutiert wird (Oberhuemer/Ulich 1997, S. 83).

Im 20. Jahrhundert verlieren die Einrichtungen nach und nach den sozialfürsorgerischen Charakter und beziehen immer mehr Kinder ein. Nach Schätzungen von Tietze (1993, S. 103) wird 1910 im Deutschen Reich ein Versorgungsgrad von ca. 13 % erreicht, der bis 1940 auf ca. 31 % ansteigt. Die Entwicklung nach dem 2. Weltkrieg knüpft in beiden deutschen Staaten an diesem Stand an. Im Westen wirkt sich die Vermehrung der Plätze bis ca. 1970 der steigenden Kinderzahlen wegen nicht in einer höheren Versorgungsquote aus. Erst mit der Bildungsreform, die den Elementarbereich als erste Stufe des Bildungswesens in den Blick rückt, entsteht ein neuer Schub, so dass 1980 bei großen regionalen Unterschieden insgesamt für ca. zwei Drittel der Kinder Plätze zur Verfügung stehen. Zum gleichen Zeitpunkt ist in der ehemaligen DDR die Vollversorgung bereits erreicht (Tietze 1993, S. 109, s. dort auch Details der Berechnung). Der 1992 eingeführte Rechtsanspruch auf einen Kindergartenplatz ist in den neuen Bundesländern beim Inkrafttreten 1996 erfüllbar; alle alten Bundesländer benötigen Übergangsregelungen in Form von Stichtagen bis zum 31.12.1998. Seither sollte für jedes Kind ab Vollendung des 3. Lebensjahrs ein Platz in einer Kindertageseinrichtung zur Verfügung stehen. Nach Rossbach (im Druck, bezogen auf 1998) erreichen allerdings die alten Bundesländer nach wie vor nicht die Quote von 95 %, die für eine Vollversorgung als ausreichend gilt.

Die veränderte Funktion spiegelt sich in den gesetzlichen Grundlagen. Das Reichsjugendwohlfahrtsgesetz (RJWG) von 1922 baut auf den Beschlüssen der Reichsschulkonferenz von 1921 auf. Dort ist der Kindergarten der Jugendhilfe und nicht dem Bildungswesen zugeordnet und der Vorrang der freien Träger, insbesondere der Kirchen, vor den Kommunen wird bekräftigt (Grossmann 1987, S. 36ff.). Ähnlich ist das Jugendwohlfahrtsgesetz (JWG) von 1961 dem Grundgedanken kompensatorischer Hilfen bei individuellen Defiziten verpflichtet. Mit dem 1991 verabschiedeten VIII. Sozialgesetzbuch (Kinder- und Jugendhilfegesetz, KJHG) rücken jedoch die Prinzipien der pädagogischen Förderung und des präventiven Schutzes für alle Kinder und Jugendlichen in den Mittelpunkt. Die Förderungsfunktion der Jugendhilfe dient der Unterstützung der Eltern bis hin zu Maßnahmen, die die Gesellschaft insgesamt kinder- und familienfreundlicher machen sollen.

In diesem Gesetz werden die Kindertageseinrichtungen erstmals in einem eigenen Abschnitt verankert. Dazu gehören Kindergärten (ab dem 3. Lebensjahr bis zum Schuleintritt), Kinderhorte für schulpflichtige Kinder, Krippen, Krabbelstuben und Einrichtungen mit Altersmischungen verschiedener Art, in »denen sich die Kinder für einen Teil des Tages oder ganztags aufhalten« (§ 22, Abs. 1). Ihre Aufgabe besteht in der »Betreuung, Bildung und Erziehung«, durch die die Entwicklung des Kindes zu einer »eigenverantwortlichen und gemeinschaftsfähigen Persönlichkeit« gefördert werden soll (Abs. 2). Die Kindertageseinrichtungen orientieren sich an den Bedürfnissen der Kinder und ihrer Familien und arbeiten mit den Erziehungsberechtigten zusammen; die Eltern sind an den wesentlichen Entscheidungen in den Tageseinrichtungen zu beteiligen (Abs. 3). Die öffentliche Kindererziehung bleibt dem Sozialbereich zugeordnet, der Besuch ist nicht kostenfrei. Nähere Ausführungen werden daher in den Landessozialgesetzen getroffen. Eine Ausnahme bildet nur Bayern, das mit seinem Kindergartengesetz von 1972 die Kindergärten dem Bildungsbereich zugeordnet hatte. Diese landesrechtliche Regelung bleibt durch eine Ausnahmegenehmigung in Kraft (§ 26) (SGB VIII, erl. von WIESNER/STRUCK 1995, S. 218ff.). Unter Kindergärten werden im Folgenden Tageseinrichtungen für 3- bis 6-jährige Kinder verstanden, entweder nur für diese Altersgruppe oder in erweiterter Altersmischung mit jüngeren und älteren Kindern, entweder ganztags (vor allem in den neuen Bundesländern, aber auch im Westen) oder halbtags (vornehmlich in den alten Bundesländern).

Durch das Schwangeren- und Familienhilfegesetz von 1992 werden die gesetzlichen Bestimmungen erweitert. Der neugefasste § 24 (KJHG) garantiert das Recht auf einen Kindergartenplatz vom vollendeten dritten Lebensjahr bis zum Schuleintritt. Die Städte und Gemeinden als Träger der öffentlichen Jugendhilfe sind in der Pflicht, diese Plätze einzurichten.

Festzuhalten bleibt, dass »Kindertageseinrichtungen als einst episodenhafte, zeitlich begrenzte Ergänzungen eines hochgradig familienzentrierten Aufwachsens von Kindern sich zunehmend zu einem zentralen, zeitintensiven und prägenden Bestandteil in der Grundversorgung von Kindern entwickeln. ... Den Tageseinrichtungen kommt zumindest für die Altersgruppe der 3- bis 6-Jährigen zwischenzeitlich – trotz Freiwilligkeit – eine sozialisatorisch durchaus vergleichbare Funktion zu wie dem Pflichtunternehmen Schule« (RAUSCHENBACH 1999, S. 47). Die Familie trägt zwar immer noch maßgeblich die Betreuung, Bildung und Erziehung der Kinder, aber für einige bis viele Stunden am Tag wird ein Anteil an dieser Aufgabe der pädagogischen Profession übertragen. Die in den Einrichtungen tätigen Personen sollen auf der Basis ihres beruflichen Könnens die Interessen der ihnen anvertrauten Kinder wahrnehmen und ihnen mehr und andere Förderung ermöglichen, als sie in den Familien finden könnten. Damit stellt sich verstärkt die Frage, welche Qualitätsansprüche die Einrichtungen erfüllen sollen und wie diese zu sichern sind (siehe dazu auch den Beitrag von HACKER in diesem Band).

Gesellschaftliche und pädagogische Gründe für den Ausbau

In der ehemaligen DDR sind die Vorschuleinrichtungen von Anfang an die unterste Stufe des Bildungssystems und beziehen die Kinder vom Säuglings- bis zum Schulalter ein. Die öffentliche Erziehung und die damit verbundene Gesundheitsfürsorge sollen die gesunde und eine sozialistisch verstandene »allseitige« Entwicklung der Kinder fördern. Allerdings werden die anspruchsvollen Ziele durch den staatlichen Führungsanspruch konterkariert, der die Verhaltensweisen bis ins letzte Detail – bis hin zur Löffelhaltung beim Füttern der Krippenkinder – regelt (LAEWEN 1997, S. 180). Neben der pädagogischen Funktion erfüllen die Kindertageseinrichtungen vor allem sozialpolitische Aufgaben, indem sie die Erwerbstägikeit der Mütter, ihre Teilnahme am gesellschaftlichen Leben und die Gleichberechtigung der Geschlechter absichern. Das gesellschaftliche Leitbild der DDR ist die (voll) erwerbstätige Frau und Mutter. Krippen- und Kindergartenplätze werden zügig ausgebaut, der

Beschäftigungsgrad der weiblichen Bevölkerung einschließlich der Lehrlinge und Studierenden liegt 1989 bei über 90 % (Boeckmann 1993, S. 168ff.). Im Westen setzt sich die Vereinbarkeit von Familie und Beruf unter dem Einfluss konservativer Familienpolitik erst allmählich durch. Der Ausbau der Kindertageseinrichtungen stützt also die veränderte Frauenrolle, indem Berufstätigkeit mit Kindern und Teilnahme am öffentlichen und kulturellen Leben erleichtert werden. Dies ist unumgänglich für die Familien, in denen ein Elternteil oder beide Eltern trotz kleiner Kinder halb- oder ganztags erwerbstätig sein müssen.

Zum Ausbau der Kindertageseinrichtungen trägt außerdem bei, dass Freiräume für Kinder, in denen sie unbeaufsichtigt gelassen werden könnten, aufgrund der veränderten räumlichen Situation nahezu verschwunden sind. Die verstärkte Mobilität und der Trend zur Kleinfamilie machen es zudem wenig wahrscheinlich, dass Eltern in ihren Familien Betreuungspersonen finden. Zur außerhäuslichen Betreuung bestehen deshalb wenig Alternativen.

Vor allem aber bieten Kindertageseinrichtungen Kindern und Eltern neue Chancen. Mit der Aufnahme des Kindes in eine Halb- oder Ganztagseinrichtung verändert sich insbesondere die Lebenssituation der Mutter. Der Betreuungsumfang verringert sich. Die gewonnene freie Zeit wird neben der (Wieder-)Aufnahme oder Ausweitung der Erwerbstätigkeit zur Aus- und Weiterbildung bzw. zum Studium genutzt (diese Veränderungen finden sich vor allem im Osten). Die Mütter können vermehrt am kulturellen, politischen und sportlichen Leben oder an Freizeitaktivitäten teilnehmen (vor allem im Zusammenhang mit Halbtagskindergärten im Westen). In der Hälfte der Familien verändern sich nach Einschätzung der Mütter die Beziehungen zwischen den Familienmitgliedern Mutter – Kind, Vater – Kind, Kind – Geschwister und zwischen den Eltern, wobei dies überwiegend sehr positiv beurteilt wird. In jeder sechsten Familie haben die Eltern außerdem mehr gemeinsame Zeit miteinander. Vor allem im Westen erweitert sich das soziale Netzwerk, in das die Eltern und die Kinder eingebunden sind: Vier von fünf Kindern und vier von 10 Familien gewinnen neue Freunde (Tietze u.a. 1998, S. 148ff.).

Nicht von ungefähr erhalten die Kindertageseinrichtungen im Westen den entscheidenden Schub mit der Bildungsreform. Im Strukturplan des Bildungswesens wird der Elementarbereich zur untersten Stufe und »zu einem unverzichtbaren Bestandteil des gesamten Bildungssystems«, in dem alle Kinder »... kontinuierlich und konsequent gefördert werden« sollen (Deutscher Bildungsrat 1970, S. 112). Lernpsychologische Erkenntnisse rücken die kumulative Wirkung früher Lernerfahrungen in den Blick, wobei kognitive Kompetenzen in Wahrnehmung, Denken und

Sprache im Vordergrund stehen. Die neue Umwelt Kindergarten soll die Anregungen, die das Kind in der Familie erfährt, erweitern und ergänzen, im Fall von Defiziten auch kompensieren. Der Eintritt in den Kindergarten ist ein Schritt aus der Familie in den öffentlichen Raum. Dadurch können die Familien Beratung finden. Für die Kinder eröffnet sich eine neue soziale Situation. Sie treffen auf andere Regelungen und Anforderungen, begegnen Erwachsenen, die »rollenförmig« mit ihnen umgehen, und kommen mit zahlreichen Kindern in Kontakt. Angesichts der Vereinzelung von Kindern in Familien und im Wohnumfeld kann der Kindergarten damit in anderer Weise zur Sozialerziehung beitragen.

Etwa ab Mitte der 80er Jahre erscheint in offiziellen Dokumenten erstmals das Argument, dass ergänzende Erfahrungen zur Familie und Spielkontakte auch vor dem dritten Lebensjahr pädagogisch sinnvoll sind. Folglich wird auch für diese Altersgruppe der Ausbau der Einrichtungen gefordert (Siebter Jugendbericht 1986, zitiert nach TIETZE 1993, S. 115). In anderen westeuropäischen Ländern wird dies bereits so gehandhabt, so in Frankreich, wo Kinder ab 2 Jahren in die école maternelle aufgenommen werden, ähnlich in Belgien. In Frankreich wird dies allerdings kontrovers diskutiert, obwohl die Vorteile hinsichtlich der Gruppensozialisation und der Möglichkeit kompensatorischer Erfahrungen anerkannt werden (OBERHUEMER/ULICH 1997, S. 120).

Situationsorientierung als (noch) vorherrschendes Konzept

Wenn fast alle Kinder vor der Schule mehrere Jahre pädagogische Einrichtungen besuchen, stellt sich verstärkt die Frage nach deren Konzept. Aus den inzwischen vorliegenden Evaluationen (TIETZE U.A. 1998, ZIMMER U.A. 1997, WOLF U.A. 1999) lässt sich erkennen, dass es wohl eine große Bandbreite gibt und vorbildliche Einrichtungen neben Kindergärten stehen, in denen die Kinder mehr aufbewahrt und beschäftigt als pädagogisch gefördert werden. Als Konzept dominiert in Deutschland der Situationsansatz. Am Rande kommen Sonderformen vor, die sich an klassischen (Waldorf, Montessori) und neueren Konzepten (Reggio) orientieren. Internationale frühpädagogische Konzepte sind in der Praxis der Kindergärten so gut wie nicht verwirklicht und werden auch erst zunehmend diskutiert (FTHENAKIS/TEXTOR 2000). Umgekehrt orientiert sich die frühpädagogische Förderung in anderen westeuropäischen Ländern, den USA oder auch Neuseeland nicht am Situationsansatz. Dieser stellt also einen Sonderweg dar. Deshalb ist nach dem Stand des Situationsansatzes zu fragen (siehe dazu auch den Beitrag von HACKER in diesem Band).

Die Dominanz des Situationsansatzes geht auf die Bildungsreform zurück. Wie im Bildungswesen insgesamt sollen auch vor der Schule Curricula – verstanden als neue Inhalte und neue Lernformen – den Kern der Reform bilden. Der Situationsansatz ist ursprünglich ein Konzept der Curriculumreform. Von Lebenssituationen ausgehend – daher auch der Name – sollen Qualifikationen ermittelt und dazu Lernsituationen entworfen werden. Gegen funktions- und wissenschafts- bzw. bereichsorientierte Konzepte setzt sich der Situationsansatz – neben der Begrenztheit dieser Alternativen – durch, weil seine Offenheit ihn für unterschiedliche Positionen konsensfähig macht (ZIMMER 1984, S. 24). Er verspricht eine Erneuerung der Inhalte, die mit der sozialpädagogischen Orientierung des Elementarbereichs kompatibel ist. In der Anfangsphase der Bildungsreform werden ab Ende der 60er Jahre in zahlreichen Projekten Curriculummaterialien entwickelt. Von 1975 bis 1978 werden verschiedene Curricula, sämtlich auf der Grundlage des Situationsansatzes, in einem »Erprobungsprogramm« eingesetzt. Die Leitfunktion hat dabei die vom Deutschen Jugendinstitut entwickelte Version. De facto geht es in diesem von der Bund-Länder-Kommission für Bildungsplanung gesteuerten Vorhaben um die Veränderung der Kindergartenpraxis, die mithilfe der Einführung der Materialien erreicht werden soll (FRIED U. A. 1992, S. 217). Erzieher/-innen und Wissenschaftler/-innen arbeiten in einem Verbund von 210 Kindergärten, 10 Modellzentren und einer Projektgruppe im Deutschen Jugendinstitut zusammen. Etwa parallel zur Veränderung der Inhalte werden neue institutionelle Strukturen für die 5- und 6-Jährigen erprobt. Die Frage, ob sie am besten in einer zweijährigen Eingangsstufe oder in einer Vorklasse im Schulbereich oder in altersübergreifenden Kindergartengruppen gefördert werden können, wird schon ca. 1977 zugunsten des Kindergartens entschieden (s. dazu den Beitrag von HACKER in diesem Band). Damit ist die Hauptstreitfrage, die die Rolle der freien Träger bedroht und enorme Kosten für die öffent-

lichen Haushalte mit sich gebracht hätte, im Sinne des Status quo entschieden (Fried u.a. 1992, S. 207ff.).

Die neuen Inhalte werden im Situationsansatz nicht durch Experten- oder Abnehmerbefragung ermittelt, sondern im Diskurs der Beteiligten vor Ort. Neben Robinsohn steht die Volkspädagogik Freires (1970) Pate. An Lernen und Bildung Interessierte greifen »generative Themen« auf. Indem sie diese gemeinsam analysieren, werden sie sich über die sie einschränkenden Bedingungen bewusst und befreien sich in der Reflexion oder auch real. Im Zentrum des Situationsansatzes, inspiriert auch durch die Kinderladenbewegung, steht ein politischer Prozess: »Lernen orientiert sich an den Schlüsselsituationen Entrechteter, zielt auf soziopolitische Bewusstwerdung. Ein Lehrer ist auch Schüler, und ein Schüler auch Lehrer. ... Lernen ist Ausstieg aus dem Mythos von der Unabänderlichkeit der Situation und handelnder, befreiender Einstieg in die Geschichte. Reflexion und Aktion sind untrennbar miteinander verbunden. Lernen kann dazu beitragen, geschlossene Gesellschaften in offene zu verwandeln« (Zimmer 2000, S. 84).

Nach dem Ende des Erprobungsprogramms wird die Reforminfrastruktur abrupt abgebaut, eine gezielte Verbreitung des Ansatzes nicht versucht. In der Folgezeit wird der Situationsansatz einerseits erweitert. Dazu tragen Nachfolgeprojekte des Deutschen Jugendinstituts bei, u.a. zur Integration von Kindern mit Behinderungen, zum interkulturellen Lernen im Kindergarten, zu Landkindergärten und zur Verbindung von Selbsthilfe und institutionellen Strukturen bei einer Flexibilisierung von Öffnungszeiten und Gruppenbildungen (»Orte für Kinder« in den alten Bundesländern, Backes u.a. 1998). Mit dem Projekt »Kindersituationen« (1993 – 1997) soll der Situationsansatz in den neuen Bundesländern implementiert werden (Wolf u.a. 1999, S. 9f.). Neue Merkmale, z.B. die Altersheterogenität der Gruppen, werden dem Konzept additiv hinzugefügt. Andererseits wird das Konzept pragmatisiert. Hohe Ansprüche reduzieren sich, Konturen des ursprünglichen Konzepts ebnen sich ein. Z.B. werden individuelle Probleme oder situative Anlässe als Situationen aufgegriffen (Krenz 1991).

Der Situationsansatz hat den Elementarbereich verändert und die breite Inanspruchnahme des Kindergartens durch eine aktualisierte Konzeption gestützt. Eine Analyse des Elementarbereichs muss sich mit dessen konzeptbedingten Schwächen auseinandersetzen. Konzentriert auf vier zentrale Merkmale und die vom Deutschen Jugendinstitut entwickelte Version geschieht dies im folgenden Abschnitt. Davon ausgehend sind Notwendigkeiten und Perspektiven der Weiterentwicklung zu diskutieren (zur gegenwärtigen Diskussion des Situationsansatzes s. auch Rossbach, im Druck).

Vier konzeptionelle Schwächen des Situationsansatzes

Zur »Situation«

Im Situationsansatz gehen die Themen aus einem Diskurs hervor, in dem Kinder, Erzieher/-innen, Eltern und andere Erwachsene die zu bearbeitenden Lebenssituationen auswählen. Von Beginn an ist der Situationsbegriff unscharf. ZIMMER (1973, S. 36f.) nennt als Auswahlkriterien, dass die Kinder in diesen realen, in ihrer Umwelt anzutreffenden Situationen gegenwärtig oder in naher Zukunft handeln werden; sie sollen außerdem erfahren können, dass Kinder und Erwachsene in solidarischer Aktion die Situationen in ihrem Sinn verändern können. Schon HEMMER (1973, S. 69ff.) legt dazu dar, dass Relevanzkriterien sowohl die Auswahl als auch die Bearbeitung der Situationen leiten und sich darin allgemeinere Einschätzungen (z. B. der Gesellschaft, der Lernmöglichkeiten von Kindern etc.) niederschlagen. Jede Curriculumentwicklung legt Normen zugrunde. Im Situationsansatz sind dies Autonomie, Fachkompetenz und Solidarität (COLBERG-SCHRADER/KRUG 1980, S. 42f.). Eine »Theorie der Situation« ist nach HEMMER auch deshalb notwendig, um sich nicht im Diskurs ungebrochen nur auf die jeweiligen Wahrnehmungen der Beteiligten stützen zu müssen. Eine solche Theorie ist aber weder im Rahmen des Situationsansatzes noch in der Curriculumentwicklung allgemein entwickelt worden.

In ihrer Evaluationstudie untersuchen ZIMMER U.A. (1997) in bundesweit 39 Einrichtungen, inwieweit in deren Arbeitsweise noch Spuren des Situationsansatzes zu finden sind. Fast alle Einrichtungen gehören zu den 210 Kindertageseinrichtungen des Erprobungsprogramms. Sie werden aufgrund von verschiedenen Kriterien der Art der Einrichtung und des Umfelds ausgewählt. U.a. soll noch mindestens eine Erzieherin aus der Erprobungszeit dort arbeiten. Die Untersuchung soll vor allem Hinweise ergeben, wie Reformmaßnahmen längerfristig zu implementieren sind. Die Fragestellungen sind eng auf den Situationsansatz bezogen.

Zur Festlegung und Bearbeitung der Situationen finden die Untersucher folgende Praxis (ebd., S. 115ff.): Zwei Einrichtungen analysieren in enger Zusammenarbeit mit den Eltern differenziert die Lebenssituationen der Kinder und bearbeiten sie in thematischen Projekten und in den täglichen Abläufen. Die Projektthemen lassen auf einen gesellschaftspolitischen Horizont schließen (z.B. Golfkrieg, Einbruch und Diebstahl). Allerdings stehen gerade diese beiden Einrichtungen eng in Verbindung mit dem Situationsansatz, arbeiten seit zehn Jahren bei Fortbildungen mit und wurden dadurch ermutigt, ihr Konzept beizubehalten (vgl. Diskussionsäußerung von CH. LIPP-PETZ, die Arbeit dort »... hing am seidenen

Faden«, in Laewen u. a. 1997, S. 128). Sechs bis zehn weitere Einrichtungen gehen von Situationsanalysen aus, erarbeiten diese aber nicht im Diskurs mit den Eltern, sondern beziehen sich in ihren Entscheidungen auf Kindheitsprobleme aus Fachliteratur, Medien und Fortbildungen. Der Arbeit im Kindergarten liegt dann das Ziel zugrunde, die Kinder »Gegenerfahrungen« zur verinselten, medialen etc. Kindheit machen zu lassen. Die übrigen Einrichtungen greifen »nur manchmal« Themen aus dem Leben der Kinder auf. Die Analyse von Lebenssituationen fehlt. Die Festlegung richtet sich an den Interessen der Erzieher/-innen aus. Im übrigen arbeiten sie nach jahreszeitlichen Rhythmen oder auch völlig beliebig nach irgendwelchen Anlässen oder Materialzufällen (z.B. Frösche basteln, weil gerade eine Bastelanleitung entdeckt wird). Politisch bedeutsame Vorgänge im Umfeld werden ignoriert.

Sowohl komplexe als auch einfache, direkt *und* aus zweiter Hand erfahrbare, vergangene, gegenwärtige *und* zukünftige, heikle, problematische und nicht problematische Situationen werden also zum Thema. Fünf Kriterien sollen den Erzieherinnen weitere Hilfestellung geben (Zimmer u.a. 1997, S. 119): Die Kinder sollen ihr eigenes subjektives Erleben zum Ausdruck bringen können und das der anderen erfahren; im Austausch und im abwägenden Vergleich soll die eigene Wahrnehmung erweitert werden; die Kindergruppe soll sich – in Harmonie oder in Konflikt – als Gestaltende von Situationen erleben können, und es sollen notwendige Kenntnisse und Fähigkeiten erworben werden. »Kurz gesagt, es geht darum, ob die Thematisierung der Situation geeignet ist, dass die Kinder an ihr wachsen« (ebd.).

Wie die Autoren selbst sehen, ist die Beliebigkeit damit in keiner Weise aus der Welt geschafft. Mit der Ausweitung auf die Relevanz für zukünftige Situationen kommen zudem noch Prognoseprobleme hinzu. Statt nach Situationen wäre an dieser Stelle, Hemmer (1973) und Krappmann (1995) zufolge, zentral nach den Bildungszielen zu fragen. »Es gehört zum Grundbestand sozialwissenschaftlicher Einsichten, dass sich Situationen nicht aus sich heraus erklären, sondern sie werden von den Beteiligten unter bestimmten Rücksichten definiert. Solange dieser Definitionsprozess nicht verdeutlicht wird, verbirgt der Begriff der Situation mehr als er erklärt« (Krappmann 1995, S. 115). Schon der Name »Situationsansatz« lässt übersehen, dass die Entscheidung für Kompetenzen wichtiger ist als die Orientierung an Situationen (ebd., S.116). Die Entscheidung für Ziele erfordert die Offenlegung der Relevanzkriterien und eine begründete Auswahl der Themen. Als zweites kommt hinzu, dass auch der Aufbau der Kompetenzen zu bedenken ist, der u.U. eine Folge von Bearbeitungsschritten bedingt. Es ist fraglich, ob der Diskurs der Kinder und Erwachsenen vor Ort diese Probleme lösen kann, zumal Zim-

MER U. A. (1997, S. 124) zu dem Fazit kommen, dass der angestrebte Diskurs mit den Eltern eine der höchsten Hürden für die Realisierung des Situationsansatzes gewesen ist. Nach dem Wegbrechen der gesellschaftlichen Aufbruchsituation und der produktiven Frontstellung gegen die traditionelle Kindergartenpädagogik dürften sich sowohl die Motivations- als auch die Entscheidungsprobleme verschärft haben. Welche Auswahlkriterien und welche Verfahren sollen heute an diese Stelle treten?

Zum Primat des sozialen Lernens

Der Situationsansatz bringt neue Themen in die Kindergärten wie z. B. Kinder und ihre Beziehungen zueinander, insbesondere die Entwicklung der Geschlechtsidentität, Lebenssituationen von Kindern in der Familie und in Kindergarten und Grundschule, insbesondere der Umgang mit Normen und Leistungsanforderungen, sowie die Auswirkungen gesellschaftlicher Problemlagen auf das Leben von Kindern. Sachorientiertes Lernen ist in die sozialen Themen eingebunden und findet u. a. in Form von »didaktischen Schleifen« statt. Es hat keinen Eigenwert und die Planung setzt nicht bei sachorientierten Themen an.

Die Bevorzugung sozialer Themen leitet sich aus dem Lern- und Bildungsverständnis des Situationsansatzes ab (DEUTSCHER BILDUNGSRAT 1973, S. A5ff., KRAPPMANN 1973). Die besonderen Lernmöglichkeiten, aber auch die möglichen Lernblockaden von Kindern sind danach Folgen ihrer bisherigen Sozialisation, in der sie Grundqualifikationen des Rollenhandelns wie Empathie oder Ambiguitätstoleranz und die Basis einer autonomen Ich-Struktur erwerben konnten oder ihnen dies versagt blieb. Wenn der Kindergarten Defizite der Sozialisation in der Familie kompensieren soll, kann dies nicht in begrenzten, rigide strukturierten Lernschritten geschehen, sondern nur in ähnlich komplexen Situationen. In einem pädagogischen Rahmen eröffnen die sozialen Themen den Kindern und auch den Erwachsenen noch einmal die Chance zu einer förderlicheren sozialen Interaktion und zur Erweiterung der persönlichen Kompetenzen. Sachinhalte werden daher nur eingebunden in soziale Lernprozesse thematisiert.

In zwölf der 39 Einrichtungen finden ZIMMER U. A. (1997, S. 126ff.) Beispiele für eine Verbindung sozialen und sachlichen Lernens. Z. B. steuert die Erzieherin Sachinformationen zur Post bei, wenn die Kinder einen Brief an ein Kind aus der Gruppe schreiben. In einem der beiden herausragenden Kindergärten sorgt jeweils eine Kleingruppe eine Woche für das Frühstück. Sie wählt gesunde Zutaten aus, plant und kauft ein, stellt sogar selbst einzelne Zutaten wie Marmelade und Kompott her. Dies setzt die Auseinandersetzung mit zahlreichen inhaltlichen Problemen voraus. Dabei kann erfahren werden, wie Kinder ihre Angelegenheiten gemeinsam vernünftiger gestalten. Daneben finden die Autoren jedoch zahlreiche Beispiele, in denen entweder nur soziales oder nur sachliches Lernen vorkommt. Ein Projekt »Neue Kinder in der Gruppe« beschäftigt sich nur mit neuen Gruppenmitgliedern, ein Kartoffelprojekt nur mit den verschiedenen Qualitäten von Kartoffeln (witziger Wuchs, Schmeckspiele an verschiedenen Speisen). Daran kritisiert die Forschergruppe, dass die Tätigkeiten schulischen Charakter tragen, auf die Erzieherinnen zentriert ablaufen und nicht mit den Vorstellungen und Fragen der Kinder verbunden werden (aber betrifft dies nicht eher die Methode, wie hier gearbeitet wird?). In sieben der 39 Einrichtungen wechseln sich manuelle Beschäftigungen und Freispiel ab, ohne dass eine Verbindung von sozialem und sachlichem Lernen angestrebt wird.

Das Bildungskonzept des Situationsansatzes setzt voraus, dass alles, was es zu lernen gibt und womit Kinder sich beschäftigen wollen, in soziale Prozesse eingebunden ist. Ähnlich ging der politisch-philosophische Diskurs der Bildungsreform davon aus, dass technisch-instrumentelles Wissen in menschliche Praxen eingeordnet werden soll, um es kontrollierbar zu machen. Die Natur jedoch ist ein Beispiel dafür, dass wichtige Phänomene über menschliche Praxen hinausreichen und nur begrenzt menschlich gestaltbar sind. G. Lück (2000) erprobt in mehreren Kindergärten eine naturwissenschaftliche Versuchsreihe u. a. zu den Eigenschaften von Gasen (Luft nimmt Raum ein, fördert bzw. erstickt eine Kerze) und zum Schwimmen und Sinken. Die Versuche wecken gespanntes Interesse, die Kinder erinnern sich noch nach Wochen daran. Wie die Verbreitung von Sachbüchern, Kinderfernsehsendungen und entsprechenden Kindermuseen zeigt, sind Vorschulkinder an naturwissenschaftlichen Themen, die ursprünglich von den wissenschaftsorientierten Curricula aufgenommen wurden, sehr interessiert. Bei einer Auswahl und Planung unter dem Primat sozialer Lernprozesse kommen diese Themen im Kindergarten nicht in den Blick.

Auch Prozesse z. B. der Phantasietätigkeit, künstlerischen Gestaltung oder der individuellen Aneignung von Literatur sind nicht unmittelbar in soziales Geschehen eingebunden. Ihnen fehlt ebenfalls der im Situationsansatz bevorzugt sinnstiftende soziale Kontext. Es ist nicht ausreichend in das Bildungskonzept verwoben, »dass Kinder einfach auch an Dingen und Sachproblemen interessiert sind, spielen, bauen oder malen wollen«, kritisiert Schäfer (1997, S. 68), der das sachliche und selbstbezogene Lernen vernachlässigt sieht. Zwar kommen diese Lernprozesse vor, wie die Protokolle aus dem Erprobungsprogramm zeigen. Aber das zentrale Planungskriterium stellt sie eben nicht in den Mittelpunkt. Deshalb verengt der Primat des sozialen Lernens das Spektrum der Interessen und Kompetenzen und die Kindergartenpädagogik hat einen »sachbezogenen« Nachholbedarf.

Zur Mitwirkung der Kinder

Der Situationsansatz geht von einem Verhältnis zwischen Kindern und Erzieherinnen aus, das nicht nur von Gleichberechtigung und gleichem Wert, sondern von der Gleichartigkeit der Rollen gekennzeichnet ist. Die Kinder sollen das tägliche Zusammenleben mitregeln, die Bearbeitung der Situationen mitplanen und ihre Konflikte klären. Die Kommunikation soll »dialogisch« oder »balanciert« sein.

In der Fachdiskussion wird von mehreren Seiten dazu angemerkt, dass die Entwicklung der Kinder nicht ausreichend berücksichtigt wird. LIEGLE macht darauf aufmerksam, dass mit der Pädagogik FREIRES ein erwachsenenpädagogisches Modell auf den Kindergarten übertragen wird (LIEGLE, Diskussionsbemerkung in LAEWEN U. A. 1997, S. 94), KRAPPMANN, dass Erwachsene für Kinder in diesem Alter als »Erklärer, Schützer und Versorger« (1995, S. 117) wichtig sind. Der Situationsansatz bedenkt nicht, »... inwieweit Kinder überhaupt ein Interesse daran haben, mit den Erwachsenen – der Tendenz nach – von gleich zu gleich die Definition von Situationen und ihre didaktische Bearbeitung auszuhandeln« (ebd.). Kindern stehen andere Modi der Realitätsbearbeitung zur Verfügung. Sie

können z. B. beweglich zwischen animistischen und realistischen Deutungen hin- und herwechseln (Mähler 1995) oder sie nähern sich mit Hilfe der Phantasie der Realität an. Verpflichtet man die Kinder auf den realitätsbezogenen, intellektuellen Diskurs der Erwachsenen, geht man an ihrer konstruktiven Kraft vorbei und veranlasst sie möglicherweise zu einer rein verbalen Anpassung. Schäfer erinnert an das Bild der Reggiopädagogik von den »hundert Sprachen des Kindes«. Je jünger die Kinder, desto mehr besteht die Aufgabe der Erwachsenen darin, den Kindern zu helfen, ihre Sprache zu finden (Schäfer 1997, S. 77ff.). Erst eine entwicklungspsychologische oder anthropologische Auseinandersetzung könnte die Spielräume aufzeigen, die sich im Kindergarten für zunehmende Selbstbestimmung ergeben.

Deshalb ist es von großem Interesse, wie die Evaluationsstudien die angestrebte »balancierte Kommunikation« inhaltlich füllen und wie weit diese verwirklicht ist. Zimmer u. a. (1997, S. 150ff.) sehen ein partnerschaftliches Verhältnis in zehn von 39 Einrichtungen »weitgehend verwirklicht«, am überzeugendsten in den Kinderkonferenzen, die in drei Tageseinrichtungen in der Gruppe bzw. im Kindergartenplenum stattfinden. Die Kinder äußern Fragen, Wünsche und Probleme und machen Vorschläge, die in einer Tagesstätte auf Zetteln festgehalten und mit Hilfe einer Wochenübersicht eingeplant werden. In anderen Gruppensituationen wird im Stuhlkreis stark ritualisiert ein Vorausblick auf den Tag gegeben oder noch einmal in einer Rückschau an die Aktivitäten erinnert. Der allgemeine Umgangston ist ausgesprochen zugewandt bis herzlich. Die Spiel- und Aktivitätsvorschläge der Erzieherinnen werden als Angebote behandelt, die Kinder wählen ihre Spielpartner aus und beschäftigen sich in Kleingruppen. Sie machen auch Vorschläge, wie die Konflikte einzelner Kinder zu regeln sind oder wie in der Kindergruppe etwa ein Geschenk gerecht verteilt werden kann.

Die Kinder stellen Regeln auf, z. B. wie eine Kuschelecke benutzt werden darf (ebd., S. 157). Eine Zeitbegrenzung soll u. a. mit einer Eieruhr kontrolliert werden. Die Leiterin steht entschieden hinter diesem Konzept: »Ich denke, Kinder müssen lernen, dass sie (sich? G. F.-S.) ihr Leben auch über Regeln, die man einhält, gestaltet. Die haben wir auch ausgetüftelt mit Kindern in der großen Konferenz ...« (ebd.). Die Kinder sind an diese Regelungen gebunden und achten selbst auf die Einhaltung. Da das »Austüfteln« nicht beobachtet wird, ist nicht zu entscheiden, inwieweit die Kinder die Regeln mit »ausgehandelt« haben. Aber immerhin: Sie werden einbezogen, ihre Vorschläge werden ebenso wie bei der Planung der Aktivitäten geachtet und aufgenommen. Die Mitwirkung der Kinder reicht allerdings nicht an die weitgesteckten Ideale heran. Durch eine stärker den Entwicklungsstand berücksichtigende Pädagogik könnte darüber hinaus in den Blick kommen, dass die Gleichbehandlung nicht das letzte Wort sein muss und z. B. die Bedürfnisse berücksichtigt werden könnten. Auch in der Grundschulpädagogik gibt es das Ideal, dass die Kinder vom ersten Schuljahr an die Klassenregeln aufstellen sollen. Die Auswertung von Unterrichtsgesprächen aus dem dritten Schuljahr zeigt freilich, dass selbst die schulerfahrenen Drittklässler Regeln nicht für einen Verhandlungsgegenstand halten. Nach ihren Ansichten befragt geben sie an, dass die Lehrer/-innen die Regeln setzen. Im konkreten Fall allerdings verständigen sie sich mit den Lehrerinnen und Lehrern kooperativ über die Regelanwendung. Moralische Entwicklung und größere Unabhängigkeit der Kinder von Autoritätspersonen sind ein langfristiger Prozess, der im dritten Schuljahr noch in Gang ist (Faust-Siehl 1995).

Von den zehn akzeptablen Tageseinrichtungen hebt sich eine mittlere Gruppe von 19 Einrichtungen ab, in der zwar auch in Kreisgesprächen gemeinsame Aktivitäten, Voraus- und Rückblicke stattfinden, dies aber mehr von den Erzieherinnen ausgeht und von ihnen inhaltlich strukturiert und bestimmt wird. Die Situationen tragen einen ausgeprägteren Unterrichtscharakter. Regelvereinbarungen werden hier nicht beobachtet, stattdessen achten die Erzieherinnen auf Regeleinhaltung. Wenn die Kinder ihre Konflikte nicht lösen können, sprechen die Erwachsenen ein »Machtwort«. In einem Viertel der Einrichtungen schließlich reglementieren die Erzieherinnen die Kinder. Maßregelungen und Zurechtweisungen kommen vor, Konflikte werden von den Erwachsenen entschieden. Was Zimmer u. a. (1997) als balancierte Kommunikation beschreiben, ist also nicht die Mitplanung und Mitgestaltung durch die Kinder in der gleichen Rolle wie die Erwachsenen. In den akzeptablen Einrichtungen werden die Vorschläge der Kinder ernstgenommen und gestützt. Die Kinder haben Freiräume für eigene Entscheidungen.

Die Rolle der Kinder wird auch in der externen, d. h. von unabhängigen Personen durchgeführten Evaluation des Projekts »Kindersituationen« (1993 – 1997, neue Bundesländer) untersucht. Voraussetzung dafür ist eine Operationalisierung der Merkmale des Situationsansatzes (Preissing/Heller, in Wolf u. a. 1999, S. 305ff.). In der Studie werden Modelleinrichtungen, die den Situationsansatz als Konzept zugrunde legen und von Beraterinnen unterstützt werden, mit einem erweiterten Kreis, der mit den Ideen des Situationsansatzes in Kontakt ist, sowie Kontrolleinrichtungen verglichen. Pro Typ werden zwölf Kindertagesstätten einbezogen. In jeder Einrichtung wird eine Kindergruppe mit ihrer Erzieherin untersucht, in jeder Gruppe werden vier zufällig ausgewählte »Zielkinder« beobachtet. Da auch die Einstellungen der Eltern interessieren, werden die Eltern der Zielkinder befragt. Hier kann nur auf Hauptergebnisse eingegangen werden. Zu berücksichtigen ist, dass die externe Evaluation den Situationsansatz nur in seiner besonderen Ausprägung in den 90er Jahren in den neuen Bundesländern in den Blick bekommt, nicht den Situationsansatz allgemein (zur Kritik an Wolf u.a. 1999 vgl. Rossbach, im Druck).

Im Bereich Kind (Wolf u.a. 1999, S. 40ff., insb. S. 56ff. sowie S. 271ff.) zeigen sich in vielen Merkmalen bzw. Verhaltensweisen keine Unterschiede zwischen den Einrichtungstypen. Das Fehlen von Unterschieden ist einerseits erwünscht (z.B. hinsichtlich Intelligenz, Einschätzung der Schulfähigkeit) bzw. erwartet (z.B. bei »das intensiv und kreativ spielende Kind«, »das beharrliche Kind«), andererseits verwunderlich (z.B. bei »Kind, das kompetent Konflikte löst und andere unterstützt«). Zu den nicht erwarteten Ergebnissen der Untersuchung zählt auch, dass sich keine Unterschiede hinsichtlich der Mitplanung der pädagogischen Arbeit durch die Kinder zeigen. In allen 36 Gruppen werden nur mittlere Werte erreicht.

Vor diesem Hintergrund sind in den Modelleinrichtungen einige Merkmale stärker ausgeprägt: Die Kinder entscheiden deutlicher selbst über ihre Tätigkeiten, sind unabhängiger und erhalten weniger Anweisungen von den Erzieherinnen, die Freiräume geben und die Kinder weniger kontrollieren (»das selbst entscheidende und eigenständige Kind« sowie »Entscheidungsfreiheit und Eigenständigkeit in der Kindergruppe«, jeweils eingeschätzt durch einrichtungsfremde Untersuchungsleiterinnen). Schwach gegenläufig zum Merkmal Konfliktlösung und Unterstützung von anderen werden in den Modelleinrichtungen Konflikte stärker ausgetragen und Interessen vertreten (»das Kind, das Konflikte austrägt« sowie das entsprechende Merkmal für die Kindergruppe). In die gleiche Richtung weist, dass die Kinder in den Modelleinrichtungen nach Einschätzung ihrer Erzieherinnen höhere Werte hinsichtlich »das aktive und anregende Kind« erreichen (operationalisiert als »Kind bringt Erfahrungen aus seinem Umfeld ein«, »macht selbstständig Experimente und Erkundungen«, »macht Vorschläge, wie man das Thema weiter bearbeiten kann«, »macht Vorschläge für Gruppenaktivitäten«, »entwickelt eigene Spielideen»). Zwar ist das Merkmal »Thematisierung von Regeln und Normen und gegenseitige Beachtung in der Kindergruppe« in den Modelleinrichtungen ausgeprägter, aber darunter fällt sowohl, dass die Kinder sich auf die Regeln und Normen aufmerksam machen, als auch dass die Erzieherinnen die Kinder über die Regeln und Normen informieren. Ein Aushandeln der Regeln durch die Kinder ist hierunter also nicht zu verstehen. Zusammengefasst zeigen die Kinder und Kindergruppen in den Modelleinrichtungen größere Selbstständigkeit und Unabhängigkeit von den Erzieherinnen, der Freiraum wird zu eigenen Entscheidungen und Vorschlägen genutzt, Interessen werden stärker vertreten und Konflikte ausgetragen. Im Vergleich zur Kindergartenpädagogik der ehemaligen DDR und ihrer Auffassung von der »führenden Rolle der Erzieherin« stellt dies vermutlich ein neues Erziehungsideal dar. Eine gleichberechtigte Mitgestaltung des Kindergartenalltags durch die Kinder ist darin aber nicht zu erkennen.

Zur Rolle der Eltern

Zum Konzept des Situationsansatzes gehört die aktive Rolle der Eltern. Sie sind »Experten und Mitbetroffene, wenn es um kindliche Lebenssituationen und Erfahrungsbereiche geht« (ZIMMER U.A. 1997, S. 136). Die Eltern sollen an der Konzeptentwicklung und inhaltlichen Planung sowie u.U. auch an der Durchführung mitwirken (ZIMMER 1984, S. 22). Konzeptionell ist dies besonders wichtig, weil dadurch Auswahl und inhaltliche Bestimmung der Situationen legitimiert werden. Wenn Eltern und andere Erwachsene aus dem Umfeld teilnehmen, wird die Gemeinwesenorientierung der Einrichtung gestärkt, die sich dadurch in Richtung auf ein Gemeinde- oder Stadtteilzentrum entwickelt (ebd., S. 23).

In einem Teil der 39 Kindertageseinrichtungen sind die Elternabende neben den Gesprächen beim Bringen und Abholen der Kinder die einzige Zusammenarbeit mit den Eltern (ZIMMER U.A. 1997, S. 138ff.). Bis auf einen Fall, in dem die Eltern von oben herab belehrt werden, finden diese

als partnerschaftlicher Austausch über pädagogische Themen statt. Oft werden Referenten eingeladen. Zur Mitplanung durch die Eltern wird berichtet, dass Eltern »in vielen Einrichtungen« ihre Kompetenzen einbringen: ein Vater, Erziehungswissenschaftler, z. B. arbeitet mit den Erzieherinnen über ein halbes Jahr am Konzept, eine Mutter, Biologin, plant mit den Erzieherinnen ein Umweltprojekt. Es wird Wert darauf gelegt, die Eltern durch Projektdokumentationen, Filme und eine Kindergartenzeitung zu informieren. Planungen werden den Eltern als schriftliche Informationen oder in Form von Wandzeitungen, die zur Mitplanung auffordern, zugänglich gemacht.

Daneben stehen andere Formen der Zusammenarbeit mit den Eltern. Durch Hausbesuche wird der Kontakt schon vor der Aufnahme des Kindes geknüpft. Der Kindergarten öffnet seine Türen den Eltern und bietet ihnen in der Einrichtung eine Ecke, in der sie sich zusammensetzen können. Arbeitskreise und Elterngruppen treffen sich in den Räumen. Spielnachmittage mit Eltern und Kindern, Eltern-Kinder-Unternehmungen außerhalb des Kindergartens sowie Elternstammtische finden statt. Während der Konferenz des Kollegiums betreut ein Elterndienst die Kinder. In einzelnen Einrichtungen arbeiten Eltern beim Aus- und Umbau freiwillig mit. Mehrere Einrichtungen berichten darüber, dass sie die Eltern in ihrem Einzugsgebiet beraten und unterstützen. Sie sehen sich zu diesen Angeboten im Grenzgebiet zur Sozialarbeit aufgrund der schwierigen sozialen Lage einiger oder vieler Familien veranlasst. In den ebenfalls ausgewerteten Expertenhearings wird über die Situation der Familien und deren »Erziehungsunfähigkeit« sowie die allgemeine Problembelastung der Kinder geklagt, weswegen der partnerschaftlichen Zusammenarbeit weniger Chancen eingeräumt werden. Nicht die Kinder, sondern die Eltern müssten ›erzogen‹ werden (ebd., S. 110). Daneben wird aber auch von engagierten Eltern berichtet, die eine Verbesserung der Betreuungsverhältnisse anstreben, die noch immer nicht ausreichend auf die Bedürfnisse der Familien abgestimmt sind (ebd., S. 106ff.). Die beschriebenen Formen der Elternbeteiligung sind, zusammengefasst, durchaus aus der Zusammenarbeit pädagogischer Institutionen mit den Eltern ihrer Klienten bekannt. Die weitreichenden Ziele des Konzepts werden in den besuchten Einrichtungen nicht realisiert.

Zur Gemeinwesenorientierung bestätigt die Bestandsaufnahme frühere zurückhaltende Beurteilungen (Krappmann 1984, S. 47). Sie wird entweder verkürzt gesehen oder als sehr schwierig eingeschätzt (Zimmer u. a. 1997, S. 167ff.). Spuren zeigen sich darin, dass Kindergruppen Einrichtungen in der Umgebung erkunden (Polizei, Feuerwehr, Post) oder regelmäßig aufsuchen (Bibliothek). Vor allem Feste stellen den Zusammenhang zur Nachbarschaft her. Kirchliche Kindertageseinrichtungen sind teilweise in die Kirchengemeinde eingebunden. Daneben entstehen Verbindungen durch die Inanspruchnahme von Dienstleistungen (Laden, Fähre, Taxiunternehmen).

Das hervorstechendste Ergebnis zum Bereich Eltern in der externen Evaluation des Projekts »Kindersituationen« (Wolf u.a. 1999, S. 163ff.) ist, dass sich die Einstellungen und Aktivitäten der Eltern in allen drei Einrichtungstypen nicht voneinander unterscheiden. Dies gilt für die Bereiche Interesse, Mitbeteiligung und Mitarbeit, die Nutzung der Einrichtung als Kommunikationsort und die Bereitschaft, für die Kindertagesstätte aktiv zu werden. Der Situationsansatz hat die Einrichtungen verändert und sich auf die Kinder ausgewirkt. Die Eltern, die am weitesten von der Intervention entfernt sind, werden nicht erreicht. »Das Bild der eigenverantwortlichen und aktiven Elternschaft, die die Kindereinrichtung tatkräftig unterstützt, muss ... relativiert werden« (ebd., S. 177). Beide Evaluationen erbringen demnach keine Belege, dass der besondere Anspruch des Situationsansatzes an die Elternarbeit in den Einrichtungen realisiert wird.

Kindergärten vor den Aufgaben der Konzept- und Qualitätsentwicklung

Offensichtlich sind die Antworten aus der Bildungsreform in erheblichem Umfang nicht mehr tragfähig. Die Pädagogik der Kindertageseinrichtungen benötigt neue Konzepte. Insbesondere sollte die Rolle des Kindes anthropologisch oder entwicklungspsychologisch überdacht werden, ebenso die Erwartungen an die Eltern. Die Leitlinie könnte darin bestehen, die Situationsorientierung in eine stärker kompetenzorientierte Profilierung einmünden zu lassen, die Themen unabhängig von sozialen Kontexten aufgreifen und die Bildungsbedeutung der pädagogischen Arbeit verstärken kann. Ausländische Besucher kritisieren in deutschen Einrichtungen »Unterstimulierung« (Tietze/Rossbach 1997, S. 207). Sowohl die Konzepte als auch die Qualität von Einrichtungen werden weltweit lebhaft diskutiert. Daran ist im Interesse einer »zukunftsorientierten Bildungskonzeption« (Fthenakis 2000a, S. 128f.) Anschluss zu finden und die bisherige defizitorientierte Diskussion konstruktiv zu überwinden (ebd., S. 125ff.).

Die Evaluation des Situationsansatzes bestätigt nachdrücklich, dass Konzeptbeschreibungen bis zur Handlungsebene konkretisiert werden müssen. Erst dann ist es möglich zu entscheiden, ob ein bestimmtes Vorgehen den formulierten Zielsetzungen entspricht, und es können Wirkungen untersucht werden. Man kann erwarten, dass die Konzepte nach einer Evaluation realistischer ausfallen werden. Ein neues Rahmenkonzept, nach Möglichkeit mit größerer Steuerungskraft, erfordert Aussagen zu folgenden Bereichen:

- Kompetenzen, in denen die Kinder gefördert werden sollen,
- Inhalte, denen die Kinder begegnen sollen, sowie
- Formen der pädagogischen Arbeit.

Die folgenden Ausführungen basieren auf einer schulpädagogischen Sicht. Der allgemeine Konsens über die grundlegende sozialpädagogische Ausrichtung des Kindergartens, der auch von den Familien geteilt wird (Tietze u. a. 1998, S. 108f.), soll damit nicht in Frage gestellt werden, zumal die Weiterentwicklung der Kindergartenkonzeption Aufgabe der Frühpädagogik ist.

Der Zusammenhang von Elementar- und Primarbereich erfordert es jedoch, dass die frühpädagogischen Konzepte die Kontinuität der Entwicklung berücksichtigen und die Schule möglichst wenig vorurteilsbeladen wahrnehmen. Im Rahmen des Situationsansatzes liegen dazu konstruktive Beiträge vor, z.B. die Curriculumeinheit »Kinder kommen in die Schule« (Arbeitsgruppe Vorschulerziehung 1980) mit Vorschlägen zum Aktivwerden gegen die zu großen Klassen, für Projekte und Spiele der Kinder und zur Kooperation mit den Lehrerinnen und Lehrern. Bei Zimmer u. a. wird zwischen den Zeilen ein negativeres Bild erkennbar: »Die Schule mit ihren leistungs- und funktionsorientierten Anforderungen hat an Gewicht wieder zugelegt ...« (1997, S. 196). Stark erzieherzentrierte Situationen im Kindergarten werden als »verschult« bezeichnet und die Ursachen für die Schwierigkeiten bei der Kooperation einseitig bei den Lehrkräften verortet (1997, S. 190ff.). Von einem Zerrbild geht S. Naumann in ihrem Beitrag zur »Praxisreihe Situationsansatz« (1998) aus. Der Band aus dem Projekt »Kindersituationen«, der adressiert an die neuen Bundesländer die Probleme der Schulfähigkeit und Schulvorbereitung behandelt, stellt in einer Schwarz-weiß-Malerei Grundschule und Kindergarten gegenüber. In der Schule, wo die Kinder noch in Bänken sitzen, bestimmen autoritäre Lehrer/-innen, das Leben und Lernen ist streng reglementiert (Verbote, Klingel, 45-Minuten-Takt), Versagen droht, Anpassung ist gefordert, und die Kinder werden von den erwachsenen Bezugspersonen alleingelassen. Im Kindergarten haben demgegenüber die Kinder das Sagen, sie werden anerkannt und fühlen sich wohl. Mit der Einschulung kommen die Schulanfänger in eine Institution, die mit den selbstbewussten und kompetenten Kindern nicht umgehen kann und stattdessen die bisher gewohnte Schulvorbereitung vermisst (»zuviel Ich-Kompetenz, zuwenig Sachkompetenz«, siehe auch die Abbildung aus dem Band auf der folgenden Seite).

aus: Naumann, S.: Was heißt hier schulfähig? Ravensburg 1998, S. 72

Nach dem Motto »ein Blick ins Buch, zwei ins Leben« (ebd., S. 13) zieht Naumann die grundschulpädagogische Literatur nur selektiv heran. Die Aussage, wonach die Schule die Schulfähigkeit mit den Kindern erarbeiten soll (Faust-Siehl u.a. 1996, S. 140), wird zum Freibrief für den Kindergarten, der sich damit aus der »Hörigkeit gegenüber schulischen Ansprüchen« und vom »Dogma Schulfähigkeit« befreien kann (Naumann 1998, S. 85f.). Die selbstständiger gewordenen Kinder nehmen dies ohnehin in eigene Regie: »Ein Kind will sich auf Schule und Hort nicht vorbereiten lassen, es will sich selbst vorbereiten« (ebd., S. 40). Daher wird das letzte Kindergartenjahr dem nur wenig eingeschränkten »Genuss der Gegenwart« gewidmet, damit die Kinder »Erinnerungen mitnehmen können, die sie stark machen für den Neuanfang« (ebd., S. 73). Verschanzt im Kindergarten ist man froh, dass man mit dem schulischen Lernen nichts zu tun hat. Schulkritische Äußerungen sind in sozialpädagogischen Publikationen nicht selten (vgl. z.B. Editorial von Kindergarten heute 6/1996, S. 2). Eine »Wagenburg-Mentalität« blendet jedoch aus, dass Elementar- und Primarbereich als aufeinander folgende Stufen im Bildungswesen und Abschnitte im Leben von Kindern und Eltern untrennbar miteinander verbunden sind. Dabei sind sowohl Kontinuität i. S. von Abstimmung und Fortsetzung als auch Diskontinuität i. S. von Neuanfang und neuen Herausforderungen zu berücksichtigen (siehe dazu den Beitrag von Hacker in diesem Band).

Vom Schulbereich aus wird seit kurzem versucht, die Kontinuität durch Erlasse zu sichern, indem etwa die Schulleitung dafür in die Pflicht genommen wird, wie derzeit in Baden-Württemberg geplant. Wesentlich sinnvoller wäre es jedoch, wenn es als Aufgabe der Professionellen in beiden Bereichen verstanden würde, Unterstellungen und Vorurteile zu prüfen und zu überwinden. Darüber hinaus sind vor allem curriculare Abstimmungen zwischen dem vorschulischen und dem Schulbereich notwendig. Deutlicher als 1970 ist inzwischen im Blick, dass sich die Kompetenzen der Heranwachsenden in Zeiträumen entfalten, die in der frühen Kindheit beginnen und weit über die Grundschule hinausreichen. Dies gilt sowohl für Basiskompetenzen, z. B. die metakognitive Steuerung des eigenen Lernens, als auch für die spezifischen Lernvoraussetzungen. Paradebeispiele dafür sind die phonologische Bewusstheit, dem Forschungsstand nach eindeutig eine Schlüsselqualifikation für den Schriftspracherwerb, und die frühe Zahlbegriffsentwicklung. Während der Kindergartenzeit entwickeln sich die entscheidenden Vorläuferfähigkeiten für die schulischen Lernprozesse. Wenn die Feststellung von Risiken und die Überwindung von fehlenden Voraussetzungen erst in der Schule einsetzt, kommt sie für die betroffenen Kinder zu spät. Wie KAMMERMEYER (siehe vor allem den Beitrag zur Schulfähigkeit in diesem Band) überzeugend ausführt, liegen für beide Bereiche sowohl Diagnoseverfahren als auch Trainingsprogramme vor, mit denen sich die Voraussetzungen der Risikokinder entscheidend verbessern ließen. Entsprechend akzentuierte Alltagssituationen mit allen Kindern – KAMMERMEYER nennt z. B. Rätsel, Sprach- und Rollenspiele mit Lauten, Wörtern, Schrift und Zahlen – sind dem Kindergarten außerdem durchaus vertraut. Voraussetzung ist wohl, dass die Berührungsängste abgebaut werden und sich auch die Schule davon freimacht, den Kindergarten mit der Förderung der Schulfähigkeit beauftragen zu wollen (siehe auch den Beitrag von KAMMERMEYER zur Diagnostik in diesem Band sowie ähnlich ROSSBACH, im Druck, und FTHENAKIS 2000b).

Da auch in den Grundschulen mit Kindern gearbeitet wird, bilden die schulpädagogischen Erfahrungen einen wichtigen »einheimischen« Bezugspunkt und eine Quelle der Anregung. Dies gilt vor allem für die Lernformen, die im Situationsansatz und mit ihm in der Pädagogik des Kindergartens bisher vernachlässigt werden. Nach FTHENAKIS (2000a, S. 120) fehlen konkrete Aussagen zur pädagogischen Pragmatik bzw. »Didaktik« (interessanterweise wird diese Bezeichnung hier in Bezug auf den Elementarbereich verwendet). Nach Lernkonzepten wird man erst dann fragen, wenn sie sich nicht mehr mit dem Hinweis auf die pädagogische Kraft von Aktionen zu erübrigen scheinen, in deren Rahmen bereits per se wirksame »ungehinderte Teilnahme an relevanter Umgebung« möglich ist (Illich, zitiert bei Zimmer 2000, S. 111). In diesem Vorschlag steckt nicht der Versuch einer schulpädagogischen Kolonisierung des Kindergartens: Auch Erzieherinnen benötigen Methoden, gerade wenn sie Kinder nicht verschult anspruchsvoll fördern wollen. Verschulung steht für Prozesse, in denen die Erwachsenen die Kinder gängeln, reglementieren und Antworten vor den Fragen präsentieren, Themen ihre Relevanz nur aus dem Schulstoff ableiten, Kinder passiv sind und konsumieren. (Ginge es um den Schulbereich, wären Bewertung, Selektion, Konkurrenzdruck und mögliches Versagen hinzuzufügen.) Aktive und selbstständige Auseinandersetzungen auf der Grundlage eigener Fragen und Interessen ergeben sich jedoch nur selten von selbst und selbst dann müssen sie reflektiert und ausgewertet werden. Die Erzieherin soll die Perspektiven der Kinder wahrnehmen, herausfordernde Anregungen geben und Prozesse strukturieren können, sie soll beobachten und Entwicklungen dokumentieren – sämtlich in der Grundschulpädagogik diskutierte und hier entfaltete Methoden.

Die Bildungsreform sah den Kindergarten für die Betreuung, Erziehung und Bildung der 3- und 4-Jährigen zuständig, in den Modellkindergärten auch für die der 5-Jährigen. Eingangsstufen und Vorschulklassen sollten die 5-Jährigen »schulnäher« fördern. Die 6-Jährigen wurden in der Schule gesehen. Da das durchschnittliche Einschulungsalter in Deutschland aktuell bei 6 Jahren und 9 Monaten und damit um zwei Monate über dem in Österreich und um zehn Monate über dem in Spanien liegt (European Child Care and Education Study 1999, S. 69), gehen derzeit jedoch auch viele 6- und fast 7-Jährige in den Kindergarten. Ein fiktives Durchschnittskind, mit dem dritten Geburtstag aufgenommen, ist 3;9 Jahre im Kindergarten, fast genauso lange wie in der Grundschule. Dabei ist allerdings zu bedenken, dass nur die Hälfte der Dreijährigen den Kindergarten besucht und die Besuchsquoten mit dem Alter erst allmählich ansteigen (Rossbach, im Druck). Dennoch wirft diese lange Zeitspanne die Frage auf, ob die älteren Kindergartenkinder nicht zusätzliche bzw. andere Anregungen brauchen, ohne dass diese erst im Jahr vor der Einschulung einsetzen und als Schulvorbereitung konzipiert sind. In altersheterogenen Gruppen ist die pädagogische Kompetenz gefordert, die älteren Kinder in den Alltagssituationen – keinesfalls in isolierten Funktionsschulungen – mit den Anregungen, Rollenvorbildern und Aufgaben zu konfrontieren, die diese Kinder individuell je nach ihrem Stand benötigen. Dies kann bis zur zeitweisen äußeren Differenzierung unter Beteiligung von schulischem Personal und in schulischen Räumen gehen (zur Verzahnung von Vor- und Grundschulbereich durch ein von Erzieherinnen und Lehrerinnen gemeinsam getragenes »Fördercurriculum« siehe den Beitrag von Hacker in diesem Band).

Neben der Konzeptentwicklung stehen die Kindergärten vor den Aufgaben der Qualitätskontrolle und -verbesserung. Nach der zu Beginn erwähnten Qualitätsuntersuchung west- und ostdeutscher Kindergärten (Tietze u. a. 1998) erreicht nur ein Drittel der 103 zufällig ausgewählten Kindergartengruppen eine gute, entwicklungsangemessene Prozessqualität (gemessen u. a. mit der KES, Tietze/Schuster/Rossbach 1997). Zwei Drittel, darunter fast alle Ganztagsgruppen-Ost, weisen mittelmäßige Qualität auf, 2 % der Gruppen, nur Ganztagsgruppen-West, liegen noch darunter. Vier von zehn Halbtagsgruppen-West erfüllen gute, die restlichen sechs mittelmäßige Qualitätsansprüche. Merkmale der Strukturqualität auf der Ebene der Gruppe, vor allem die Vorbereitungszeit der Erzieherinnen, der tatsächliche Erzieher-Kind-Schlüssel und der pro Kind zur Verfügung stehende Raum, beeinflussen die Prozessqualität am stärksten, während sich sowohl der Makrokontext West – Ost als auch die Orientierungen des Personals so gut wie nicht auswirken. Bei weniger als der Hälfte insgesamt aufgeklärter Varianz bleibt aber immer noch ein erheblicher Spielraum für die Gestaltung der Prozessqualität.

Bessere Rahmenbedingungen und die gezielte Verbesserung der Prozessqualität können folglich die pädagogische Qualität der Einrichtungen steigern. Die Studie schlägt den Aufbau eines Steuerungssystems vor, das absichert, dass Mindeststandards nicht unterschritten werden. Einrichtungen mit schlechter Qualität erhalten Hilfen. Voraussetzung ist, dass sich die Profession über intersubjektiv kontrollierbare Standards vorschulischer Erziehungsqualität verständigt. Die Qualitätsentwicklung in den Einrichtungen wird von den Teams der Einrichtungen gesteuert, die durch »Im-Haus-Fortbildung« unterstützt werden. Wenn auch in externen Evaluationen hohe Qualität nachgewiesen wird, kann z.B. ein Gütesiegel dies öffentlich machen. Ende 1999/Anfang 2000 entstand auf Initiative des Bundesministeriums für Familie, Senioren, Frauen und Jugend der Forschungsverbund »Nationale Qualitätsinitiative im System der Tageseinrichtungen für Kinder«, in dessen Rahmen fünf unterschiedlich ausgerichtete Teilprojekte diesen Zielsetzungen nachgehen (vgl. Fthenakis 2000c).

Literatur

ARBEITSGRUPPE VORSCHULERZIEHUNG UND DIE ERZIEHERINNEN AUS MODELLKINDERGÄRTEN DER LÄNDER RHEINLAND-PFALZ UND HESSEN: Curriculum Soziales Lernen. Kinder kommen in die Schule. München 1980

BACKES, H. U. A.: Orte für Kinder. In: FTHENAKIS, W. E. / EIRICH, H. (Hrsg.): Erziehungsqualität im Kindergarten. Forschungsergebnisse und Erfahrungen. Freiburg 1998, S. 38-41

BOECKMANN, B.: Das Früherziehungssystem in der ehemaligen DDR. In: TIETZE / ROSSBACH 1993, S. 168-212

COLBERG-SCHRADER, H. / KRUG, M.: Lebensnahes Lernen im Kindergarten. Zur Umsetzung des Curriculum »Soziales Lernen«. München 1980

DEUTSCHER BILDUNGSRAT, EMPFEHLUNGEN DER BILDUNGSKOMMISSION: Strukturplan für das Bildungswesen. Stuttgart 1970

DEUTSCHER BILDUNGSRAT, EMPFEHLUNGEN DER BILDUNGSKOMMISSION: Zur Einrichtung eines Modellprogramms für Curriculum-Entwicklung im Elementarbereich. Stuttgart 1973

EUROPEAN CHILD CARE AND EDUCATION-STUDY GROUP (KRUMM, V. / WETZEL, G. / TIETZE, W. / HUNDERTMARK-MAYSER, J. / ROSSBACH, H.-G. / PALACIOS, J. / LERRA, M. J.): European Child Care and Education Study. School-age Assessment of Child Development: Long-term impact of Pre-school Experiences on School Success, and Familiy-School Relationships. Final Report for Work Package # 2. Brussels 1999 (http://www.cordis.lu/improving/socio-economic/publications.htm)

FAUST-SIEHL, G. U. A.: Die Zukunft beginnt in der Grundschule. Empfehlungen zur Neugestaltung der Primarstufe. Beiträge zur Reform der Grundschule, Bd. 98. Frankfurt/M. 1996

FAUST-SIEHL, G.: Klassenregeln am Schulanfang. In: Die Grundschulzeitschrift 87/1995, S. 40-42

FREIRE, P.: Pädagogik der Unterdrückten. Stuttgart 1970

FRIED, L. / ROSSBACH, H.-G. / TIETZE, W. / WOLF, B.: Elementarbereich. In: INGENKAMP, K. / JÄGER, R. S. / PETILLON, H. / WOLF, B. (Hrsg.): Empirische Pädagogik 1970-1990. Eine Bestandsaufnahme der Forschung in der Bundesrepublik Deutschland. Band I. Weinheim 1992, S. 197-264

FTHENAKIS, W. E. / TEXTOR, M. R. (Hrsg.): Pädagogische Ansätze im Kindergarten. Weinheim und Basel 2000

FTHENAKIS, W. E. / TEXTOR, M. R. (Hrsg.): Qualität von Kinderbetreuung. Konzepte, Forschungsergebnisse, internationaler Vergleich. Weinheim 1998

FTHENAKIS, W. E.: Erziehungsqualität: Operationalisierung, empirische Überprüfung und Messung eines Konstrukts. In: FTHENAKIS, W. E. / TEXTOR, M. R. 1998, S. 52-74

FTHENAKIS, W. E.: Kommentar: Die (gekonnte) Inszenierung einer Abrechnung - zum Beitrag von Jürgen Zimmer. In: FTHENAKIS, W. E. / TEXTOR, M. R. 2000, S. 115 - 131 (a)

FTHENAKIS, W. E.: Konzeptionelle Neubestimmung von Bildungsqualität in Tageseinrichtungen für Kinder mit Blick auf den Übergang in die Grundschule – ein neuer Modellversuch im Staatsinstitut für Frühpädagogik. In: Bildung, Erziehung, Betreuung von Kindern in Bayern. IFP-Infodienst für Erzieherinnen, Kinderpflegerinnen und Sozialpädagogen, 5. Jg., 2000/H. 1, S. 16-19 (b)

FTHENAKIS, W. E.: Nationale Qualitätsinitiative. In: Bildung, Erziehung, Betreuung von Kindern in Bayern. IFP-Infodienst für Erzieherinnen, Kinderpflegerinnen und Sozialpädagogen, 5. Jg., 2000/H. 1, S. 3-7 (c)

GROSSMANN, W.: Kindergarten. Eine historisch-systematische Einführung in seine Entwicklung und Pädagogik. Weinheim 1987

HEMMER, K. P.: Bemerkungen zu Problemen einer Situationstheorie. In: ZIMMER, J. 1973, S. 61-75

KRAPPMANN, L.: Das Erprobungsprogramm und seine Folgen. In: ZIMMER, J. unter Mitarbeit von KRÜGER, A. (Hrsg.): Erziehung in früher Kindheit. Enzyklopädie Erziehungswissenschaft, Band 6. Stuttgart 1984, S. 39-54

KRAPPMANN, L.: Der Beitrag der Sozialisationsforschung zur Entwicklung von Curricula im Vorschulbereich. In: ZIMMER, J. 1973, S. 76-91

KRAPPMANN, L.: Reicht der Situationsansatz? Nachträgliche und vorbereitende Gedanken zu Förderkonzepten im Elementarbereich. Neue Sammlung, 35. Jg., 1998/H. 4, S. 109-124

KRENZ, A.: Der »situationsorientierte Ansatz« im Kindergarten. Freiburg 1991

LAEWEN, H. J. / NEUMANN, K. / ZIMMER, J. (Hrsg.): Der Situationsansatz in Vergangenheit und Zukunft. Theoretische Grundlagen und praktische Relevanz. Seelze 1997

LAEWEN, H. J.: Zur Situation des Situationsansatzes in den neuen Bundesländern. In: LAEWEN, H. J. U. A. 1997, S. 179-186

LÜCK, G.: Naturwissenschaften im frühen Kindesalter. Untersuchungen zur Primärbegegnung von Kindern im Vorschulalter mit Phänomenen der unbelebten Natur. Münster 2000

MÄHLER, C.: Weiß die Sonne, dass sie scheint? Eine experimentelle Studie zur Deutung des animistischen Denkens bei Kindern. Internationale Hochschulschriften, Bd. 162. Münster/New York 1995

NAUMANN, S.: Was heißt hier schulfähig? Übergang in Schule und Hort. Praxisreihe Situationsansatz. Ravensburg 1998

OBERHUEMER, P. / ULICH, M.: Kinderbetreuung in Europa. Tageseinrichtungen und pädagogisches Personal. Weinheim 1997

RAUSCHENBACH, T.: Das Personal in Tageseinrichtungen für Kinder. Empirische Beobachtungen im Horizont der Ausbildung von ErzieherInnen. In: THIERSCH, R. / HÖLTERSHINKEN, D. / NEUMANN, K. (Hrsg.): Die Ausbildung der Erzieherinnen. Entwicklungstendenzen und Reformansätze. Weinheim und München 1999, S. 31-50

ROSSBACH, H.-G.: Vorschulische Erziehung. In: Arbeitsgruppe Bildungsbericht am Max-Planck-Institut für Bildungsforschung: Das Bildungswesen in der Bundesrepublik Deutschland. Strukturen und Entwicklungen im Überblick. Reinbek b. Hamburg (im Druck)

SCHÄFER, G. E.: Bemerkungen zur Bildungstheorie des Situationsansatzes. In: LAEWEN, H. J. U. A. 1997, S. 63-80

SGB VIII - Kinder- und Jugendhilfe, erl. v. WIESNER, R. / STRUCK, J. München 1995, S. 218-266

TIETZE, W. (Hrsg.) U. A.: Wie gut sind unsere Kindergärten? Eine Untersuchung zur pädagogischen Qualität in deutschen Kindergärten. Neuwied/ Kriftel/ Berlin 1998

TIETZE, W. / ROSSBACH, H.-G. (Hrsg.): Erfahrungsfelder in der frühen Kindheit. Bestandsaufnahme, Perspektiven. Freiburg 1993

TIETZE, W. / ROSSBACH, H.-G.: Der Situationsansatz: Von der pädagogischen Kampagne zum überprüfbaren Konzept? In: LAEWEN, H. J. U. A. 1997, S. 199-207

TIETZE, W. / SCHUSTER, K. M. / ROSSBACH, H.-G.: Kindergarten-Einschätz-Skala (KES). Deutsche Fassung der Early Childhood Environment Rating Scale von Thelma Harms und Richard M. Clifford. Neuwied 1997

TIETZE, W.: Institutionelle Erfahrungsfelder für Kinder im Vorschulalter. Zur Entwicklung vorschulischer Erziehung in Deutschland. In: TIETZE, W. / ROSSBACH, H. G. (Hrsg.) 1993, S. 98-125

WOLF, B. / BECKER, P. / CONRAD, S. (Hrsg.): Der Situationsansatz in der Evaluation. Ergebnisse der Externen Empirischen Evaluation. Landau 1999

ZIMMER, J. (Hrsg.): Curriculumentwicklung im Vorschulbereich. Texte, Band I. München 1973

ZIMMER, J. / PREISSING, C. / THIEL, T. U. A.: Kindergärten auf dem Prüfstand. Dem Situationsansatz auf der Spur. Seelze 1997

ZIMMER, J.: Der Situationsansatz als Bezugsrahmen der Kindergartenreform. In: ZIMMER, J. unter Mitarbeit von KRÜGER, A. (Hrsg.): Erziehung in früher Kindheit. Enzyklopädie Erziehungswissenschaft, Bd. 6. Stuttgart 1984, S. 21-38

ZIMMER, J.: Der Situationsansatz in der Diskussion und Weiterentwicklung. In: FTHENAKIS, W.E./ TEXTOR, M.R. 2000, S. 94-114

ZIMMER, J.: Ein Bezugsrahmen vorschulischer Curriculumentwicklung. In: ZIMMER, J. 1973, S. 9-60

HARTMUT HACKER

Die Anschlussfähigkeit von Kindergarten und Grundschule

Die Ambivalenz der Themenformulierung ist gewollt. Gerade in neueren Veröffentlichungen wird mehr die Anschlussfähigkeit der Grundschule eingefordert. Ein flexibler Anfangsunterricht müsse entwicklungsökologisch ausgerichtet sein und jedem Kind einen individuell angemessenen Einstieg in das schulische Lernen ermöglichen. Das ist allerdings nur die eine Seite des Übergangsproblems. Die andere hat sich mit der Fragestellung zu befassen, inwieweit der Kindergarten Anschluss hält an das Ausgangsniveau der Grundschule. Beide Perspektiven gehören zusammen, sie bündeln jeweils gewichtige Argumente der Übergangsproblematik. Letztere nimmt den Kindergarten in die Pflicht, allseitige Einwicklungsförderung als individuelle und gesellschaftliche Aufgabe im Rahmen heute möglicher Qualitätsstandards wahrzunehmen, erstere dient dem Schutz des einzelnen Kindes, indem es einen humanen Schuleinstieg garantiert, Krisen und Brüche minimiert und Abstürze verhindert (vgl. WEINERT 1989, S. 18).

Die historische Perspektive des Problems

»Überall bereitet das Vorhergehende den Boden und legt den Grund für das Folgende. ... Daher ist klar: Wenn die Grundmauern nicht gut gelegt sind, kann das darauf errichtete Gebäude nicht sicher und fest stehen« (COMENIUS 1960, S. 281). Seit den Anfängen eigenständigen pädagogischen Denkens sollte die Organisation des Bildungswesens an der natürlichen Entwicklung der Heranwachsenden festgemacht werden (vgl. HÖSSL & LIPSKI 1992, S. 16); man ging also von einer Stufung der Bildung aus. FRÖBEL hat das Modell im Elementarbereich weiterentwickelt und differenziert: Der Übergang vom kindlich naiven (oder »natürlichen«) Lernen zur planmäßigen Bildung ist dabei eine gesonderte Aufgabe, die er in einer so genannten Vermittlungsschule aufgehoben wissen möchte. Diese Aufgabe sollte innerhalb eines einheitlichen Bildungssystems stattfinden (HÖSSL & LIPSKI 1992, S. 10). Schon in der Mitte des 19. Jahrhunderts war damit ein theoretisch-konzeptioneller Rahmen für den Übergang geschaffen, der erst 120 Jahre später eine bedeutende Rolle spielen sollte.

Die Schuleingangsdebatte des 20. Jahrhunderts ging zunächst von einem empirischen Befund aus: KERN (1954) zog aus dem »Sitzenbleiberelend« der Anfangsklassen eine andere als die damals übliche Folgerung: Er brachte die Lern- und Leistungsproblematik mit der Entwicklung des Kindes in Zusammenhang (und nicht mit dessen Intelligenz). Wenngleich Entwicklungsprozesse damals noch einseitig (reifeabhängig) gedeutet wurden, so war doch der alles bestimmende Orientierungspunkt für die Beurteilung von Übergangsproblemen »gefunden« (vgl. auch HACKER 1992 und 1998). Den Bedingungen von Entwicklungsprozessen galt fortan die nahezu ausschließliche Aufmerksamkeit. So konnte beispielsweise NICKEL (1967) belegen, dass gezielte Übungsprogramme die Entwicklung beschleunigen können. Im Zuge weiterer empirischer Belege, vor allem durch Vorschulprojekte in den Vereinigten Staaten (vgl. PETTINGER / SÜSSMUTH 1983), setzte sich die Erkenntnis durch: Erziehen und Unterrichten sind *nicht Begleiter der kindlichen Entwicklung*, ihnen kommt vielmehr eine *entwicklungsleitende* Funktion zu. Die Ergebnisse drängen förmlich zu programmatischen Offensiven im Vor- und Grundschulbereich: Im Jahre 1970 sollte durch eine Vorverlegung der Einschulung und durch die Etablierung einer eigenen Schulstufe, der Eingangsstufe, die Verträglichkeit zwischen Kindergarten und Grundschule hergestellt werden: »Die Bildungskommission (des Deutschen Bildungsrates, H.H.) legt größten Wert darauf, dass der Übergang vom nichtschulischen zum schulischen Lernen in der Eingangsstufe als eine besondere pädagogische Aufgabe gesehen wird« (STRUKTURPLAN 1970, S. 22). Da der Kindergarten dieses strukturelle Reformvorhaben nicht kampflos billigte, entbrannte ein Streit um eine angemessene Förderung im Vorschulbereich. Die vergleichenden Modellversuche zwischen Vorschulklassen und Kindergärten, die von der Bund-Länder-Kommission für Bildungsplanung koordiniert wurden, brachten keine verlässlichen und eindeutigen Ergebnisse, sodass es nach 1976 nur noch um eine organisatorische Ausgestaltung ging und einem »gleitenden Übergang« zwischen den beiden Institutionen das Wort geredet wurde (BUND-LÄNDER-KOMMISSION 1976, S. 7).

Zwar erhielt der Kindergarten durch diese Modellversuche generell neue Impulse. Insbesondere kamen im Zusammenhang mit dem sog. Situationsansatz auch inhaltliche Reformen in Gang, deren Erfolge in jüngster Zeit eher skeptisch beurteilt werden, vor allem aber noch nicht hinreichend evaluiert sind (KRAPPMANN 1995, siehe auch den Beitrag von FAUST-SIEHL zum Kindergarten in diesem Band).

In den letzten 25 Jahren wurde vor allem die Idee des gleitenden Übergangs zwischen prinzipiell unterschiedlichen Institutionen in fantasievolle Programme umgesetzt; initiiert durch Empfehlungen der Kultus-

und Sozialministerien zur Zusammenarbeit von Kindergarten und Grundschule. Die vorerst letzte dieser Art wurde in Sachsen im Februar 1999 erlassen.

Beispiele für eine derartige Kooperation sind in den Zeitschriften und praxisorientierten Publikationen für die Grundschullehrerschaft breit ausgewiesen: Gemeinsame Vorhaben für Kindergarten und Grundschule, gemeinsame Elternarbeit und Formen der Zusammenarbeit von Erzieherinnen und Grundschullehrer/-innen (Hacker 1998, S. 86; Fried u. a. S. 209). Da die Kooperation meist freiwillig erfolgt, gibt es nur spärliche Aussagen darüber, was tatsächlich gemeinsam »verhandelt« wird und noch weniger empirische Daten. Lediglich die Länder Bayern, Hessen und Saarland stützten ihre Empfehlungen durch entsprechende Modellversuche, deren Berichte mit vielen und reichhaltigen Anregungen versehen sind. In Bayern standen gegenseitige Besuche von Lehrerinnen und Erzieherinnen in der jeweils anderen Institution auf dem Programm, gepaart mit einer sehr intensiven Elterninformationsarbeit (Lachenmaier 1985, Hacker 1998). Die Erfahrungsberichte sind allerdings eher eine Fundgrube für interessierte Nachahmer als eine Antwort auf die Fragen, in welchem Maße tatsächlich Aktivitäten in der Praxis stattfanden und ob die Kooperationsbemühungen zu einem Abbau der Einschulungsprobleme führten. Einer repräsentativen Umfrage in Nordrhein-Westfalen zufolge gibt es vor allem Gesprächskreise von Erzieherinnen und Grundschullehrerinnen (Mader 1985; Rossbach 1984); die Übergangsproblematik wird dadurch kaum entschärft. Nach wie vor gelingt bei einem erstaunlich hohen Anteil von Schülerinnen und Schülern (8 – 10 %) die Einschulung nicht altersgemäß (Mader 1989, Fried u. a. 1990, S. 209). Das treffendste Beispiel lieferte jüngst der Freistaat Sachsen: Dort gab es bei der Einschulung 1999 eine Zurückstellungsquote von 14 %. Von den betroffenen ca. 3000 Kindern konnten nur 35 % einer Fördereinrichtung zugeführt werden, die in Sachsen Vorbereitungsklassen heißen und ein Äquivalent zum Schulkindergarten darstellen.

Gernand und Hüttenberger (1989) führen den nicht gelingenden Übergang darauf zurück, dass die kooperativen Übergangsaktivitäten zwischen Kindergarten und Grundschule nur zu einem geringen Teil wirklich effektiv und damit geeignet seien, die unterschiedliche Sozialtypik der beiden Institutionen aufzubrechen. Die Autoren unterscheiden vier Formen von kooperativen Aktivitäten: Formen, die (letztlich) keine Zusammenarbeit darstellen; Formen (z. B. Elternabende) ohne Erzieherinnen, Formen, die keine gleichberechtigte Zusammenarbeit darstellen (z. B. Schulbesuche von Kindergartenkindern ohne Planungsbeteiligung der Erzieherinnen), produktorientierte (z. B. Patenschaften) und prozessorientierte Formen. Nur die letztgenannten Aktivitäten seien geeignet, grundlegende Veränderungen in Gang zu setzen, da sie gemeinsame Planung, Handlung und Reflexion zur zentralen Maxime ihrer Kooperation machten (Gernand / Hüttenberger, S. 227).

Zu einem ähnlichen Ergebnis kommt eine Studie des Deutschen Jugendinstituts, die Einzelprojekte beschreibt und zusammenfasst: Danach sind diejenigen Kooperationsmodelle erfolgreich, die einen reformorientierten Schulentwicklungskurs eingeschlagen haben und die auf der Basis gemeinsamer gleichberechtigter Arbeitsgruppen kooperieren (Hössl / Lipski 1992, S. 74).

So muss – zusammenfassend – angenommen werden, dass die Empfehlungen zur Zusammenarbeit nur sporadisch umgesetzt werden und durch ihre geringe Wirksamkeit die strukturell bedingten Unterschiede zwischen Vorschul- und Grundschulbereich kaum mindern.

Erweiterung des Spektrums

Die bundesweit vorherrschenden Reformbemühungen zur Entschärfung des Schuleintritts konzentrieren sich gegenwärtig auf eine Reform der Schuleingangsstufe. Die Verträglichkeit zwischen Vorschul- und Grundschularbeit wird hier von der Grundschule hergestellt, in dem diese in einer zweijährigen Anfangsetappe auch alle diejenigen Funktionen übernimmt, die zur Vorbereitung auf die Schule und zur Erlangung der Schulfähigkeit notwendig sind. Da die Erfahrungen mit dieser Reform im Teil III ausführlich zur Darstellung gebracht werden, muss darauf an dieser Stelle nicht im Detail eingegangen werden. Es ist dennoch wichtig festzuhalten, dass man die Reform des Vorschulbereichs oder auch nur eine »Wiederbelebung« der Kooperation zwischen den beiden Institutionen dann aufgegeben hat, wenn man in der Reform der Eingangsstufe (in diesem Falle mit den Sechs- und Siebenjährigen!) die einzige Möglichkeit für eine Lösung des Problems sieht. Wir erle-

ben in diesem Punkt gegenwärtig auch eine Renaissance der Denkens der ausgehenden 70er Jahre: Damals hat man sich von strukturellen Reformen verabschiedet und den Kindergarten in seiner gewachsenen Form belassen. Heute stellt man resigniert fest: Der Vorschulbereich ist für Reformen organisatorisch nicht erreichbar, da er »de jure« nicht Teil des Bildungswesens ist. Diesen Trend bestätigt auch die Studie des Deutschen Jugendinstituts, das einzelne Kulturministerien befragte: Lösungen werden in erster Linie in einer Veränderung der Anfangsphase des Grundschulunterrichts gesehen (vgl. HÖSSL / LIPSKI 1992, S. 29).

Schon Vergleiche mit anderen europäischen Ländern, auf die noch exemplarisch einzugehen sein wird, zeigen aber, dass man auf die Einbeziehung des Vorschulbereichs nicht verzichten sollte, zumal alle Reformen in diesem Bereich zusätzliche Effekte erwarten lassen. Wir gehen deshalb davon aus, dass die Anschlussfähigkeit von Kindergarten und Grundschule (nach wie vor) auf drei Ebenen geleistet werden muss:

- Durch Qualitätsverbesserungen im Kindergarten, insbesondere durch eine stärkere Ausrichtung des letzten Kindergartenjahres auf die Bildungsfunktion und die Schulvorbereitung,
- durch eine Revision der Kooperationsstruktur und
- durch innerschulische Maßnahmen am Schulanfang.

Notwendige Veränderungen im Vorschulbereich

Vorschulerziehung in der Regie von Betreuungseinrichtungen hat einen nicht unerheblichen Einfluss auf die weitere Schullaufbahn. Schon vor relativ langer Zeit konnte nachgewiesen werden, dass Schulversagen im Anfangsunterricht bei Kindergartenbesuch signifikant weniger häufig auftritt (KEMMLER 1967) und nach einer französischen Studie ist auch die Dauer einer betreuten Vorschulzeit von Belang (DUTHOIT 1988; PLAISANCE 1998).

In der Gegenwart spielen Untersuchungen zur Qualität der Kinderbetreuung im Vorschulalter (FTHENAKIS / TEXTOR 1998) eine hervorgehobene Rolle. Sie müssen im Kontext der Frage nach der allgemeinen (pädagogischen) Ausrichtung der Vorschuleinrichtungen diskutiert und zunehmend stärker in die Übergangsdebatte einbezogen werden. Als Ergebnis der historischen Entwicklung seit FRÖBEL kann festgehalten werden, dass insbesondere der deutsche Kindergarten ein ausgewogenes Verhältnis bei der Wahrnehmung der Aufgaben »Bildung, Erziehung und Betreuung« anstrebte (COLBERG-SCHRADER 1998).

Allerdings war dieses Verhältnis nie ausgewogen. Obwohl die Einrichtungen in der Bundesrepublik sehr unterschiedlich sind, lässt sich vor allem ein Trend ausmachen: Der deutsche Kindergarten vernachlässigt die Bildungsaufgabe. In einer Vergleichsstudie mit anderen Ländern der Europäischen Union liegt der Schwerpunkt von Vorschulprogrammen in Deutschland in der Förderung der sozial-emotionalen Entwicklung. Die Förderung der kognitiven Entwicklung und spezielle schulvorbereitende Maßnahmen sind eher selten (vgl. BAIRRAO / TIETZE 1993). Die »Zurückhaltung« hat u. E. zwei (ge-)wichtige Gründe: Zum einen wurden die bildungspolitischen Erwartungen eines intellektuellen Ausgleichs benachteiligter Kinder, wie sie vor dreißig Jahren im Konzept der kompensatorischen Erziehung angestrebt wurden, nicht erfüllt. Zum andern warf man den kognitiv ausgerichteten Vorschultrainingsprogrammen mehrfach vor, sie würden isolierte kognitive Funktionen antrainieren, deren Ergebnisse für die Entwicklung der Gesamtpersönlichkeit des Kindes eher nachteilig zu bewerten seien. Die Konsequenzen einer solchen Kritik können aber nicht sein, auf eine Förderung des Bereichs weitgehend zu verzichten. Es muss vielmehr darum gehen, die Förderung der kognitiven Entwicklung alters- und kindgemäß auszurichten (siehe dazu auch den Beitrag von FAUST-SIEHL zum Kindergarten in diesem Band).

Zur Qualität von Kindergärten

Qualitätsuntersuchungen zum Kindergarten berücksichtigen unterschiedliche Kriterien, und die Ergebnisse werden umso vager, je größer die berücksichtigte Komplexität ist. Trotz dieser methodologischen Einschränkungen werden im Allgemeinen die nachfolgenden Faktoren als »qualitätsdifferenzierend« eingeschätzt:

- die räumliche Umgebung (Größe und Ausstattung der Räume),
- die Relation Erzieher – Kinder (also die Gruppengröße),
- das Verhalten und die Ausbildungsstandards des Betreuungspersonals und
- die Qualität des pädagogischen Konzepts (vgl. COLBERG-SCHRADER 1998; CLARKE-STEWART 1998).

Was die beiden erst genannten Faktoren betrifft, herrscht unter Experten weitgehend Einigkeit: Genügend Raum, insbesondere zur Befriedigung der Bewegungsbedürfnisse, eine anregungsreiche Umgebung und eine mittlere (nicht zu kleine) Gruppengröße sind unabdingbare, wenn auch nicht befriedigend eingelöste Bedingungen für die kindliche Entwicklung.

Beim Thema Verhalten und Ausbildungsstandard der Erzieherinnen ist man geneigt, pauschal höhere Standards und mehr Professionalität zu fordern. Das ist zwar in der Tendenz richtig, dennoch brachte vor allem die Chicagoer Vorschulstudie noch einige wichtige Differenzierungen: Erzieherinnen, die verantwortungsbewusst, akzeptierend und mitteilsam waren, die Angebote unterbreiteten, Wahlmöglichkeiten zuließen und »nicht-direktive Vorschläge« machten, waren am erfolgreichsten. Ausbildungskenntnisse zur Entwicklung von Kindern wirkten sich ebenfalls positiv auf die pädagogische Alltagsarbeit aus. Und: Je akademischer die Ausbildung, desto stärker die Neigung, kognitive Förderung zu favorisieren (Clarke-Stewart 1998).

In nahezu allen qualitätsorientierten Abhandlungen nimmt das pädagogische Konzept eine Schlüsselstellung ein. Es umfasst sowohl ein Betreuungsprogramm als auch Erziehungsmodalitäten. Der Zusammenhang sollte schon deshalb nicht aufgelöst werden, weil jede Einseitigkeit negative Nebenwirkungen zeitigt, was seit den Erfahrungen mit isoliertem Fertigkeitstraining hinreichend bekannt ist. Eine wichtige Erkenntnis ist, dass weder kognitive noch soziale Fertigkeiten so nebenbei erworben werden, vielmehr besonderer Anstrengungen bedürfen (Clarke-Stewart 1998, S. 155). Auch das Maß an geleiteten, strukturierten (einerseits)und selbst organisierten (andrerseits) Lern- und Erfahrungsprozessen sollte ausbalanciert sein. Ein Übermaß an Strukturierung und Reglementierung schränken Interessen und Kreativität zu sehr ein und ersticken Entdeckungen und selbstständige Spiel- und Lernprozesse. Andrerseits sind Anleitungen unverzichtbar für die intellektuelle und für die soziale Entwicklung (Clarke-Stewart 1998; Sylva / Roy / Painter 1980).

Das Resümee der Autorin der Chicagoer Studie ist klar und eindeutig: Die Qualitätsstandards sind: »Eine gut strukturierte und stimulierende Umgebung, eine sensible und gut ausgebildete Fachkraft, eine ausgewogenes Curriculum und relativ kleine Klassen«. Und: Mit einer besseren Finanzierung der Kindergärten könnten nicht nur Qualitätsstandards dieser Betreuungseinrichtungen, sondern auch die Lebensqualität der Kinder verbessert und Chancen für deren optimale Entwicklung gesteigert werden (Clarke-Stewart 1988, S. 157).

Qualitätsforschung kommt nicht von ungefähr. Die ermittelten Standards sind ausschlaggebend für die künftige kulturelle, wirtschaftliche und gesellschaftliche Entwicklung eines Landes. Als jüngere Erkenntnis ist in den letzten Jahrzehnten hinzugekommen: Die Anstrengungen auf Qualitätssteigerung und Qualitätssicherung betreffen auch den vorschulischen Bereich (siehe dazu auch den Beitrag von Faust-Siehl in diesem Band).

Darüber hinaus sollte man vor allem im letzten Kindergartenjahr die Gewichte deutlich verschieben: Der Bildungsfunktion muss im Rahmen der gegebenen kindlichen Entwicklungspotenziale ein gewisser Vorrang eingeräumt werden. Neben den in den Länderempfehlungen vorgeschlagenen gemeinsamen Aktivitäten, die eine direkte Vorbereitung auf die Schule zum Inhalt haben, sollte es Angebote geben, die schulvorbereitenden Charakter haben, ohne schulische Themen vorwegzunehmen.

Solche Anstrengungen können nur gelingen, wenn auch die Spielkultur des Kindergartens stärker auf ihr entwicklungsförderndes Potenzial bezogen wird. Deshalb ist zu beachten, dass Spiel nicht generell entwicklungsfördernd ist, sondern bestimmte Spielformen. Handlungsbeziehungen können im Spiel ebenso entwickelt werden wie Beziehungen zu Partnern. Da die Interaktion nur möglich ist, wenn Regeln eingehalten werden, geht damit der Aufbau von Regelbewusstsein einher (OERTER 1993, S. 384). Bestimmte sprachliche und damit schulische Kompetenzen werden gefördert in Kindergartentätigkeiten wie Bilderbuch ansehen oder Geschichten erzählen, weil hier Gegenstände und Gegenstandsbezüge aus dem Kontext herausgehoben werden. Dekontextualisierung ist eine wichtige Voraussetzung für den Erwerb semantisch und logisch geordneten schulischen Wissens (PEKRUN, HELMKE, OERTER).

Neben einer direkten Wirkung zwischen Spielen und (schulischem) Lernen gibt es aber auch indirekte (Neben)wirkungen. So fördern Spielhandlungen nicht nur bestimmte kognitive Prozesse, sondern wichtige Lernbegleitprozesse wie Aufmerksamkeit, Selbstständigkeit, Arbeitshaltung, Sozialkontakte (EINSIEDLER & TREINIES 1989, S. 2). Die Autoren konnten konkret nachweisen, in welcher Weise Spielen auf das schulische

Lernen vorbereitet (vgl. HETZER 1965/1982). Auch das Verständnis für Leistung erwirbt das Kind in Spielleistungen (HETZER 1982, S. 22).

Verzahnung ist mehr als Kooperation

Kooperationsmodelle zwischen Kindergarten und Grundschule müssen weiterentwickelt werden. Eine Möglichkeit dazu ist eine stärkere Verzahnung von Vor- und Grundschulbereich (siehe dazu auch die Beiträge von ROSSBACH und FAUST-SIEHL in diesem Band).

So gab es bereits in den 80er Jahren bislang wenig beachtete Schulversuche mit sog. flexiblen Eingangsstufen. Ein Beispiel ist eine kleine Grundschule in Niedersachsen. Sie öffnete das erste Schuljahr für Fünfjährige, die als Vorschulkinder in der ersten Hälfte des Schuljahrs in die erste Jahrgangsklasse (die im Schulversuch natürlich weniger Schüler hatte) einsteigen konnten und im zweiten Halbjahr mit dem ersten Schuljahr zusammen eine (altersheterogene) Eingangsstufe bildeten. In einem stark individualisierten Unterricht erhielten die Kinder Spiel-, Lern- und Erfahrungsangebote, die auf ihre Bedürfnisse und Erfordernisse zugeschnitten waren. Gleichzeitig hatten die Neuankömmlinge reichlich Gelegenheit für tägliches schulisches »Probehandeln«. Eine intensive Elternarbeit war Teil des Versuchs, sodass Konflikte mit dem Kindergarten nicht auftraten. Die Eltern hatten zudem in der Grundschularbeit sehr viel mehr Mitwirkungsmöglichkeiten als im gewöhnlichen Schulbetrieb, wodurch das gesamte Projekt eine weitere Stabilisierung erfuhr. Nach Einschätzung von Lehrerinnen, Lehrern und Eltern waren diese Kinder in zweifacher Hinsicht besser auf die Schule vorbereitet: Sie erfuhren eine intensivere kognitive Förderung und sie lernten bereits vor dem offiziellen Schulbeginn die Modalitäten schulischen Lernens auf eine weitgehend zwanglose Art kennen.

Eine Verzahnung ganz anderer Art startete vor einem halben Jahr eine Projektgruppe des Instituts für Grundschulpädagogik der Universität Leipzig. Da das Vorhaben als Schulversuch gegenüber dem Kultusministerium nicht durchsetzbar war, muss auf der gegenwärtigen schulgesetzlichen Grundlage gearbeitet werden.

In einer zweizügigen Grundschule bei Leipzig soll die Zusammenarbeit mit den drei Kindergärten des Einzugsgebietes intensiviert und durch neue Formen ergänzt werden. Die Kindergärten sind in der Projektgruppe durch die Leiterinnen, die Grundschule durch die Rektorin und die beiden künftigen Erstklass-Lehrerinnen und die wissenschaftliche Seite ist durch vier Forscher vertreten, die allesamt selbst Grundschulerfahrung aufweisen.

Inhalt des Projekts ist, die jetzt Fünfjährigen im letzten Kindergartenjahr und im ersten Schuljahr zu begleiten, ihre Lernprozesse in den Bereichen Motorik, Sprachentwicklung und Wahrnehmung und Selbstkonzeptentwicklung zu fördern und immer wieder Lern- und Entwicklungsstandsdiagnosen durchzuführen. Kern des Projekts ist ein »Fördercurriculum« als wöchentliches Angebot. Das Programm wird von der gesamten Projektgruppe erarbeitet, also von Erzieherinnen und Lehrerinnen und einer für die Koordination zuständigen Wissenschaftlergruppe. Die Einheiten werden in der Regel von einer Lehrerin, zuweilen auch von einer Erzieherin gehalten. Ähnlich der Anlage des Unterrichtsspiels im Kieler Einschulungsverfahren gibt es bei der Durchführung immer Unterrichtshandelnde und »Diagnostiker«. d. h. Äußerungen und Lernhandlungen der Schüler sollen möglichst genau registriert und nur in Ausnahmefällen außerhalb der Unterrichtssituation getestet werden.

Wir erwarten uns im ersten Begleitjahr mehrere Effekte:

➢ Eine gezieltere Förderung typischer schulischer »Vorläufer«-Fähigkeiten und -Fertigkeiten, wie mündlicher Sprachgebrauch, phonologische Bewusstheit, Betrachtung der Sprache als Gegenstand, Dekontextualisierungsleistungen, Raumerfahrungen durch motorische Förderung und Steigerung der feinmotorischen Fertigkeiten, wie generell die Stabilisierung und Stärkung von Leistungen und Teilleistungen, die Bestandteile und Voraussetzungen für schulisches Lernen sind.

- Erfahrungen von schulähnlichen Modalitäten, Lernhaltungen, Verhaltensweisen, Erwartungen der Lehrerin, erste Arbeitsweisen und das Lernen des Lernens.
- Effekte, die indirekt wirksam werden, wie Erhöhung der Aufmerksamkeit, soziale Kontakte, Motivation für das Lernen, Stärkung des Selbstkonzepts.
- Diagnostische Aufschlüsse über Lernentwicklungen, Lern- und Leistungspotenziale.

Da die Lerneinheiten größtenteils in der Schule stattfinden, wird auch schon die künftige Lernumgebung vorgestellt, die künftigen Lehrerinnen werden kennen gelernt und künftige Schülerinnen und Schüler.

Über Erträge kann noch nicht berichtet werden, wohl aber über die zugrunde liegende »Philosophie«: Im Mittelpunkt steht eine gemeinsame Verantwortung der beiden Institutionen Kindergarten und Grundschule. Es erfolgt der bewusste Zugriff auf die Fünfjährigen mit einem speziellen Programm. Diese sollen stärker als im traditionellen Kindergartenalltag an Schul- bzw. Bildungsstandards herangeführt werden – behutsam und in einer mit ihrer Entwicklungsstufe verträglichen Form – , indem sie mit Erziehungs- und Unterrichtskompetenzen, die Lehrerinnen praktizieren, konfrontiert werden.

Internationale Erfahrungen

Die Anschlussfähigkeit von Grund- und Vorschulbereich darf sich somit nicht mit einer Revision der Eingangsstufe begnügen. Sie muss sowohl eine Intensivierung der Vorschulerziehung als auch eine engere Verzahnung bei der Zusammenarbeit der beiden Institutionen einbeziehen. Für eine solche Ausweitung sprechen auch internationale Erfahrungen, die abschließend referiert werden sollen:

Einen qualitätssteigernden Ausbau des Vorschulbereichs betreiben vor allem die skandinavischen Länder. Schweden leistet sich eine dreijährige Ausbildung auf Hochschulniveau für Vorschulpädagoginnen (»förskollärare«) und legt besonderen Wert auf ein günstiges Betreuungsverhältnis. Dabei muss erwähnt werden, dass in Schweden und Finnland die Schulpflicht nach wie vor erst mit sieben Jahren beginnt. Schweden gibt damit ein Beispiel dafür, dass es nicht entscheidend ist, welche Einrichtung für die Entwicklungsförderung der Fünf- und Sechsjährigen verantwortlich ist, sondern welche Qualitätsstandards gegeben sind (Oberhuemer/Ulich 1997).

Ein Beispiel für eine frühe Einschulung bietet Großbritannien. Bereits seit 1944 kennen England und Wales eine sechsjährige Grundschule mit einem in der Regel zweijährigen Infant Department, einer integrierten Eingangsstufe, in die man mit spätestens fünf Jahren eintritt. Die Infant school ist eine echte Übergangsschule, die im Stile einer Nursery school arbeitet und behutsam (weil auf zwei Jahre verteilt), genuin schulische Formen und Inhalte des Lernens anbahnt (Sienknecht 1985; Hacker 1998).

Auch in Deutschland gibt es solche Beispiele in Modellschulen. Die Bielefelder Laborschule hat eine dreijährige Eingangsstufe, deren Entstehungszeit etwa mit dem Strukturplan zusammenfällt. Ihrem eigenen Verständnis zufolge wird der Schulanfang nicht einfach um ein Jahr vorverlegt, sondern neu gestaltet. Erzieherinnen und Lehrerinnen, sowie Sozialpädagogen machen die Kinder innerhalb der Institution Schule »schulfähig« (Die Eingangsstufe 1978, Hacker 1998).

In den Niederlanden kommen die Kinder zu 99 % nach dem vierten Lebensjahr in eine achtjährige Basisschule, die in den ersten beiden Jahren die Aufgabe übernimmt, die Kinder allmählich an die spezifisch schulische Arbeit heranzuführen.

Frankreich hingegen hat wie Deutschland einen institutionell selbstständigen Vorschulbereich, allerdings ist die école maternelle, wie der französische Kindergarten genannt wird, ohnehin traditionell stärker auf kognitive Förderung ausgerichtet. Seit 1990 gibt es mit der neuen Organisation des »Lernzyklus« eine zusätzliche Verzahnung mit der Grundschule. Jeder der drei Lernzyklen oder Lernstufen zwischen dem zweiten und dem zehnten Lebensjahr umfasst drei Jahre. Der zweite Zyklus schließt das letzte Kindergartenjahr und die beiden ersten Grundschuljahre ein und zielt als einheitliches Programm auf den Erwerb von Grundkenntnissen ab (Davy 1990; Plaissance 1998; Oberhuemer / Ulich 1997). Die gemeinsame Ausbildung von Erzieherinnen und Grundschullehrerinnen garantiert als weitere Rahmenbedingung die gebotene Kontinuität beim Übergang von einer Institution in die andere.

Fazit: Förderung der Fünfjährigen

Die hier entwickelten Erfahrungen legen vor allem eine Erkenntnis nahe: Ohne ein stärkeres Bemühen um die Fünfjährigen kommen wir in der Frage der Anschlussfähigkeit nicht entscheidend voran. Hier sind alle Verantwortlichen angesprochen: Die Akteure der Praxis ebenso wie die Bildungs- und Sozialpolitiker, letztere vor allem.

Literatur

BAIRRAO, J. / TIETZE, W.: Early childhood services in the European Community. Recommendations for Progress. A report submitted to: Commission of the European Community. Task Force Human Ressources, Education, Training and Youth, 1993

BREUER, H. / WEUFFEN, M.: Besondere Entwicklungsauffälligkeiten bei Fünf- bis Achtjährigen. Neuwied 1995

BRINKMANN, G. / PETERS, J. / STOKES, P.: Zeit für Schule. Niederlande, England und Wales. In: STUDIEN UND DOKUMENTATIONEN ZUR VERGLEICHENDEN BILDUNGSFORSCHUNG, Bd. 48/5. Köln, Wien 1991

BRONFENBRENNER, U.: Die Ökologie der menschlichen Entwicklung. Stuttgart 1981

BUACHALLA, S. O. / FINDLAY, A. / SEIDENFADEN, F. / SUNNANA, O.: Schule am Rande Europas. Teil 2: Irland, Schottland und Norwegen. In: Studien zum Bildungswesen Nord- und Westeuropas. Bd. 2. Gießen 1983

BUND-LÄNDER-KOMMISSION FÜR BILDUNGSPLANUNG: Fünfjährige in Kindergärten, Vorklassen und Eingangsstufe. Stuttgart 1976

CLARKE-STEWART, K. A.: Qualität der Kinderbetreuung in den Vereinigten Staaten von Amerika. In: FTHENAKIS, W. E. / TEXTOR, M. R. (Hrsg.): Qualität von Kinderbetreuung. Weinheim und Basel 1998, S. 148-160

COLBERG-SCHRADER, H.: Kindergarten – Ort für Kinderleben und Treffpunkt für Eltern. Zur Qualität von Kindergärten. In: FTHENAKIS, W. E. / TEXTOR, M. R. (Hrsg.): Qualität von Kinderbetreuung. Weinheim und Basel 1998, S. 86-97

COMENIUS, J. A.: Pampaedia. Lat. Text und deutsche Übersetzung (Hrsg.: TSCHIZEWSKIJ, D. / GEISSLER, H. / SCHALLER, K.). Heidelberg 1960

DAVY, G.: Tradition und Wandel im französischen Schulwesen. In: Die Grundschule, 22. Jg., H. 9/1990, S. 12-14

DIE EINGANGSSTUFE DER LABORSCHULE: Arbeitsmaterialien aus der Laborschule. Bielefeld 1978

DREIER, A.: Was tut der Wind, wenn er nicht weht? Begegnung mit der Kleinkindpädagogik in Reggio Emilia. Berlin 1993

DUITHOIT, M.: L'enfant et L'école. Aspects synthétique du suivi d'un échantillon de 20.000 élèves des écoles. In: Education et Formations 16/1988, S. 3-13

EINSIEDLER, W. / TREINIES, G.: Zur Wirksamkeit von Lernspielen und Trainingsmaterialien im Erstleseunterricht. In: Psychologie in Erziehung und Unterricht 32/1985, S. 21-27

EURYDICE: Der Aufbau des Bildungswesens in den einzelnen Ländern der Europäischen Gemeinschaft. Brüssel 1986

FRIED, L.: Kindergarten- und Vorschulpädagogik. In: ROTH. L. (Hrsg.): Pädagogik – Handbuch für Studium und Praxis. München 1991, S. 601-611

FRIED, L.: Kindergarten. In: MARKEFKA, M. / NAUCK, B. (Hrsg.): Handbuch der Kindheitsforschung, Neuwied 1993, S. 557-565

FRÖBEL, F.: Die Pädagogik des Kindergartens. (F. Fröbels gesammelte pädagogische Schriften. Hrsg.: LANGE, W.; zweite Abteilung.) Osnabrück (unveränderter Nachdruck) 1966

FTHENAKIS, W. E. / GEIBEL, R. / HAPP, E. (HRSG.): Übergänge und Brüche im Bildungswesen. München 1989

FTHENAKIS, W. E. / TEXTOR, M. R. (Hrsg.): Qualität von Kinderbetreuung. Konzepte, Forschungsergebnisse, internationaler Vergleich. Weinheim und Basel 1998

GERNAND, B. / HÜTTENBERGER, M.: Die Zusammenarbeit von Kindergarten und Grundschule im Bedingungsgefüge ihrer sozialgeschichtlichen Entwicklung dargestellt am Beispiel des Schulamtsbezirks Darmstadt. Frankfurt/Main 1989

HACKER, H.: Grundschule – Wem dient sie? Wohin führt sie? In: Die Grundschule, 21. Jg., H. 2/1989, S. 22-24

HACKER, H.: Vom Kindergarten zur Grundschule. Theorie und Praxis eines kindgerechten Übergangs. 2. Aufl. Bad Heilbrunn 1998

HACKER, H.: Übergänge. In: EINSIEDLER, W. U. A. (Hrsg.): Handbuch Grundschulpädagogik und Grundschuldidaktik. Bad Heilbrunn 2001

HANKE, P. / BECKER, H. R.: Grundschule in Europa. In: Taschenbuch Grundschule, 2. Auflage, Baltmannsweiler 1995, S. 355-365

HETZER, H. Spielen lernen – spielen lehren. München 1982

HÖSSL, A. / LIPSKI, J.: Der Übergang vom Kindergarten in die Grundschule. Ergebnisse einer Studie 1991/92. DJI-Arbeitspapier 6-043. München 1992

KATS, W.: »Eindrücke aus der niederländischen Basisschule.« In: SCHMITT, R. U. A. (Hrsg.): Grundschule in Europa – Europa in der Grundschule, Frankfurt/M. 1992, S. 64-67

KIPER, H. / NAUCK, J.: Unterrichten im ersten Schuljahr. Pädagogische Überlegungen, fachdidaktische Grundlagen, Anregungen für die Praxis. Baltmannsweiler 1999

KRAPPMANN, L.: Reicht der Situationsansatz? Nachträgliche und vorbereitende Gedanken zu Förderkonzepten im Elementarbereich. In: Neue Sammlung, 35. Jg., H. 4/1995, S. 197-207

KRAPPMANN, L.: Förderung von Kindern im Kindergarten. Das Erprobungsprogramm im Elementarbereich. In: BUND-LÄNDER-KOMMISSION FÜR BILDUNGSPLANUNG UND FORSCHUNGSFÖRDERUNG (Hrsg.): Erprobungsprogramm im Elementarbereich, Bühl 1985, S. 11-28

MADER, J.: Schulkindergarten und Zurückstellung. Zur Bedeutung schulisch-ökologischer Bedingungen bei der Einschulung. Münster, New York 1989

NEUMANN, K.: Von der Kindertagesstätte in die Grundschule. Der Schulanfang im kindlichen Bildungsprozess. In: KIPER, H. / NAUCK, J (Hrsg.): Unterrichten im ersten Schuljahr. Baltmannsweiler 1999, S. 12-23

OBERHUEMER, P. / ULICH, M. (Hrsg.): Kinderbetreuung in Europa. Tageseinrichtungen und pädagogisches Personal. Eine Bestandsaufnahme in den Ländern der Europäischen Union. Weinheim und Basel 1997

OERTER, R.: Kinderspiel. In: MARKEFKA, M. / NAUCK, B. (Hrsg.): Handbuch der Kindheitsforschung. Neuwied 1993, S. 377-388

PEKRUN, R. / HELMKE, A.: Schule und Kindheit. In: MARKEFKA, M. / NAUCK, B. (Hrsg.): Handbuch der Kindheitsforschung. Neuwied 1993, S. 567-576

PLAISANCE, E.: Die Vorschulerziehung und die Institutionen für Kleinkinder in Frankreich: Aktuelle Debatten und Qualitätsproblematik. In: FTHENAKIS, W.E. / TEXTOR, M.R. (Hrsg.): Qualität von Kinderbetreuung. Weinheim und Basel 1998, S. 170-181

PRIELIPP, G.: Schulkindergarten/Vorklasse in der Gegenwart: Situation, Probleme und Konsequenzen für eine zeitgemäße pädagogische Arbeit. Hamburg 1997

ROSSBACH, H.-G. / TIETZE, W.: Vorschulische Erziehung in den Ländern der Europäischen Union – eine vergleichende Studie. In: Zeitschrift für Pädagogik, 32. Jg., Beiheft/1994, S. 336-348

SIENKNECHT, H.: Primarschulwesen (England). In: ENZYKLOPÄDIE ERZIEHUNGSWISSENSCHAFT. Bd. 7. Erziehung im Primarschulalter. Stuttgart 1985, S. 442-451

STRUKTURPLAN FÜR DAS BILDUNGSWESEN: Empfehlungen der Bildungskommission (Hrsg.: Deutscher Bundesrat). Stuttgart 1970

SYLVA, K. / ROY, C. / PAINTER, M.: Child watching at playground and nursery school. London 1980

TIETZE, W. / PATTERAK, H.: Hilfen für die Betreuung und Erziehung von Kindern im Vorschulalter in den Ländern der europäischen Gemeinschaft. In: TIETZE, W. / ROSSBACH, H.-G. (Hrsg.): Erfahrungsfelder in der frühen Kindheit, Freiburg 1993, 272-315

TIETZE, W. / ROSSBACH, H.-G. (Hrsg.): Erfahrungsfelder in der frühen Kindheit. Bestandsaufnahme, Perspektiven. Freiburg 1993

WEINERT, F. E.: Übergänge und Brüche im Bildungswesen. Einführung in die Thematik. In: FTHENAKIS, W. E. (Hrsg.): Übergänge und Brüche im Bildungswesen. München 1989, S. 15-36

ZIMMER, J.: Der Situationsansatz als Bezugsrahmen der Kindergartenreform. In: ENZYKLOPÄDIE ERZIEHUNGSWISSENSCHAFT. Bd. 6: Erziehung in der frühen Kindheit. Stuttgart 1986, S. 21-38

2 Schulfähigkeit

Libe Frau Matischka.
[redacted]
Ich fülle mich gut beii
[redacted]
dich in der Schule.
[redacted]
Ich möchte von innen noch
villes Lehnen.

von: Milka

GISELA KAMMERMEYER

Schulfähigkeit

Im Zusammenhang mit den Modellversuchen zum integrativen Schulanfang wird, ausgehend von Forderungen des Arbeitskreises Grundschule (FAUST-SIEHL U.A. 1996), die Abschaffung des Schulfähigkeitsbegriffs gefordert. Schulfähigkeit wird als Konstrukt gesehen, »das als Hürde Kinder von der Schule fernhält« (S. 2). Es wird als Aufgabe der Schule betrachtet, alle Kinder einzuschulen und die Schulfähigkeit der Kinder in der Schule zu entwickeln. Auch in den USA wird über Schulfähigkeit heftig diskutiert, 1990 wurde Schulfähigkeit (»school readiness«) vom Präsidenten der Vereinigten Staaten zum ersten der sechs nationalen Erziehungsziele für das Jahr 2000 erklärt: »By the year 2000, all children in America will start school ready to learn«. Diese aktuellen Entwicklungen fordern eine neue theoretische Auseinandersetzung mit dem Begriff »Schulfähigkeit« sowie mit damit verbundenen Subjektiven Theorien und mit daraus sich ergebenden Konsequenzen für die Förderung der Schulfähigkeit.

Theoretische Vorstellungen von Schulreife und Schulfähigkeit

Die Begriffe Schulreife und Schulfähigkeit werden häufig synonym gebraucht. In der neueren theoretischen Literatur wird meistens »Schulfähigkeit« verwendet. Hinter dieser Verwendung der Begriffe »Schulreife« und »Schulfähigkeit« verbergen sich jedoch unterschiedliche theoretische Vorstellungen. Auch vom gleichen Begriff kann nicht auf die gleiche dahinter liegende Theorie geschlossen werden.

Schulreife auf der Grundlage der Reifungstheorie

Der Begriff »Schulreife« auf der Grundlage der Reifungstheorie ist eng mit dem Namen ARTUR KERN verbunden. Dieser entfachte 1951 die Diskussion um die Einschulungsfrage neu mit seinem Buch »Sitzenbleiberelend und Schulreife« (KERN 1951). Er ging von folgenden Annahmen aus:

- Schulreife wird als das Resultat eines endogen gesteuerten Reifeprozesses, Schulversagen wird in erster Linie als eine Folge mangelnder Schulreife gesehen.

- Jedes Kind erreicht im Laufe seiner Entwicklung einmal eine Entwicklungsphase, die als Voraussetzung für ein erfolgreiches Durchlaufen der Schule angesetzt werden muss. Das eine Kind kommt lediglich früher, das andere später zu diesem Entwicklungspunkt.

- Unterschiedliche Kompetenzen reifen in etwa im Gleichschritt heran, deshalb kann vom Reifestand einer Fähigkeit auf andere geschlossen werden. Der körperliche Reifestand (z. B. Gestaltwandel, Zahnwechsel) gibt Aufschluss auch über die psychische Schulreife. Es genügt deshalb bei der Feststellung der Schulreife nur ein Kriterium zu erfassen. In dem von Kern entwickelten Grundleistungstest wird deshalb auch vor allem die visuelle Gliederungsfähigkeit (z. B. male dich selbst) erfasst.

- Die Entwicklung der Schulreife kann durch Lernangebote nicht beschleunigt werden. Ist ein Kind noch nicht schulreif, so muss nur lange genug gewartet werden.

- Schulversagen durch mangelnde Schulreife kann durch Heraufsetzung des Einschulungsalters verhindert werden.

Die Sichtweise, ein Kind würde reifen wie ein Apfel am Baum und dann irgendwann in den Korb der Schule fallen, gilt heute als eindeutig widerlegt. Sie begegnet uns jedoch durchaus immer wieder im Alltag, z. B. wenn Eltern argumentieren, »Markus braucht noch ein Jahr, wir müssen nur abwarten« oder »Es wird schon werden …«

Kerns Schulreifetheorie ist deshalb bedeutsam, weil sie große Auswirkungen auf die Schulpraxis hatte. Zum einen beeinflusste sie maßgeblich die weitere Entwicklung der Schuleingangsdiagnostik und zum anderen geht die zweimalige Heraufsetzung des Einschulungsalters auf sie zurück.

Schulfähigkeit auf der Grundlage der Eigenschaftstheorie

Die Vorstellung, der Begriff »Schulfähigkeit« beschreibe eine Eigenschaft des Kindes, ist weit verbreitet. Sie zeigt sich in der Annahme, man könne klar und eindeutig unterscheiden, ob ein Kind *schulfähig* ist oder ob ein Kind *nicht schulfähig* ist. Schulfähig ist demnach, wer die von der Schule geforderten Persönlichkeitsmerkmale oder Fähigkeiten aufweist, und zentrales Ziel der Schuleingangsdiagnostik ist Selektion. Diese eigenschaftstheoretische Vorstellung von Schulfähigkeit ist heute ebenfalls nicht mehr haltbar. Sie beruht auf einem statisch-strukturellen Persönlichkeitskonzept, nach dem Menschen über ein ganzes Bündel von relativ stabilen Eigenschaften oder Fähigkeiten verfügen, in deren Ausprägung sie sich unterscheiden (MANDL/KRAPP 1978, S. 15; BURGENER-WOEFFRAY 1996, S. 23). Wichtige Schulfähigkeitskriterien, die in Schulfähigkeitstests überprüft werden, sind z.B. Gliederungsfähigkeit, Mengenerfassung, Wahrnehmung (Formidentifizierung), Sprache, Gedächtnis, Konzentration.

Schulfähigkeit auf der Grundlage der Lerntheorie

Bereits 1962 konnten KEMMLER und HECKHAUSEN nachweisen, dass die Gliederungsfähigkeit durch Training verbessert werden kann. Es wurde damit erkannt, dass diese als bisher sehr bedeutsam angesehene Fähigkeit keine stabile Persönlichkeitseigenschaft ist und auch nicht reifungsabhängig ist, sondern durch Lernvorgänge beeinflusst werden kann. Weitere empirische Untersuchungen folgten und es setzte sich eine lerntheoretische Sichtweise des Begriffs »Schulfähigkeit« durch, in der die Bedeutung von Lernvorgängen beim Erwerb der Schulfähigkeit betont wird. Schulfähigkeitsdiagnostik in diesem Sinne soll Informationen über Veränderungen durch Lernen und die Bedingungen des Lernens liefern (KOOB 1981, S. 38). Ziel ist nicht mehr Selektion, sondern Modifikation, »die eine Optimierung durch eine Veränderung des Verhaltens und/oder von Bedingungen sucht« (PAWLIK 1976, S. 16). In diesem Zusammenhang wurde auch erkannt, dass Schulfähigkeit nicht absolut festzulegen ist. Sie hängt nicht nur vom Kind, sondern auch von den Lernanregungen und Anforderungen ab, die von der Schule an das Kind gestellt werden. Aus dem absoluten Schulfähigkeitsbegriff wurde ein relativer.

Lehrerinnen und Lehrer haben vermutlich in erster Linie eine solche lerntheoretisch orientierte Vorstellung von Schulfähigkeit, wie die Untersuchung von KRAUS (1995) zeigt. Sie untersuchte die Subjektiven Theorien von Lehrerinnen über Schulfähigkeit mit der Methode zur Erfassung der Alltagstheorien von Professionellen (MEAP) von FELDMANN (1979). Die elf an der Untersuchung beteiligten Lehrkräfte wählten aus einem Basisvokabular von 60 möglichen Einflussfaktoren für Schulfähigkeit die 20 für sie bedeutsamsten aus und gewichteten sie. Es zeigte sich, dass die Lehrerinnen mit Schulfähigkeit zwar in erster Linie Kriterien verbinden, die am Kind ansetzen und Bedingungen der Schule kaum nennen. Sie betonten jedoch immer wieder, dass sich viele Fähigkeiten der Kinder erst noch im Laufe der ersten Klasse entwickeln können.

Schulfähigkeit aus ökosystemischer Perspektive

Nickel entwickelte vor allem in den achziger Jahren (1981, 1988, 1990, 1992) eine heute anerkannte Sichtweise von Schulfähigkeit. Er betrachtet das Problem der Einschulung aus einer ökosystemischen Perspektive und bezeichnet Schulfähigkeit als interaktionistisches Konstrukt. Dies beinhaltet zum einen, dass der Blick nicht nur auf den Schulanfänger und die Schule, sondern auch auf die gesamte Umwelt des Kindes als System gerichtet und zum anderen, dass Schulfähigkeit nicht direkt beobachtbar ist, sondern aus den Beziehungen von sich wechselseitig beeinflussenden Teilkomponenten erschlossen werden muss. Die einzelnen Teilkomponenten zeigt Abbildung 1:

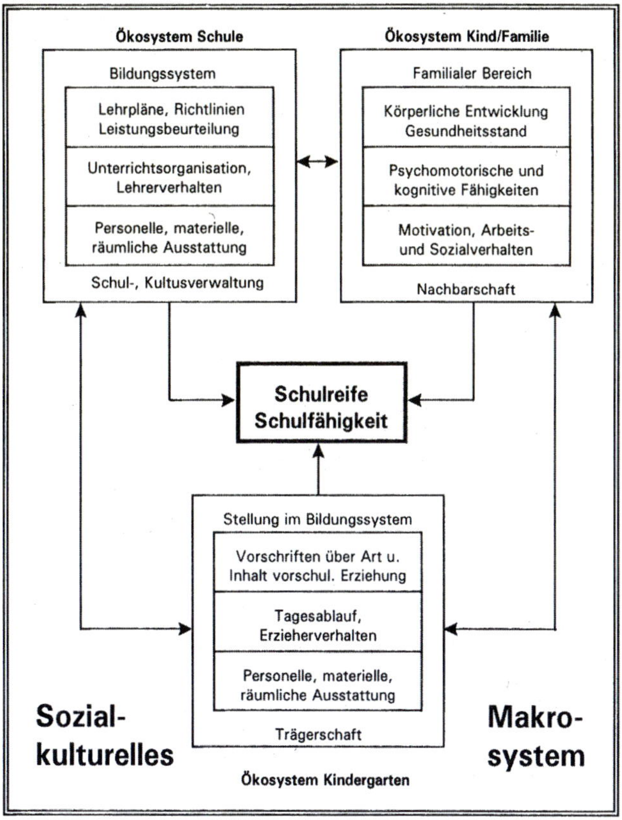

Abb. 1: Ökologisch-systemisches Schulfähigkeitsmodell von Nickel (1999, S. 154)

- ➢ die Teilkomponente Schule (1) mit ihren spezifischen Strukturen, Anforderungen und Lernbedingungen,
- ➢ die Teilkomponente Schüler (2) mit ihren individuellen Lernvoraussetzungen in körperlicher und psychischer Hinsicht,
- ➢ die Teilkomponente Ökologie (3) im Sinne der schulischen, vorschulischen und häuslichen Lernumwelt und
- ➢ die gesamtgesellschaftliche Situation (4) als vorgegebene Rahmenbedingung des Gesamtsystems (NICKEL 1988, S. 48).

Die bereits genannte Untersuchung von KRAUS (1995) mit 11 Lehrerinnen zeigt auch auf, welchen Stellenwert Lehrerinnen diesen einzelnen Teilkomponenten der Schulfähigkeit beimessen. Folgende Tabelle zeigt, wie viele der insgesamt 235 Nennungen auf die einzelnen Teilkomponenten entfallen.

Teilkomponente Schüler		88 %
kognitive Lernvoraussetzungen	37 %	
motivationale Lernvoraussetzungen	23 %	
soziale Lernvoraussetzungen	18 %	
körperliche Lernvoraussetzungen	10 %	
Teilkomponente Schule		5,5 %
Teilkomponente Ökologie		6,5 %

Tab. 1: Bedeutung der einzelnen Teilkomponenten der Schulfähigkeit

Als Begründung für die Notwendigkeit, bei Schulfähigkeit den Blick nicht nur auf das Kind, sondern auf das gesamte System zu richten, führt NICKEL (1988) verschiedene Befunde an:

- ➢ Es gibt durchaus Schulsysteme in anderen Ländern, in denen das Schulreifeproblem keine Rolle spielt. Auch in Deutschland gibt es Schulen, wie z. B. Montessori-Schulen, in denen die Schule auf Grund ihres hochgradig individualisierenden Unterrichts ihre Anforderungsschwellen flexibel an die jeweiligen Lernvoraussetzungen der einzelnen Schüler anpassen kann. Bestätigt wird diese Argumentation auch durch die Ergebnisse neuerer Studien zu Zurückstellungen (siehe den Beitrag von ROSSBACH in diesem Band).

- Schulische Anforderungsschwellen variieren von Land zu Land, von Schule zu Schule, sogar von Klasse zu Klasse, was sich an der unterschiedlichen Zahl der Klassenwiederholungen und der Zurückstellungen zeigt.

- Schulanfänger mit ähnlichen Testpunktwerten haben in verschiedenen Schulen und teilweise sogar in Parallelklassen derselben Schule unterschiedliche Erfolgschancen, je nach Qualität des Anfangsunterrichts und nach Art des Verhaltensstils der Lehrer. Die Bedeutung des Lehrers und des Klassenklimas für die Entwicklung des Kindes im Anfangsunterricht untersucht zzt. ein Kooperationsforschungsprojekt von KAMMERMEYER (2000) und MARTSCHINKE (2000). Wird Schulreife unter ökopsychologisch-systemischer Sicht betrachtet, kann sie nicht mehr Selektion als vorrangiges Ziel haben. Traditionelle Testverfahren, die lediglich am Kind ansetzen und bereits für das Ziel der Selektion nicht valide genug waren (KRAPP / MANDL 1973), reichen nicht mehr aus. Stattdessen erfordert diese theoretische Sichtweise, dass alle Teilkomponenten des Konstrukts »Schulfähigkeit« in der Diagnostik Beachtung finden müssen. Es genügt auf keinen Fall, den Blick nur auf das Kind zu richten (siehe den Beitrag von KAMMERMEYER zur Schuleingangsdiagnostik in diesem Band).

Problematisch ist, dass NICKEL den alten Begriff »Schulreife« wieder aufgreift, diese Begriffsverwendung führt immer wieder zu Verwirrung. NICKEL (1992) argumentiert, dass Schulreife nicht zwingend mit überholten Reifungstheorien in Zusammenhang steht, wie dies auch bei den Begriffen »Hochschulreife« oder »Berufsreife« nicht der Fall ist. Um zu begrifflicher Klarheit beizutragen, erscheint es jedoch sinnvoller, den Begriff »Schulfähigkeit« immer dann zu verwenden, wenn es nicht um reifungstheoretische Vorstellungen geht.

Schulfähigkeit als Entwicklungaufgabe

Es ist auch das Verdienst von NICKEL, dass die Schulfähigkeitsproblematik als »Sonderfall eines ökologischen Übergangs« gesehen (NICKEL 1988, S. 47) und mit dem Konzept »kritische Lebensereignisse« (FILIPP 1982, 1990) in Zusammenhang gebracht wird. Schuleintritt als ökologischer Übergang kann auch als Rahmen für die Entwicklungsaufgabe »Schulfähigkeit« angesehen werden (OERTER 1987, S. 245). Auf Grund der Schulpflicht müssen sich alle Kinder zu einem bestimmten Zeitpunkt institutioneller Erziehung aussetzen und sich mit den damit verbundenen neuen

Anforderungen auseinander setzen. Fast alle Kinder müssen irgendwann in die Schule gehen. Die zwingende Notwendigkeit, diese soziokulturell verbindliche Entwicklungsnorm zu erfüllen, stellt eine zentrale Entwicklungsaufgabe dar, die mit Schulfähigkeit bezeichnet werden kann. Wird Schulfähigkeit als Entwicklungsaufgabe verstanden, so wird deutlich, dass sie grundsätzlich unabhängig von der Struktur des Bildungswesens ist. Diese bestimmt lediglich, wie stark der kulturelle Druck ist, der durch die Entwicklungsnorm ausgeübt wird. Unterschiede gibt es zum einen, wann ein Kind eingeschult wird (in England beginnt die Schulpflicht mit dem 5. Geburtstag, in Finnland dagegen erst mit 7 Jahren), und zum anderen wie der Anfangsunterricht abläuft (z.B. in der Regelschule anders als in einer Montessorischule). Auch die derzeitigen Veränderungen im Zusammenhang mit rechtlichen Regelungen zur vorzeitigen Einschulung, die Anstrengungen zur Vermeidung von Zurückstellung und zur Schaffung eines integrativen Schulanfangs, nehmen Einfluss auf diesen kulturellen Druck. In den derzeitigen Modellversuchen verringert sich dieser zweifellos erheblich. Was bleibt ist jedoch trotzdem die zwingende Notwendigkeit, Schulfähigkeit zu erlangen, das »Heimisch-Werden« im neuen Setting Schule (Oerter 1995, S. 95). Diese Argumentation wird auch von Baumann und Nickel (1997, S. 173) gestützt: »Die Notwendigkeit dieses Konstrukts (Schulfähigkeit, Anm. d. Verf.) ergibt sich letztlich daraus, dass alle Kulturgesellschaften bestimmte Anforderungen an das Kind stellen, die durch die Institution Schule in besonderer Weise repräsentiert wird«. Nach Auffassung von Oerter (1987, S. 246) spricht auch das Faktum, dass die Anforderungen für Schulfähigkeit keineswegs immer gleich bleiben, für die Auffassung, Schulfähigkeit als Entwicklungsaufgabe anzusehen. Er bezeichnet Schulfähigkeit geradezu als Prototyp einer Entwicklungsaufgabe (Oerter 1978, S. 77). Die mit der Einschulung verbundene Notwendigkeit Schulfähigkeit zu erlangen, kann Chance und Risiko für die Entwicklung des Kindes sein (Einsiedler 1988, Witting 1989, Stöckli 1989, Speck-Hamdan 1991). Damit die fördernde Wirkung eintreten kann, muss allerdings die Anschlussfähigkeit von Kindergarten und Grundschule gesichert werden (siehe die Beiträge von Hacker und Faust-Siehl in diesem Band). Viele Faktoren sind mitverantwortlich dafür, ob die Bewältigung dieser Entwicklungsaufgabe gelingt. Sie ist deshalb von besonderer Bedeutung, weil das Kind bei der Einschulung erstmals einer soziokulturell verbindlichen Entwicklungsnorm ausgesetzt ist. Längsschnittuntersuchungen belegen, dass die Bewältigung späterer Entwicklungsaufgaben davon abhängen, wie vorausgehende gemeistert wurden (Oerter 1995, S. 123).

Schulfähigkeit als soziokulturelles Konstrukt

In den USA gibt es neuere theoretische Ansätze, in denen Schulfähigkeit als soziales Phänomen betrachtet wird, das weitgehend unabhängig von der Person des Kindes ist (SMITH / SHEPARD 1988, EISENHART / GRAUE 1990). Schulfähigkeit wird als soziokulturelles Konstrukt bezeichnet, als gemeinsame Subjektive Theorie über den Schulanfang von Personen in einem bestimmten sozialen Setting (z. B. in einem Schulsprengel), und beinhaltet ein Gewirr von nicht notwendigerweise konsistenten oder stabilen Vorstellungen. Herausgestellt wird, dass Schulfähigkeit situationsspezifisch ist, im Kontext lokalgeschichtlicher, demographischer und erzieherischer Trends gesehen werden muss und mit interpersonalen Beziehungen und Werten zusammenhängt. Die theoretischen Überlegungen zu dieser Sichtweise von Schulfähigkeit werden ebenfalls als Gegenpol zur Vorstellung gesehen, Schulfähigkeit sei die Eigenschaft eines Kindes. SMITH und SHEPARD (1988, S. 309) beschreiben Schulfähigkeit als »those propositions about development and early learning that teacher holds to be true, with what degree of credulity, with what kind and quality of evidence, in relation to what other beliefs, values, and emotional attitudes, and in light of what consequences such beliefs have in actions she takes«. Gestützt wird diese theoretische Sichtweise über Schulfähigkeit durch empirische Untersuchungen der genannten Autoren in den USA. Die Studie von SMITH und SHEPARD (1988) ergab, dass Subjektive Theorien über Schulfähigkeit mit Zurückstellungspraktiken zusammenhängen und dass Lehrer der gleichen Schule ähnliche Subjektive Theorien über Schulfähigkeit haben. Die Untersuchung von GRAUE (1992) ergab, dass sich die Schulfähigkeitsvorstellungen an drei Schulen deutlich unterscheiden und mehr von kontextuellen Bedingungen abhängen als von den Eigenschaften eines Kindes. Auch die Ergebnisse der Studie von KAMMERMEYER (2000) können durchaus als Hinweis auf eine spezifische »Schulfähigkeitsphilosophie« der einzelnen Schulen gesehen werden.

Schulfähigkeit als Ziel

In den USA wird Schulfähigkeit in erster Linie als Ziel gesehen, an dessen Erreichung alle an der Erziehung Beteiligten mitwirken müssen. Die Auseinandersetzung mit dem Schulfähigkeitsbegriff wurde mit der Verkündung der nationalen Erziehungsziele im Jahr 1990 intensiviert. Das erste dieser sechs Ziele bezieht sich auf Schulfähigkeit und lautet: »By the year 2000, all children in America will start school ready to learn«

(NATIONAL EDUCATION GOALS PANEL 1992). Das Verständnis von Schulfähigkeit ist weit gefasst und bedeutet »more than academic knowledge and skills. Readiness also requires that children reach and maintain certain levels of good health, self confidence, and social competence. Readiness also is not determined solely by the innate abilities and capacities of young children: rather people and environments help shape children's readiness« (KUNESH/FARLEY 1997, S. 2). KAGAN (1992), die Vorsitzende der Arbeitsgruppe zur Erreichung des nationalen Erziehungsziels »Schulfähigkeit« beschreibt den Begriff »Schulfähigkeit« als Rätsel, da es keinen Konsens darüber gibt, was Schulfähigkeit ist. Das heutige Verständnis ist von den Arbeiten VYGOTSKYS über die Beziehung von Entwicklung und Lernen geprägt. Interessant ist, dass die gegenwärtigen Entwicklungen in den USA zu den gleichen Forderungen führen, wie in Deutschland: Verzicht auf Zurückstellungen, Einschulung aller Kinder!

Begründung für die Beibehaltung des Schulfähigkeitsbegriffs

Auf Grund der bisherigen theoretischen Auseinandersetzung kann zusammenfassend festgehalten werden, dass »Schulfähigkeit« nach wie vor ein grundschulpädagogisch relevanter Begriff ist. Die Forderung nach Abschaffung des Schulfähigkeitsbegriffes bezieht sich auf ein Verständnis von Schulfähigkeit als »Hürde«, das auf heute nicht mehr haltbaren reifungs- und eigenschaftstheoretischen Grundlagen beruht, die jedoch in einer selektionsorientierten Einschulungspraxis auch heute durchaus noch eine Rolle spielen. Schulfähigkeit ist aber, wie aufgezeigt wurde, nicht auf diesen engen, längst überholten Bedeutungszusammenhang beschränkt, in dem sie lediglich als Eingangsbedingung gesehen wird. Die Abschaffung des Schulfähigkeitsbegriffs ist nicht geeignet, dem positiven Grundanliegen, Selektion am Schulanfang zu verhindern, näher zu kommen. Die Bemühungen müssen sich stattdessen auf die Veränderung der auf Selektion zielenden Rahmenbedingungen richten und auf die Veränderung Subjektiver Theorien, in denen Schulfähigkeit einseitig am Kind festgemacht wird.

Wird das Problem der Einschulung systemtheoretisch betrachtet, kann der Begriff »Schulfähigkeit« hilfreich sein. Er weist auf die notwendige Anschlussfähigkeit der beiden Systeme »Schule« und »vorschulische Einrichtung« hin. Mit dem Begriff »Schulfähigkeit« kann ein gemeinsames Ziel beider Systeme bezeichnet werden. Einseitig und wenig hilfreich ist es, nur vom Kindergarten zu erwarten, dass er als »Zulieferer«

verantwortlich für die Schulfähigkeit von Kindern ist, einseitig ist aber auch die Sichtweise, es sei lediglich Aufgabe der Schule, mit den Kindern die Schulfähigkeit zu erarbeiten. Es besteht die Gefahr, dass durch diese Argumentation die bestehende Distanz zwischen den vorschulischen Einrichtungen und der Grundschule eher vergrößert wird.

Die Bedeutung von Schulfähigkeit als gemeinsames Ziel aller an der Erziehung Beteiligter wird durch die aktuelle bildungspolitischen Diskussion in den USA verstärkt. Gerade wenn auf Selektion am Schulanfang verzichtet werden soll, sind viele Anstrengungen zur Erreichung dieses Ziels nötig. Diese dürfen, einem ökosystemischen Verständnis von Schulfähigkeit entsprechend, nicht nur am Kind ansetzen und auch nicht nur an der Schule. Wird Schulfähigkeit als Zielbegriff gesehen, dann rückt besonders die Teilkomponente Ökologie und die gesellschaftliche Situation mit ihren allgemein anerkannten Ziel- und Wertvorstellungen ins Blickfeld. Ein gesellschaftlicher Konsens im Hinblick auf die stärkere Bedeutung der frühen Kindheit, auf die Förderung der Schulfähigkeit im Kindergarten und auf entwicklungsfördernde Bedingungen am Schulanfang (z. B. Klassengröße), wie er durch die Verkündung des nationalen Erziehungsziels »Schulfähigkeit« in den USA angezielt wurde, wäre auch bei uns in Deutschland wünschenswert. Einigkeit über die Bedeutung des Ziels »Schulfähigkeit« könnte dann auch dazu führen, dass die Einschulung aller Kinder sich nicht nur in kurzfristigen Modellversuchen erschöpft und dass diese nicht als willkommene Möglichkeit zu Einsparungen verwendet werden.

Die Abschaffung des Begriffs »Schulfähigkeit« wird auch deshalb nicht so leicht möglich sein, da er in den Subjektiven Theorien über Einschulung von Lehrern, Erzieherinnen, Eltern und allen, die in irgendeiner Weise etwas mit dem Schulanfang zu tun haben, eine zentrale Rolle spielt. Schulfähigkeit beinhaltet das, was als soziokulturelle Vorstellung über Einschulung in einem bestimmten Kontext konstruiert wurde und nicht klar festgelegte Fähigkeiten von Kindern. Solange der Begriff »Schulfähigkeit« in der Praxis bedeutsam ist, ist auch die theoretische Auseinandersetzung sinnvoll.

Subjektive Theorien von Schulfähigkeit

Subjektive Theorien sind nicht nur theoretisch bedeutsam, sie spielen auch in der Praxis der Schuleingangsdiagnostik zunehmend eine Rolle. Beim Kieler Einschulungsverfahren von Fröse, Mölders und Wallrodt (1986) werden Subjektive Theorien von Lehrern wirksam, wenn differenzierte Informationen zu verschiedenen Schulfähigkeitskriterien aus unterschiedlichen Quellen (Elterngespräch, Schulspiel, Gespräch mit vorschulischen Einrichtungen, Einzeluntersuchung) im Entscheidungsgespräch zusammengefasst und gewichtet werden. Bei informellen Verfahren kommen Subjektive Theorien über Schulfähigkeit nicht nur bei der Entscheidung über die Schulfähigkeit eines Kindes zum Tragen, sondern auch wenn Lehrer im Team ein eigenes Verfahren konzipieren (vgl. auch den Artikel zur Schuleingangsdiagnostik von KAMMERMEYER in diesem Band). Wenn Reformansätze langfristig greifen sollen, ist neben der Veränderung von institutionellen Rahmenbedingungen in vielen Fällen auch die Modifikation der Subjektiven Theorien der betroffenen Personen notwendig. Die Erfassung dieser Subjektiven Theorien ist hierbei ein erster Schritt.

Forschung zu Subjektiven Theorien über Schulfähigkeit

Subjektive Theorien über Schulfähigkeit wurden in der Studie von KAMMERMEYER (2000) untersucht. Es wurde der Frage nachgegangen, welche Schulfähigkeitskriterien für Lehrerinnen, Lehrer und Erzieherinnen bei der Entscheidung über Schulfähigkeit wichtig sind. Auf Grund von differenzierten Voruntersuchungen mit 60 Lehrkräften wurden im ersten Schritt mit verschiedenen Methoden (Fragebogen, Interview, Methode zur Erfassung von Alltagstheorien (MEAP) von FELDMANN, Heidelberger-Struktur-Legetechnik von SCHEELE und GROEBEN 1984) folgende zwölf Schulfähigkeitskriterien ausgewählt, die für Lehrerinnen und Lehrer bedeutsam sind: Arbeitsverhalten, Denkfähigkeit, Feinmotorik, Gedächtnis, Gliederungsfähigkeit, Grobmotorik, Konzentration, Mengenerfassung, Selbstständigkeit, Sozialverhalten, Sprachverständnis und Wahrnehmung. Diese wurden im zweiten Schritt 65 Lehrkräften und 53 Erzieherinnen auf Kärtchen vorgegeben, die diese dann nach ihrer Wichtigkeit an einer Skala von 0 – 100 entlang ordnen sollten. Das Ergebnis dieser Überlegungen kann durchaus als vereinfachtes, auf die Struktur »Über-/Unterordnung« reduziertes »Bild« der Subjektiven Theorie der Lehrerin betrachtet werden. Die Erhebung erforderte von den Lehrerinnen und Erzieherinnen Überlegungen und Entscheidungen, die auch in einer realen diagnostischen Situation (z. B. beim Kieler Einschulungsverfahren und bei informellen Verfahren) nötig sind. Sie mussten immer wieder überlegen, welches Schulfähigkeitskriterium wichtiger ist. Bei diesem Abwägen war es für die Lehrerinnen hilfreich, dass die Schulfähigkeitskriterien auf Kärtchen vorgegeben waren, da dadurch die Möglichkeit des Umordnens gegeben war. Die Erhebung, die im Rahmen von pädagogischen Konferenzen bzw. Teambesprechungen durchgeführt wurde, löste intensive Diskussionen über die verschiedenen »Bilder« von Schulfähigkeit, wie sie am Schluss auf den Plakaten zu sehen waren, aus. Daraus ist zu schließen, dass dieses Erhebungsverfahren auch in der Lehreraus- und -fortbildung zur Auseinandersetzung mit Subjektiven Theorien über Schulfähigkeit sinnvoll didaktisch genutzt werden kann.

Ergebnisse der empirischen Untersuchung

Abbildung 2 zeigt, welche Schulfähigkeitskriterien für Lehrerinnen und Erzieherinnen besonders wichtig sind.

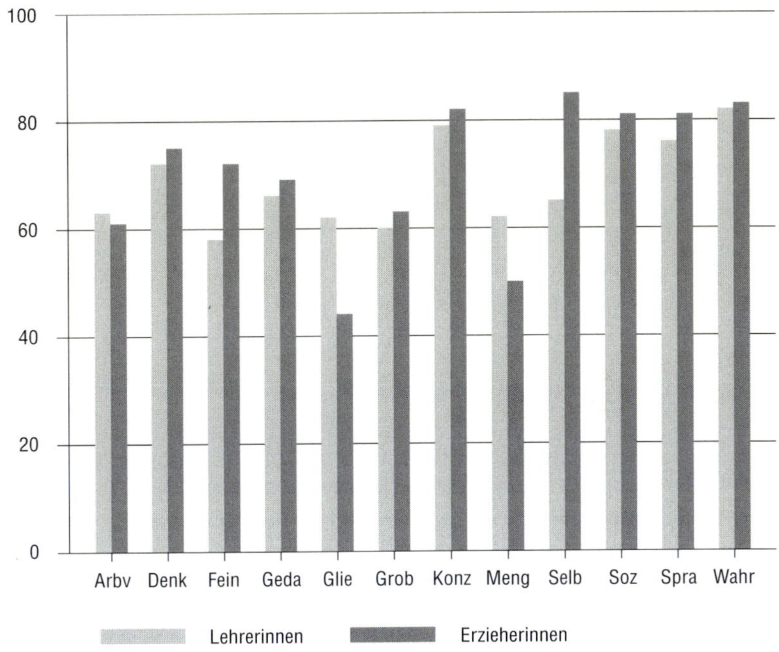

Abb. 2: Wichtigkeit von Schulfähigkeitskriterien

Für Lehrerinnen sind die Schulfähigkeitskriterien Wahrnehmung, Konzentration, Sozialverhalten und Sprachverständnis am wichtigsten. Die Schulfähigkeitskriterien Fein- und Grobmotorik sind im Vergleich mit den anderen am wenigsten wichtig. Bei den wichtigsten Kriterien stimmen die Lehrerinnen in der Wichtigkeit dieser Kriterien in hohem Maße überein, bei dem eher unwichtigen Kriterium Grobmotorik dagegen streuen die einzelnen Werte von 5 bis 100. Auch Gliederungsfähigkeit, Gedächtnis, Selbstständigkeit und Mengenerfassung sind für Lehrerinnen unterschiedlich wichtig.

Die Ergebnisse bei den Erzieherinnen sind nicht so einheitlich wie diejenigen bei den Lehrerinnen. Für sie sind Selbstständigkeit, Sprachverständnis und Wahrnehmung am wichtigsten. Sehr wichtig sind auch Konzentration und Sozialverhalten, weniger wichtig Gliederungsfähigkeit und Mengenerfassung. Auffällig ist wiederum, dass bei den wichtigsten Kriterien die größte Übereinstimmung herrscht und sich die Erzieherinnen am wenigsten einig sind bei dem Schulfähigkeitskriterium, das am wenigsten wichtig angesehen wird, bei der Gliederungsfähigkeit.

Beim Vergleich zwischen Lehrerinnen und Erzieherinnen ist von Bedeutung, dass das Schulfähigkeitskriterium Selbstständigkeit, das für Erzieherinnen an erster Stelle steht, für Lehrerinnen wesentlich weniger wichtig ist. Auch hinsichtlich der Einschätzung der Wichtigkeit der Schulfähigkeitskriterien Feinmotorik, Gliederungsfähigkeit und Mengenerfassung zeigen sich Unterschiede. Diese Unterschiede sind, wie mit einer multivariaten Varianzanalyse festgestellt wurde, signifikant.

Neben den Unterschieden sind auch die Gemeinsamkeiten von Lehrerinnen und Erzieherinnen bedeutsam. Besonders wichtig sind die Schulfähigkeitskriterien Wahrnehmung, Sprachverständnis, Konzentration und Sozialverhalten. In dieser Sichtweise stimmen Lehrerinnen und Erzieherinnen in hohem Maße überein.

Bedeutung von Schulfähigkeitskriterien

Im Folgenden wird, ausgehend von den Ergebnissen der empirischen Untersuchung zu Subjektiven Theorien von Lehrkräften über Schulfähigkeit, die Bedeutung einiger Schulfähigkeitskriterien näher diskutiert.

- *Selbstständigkeit*
  Selbstständigkeit ist das zentrale Erziehungsziel der Arbeit im Kindergarten. Dadurch lässt sich die hohe Bedeutung der Selbstständigkeit als Schulfähigkeitskriterium für Erzieherinnen erklären. Die vergleichsweise geringe Relevanz, die dieses Schulfähigkeitskriterium in den Subjektiven Theorien von Lehrerinnen aufweist, legt den Schluss nahe, dass Selbstständigkeit im Anfangsunterricht eine wesentlich geringere Rolle spielt. Es ist anzunehmen, dass es vom konkreten Anfangsunterricht abhängt, den eine Lehrerin durchführt, wie wichtig für sie das Kriterium Selbstständigkeit ist. Bei Lehrerinnen, die verstärkt auch offene Lernphasen in ihren Unterricht einbeziehen, dürfte

Selbstständigkeit als Voraussetzung und Ziel vermutlich wichtiger sein als bei denjenigen, die eher traditionelle geschlossene Lernphasen bevorzugen. Es ist durchaus denkbar, dass mit der zunehmenden Verbreitung offener Unterrichtsphasen dieses Schulfähigkeitskriterium eine stärkere Bedeutung erlangen könnte. Über die Bedeutung der Selbstständigkeit für den Schulerfolg in der 1. Klasse ist bisher kaum etwas bekannt.

➢ *Feinmotorik*
Die hohe Bedeutung, die Erzieherinnen, im Vergleich zu den Lehrerinnen, der Feinmotorik beimessen, ist nicht überraschend. Von der Feinmotorik schließen Erzieherinnen vermutlich auf den Schulerfolg im Schreiben, und dieser wird als sehr bedeutsam angesehen. Dieser Schluss ist durchaus sinnvoll, wenn man bedenkt, dass es sich bei den ersten Problemen, die Kinder in der ersten Klasse haben, meist um Schreibprobleme handelt (ROLLETT 1978). Es ist anzunehmen, dass die Erzieherinnen über diese ersten Schwierigkeiten noch informiert werden, während sie von den später auftretenden weniger erfahren. Die Feinmotorik wird außerdem von den Erzieherinnen im Kindergartenalltag durch Tätigkeiten wie Malen, Kleben, Schneiden, Basteln bewusst gefördert. Die Qualität des Kindergartens wird nach Meinung von Erzieherinnen von der Schule häufig an solchen leicht zu beobachtenden Fähigkeiten, wie z.B. Feinmotorik, gemessen. Störungen der Lage- und Bewegungswahrnehmung (z.B. Stifthaltung) werden im Zusammenhang mit sensorischen Integrationsstörungen betont. TRAMONTANA, HOOPER und SELZER (1988) berichten in ihrer Metaanalyse von einer geringen Bedeutung der Motorik in den Untersuchungen zur Vorhersage des Schulerfolgs. Dies gilt zumindest für die gesamte Population der Kindergartenkinder, es ist jedoch anzunehmen, dass die Motorik für die Gruppe der leistungsschwachen bzw. behinderten Kinder mehr Aussagekraft hat.

➢ *Gliederungsfähigkeit und Mengenerfassung*
Weit auseinander gehen die Beurteilungen von Lehrerinnen und Erzieherinnen bei Gliederungsfähigkeit und Mengenerfassung, die in nahezu allen Verfahren der Schuleingangsdiagnostik geprüft werden und die eng mit der überholten Reifungstheorie verbunden sind. Die Gliederungsfähigkeit wird häufig durch das Nachzeichnen von Formen oder das Malen eines Männchens erfasst. Bei der Mengenerfassung wird in vielen Fällen überprüft, ob ein Kind mit einem Blick (simultan) eine Anzahl von (meist vier oder fünf) Gegenständen erfassen kann. Erzieherinnen messen diesen beiden Schulfähigkeitskriterien noch viel weniger Bedeutung bei als Lehrerinnen. Bei

Gliederungsfähigkeit und Mengenerfassung handelt es sich um Kriterien, die für Erzieherinnen möglicherweise auf Grund ihrer Schulnähe weniger wichtig sind. Erzieherinnen sehen eine direkte Schulvorbereitung als nachrangige Aufgabe an, wie die Untersuchung zur Qualität im Kindergarten von Tietze u. a. (1998, S. 91) klar belegt.

➢ *Wahrnehmung*
Das Schulfähigkeitskriterium Wahrnehmung hat nicht nur in den Subjektiven Theorien von Lehrerinnen und Erzieherinnen übereinstimmend große Bedeutung. Seine Relevanz für den Schulerfolg wird auch in zahlreichen empirischen Untersuchungen bestätigt. Tramontana u. a. (1988, S. 130) fassen in einer Metaanalyse 74 Studien zur Vorhersage des Schulerfolgs auf Grund von Erhebungen im Kindergarten zusammen. Die Wahrnehmung (einschließlich visuomotorische Fähigkeiten und Fingerlokalisation) gehört hierbei neben Buchstabenkenntnis, IQ, sprachlichen Fähigkeiten und Aufmerksamkeit zu den Variablen, die signifikante Vorhersagen des Schulerfolgs in der ersten Klasse ermöglichen. Auch im Rahmen des Teilleistungskonzepts (z. B. Sensorische Integration nach Ayres (1984)) spielt die Wahrnehmung eine sehr große Rolle.

Warum die Wahrnehmung Lehrerinnen und Erzieherinnen so wichtig ist, kann leicht erklärt werden. Sie hat in der Schuleingangsdiagnostik von Anfang an eine große Bedeutung; nahezu alle Schulfähigkeitsverfahren beinhalten Testaufgaben zur Wahrnehmung (z. B. Erkennen von Gleichem). Die Wahrnehmung hat für das Lesenlernen und damit für die Vorhersage des Schulerfolges offensichtlich eine hohe Plausibilität, sie gehört auch zu den besonders häufig verwendeten Prädiktoren in den Studien zur Vorhersage des Schulerfolgs. Bei der Wahrnehmung wird sowohl in den empirischen Untersuchungen als auch in den Subjektiven Theorien von Lehrerinnen und Erzieherinnen jedoch vorwiegend die visuelle Komponente betont, obwohl in der internationalen Forschung zu den Ursachen von Lese-Rechtschreibschwierigkeiten schon seit ca. 1975 eine deutliche Verlagerung von visuellen zu auditorischen Ursachen zu beobachten ist (Jansen / Mannhaupt / Marx / Skowronek 1999, S. 8). Wenn die Wahrnehmung ganz allgemein erfasst wird, z. B. als Figur-Grund-Wahrnehmung oder Raum-Lage-Orientierung und nicht spezifisch am Schriftmaterial, dann trägt sie nur wenig zur Aufklärung von Lese-Rechtschreibschwierigkeiten bei (Jansen u. a. 1999). Als besonders bedeutsam für den Schriftspracherwerb erwies sich übereinstimmend die phonologische Bewusstheit, zu deren Erfassung seit kurzem neue Verfahren vorliegen, die eng mit Förderprogrammen verzahnt sind (vgl. die Ausführungen zur phonologischen Bewusstheit im Beitrag von KAMMERMEYER zur Schuleingangsdiagnostik in diesem Band).

- *Konzentration*
  Auch das Schulfähigkeitskriterium »Konzentration« hat nicht nur in der Metaanalyse von TRAMONTANA U. A. (1988, S. 130), sondern auch in den Subjektiven Theorien von Lehrerinnen und Erzieherinnen eine große Bedeutung. Dies ist ebenfalls gut nachvollziehbar, wenn man bedenkt, dass mangelnde Konzentration der Kinder im Kindergarten und in der Grundschule die Alltagsarbeit von Lehrerinnen und Erzieherinnen erschwert. Nach Ansicht von Lehrern sind Konzentrationsprobleme heute die zentralen Lernschwierigkeiten schlechthin, wie eine Untersuchung von BÄUERLEIN, BERG und STRAUCH (1988) ergab, die sich auf 5000 Schüler in 200 städtischen und ländlichen Klassen bezog. Auch FÖLLING-ALBERS (1992) stellte in ihren Lehrerbefragungen zur veränderten Kindheit fest, dass sich Lehrer vor allem darüber beklagen, dass die Konzentrationsfähigkeit der Schüler in den letzten Jahren nachgelassen hat. Belegt wird die hohe Bedeutung der Konzentration in den Subjektiven Theorien von Lehrerinnen und Erzieherinnen auch in der Studie von ALEXANDER, ENTWISLE und DAUBER (1993). Es zeigte sich in dieser Untersuchung, an der 790 Kindern vom ersten bis zum vierten Schuljahr teilnahmen, dass die Aufmerksamkeitseinschätzung durch den Lehrer im ersten Schuljahr eine hohe Prädiktionskraft für alle Leistungsmaße (Noten und standardisierte Tests zum Leseverständnis und zu Mathematik) besaß. TRAMONTANA U. A. (1988) kommen zu dem Schluss, dass von allen Verhaltensmerkmalen die Konzentration am besten geeignet ist, den späteren Schulerfolg sowohl in Lesen als auch in Mathematik vorherzusagen.

- *Sprachverständnis*
  Die hohe Bedeutung, die dem Schulfähigkeitskriterium Sprachverständnis von Lehrerinnen und Erzieherinnen zugemessen wird, wird ebenfalls von der amerikanischen Metaanalyse von TRAMONTANA U. A. (1988) bestätigt. In Deutschland belegen KLEBER und FISCHER (1982) die hohe Bedeutung des Schulfähigkeitskriteriums »Sprachverständnis«. Es besteht aus der Fähigkeit, sprachlich gegebene Instruktionen aufnehmen, verstehen und verarbeiten zu können. Diese Kompetenzen bestimmen wesentlich das Lernverhalten der Schulanfänger, das Niveau ihrer Leistungen und schließlich ihre Lernergebnisse (FISCHER / KLEBER 1977, KLEBER / FISCHER 1982, S. 4). Besonders bedeutsam ist ihrer Ansicht nach das Instruktionsverständnis. Es wirkt wie ein Filter, das der Aufgabenlösung jeweils vorgeschaltet ist, weshalb

angenommen werden kann, dass viele Schulversager nicht an den Aufgaben, sondern schon am Instruktionsverständnis scheitern. In Untersuchungen bei Schulanfängern waren die Zusammenhänge zwischen Instruktionsverständnis-Testwerten und Schulleistungsdaten im 1. Schuljahr fast ausnahmslos höher als die zwischen IQ und dem jeweiligen Schulleistungsmaß (KLEBER/FISCHER 1980). HERMANN und NAY-CRAMER (1990, S. 142) fanden auf Grund ihrer Längsschnittuntersuchung zur Prävention von Lernstörungen in Einschulungsklassen heraus, dass die Variablen »Sprachschwierigkeiten/Fremdsprachigkeit« und »unterdurchschnittliche kognitive Voraussetzungen« für die Prognose einer ungünstigen schulischen Entwicklung bedeutsam sind. Unter 189 Erstklässlern in sonderpädagogischen Diagnose- und Förderklassen in Bayern waren nur 16 % der Kinder sprachlich völlig unauffällig, erhebliche Sprachstörungen lagen bei 33 % der Kinder vor. WIMMER, NASSERI-CHAHPAR und LUKESCH (1975, S. 199) kamen auf Grund ihrer Untersuchung zur Bedeutung soziokultureller, sprachlicher und kognitiver Merkmale für die Schulleistung von Schulanfängern zu dem Schluss, dass sich der Einfluss der Umweltmerkmale auf die Schulleistung hauptsächlich über die Ausprägung der sprachlichen und kognitiven Merkmale vollzieht.

- *Sozialverhalten*

  Für Lehrerinnen und Erzieherinnen gehört auch das Schulfähigkeitskriterium Sozialverhalten zu den wichtigsten. Die Untersuchung von AMOROSA U.A. (1992), die 189 Erstklässler in sonderpädagogischen Diagnose- und Förderklassen in Bayern untersuchte, zeigt eine mögliche Erklärung für die Bedeutsamkeit des Sozialverhaltens in den Subjektiven Theorien von Lehrerinnen und Erzieherinnen auf. Die Autoren stellten fest, dass 33 % der Kinder in diesen Klassen gravierende psychische Störungen hatten und dass Störungen des Sozialverhaltens im Vordergrund standen. Auf Grund der Metaanalyse von TRAMONTANA U.A. (1988) zählt das Sozialverhalten jedoch nicht zu den bedeutsamsten Prädiktoren des Schulerfolgs. Dies ist möglicherweise auch damit zu erklären, dass das Sozialverhalten besonders situationsabhängig und dadurch eher beeinflussbar ist.

Zusammenfassung: Bedeutung proximaler Schulfähigkeitskriterien

Insgesamt ist festzuhalten, dass lernzielnahe (proximale) Schulfähigkeitskriterien (wie z. B. phonologische Bewusstheit) eine größere Bedeutung für die Vorhersage des Schulerfolgs haben als die genannten traditionellen (distalen) Schulfähigkeitskriterien (z.B. Wahrnehmung), die weit von den konkreten Lernzielen des Anfangsunterrichts entfernt sind. Zu diesem Ergebnis kommt auch Burgener-Woeffray (1996, S. 233) in ihrem umfassenden Konzept der Schuleingangsdiagnostik. Sie plädiert dafür, ein diagnostisches Inventar zum Schuleintritt nicht aus Entwicklungsbereichen (wie z.B. Kognition, Sprache), sondern aus den Anforderungsbereichen des Erstunterrichts abzuleiten. Ein Diagnostikum darf ihrer Ansicht nach nicht allein am kindlichen Entwicklungsstand orientieren, sondern muss sowohl die entwicklungslogische Abbildung von Sachstrukturen als auch Entwicklungsstrukturen des Kindes berücksichtigen.

Für den Schriftspracherwerb ist dies klar belegt. Die phonologische Bewusstheit ist die Fähigkeit, der eine führende Rolle bei der vorschulischen Vorhersage des Schulerfolgs im Schriftspracherwerb zukommt (Marx 1992). Wenn im Rahmen der Schuleingangsdiagnostik in stärkerem Maße solche spezifischen Lernvoraussetzungen erfasst werden, dann können daraus eher konkrete Hinweise für den Anfangsunterricht abgeleitet werden. Diese veränderte Sichtweise hat auch Konsequenzen für die Förderung der Schulfähigkeit im Kindergarten.

Förderung der Schulfähigkeit im Kindergarten

Seit langem ist bekannt, dass der Schulanfang keinen »Nullpunkt« in der Entwicklung des Lesens, Schreibens und Rechnens darstellt: Viele Kinder können bereits ihren Namen und einzelne Wörter schreiben (z.B. Mama und Oma), sie kennen eine unterschiedliche Anzahl von Buchstaben, können bereits einige Wörter (z.B. Eis, Post und Cola) lesen und bis 100 zählen. In der Vorschulzeit machen die Kinder zentrale schriftsprachliche und mathematische Erfahrungen, von denen wir heute wissen, dass sie für das Erlernen des Lesens, Schreibens, Rechtschreibens und der Mathematik eine herausragende Bedeutung besitzen (Richter/Brügelmann 1994, Schipper 1998). Interindividuelle Unterschiede in den Schulleistungen der Grundschule hängen substantiell mit Unterschieden in Fähigkeiten, wie sie sich im Vorschulalter manifestieren, zusammen (Hany 1997, S. 402). Es besteht deshalb die Notwendigkeit, die Entwicklung dieser Fähigkeiten in der Vorschulzeit stärker zu fördern, nicht in Form von Arbeitsblättern und Trainingsprogrammen, sondern vor allem durch Anregungen, die schriftsprachliche und mathematische Erfahrungen im Alltag ermöglichen (siehe den Beitrag von Hacker in diesem Band). Erzieherinnen sind jedoch sehr zurückhaltend mit solchen lernzielnahen Angeboten, weil sie Angst haben, die Kinder könnten im Kindergarten etwas Falsches lernen oder sie könnten der Schule etwas vorwegnehmen. Die Zurückhaltung der Erzieherinnen ist jedoch auch zu einem nicht unbedeutenden Teil auf die Schule zurückzuführen. In Fortbildungsveranstaltungen berichten Erzieherinnen regelmäßig, dass die genannten Anliegen von den Erstklasslehrerinnen an sie herangetragen werden. Die Kinder erhalten im Kindergarten deshalb häufig nicht das schulisch bedeutsame »Entwicklungsfutter«, das für sie angemessen wäre.

Beispiel Schriftspracherwerb

Die Förderung von Schulfähigkeit wird im Folgenden am Beispiel des Schriftspracherwerbs konkretisiert. Sie beinhaltet zum einen Regelspiele zur Förderung der phonologischen Bewusstheit und zum anderen Anregungen zu Rollenspielen, in denen verstärkt schriftsprachliche Erfahrungen ermöglicht werden.

Regelspiele, in denen implizit die sprachliche Bewusstheit gefördert wird, gehören für viele Erzieherinnen zum selbstverständlichen Repertoire. Sie werden jedoch in vielen Fällen zu wenig beachtet bzw. zu wenig intensiv genutzt und sollten auf Grund der klaren Forschungslage eine wesentlich größere Bedeutung in der Kindergartenpädagogik bekommen. Gemeint sind Spiele zum Heraushören von Lauten (z. B. Ich sehe was, was du nicht siehst, das fängt mit O an), zum Gliedern von Wörtern in Silben (z. B. Mutter, Mutter, wie weit darf ich reisen) und zum Erkennen von Reimen (z. B. Abzählverse, Reimmemory). Eine Fülle solcher Sprachspiele für Kinder im Vorschulalter enthält das Würzburger Trainingsprogramm »Hören, lauschen, lernen« von KÜSPERT und SCHNEIDER (1999). Dieses Training (das im Beitrag zur Schuleingangsdiagnostik von KAMMERMEYER in diesem Band näher dargestellt wird) enthält ein systematisches Programm von Spielen zur phonologischen Bewusstheit für sogenannte »Risikokinder«. Eine Renaissance solcher Spiele im normalen Kindergartenalltag würde für alle Kinder in nicht zu unterschätzendem Maße zu einer Schulfähigkeitsförderung beitragen.

Darüber hinaus gibt es vielfältige Möglichkeiten, dass Kinder im Vorschulalter im Rollenspiel Erfahrungen mit Schriftsprache (und natürlich auch mit Mathematik) machen. Im Rollenspiel »Tierarztpraxis« stellen die Kinder beispielsweise fiktive Rezepte aus, notieren etwas auf Patientenkarteien und füllen Terminkarten für zukünftige Untersuchungen aus. Vor allem für Kinder, die von sich aus wenige Schreibhandlungen ausführen und zu Hause keine entsprechenden Anregungen bekommen, ist es wichtig, dass sie im Kindergarten durch entsprechende Materialien (z. B. Rechnungsblock, Kochbuch) und Impulse der Erzieherin (z. B.: Brauchst du keinen Einkaufszettel?) zu Lese- und Schreibhandlungen motiviert werden. Vor allem echte Materialien, die die Kinder in ihrem Alltag vorfinden, regen schriftsprachliche Spielhandlungen an. NEUMANN und ROSKOS (1991) stellen die Bedeutung von Authentizität und Nutzen der Materialien heraus und geben ebenso wie CHRISTIE (1991, 1995, S. 12) konkrete Vorschläge, wie schriftsprachliche Erfahrungen initiiert werden können. In ihren Untersuchungen bewährten sich die Rollenspielsituationen Büro, Postamt und Bücherei. Die Spielbeobachtungen von MORROW und RAND (1991) zeigen, dass durch themenorientiertes Material tatsächlich Spielaktivitäten ausgelöst werden, in denen sich die Kinder die Funktionen der Schriftsprache zu Nutze machen.

Die genannten Vorschläge zur Förderung der Schulfähigkeit gehen auf einen Bereich der Lebenswelt von Vorschulkindern ein, der bisher zu wenig in der Kindergartenpraxis berücksichtigt wurde. Viele Vorschulkinder haben großes Interesse an Buchstaben und Zahlen, dieser Teil der Lebenswelt darf bei der Arbeit in vorschulischen Einrichtungen nicht ausgeblendet werden. Der hier vorgestellte Ansatz zur Förderung der Schulfähigkeit lässt sich deshalb nicht nur problemlos mit den meisten Konzeptionen der Kindergartenarbeit (z.B. mit dem kindzentrierten Ansatz von HEBENSTREIT (1994), dem offenen Kindergarten von BECKER-TEXTOR/TEXTOR (1997) und mit dem lebensbezogenen Ansatz von HUPPERTZ (1992)) verbinden, sondern unterstützt diese sogar.

Die Notwendigkeit, in Zukunft die Qualität im Kindergartenbereich, zu der auch die Förderung der Schulfähigkeit gehört, stärker in den Blick zu nehmen, zeigt auch die Studie von TIETZE U. A. (1998). In dieser wurde festgestellt, dass die Entwicklungsunterschiede bei Kindern, je nach Qualität im Kindergarten im Extremfall einem Altersunterschied von einem Jahr entsprechen.

Literatur

ALEXANDER, K. L. / ENTWISLE, D. R. / DAUBER, S. L.: First-grade classroom behavior: Its short- and long-term consequences for school performance. In: Child Development, 64. Jg., 1993, S. 801-814.

AMOROSA, H. / BADE, S. / BAUDE, B. / BREUER-SCHAUMANN, A. / CASTELL, R. / EHRENSTEIN, D. / GÄNSHIRT, S. / MALL, W. / NOTERDAEME, M. / OHRT, B. / SCHNÖBEL, E. / TUMPACH, M. / WINNEWISSER-METZING, M.: Arzt und Psychologe in der Sonderpädagogischen Diagnose- und Förderklasse. Würzburg 1992

AYRES, A. J.: Bausteine der kindlichen Entwicklung: Die Bedeutung der Integration der Sinne für die Entwicklung des Kindes. Berlin 1984

BÄUERLEIN, U. / BERG, D. / STRAUCH, T.: Häufigkeiten von Lernschwierigkeiten in der Grundschule aus der Sicht des Klassenlehrers. In: Zeitschrift für Pädagogische Psychologie, 2. Jg., 1988, S.179-184.

BAUMANN, M. / NICKEL, H.: Einschulung und Anfangsunterricht. In: LOMPSCHER, J. / NICKEL, H. / RIES, G. / SCHULZ, G. (Hrsg.): Leben und Lehren in der Grundschule. Neuwied 1997, S. 165-187

Becker-Textor, I. / Textor, M. R.: Der offene Kindergarten – Vielfalt der Formen. Freiburg 1997

Burgener-Woeffray, A.: Grundlagen der Schuleintrittsdiagnostik. Kritik traditioneller Verfahren und Entwurf eines umfassenden Konzepts. Bern 1996

Christie, J. F.: (Ed.): Play and Early Literacy Development. New York 1991

Christie, J. F.: Spielerisches Lesen und Schreiben. Die Rolle des Spiels bei der frühen Entwicklung der Lese- und Schreibfähigkeit. Spielmittel, 4/1995, S. 10-13

Einsiedler, W.: Schulanfang und Persönlichkeitsentwicklung. In: Grundschule, 20. Jg., 1988/H. 11, S. 20-23.

Eisenhart, M. A. / Graue, M. E.: Socially constructed readiness for school. In: International Journal for Qualitive Studies in Education, 3. Jg., 1990, S. 253-269.

Faust-Siehl, G. / Garlichs, A. / Ramseger, J. / Schwarz, H. / Warm, U.: Die Zukunft beginnt in der Grundschule. Empfehlungen zur Neugestaltung der Primarstufe. Frankfurt, Arbeitskreis Grundschule 1996

Feldmann, K.: MEAP. Eine Methode zur Erfassung der Alltagstheorien von Professionellen. In Schön, B./ Hurrelmann, R. (Hrsg.): Schulalltag und Empirie. Weinheim 1979, S. 105-122

Filipp, S.-H.: Kritische Lebensereignisse als Brennpunkte einer angewandten Entwicklungspsychologie des mittleren und höheren Erwachsenenalters. In: Oerter, R. / Montada, L. (Hrsg.): Entwicklungspsychologie. München 1982, S. 769-788

Fischer, R. / Kleber, E. W.: Erfassung des Instruktionsverständnisses von Schulanfängern. In: Psychologie in Erziehung und Unterricht, 24. Jg., 1977, S. 300-305

Fölling-Albers, M.: Schulkinder heute. Weinheim 1992

Fröse, S. / Mölders, R. / Wallrodt, W.: Beiheft zum Kieler Einschulungsverfahren. Weinheim 1986

Graue, M. E.: Social interpretations of readiness for kindergarten. Early Childhood Research Quarterly, 7. Jg., 1992, S. 225-243

Hany, E. A.: Entwicklung vor, während und nach der Grundschulzeit: Literaturüberblick über den Einfluss der vorschulischen Entwicklung auf die Entwicklung im Grundschulalter. In: Weinert, F. E. / Helmke, A. (Hrsg.): Entwicklung im Grundschulalter. Weinheim 1997, S. 391-403

Hebenstreit, S.: Kindzentrierte Kindergartenarbeit. Freiburg 1994

Hermann, R. / Nay-Cramer, D.: Einschulungsklassen zur Prävention von Lernstörungen. In: Brunsting, M. / Keller, H. J. / Steppacher, J. (Hrsg.): Teilleistungsschwächen – Prävention und Therapie. Luzern 1990

Huppertz, N.: Erleben und Bilden im Kindergarten. Der lebensbezogene Ansatz als Modell für die Planung der Arbeit. Freiburg 1992

Jansen, H. / Mannhaupt, G. / Marx, H. / Skowronek, H.: Bielefelder Screening zur Früherkennung von Lese- und Rechtschreibschwierigkeiten (BISC). Göttingen 1998

Kagan, S. L.: Readiness past, present and future: Shaping the agenda. Young Children, 48. Jg., 1992, S. 48-53

Kammermeyer, G.: Schulfähigkeit – Kriterien und diagnostische / prognostische Kompetenz von Lehrerinnen, Lehrern und Erzieherinnen. Bad Heilbrunn 2000

KAMMERMEYER, G.: Die Bedeutung des Lehrers für die Leistungs- und Selbstkonzeptentwicklung im Anfangsunterricht. Unveröffentlichter DFG-Antrag 2000
KEMMLER, L. / HECKHAUSEN, H.: Ist die so genannte Schulreife ein Reifungsproblem? In: INGENKAMP, K. (Hrsg.): Praktische Erfahrungen mit Schulreifetests. München 1962, S. 52-89
KERN, A.: Sitzenbleiberelend und Schulreife. Ein psychologisch-pädagogischer Beitrag zu einer inneren Reform der Grundschule. Freiburg 1951
KERN, A.: Der Grundleistungstest zur Ermittlung der Schulreife (7. Aufl.). München 1969
KOOB, B.: Theorie, Methoden und Probleme der Schuleingangsdiagnostik. In: JÄGER, R./ INGENKAMP, K./ STARK, G. (Hrsg.): Tests und Trends 1981. Jahrbuch der Pädagogischen Diagnostik. Weinheim 1981, S. 35-70
KLEBER, E. W. / FISCHER, R.: Entwicklung eines Erhebungsverfahrens zum Instruktionsverständnis: Anweisungs- und Sprach-Verständnis-Test (ASVT). In: Psychologie in Erziehung und Unterricht, 27. Jg., 1980, S. 235-239
KLEBER, E. W. / FISCHER, R.: Anweisungs- und Sprachverständnistest (ASVT). Weinheim 1982
KRAPP, A. / MANDL, H.: Wer sich auf Schulreifetests verlässt, der ist verlassen. In: Bayerische Schule, 26. Jg., H. 9/1973, S. 17-20
KRAUS, B.: Kriterien der Schulfähigkeit aus Sicht von Lehrerinnen und Lehrern. Unveröffentlichte Zulassungsarbeit. Universität Erlangen-Nürnberg 1995
KÜSPERT , P. / SCHNEIDER, W.: Hören, lauschen, lernen – Sprachspiele für Kinder im Vorschulalter. Göttingen 1999
KUNESH, L. G. / FARLEY, J.: Collaboration: The Prerequisite for School Readiness and Success. ERIC Clearinghouse on Elementary and Early Childhood Education. Internet-Anfrage »School readiness« im April 1997, gopher.// etcs. ext.missouri.edu: 70/00/info/hes/hdfs/eric/ eric9308.asc.
MANDL, H. /KRAPP, A. (1978): Diskussionsebenen für eine Neuorientierung der Schuleingangsdiagnostik. In: MANDL, H./ KRAPP, A. (Hrsg.): Schuleingangsdiagnose. Neue Modelle, Annahmen und Befunde. Göttingen 1978, S. 9-28
MARTSCHINKE, S.: Die Bedeutung des Klassenklimas für die Identitätsentwicklung. Unveröffentlichter DFG-Antrag 2000
MARX, H.: Vorhersage von Lese-Rechtschreibschwierigkeiten in Theorie und Anwendung. Unveröff. Habilitationsschrift 1992
MORROW, L. M. / RAND, M.: Preparing the Classroom Environment to Promote Literacy during Play. In: CHRISTIE, J. F. (Ed.): Play and early literacy development, 1991, S. 141-166
NATIONAL EDUCATION GOALS PANEL: The 1992 National Education Goals report: Building a nation of learners (Tech. Rep. No. 92-09). Washington, D.C. 1992
NEUMAN, S. B. / ROSKOS, K.: The influence of literacy-enriched play centers on preschoolers' conceptions of the functions of print. In: CHRISTIE, J. F. (Ed.): Play and early literacy development, 1991, S. 167-188
NICKEL, H.: Schulreife und Schulversagen: Ein ökopsychologischer Erklärungsansatz und seine praktischen Konsequenzen. In: Psychologie in Erziehung und Unterricht, 28. Jg., 1981, S. 19-37
NICKEL, H.: Die Schulreife – Kriterien und Anhaltspunkte für Schuleingangsdiagnostik und Einschulungsberatung. In: PORTMANN, R. (Hrsg.): Kinder kommen zur Schule. Frankfurt, Arbeitskreis Grundschule 1988, S. 44-58
NICKEL, H.: Das Problem der Einschulung aus ökologisch-systemischer Perspektive. In: Psychologie in Erziehung und Unterricht, 37. Jg., 1990, S. 217-227

NICKEL, H.: Die Einschulung als pädagogisch-psychologische Herausforderung – ›Schulreife‹ aus ökosystemischer Sicht. In: HAARMANN, D. (Hrsg.): Handbuch Grundschule (Bd. 1). Weinheim 1992, S. 88-100

OERTER, R.: Zur Dynamik von Entwicklungsaufgaben im menschlichen Lebenslauf. In: OERTER, R. (Hrsg.): Entwicklung als lebenslanger Prozess. Hamburg 1978, S. 66-110

OERTER, R.: Kindheit. In: OERTER, R. / MONTADA, L. (Hrsg.): Entwicklungspsychologie (2. Aufl.). Weinheim 1987, S. 204-264

OERTER, R.: Kultur, Ökologie und Entwicklung. In: OERTER, R./ MONTADA, L. (Hrsg.): Entwicklungspsychologie (3. Aufl.). Weinheim 1995, S. 84-127

PAWLIK, K.: Modell- und Praxisdimensionen psychologischer Diagnostik. In: PAWLIK, K. (Hrsg.): Diagnose der Diagnostik. Stuttgart 1976, S. 13-43

PROBST, H. (1992). Qualitative Testverfahren in der Entwicklung pädagogisch-diagnostischer Methodik. In: INGENKAMP, K. / JÄGER, R. S. / PETILLON, H. / WOLF, B. (Hrsg.): Empirische Pädagogik 1979-1990 (Bd. 1). Weinheim 1992, S. 169-195

RICHTER, S. / BRÜGELMANN, H.: Der Schulanfang ist keine Stunde Null. In: BRÜGELMANN, H. / RICHTER, S. (Hrsg.): Wie wir recht schreiben lernen. Konstanz 1994, S. 62-78

ROLLETT, B.: Lerndiagnose und Lerntherapie in der Grundschule. In: MANDL, H. / KRAPP, A. (Hrsg.): Schuleingangsdiagnose. Göttingen 1978, S. 134-142

SCHEELE, B. / GROEBEN, N.: Die Heidelberger Struktur-Lege-Technik (SLT). Weinheim 1984

SCHIPPER, W.: »Schulanfänger verfügen über hohe mathematische Kompetenzen«. Eine Auseinandersetzung mit einem Mythos. In: PETER-KOOP, A. (Hrsg.): Das besondere Kind im Mathematikunterricht der Grundschule. Offenburg 1998, S. 119-140

SCHLEE, J.: Instruktionsverständnis als rezeptive Sprachbarriere für Unterschichtkinder. In: SCHWARZER, C. / SCHWARZER, R. (Hrsg.): Diagnostik im Schulwesen. Braunschweig 1977, S. 93-100

SMITH, M. L. / SHEPARD, L. A.: Kindergarten readiness and retention: A qualitative study of teachers' beliefs and practices. In: American Educational Research Journal, 25. Jg., 1988, S. 307-333

SPECK-HAMDAN, A.: Risiken und Chancen des Schulanfangs. In: Grundschule, 23. Jg., 1991/H. 4, S. 27-29

STÖCKLI, G.: Vom Kind zum Schüler. Bad Heilbrunn 1989

TIETZE, W. / MEISCHNER, T. / GÄNSFUSS, R. / GRENNER, K. / SCHUSTER, K.-M. / VÖLKEL, P. / ROSSBACH, H.-G.: Wie gut sind unsere Kindergärten? Neuwied 1998

TRAMONTANA, M. G. / HOOPER, S. R. / SELZER, S. C.: Research on the preschool prediction of later academic achievement: A review. In: Developmental Review, 8. Jg., 1988, S. 89-146

WITTING, H.: Der Bildungsprozess des Kindes im Übergang von der Familie in die Schule: Eine qualitativ-interpretative Untersuchung. Frankfurt am Main 1989

WIMMER, H. / NASSERI-CHAHPAR, F. / LUKESCH, H.: Die Bedeutung soziokultureller, sprachlicher und kognitiver Merkmale für die Schulleistung von Schulanfängern. In: Psychologie in Erziehung und Unterricht, 22. Jg., 1975, S. 199-208

Gisela Kammermeyer

Schuleingangsdiagnostik

Die Notwendigkeit von Schuleingangsdiagnostik ist umstritten. Während in Deutschland im Zusammenhang mit Modellversuchen zum integrativen Schulanfang der Verzicht auf Schuleingangsdiagnostik gefordert (Faust-Siehl u. a. 1996) und die Beobachtung im Anfangsunterricht favorisiert wird, wird in England der Lernstandsbestimmung am Schulanfang eine sehr hohe Bedeutung beigemessen. Dort werden bereits bei den 4- bis 5-Jährigen am Beginn der »reception class« die Lernvoraussetzungen erhoben. Diese Baseline wird sowohl für die Analyse des Lernfortschritts (value added assessment) während der Grundschulzeit als auch für die Identifikation von »Risikokindern« und als Hilfe für die Unterrichtsplanung genutzt (Tymms u. a. 1997). Die meisten der in der »reception class« unterrichtenden Lehrkräfte befürworten die Erhebung der Baseline (Thompson u. a. 1998).

Im ersten Teil wird sowohl die traditionelle als auch die gegenwärtig in der Praxis vorfindbare Schuleingangsdiagnostik (Kieler Einschulungsverfahren, informelle Verfahren) dargestellt. Die angeführten Veränderungen sind zum großen Teil auf den Wandel der theoretischen Vorstellungen von Schulfähigkeit zurückzuführen (vgl. den vorausgehenden Artikel »Schulfähigkeit« von Kammermeyer in diesem Band). Eine neue Sichtweise von Schuleingangsdiagnostik, die sich auf die Erfassung von Vorläuferfähigkeiten bezieht, wird im zweiten Teil vorgeschlagen und begründet. Diese ist auch praktisch relevant, da mittlerweile für den Schriftspracherwerb und für Mathematik neue aufeinander aufbauende Diagnose- und Förderinstrumente vorliegen. Die vorgestellten Verfahren, die das Kind in den Mittelpunkt stellen, werden dann im dritten Teil im Rahmen einer ökologisch-systemischen Diagnostik erörtert.

Traditionelle Schuleingangsdiagnostik

Schuleingangsdiagnostik wird weithin gleichgesetzt mit dem Einsatz von traditionellen Schulreifetests. Als »traditionell« werden Schulreifetests bezeichnet, die das Einschulungsproblem zu einem Ausleseproblem reduzieren (Rüdiger u. a. 1976, S. 177). Sie sind dadurch gekennzeichnet, dass sie einem heute nicht mehr haltbaren reifungs- oder eigenschaftstheoretischen Verständnis von Schulfähigkeit folgen. Richtungsweisend für die Konzeption von Schulreifetests war der Grundleistungstest (GLT), der von Kern (1969a) in den 50er Jahren aufgrund seiner Reifungstheorie (Kern 1951) entwickelt wurde. Der Grundleistungstest erfasst lediglich ein Merkmal, die visuelle Gliederungsfähigkeit, weil davon ausgegangen wurde, dass von einem Merkmal auf alle anderen psychischen Merkmale geschlossen werden kann. Der Grundleistungstest wurde bis 1968 bei mehr als 2,5 Millionen Kindern durchgeführt (Mandl/ Krapp 1978) und hatte großen Einfluss auf die Entwicklung späterer Testverfahren.

Kormann u.a. (1993, S. 93) ermittelten, dass 1990 in Bayern der Grundleistungstest (GLT) und der Paralleltest zum Grundleistungstest (GLTP) noch an 19 Schulen eingesetzt wurden, obwohl beide auf der klar widerlegten Reifungstheorie beruhen.

In der Folgezeit wurden Schulreifetests entwickelt und vielfach eingesetzt, die verschiedene, meist kognitive Merkmale der Schulreife erfassen (Gliederungsfähigkeit, Gedächtnis, Konzentration ...) und versuchen, die klassischen Testgütekriterien Objektivität, Reliabilität und Validität möglichst gut zu erfüllen. All diesen Tests gemeinsam ist, dass die Testwerte der einzelnen Subtests zu einem Gesamtpunktwert addiert werden, der mit einer Normtabelle verglichen wird und auf diese Weise zur Beurteilung »schulreif«, »bedingt schulreif« und »nicht schulreif« führt. Beispiele für solche Tests sind der Duisburger Vor- und Einschulungstest (DVET) von Meis (1973), der Reutlinger Test für Schulanfänger (RTS) von Kratzmeier (1969), die Weilburger Testaufgaben für Schulanfänger (WTA) von Hetzer/Tent (1971), der Frankfurter Schulreifetest (FST) von Roth u.a. (1968) und der Kettwiger Schulreifetest (KST) von Meis (1967). Wie häufig diese Verfahren in der Schuleingangsdiagnostik verwendet wurden, untersuchten Kormann u. a. (1993) im Jahr 1990 an 885 bayerischen Grundschulen. Der Duisburger Vor- und Einschulungstest (DVET) von Meis (1973) wurde mit Abstand am häufigsten eingesetzt.

Kritik an den traditionellen Schulreifetests wird schon sehr lange geübt. Mandl und Krapp kamen bereits 1973 zu dem Schluss, »wer sich auf Schulreifetests verlässt, ist verlassen«. Mandl (1978) fasst sie in zehn zentralen Kritikpunkten zusammen. Besonders beeindruckend ist der Nachweis der unzulänglichen prognostischen Validität von traditionellen Schulreifetests. In der Augsburger Längsschnittstudie stellte sich heraus, dass 66 % der als nicht schulfähig diagnostizierten Kinder das erste Schuljahr erfolgreich bewältigten (Krapp 1973). Dieser »Fehler 2. Art« wird häufig übersehen, nur die als schulfähig diagnostizierten Kinder, die im ersten Schuljahr versagen (»Fehler 1. Art«), werden als Fehlentscheidung beurteilt. Die Gesamtzahl der Fehlentscheidungen wird jedoch mit traditionellen Tests nicht geringer als die Zahl der Fehlentscheidungen, die getroffen werden, wenn auf jegliche Testung verzichtet wird.

Das Kieler Einschulungsverfahren

Das Kieler Einschulungsverfahren von Fröse, Mölders und Wallrodt ist zwar bereits 1986 erschienen, es ist aber immer noch das neueste formelle Verfahren in der Schuleingangsdiagnostik. Es wird (zumindest in Bayern) zunehmend häufig eingesetzt. Theoretischer Hintergrund ist das ökologisch-systemische Schulfähigkeitsverständnis von Nickel (1981), das Schulfähigkeit als interaktionistisches Konstrukt betrachtet, das aus vier Teilsystemen (Schüler – Schule – Ökologie – gesamtgesellschaftliche Situation) besteht und das den Blick nicht nur auf den Schulanfänger und die Schule, sondern auf die gesamte Umwelt des Kindes als System richtet.

Das Kieler Einschulungsverfahren (Fröse u.a. 1986, S. 6) ist, wie der Name bereits andeutet, kein »Test« im klassischen psychologischen Sinne, sondern ein »Verfahren«. Bei der Konzeption standen nicht die klassischen Gütekriterien im Mittelpunkt, sondern die Wünsche von erfahrenen Praktikern an ein Einschulungsverfahren. Im Gegensatz zu traditionellen Schulreifetests geht es beim Kieler Einschulungsverfahren nicht in erster Linie um Selektion, sondern um unmittelbar verwertbare Informationen für den Anfangsunterricht. Mit dem Namen »Kieler Einschulungsverfahren« wird häufig lediglich das Unterrichtsspiel verbunden, in dem die Kinder in Gruppen zu je sechs Kindern Aufgaben in einer strukturierten unterrichtsähnlichen Situation bearbeiten und dabei systematisch beobachtet werden. Das Unterrichtsspiel ist jedoch nur einer von vier Bausteinen. Hinzu kommen das Elterngespräch, das Gespräch mit der Erzieherin und bei Bedarf eine Einzeluntersuchung. Dem Verfahren liegt eine umfassende Sicht der Persönlichkeit des Kindes zugrunde, erfasst werden folgende Fähigkeiten: Wahrnehmung, Mengenerfassung, Denkfähigkeit, Kenntnisse, Sprache, Gedächtnis, Motorik, Leistungsmotivation, Arbeitsverhalten, sozialer und emotionaler Bereich. Zu diesen Fähigkeiten werden die Informationen aus den vier verschiedenen Informationsquellen erhoben. Aufgrund der Erfahrung der Lehrkräfte, die das Unterrichtsspiel durchführen und beobachten, werden diese im Gespräch gewichtet. Für die Qualität der Diagnose ist die »subjektive Beurteilungskompetenz des Lehrers« entscheidend, nicht die klassischen Gütekriterien Objektivität, Reliabilität und Validität. Da die Informationen aus verschiedenen Quellen stammen, wird die Diagnose der Schulfähigkeit eines Kindes auf eine sehr breite Basis gestellt. Es werden die verschiedenen Teilkomponenten, die bei Schulfähigkeit eine Rolle spielen, berücksichtigt, das Verfahren setzt also nicht nur am Kind an. Dies erscheint sinnvoll, da der Lehrer derjenige ist, der auch die Bedingungen der Schule kennt und deshalb die Informationen, die die verschiedenen Teilkomponenten des Schulfähigkeitskonstrukts betreffen, am besten integrieren kann.

Das Kieler Einschulungsverfahren erfreut sich großer Akzeptanz in der Praxis und wird von KORMANN (1987), GSOTTBERGER/KORMANN (1989) und KÜHN (1991) positiv, aber auch als revisionsbedürftig und revisionswürdig bewertet. Auch GEISLER (1987, S. 73) hebt hervor, dass es im Kieler Einschulungsverfahren gelungen ist, wichtige Persönlichkeitsvariablen durch eine standardisierte Verhaltensbeobachtung für die Schuleingangsdiagnostik nutzbar zu machen. Er bemängelt jedoch, dass die Einschulungsentscheidung bei diesem Verfahren sehr stark von den Sichtweisen der beteiligten Lehrkräfte abhängt. Im Gegensatz zu diesen weitgehend positiven Beurteilungen kommt ROLLETT (1986, S. 250) aufgrund von Mängeln in der statistischen Absicherung zu einem vernichtenden Schluss und rät vom Einsatz des Verfahrens in der gegenwärtigen Form ab.

Das Ziel von FRÖSE U. A. (1986) war jedoch nicht, einen Test zu konstruieren, der die klassischen Testgütekriterien erfüllt, sondern ein Verfahren, das den Anforderungen von Praktikern entspricht. Da dies weitgehend gelungen ist, erscheint es lohnenswert, diesen Weg in der Schuleingangsdiagnostik weiter zu gehen. Eine Überarbeitung des Verfahrens wäre jedoch wünschenswert im Hinblick auf ein Mindestmaß an Methodisierung der Dateninterpretation bzw. -reduktion, zum einen, um intersubjektive Überprüfung zu gewährleisten und zum anderen im Hinblick auf die stärkere Ausrichtung auf die Anforderungsbereiche des Erstunterrichts. Eine wichtige Ergänzung zur Durchführung des Kieler Einschulungsverfahrens besteht darin, auch die diagnostische Kompetenz der Erzieherin, die sich in der Untersuchung von KAMMERMEYER (2000) als prognostisch relevant erwiesen hat, intensiver zu nutzen. Die Erzieherin sollte als zusätzliche Beobachterin beim Unterrichtsspiel mitwirken und beim anschließenden Entscheidungsgespräch auch ihre Beobachtungen aus dem Kindergartenalltag einbringen.

Informelle Verfahren

Zunehmend häufiger werden in der Schuleingangsdiagnostik informelle Verfahren, auch subjektive Verfahren (BURGENER-WOEFFRAY 1996) oder graue Tests (PROBST 1992) genannt, verwendet. Unter informellen Verfahren werden im Folgenden solche verstanden, die in keinem Testverlag erschienen sind, sondern von Praktikern für Praktiker erstellt wurden. Es sind zum großen Teil »selbstgestrickte« Verfahren, die aufgrund der Unzufriedenheit mit formellen Verfahren entwickelt und auf informellen

Wegen weitergegeben werden. Sie bestehen meist aus Beobachtungen in einer strukturierten Situation oder aber aus Aufgabensammlungen, die sich an standardisierten Testverfahren orientieren. Lehrerteams wählen diejenigen Aufgaben aus, die ihnen aufgrund ihrer Erfahrung sinnvoll erscheinen. Bei informellen Verfahren wird deutlich, dass Schulfähigkeit auch als soziokulturelles Konstrukt verstanden werden kann (vgl. hierzu die Ausführungen im Beitrag von KAMMERMEYER zur Schulfähigkeit in diesem Band), als gemeinsame Subjektive Theorie von Lehrern, da diese Verfahren ihre Gültigkeit aus der Übereinstimmung zwischen Kollegen beziehen. Es fehlen Aussagen zu Gütekriterien, es findet keine statistische Bearbeitung der Items statt und es gibt auch keine speziellen Untersuchungen zur Erprobung. Informelle Verfahren werden in der Praxis nicht nur verwendet, um die Schulfähigkeit der »Problemkinder« zu erfassen, bei denen es um Zurückstellung, vorzeitige Einschulung oder Feststellung eines besonderen Förderbedarfs geht. Sie werden auch als Screening-Instrumente für alle Kinder im Rahmen von sog. »Schnupperstunden« oder »Spielstunden« bei der Schuleinschreibung eingesetzt (z. B. RUMPF 1994).

Die Frage »Verwenden Sie auch *informelle* Verfahren?« wurde in der bereits mehrfach erwähnten Erhebung von KORMANN U. A. (1993) zur Häufigkeit der Verwendung von Verfahren in Bayern im Jahr 1990 gestellt. Sie wurde von 45 % der Befragten bejaht. Die Entwicklung und Verwendung solcher Verfahren ist nicht nur auf die Schuleingangsdiagnostik beschränkt, sondern findet auch in weiten Bereichen der pädagogischen Diagnostik statt.

Bedeutung von Vorläuferfähigkeiten

In der bisher üblichen Schuleingangsdiagnostik werden sowohl in formellen als auch in informellen Verfahren oder Tests vorwiegend lernzielferne (distale) Fähigkeiten (z. B. Wahrnehmung, Motorik) überprüft. Nur selten werden auch lernzielnahe (proximale) Lernvoraussetzungen bzw. sog. Vorläuferfähigkeiten einbezogen (eine Ausnahme stellen z. B. die Diagnostischen Einschätzskalen für Erzieherinnen (DES) von Barth 1998 dar). RICHTER (1999, S. 17) versteht unter Vorläuferfähigkeiten solche, von denen theoretisch schlüssig und empirisch belegt angenommen werden kann, dass sie vorhanden sein müssen, wenn die schulischen »Lehrgänge« erfolgreich absolviert werden. BURGENER-WOEFFRAY (1996, S. 216) kommt in dem neuesten umfassenden theoretischen Konzept der Schuleingangsdiagnostik zu dem Schluss, dass ein diagnostisches Inventar aus den Anforderungsbereichen des Anfangsunterrichts abgeleitet werden soll und konkretisiert dies anhand einer Beobachtungskartei für Mathematik.

Die Bedeutung von Vorläuferfähigkeiten ist vor allem für den Schriftspracherwerb belegt. In der Untersuchung von JANSEN U. A. (1994) zeigte sich, dass eine auf allgemeine Fähigkeiten und Motivationen zielende Förderpraxis die spätere Schriftsprachentwicklung nicht positiv beeinflusst. Vorhandene Kenntnisse und Fertigkeiten korrelieren mit Schriftsprachleistungen umso höher, je größer ihre inhaltliche Ähnlichkeit ist. Die mangelnde Spezifität von Schulreifetests wird von SCHEERER-NEUMANN (1996) kritisiert. Die Untersuchung von MARX (1992, S. 231) ergab, dass die Korrelationen der Schriftsprachleistungen mit spezifischen Prädiktoren hingegen durchwegs signifikant und überwiegend praktisch bedeutsam sind. Sie sind zum Teil an der Obergrenze der bisherigen empirisch festgestellten Zusammenhänge. RICHTER (1999, S. 17) gibt jedoch zu Recht zu bedenken, dass Studien, die sich lediglich auf Korrelationen stützen, nicht ausreichend sind. Die Studie von MARX (1992) ist deshalb in diesem Zusammenhang von besonderer Bedeutung, da sie nicht nur Korrelationsanalysen, sondern zusätzlich auch aussagekräftige Klassifikationsanalysen beinhaltet. Mit Hilfe dieser Analysen können Aussagen über die Wahrscheinlichkeit getroffen werden, mit der im Individualfall richtige Diagnosen gestellt werden können. Einbezogen wurden hierbei sowohl die unspezifischen Prädiktoren »Erzieherinnenurteil« und »Intelligenztest (CFT 1)« als auch der spezifische Prädiktor »Bielefelder Screening«, das später noch genauer vorgestellt wird. Der spezifische Prädik-

Tab. 1: Vergleich der Ergebnisse der Klassifikationsanalysen mit den Prädiktoren »Erzieherinnenurteil« und »vorschulischer Intelligenztest« und »Bielefelder Screening«

RATZ-Index	vorschul. Intelligenztest		Erzieherinnenurteil		Bielefelder Screening	
	Mitte der 1. Klasse	Ende der 1. Klasse	Mitte der 1. Klasse	Ende der 1. Klasse	Mitte der 1. Klasse	Ende der 1. Klasse
Lesefähigkeit	<,0	<,0	0,37	0,19	0,41	0,65
Schreibfähigk.	0,17	<,0	0,31	0,26	0,55	0,55
Schriftsprache	<,0	<,0	0,30	0,25	0,30	0,65

Anmerkung:
Der für die Güte der Klassifikation entscheidende Kennwert ist der RATZ-Index, der »Relative Steigerungsbetrag gegenüber der Zufallstrefferquote«. RATZ-Indices größer als .66 werden als Beleg für eine sehr gute und spezifische Klassifikation angesehen. RATZ-Indices zwischen .34 und .66 werden als gute, aber eher unspezifische (besonders unter 50 %) Klassifikation und bis 33 % als nicht ausreichende und in jeder Hinsicht unspezifische Klassifikation bezeichnet (MARX 1992, S. 93).

tor beinhaltet sowohl Vorläuferfähigkeiten zum Schriftspracherwerb, nämlich phonologische Bewusstheit als auch Gedächtnis und Aufmerksamkeit. Tabelle 1 zeigt, dass die lernzielferne allgemeine vorschulische Intelligenz kein aussagekräftiger Prädiktor für den Erwerb grundlegender Schriftsprachfertigkeiten ist. Mit den lernzielnahen spezifischen Prädiktoren, die mit dem Bielefelder Screening erhoben wurden, jedoch können Schriftsprachleistungen sehr bedeutsam vorhergesagt werden. Dem Erzieherrating kann zumindest auf den ersten Blick ein gewisses Maß an Vorhersagekraft nicht abgesprochen werden (Marx 1992, S. 274).

Im Folgenden wird für den Schriftspracherwerb und für Mathematik aufgezeigt, mit welchen Verfahren Schulfähigkeitsdiagnostik durchgeführt werden kann, die proximale Schulfähigkeitskriterien erfassen, die sich an den Anforderungsbereichen des Anfangsunterricht orientieren.

Schriftspracherwerb

Übereinstimmend ergaben mehrere Längsschnittstudien, dass die phonologische Bewusstheit für den Schriftspracherwerb die wichtigste Lernvoraussetzung ist (Schneider 1996). Unter »phonologischer Bewusstheit« wird die Fähigkeit verstanden, die Aufmerksamkeit von der Bedeutung einer Mitteilung abzuwenden und auf den formalen Aspekt der Sprache hin zu lenken. Sie zeigt sich in der Fähigkeit Laute herauszuhören, Reime zu erkennen und Wörter in Silben zu gliedern. Bei der phonologischen Bewusstheit ist nach Skowronek und Marx (1989) zu unterscheiden zwischen der phonologischen Bewusstheit im weiteren Sinne, die sich auf den Sprachrhythmus bezieht (reimen, Silben klatschen) und sich in der Regel im Kindergartenalter entwickelt, und der phonologischen Bewusstheit im engeren Sinne, die den bewussten Umgang mit Phonemen betrifft (z.B. An- und Endlaut heraushören) und im Vorschulalter meist nur in Anfängen vorhanden ist.

In der traditionellen Schuleingangsdiagnostik hat die phonologische Bewusstheit keine Bedeutung. Die visuelle Wahrnehmung dagegen wird in nahezu allen Schulfähigkeitsverfahren erfasst und wird auch im Alltag des Anfangsunterrichts stärker berücksichtigt. Die meisten Übungen und Fördermaßnahmen, die mit Hilfe von Arbeitsblättern leichter durchzuführen und zu verbreiten sind, beruhen weitgehend auf der Förderung der visuellen Wahrnehmung. Eine klare Absage an die vorherrschende Meinung, dass Leseprobleme auf Schwierigkeiten in der visuellen Wahrnehmung beruhen, erteilte bereits Stanovich (1986). Bei der visuellen Wahrnehmung erwiesen sich in erster Linie die Fertigkeiten als prognostisch bedeutsam, die sehr eng an die visuellen Anforderungen des Lesens anknüpfen, wie das visuelle Vergleichen von Wortbildern oder buchstabenähnlichen Zeichen (KÜSPERT/SCHNEIDER 1999). Auch Gedächtnisfertigkeiten und allgemeine sprachliche Fertigkeiten wie Wortschatz und Sprachverständnis erwiesen sich als bedeutsam (KÜSPERT/SCHNEIDER 1999), der phonologischen Bewusstheit kommt jedoch ein besonderer Stellenwert zu, weshalb deren Diagnose und Förderung am Schulanfang in Zukunft besonderes Gewicht bekommen sollte.

Die Erkenntnisse zu den Vorläuferfähigkeiten sind auch für die Praxis der Schuleingangsdiagnostik interessant, weil seit kurzem differenzierte, bewährte Verfahren zur Diagnose der phonologischen Bewusstheit vorliegen und dies sowohl für die Zeit vor der Einschulung als auch für die 1. Klasse. Im Gegensatz zu den bisherigen Verfahren, aus denen nur sehr begrenzt Konsequenzen für den Anfangsunterricht abgeleitet werden können, wurden auch auf diese Diagnoseverfahren aufbauende Förderprogramme entwickelt. Im Folgenden werden diese ausführlich vorgestellt, eine Übersicht findet sich in Tabelle 2:

	Kindergarten	1. Klasse
Diagnose	Bielefelder Screening (BISC) (JANSEN, MANNHAUPT, MARX und SKOWRONEK 1998)	Der Rundgang durch Hörhausen (MARTSCHINKE, KIRSCHHOCK und FRANK 2001)
Förderung	Hören, lauschen, lernen B Sprachspiele für Kinder im Vorschulalter (KÜSPERT und SCHNEIDER 1999)	Leichter lesen und schreiben lernen mit der Hexe Susi (FORSTER und MARTSCHINKE 2001)

Tab. 2: Übersicht zu Diagnose und Förderung der phonologischen Bewusstheit

Bielefelder Screening (BISC)

Das Bielefelder Screening zur Früherkennung von Lese- und Rechtschreibschwierigkeiten (BISC) von JANSEN U.A. (1998) ist ein Sichtungsverfahren, das für Kinder entwickelt wurde, die noch keinen Unterricht im Schriftspracherwerb hatten, und das zehn und/oder vier Monate vor der Einschulung eingesetzt werden kann. Es erlaubt die zuverlässige individuelle Identifizierung von Vorschulkindern, die von einem Versagen im Lesen und Rechtschreiben im frühen Grundschulalter bedroht sind.

Theoretische Grundannahme ist, dass eine nicht ausreichend ausgebildete phonologische Bewusstheit sowie Aufmerksamkeits- und Gedächtnisprobleme für die Ausbildung von Lese-Rechtschreibschwierigkeiten besonders bedeutsam sind. Der Überblick über die Aufgaben des Bielefelder Screenings in Tabelle 3 stammt von Martschinke u. a. (2001).

Da das Verfahren vor allem im unteren Leistungsbereich differenzieren soll, sind die Aufgaben mittelschwer bis leicht. Die Durchführung dauert ca. 35 Minuten. Besonders wichtig ist die prognostische Validität des Verfahrens, die insgesamt an 1168 Kinder geprüft wurde. Hierzu wurden nicht nur Korrelationsanalysen, sondern auch selten angewendete, differenzierte Klassifikationsanalysen durchgeführt. Diese erlauben Aussagen über die Wahrscheinlichkeit, mit der im Individualfall richtige Diagnosen gestellt werden können (Marx 1992, S. 18). Die RATZ-Indices für das Bielefelder Screening sind, wie bereits in Tabelle 1 gezeigt wurde, sehr gut bis gut. Es zeigte sich, dass schon vorschulisch 55 % der Risikokinder im 1. Schuljahr und 77 % der Risikokinder im 2. Schuljahr mit diesem Verfahren vorhergesagt werden konnten. Die Zusammenfassung von Scheerer-Neumann (1996, S. 314) verdeutlicht dieses Ergebnis: »Von 26 Kindern, die am Ende des zweiten Schuljahres zu den 15 % schwächsten Lesern oder Rechtschreibern gehörten, konnten schon 10 Monate vor der Einschulung 21 richtig klassifiziert werden.«

Insgesamt stellt das Bielefelder Screening (BISC) von Jansen u. a. (1998) einen großen Gewinn für die Schuleingangsdiagnostik dar, da mit diesem die Früherkennung von Lese-Rechtschreibschwierigkeiten mit einer erfreulich hohen Wahrscheinlichkeit im Individualfall möglich ist, auch wenn in der Münchner LOGIK-Studie (Schneider/Näslund 1993) die Identifikationsrate von Risikokindern nicht in der gleichen Qualität bestätigt werden konnte. Auch Deimann und Kastner-Koller (2000) kommen zu einer sehr positiven Gesamtbeurteilung des Verfahrens und führen zu Recht als Kritikpunkt an, dass es wenig auf die Bedürfnisse von Vorschulkindern abgestimmt ist.

Hören, lauschen, lernen

Wurden im Kindergarten sog. »Risikokinder« identifiziert, können diese mit dem Würzburger Trainingsprogramm »Hören, lauschen, lernen« von Küspert und Schneider (1999) bereits im Kindergarten gefördert werden. Ziel des Trainings ist die Förderung der phonologischen Bewusstheit durch Spiele aus folgenden sechs, inhaltlich aufeinander aufbauenden Bereichen: Lauschspiele, Reime, Sätze und Wörter, Silben, Anlaut, Phonem. Nach einem detaillierten Trainingsplan (vgl. Abb. 1) sollen die

Aufgaben zur phonologischen Verarbeitung		
Phonologische Bewusstheit im weiteren Sinn	Reimpaare erkennen Silben segmentieren	Vorgesprochene Wortpaare, z. B. Kind – Wind, Kind – Stuhl werden auf Klangähnlichkeit geprüft. Mit Händeklatschen werden vorgesprochene Substantive (z. B. Gabel, Federball) in Sprechsilben untergliedert.
Phonologische Bewusstheit im engeren Sinn	Laut zu Wort Vergleich Laute verbinden	Der Wortanfang eines Wortes muss mit einem vorgesprochenen Vokal auf Klangähnlichkeit geprüft werden (z. B. Hörst du ein i in Igel?) Wörter werden beim Vorsprechen getrennt (z. B. Zangen als /ts/-/ange/) und müssen vom Kind nachgesprochen werden.
Phonetisches Rekodieren	Pseudowörter nachsprechen	Semantisch sinnlose mehrsilbige Wörter müssen nachgesprochen werden (z. B. bunitkonos).
Aufgaben zum Aufmerksamkeitsverhalten und Gedächtniszugriff		
Aufmerksam-keitsverhalten für visuelle Symbolfolgen	Wort-Vergleich-Suchaufgabe	Ein vorgegebenes vierbuchstabiges Wort muss aus vier ähnlichen herausgefunden werden.
Gedächtnis für Objektattribute	Objektfarben-kenntnis	Farbige Objekte und ihre Farben müssen richtig benannt werden.
Rekodier-geschwindigkeit vom Lexikon	Schnelles Benennen von Farben unfar-biger Objekte	Die Farbe unfarbiger Objekte muss möglichst schnell benannt werden.
Aufmerksam-keitsablenkung bzw. Interferenz	Schnelles Benennen der richtigen Farben farbig falsch dargestellter Objekte	Die Farbe falsch eingefärbter Objekte muss möglichst schnell benannt werden.

Tab. 3: Aufgaben des Bielefelder Screenings (BISC)

differenziert beschriebenen Sprachspiele (Abb. 2) sieben Monate in kleinen Gruppen täglich ca. zehn Minuten lang durchgeführt werden.

Dieses spielerische Programm wurde in drei Längsschnittstudien auf seine Wirksamkeit überprüft. Es konnte nachgewiesen werden, dass mit diesem Training Lernergebnisse im Lesen und Rechtschreiben, insbesondere bei leistungsschwachen Kindern, wesentlich verbessert wurden (SCHNEIDER U.A. 1994, SCHNEIDER U.A. 1998). Während es für die meisten Kinder bereits eine sinnvolle Förderung der Schulfähigkeit darstellt, wenn Erzieherinnen Inhalte wie Lauschen, Reimen, Anlaute heraushören u. Ä. in ihre tägliche Arbeit integrieren (vgl. die Ausführungen von KAMMERMEYER im Beitrag »Schulfähigkeit« in diesem Band), ist für »Risikokinder« der förderliche Effekt auf den Schriftspracherwerb nur dann gewährleistet, wenn das Training komplett und exakt durchgeführt wird (KÜSPERT/SCHNEIDER 1999, S. 17). Die Übertragbarkeit der Ergebnisse auf die »normale« Kindergartenpraxis bezweifelt deshalb RICHTER (1999, S. 20). Diese Zweifel sind durchaus berechtigt, es wird vermutlich nicht leicht sein und braucht Zeit, diese Sichtweise in der Aus-, Fort- und Weiterbildung von Erzieherinnen zu vermitteln. In Zukunft muss jedoch die Qualität im Kindergartenbereich stärker in den Blick genommen werden, wie dies eindrücklich durch die Studie »Wie gut sind unsere Kindergärten?« von TIETZE U.A. (1998) aufgezeigt wurde. Diese ergab, dass je nach Qualität im Kindergarten im Extremfall Entwicklungsunterschiede bei Kindern festgestellt werden konnten, die einem Altersunterschied von einem Jahr entsprechen. Zur Erhöhung der Qualität im Kindergarten gehört auch, dass die Diagnose und Förderung von Schulfähigkeit stärker berücksichtigt wird.

Der Rundgang durch Hörhausen

Da aufgrund der derzeitigen Kindergartenpraxis nicht zu erwarten ist, dass »Risikokinder« im Normalfall bereits im Kindergarten identifiziert und gefördert werden, sind entsprechende Verfahren für die 1. Klasse von herausragender Bedeutung. Der »Rundgang durch Hörhausen« erfasst die phonologische Bewusstheit im weiteren Sinn, die phonologische Bewusstheit im engeren Sinn und auch die Vorkenntnisse bezüglich der Schriftsprache. Das Verfahren wurde so konzipiert, dass es sowohl Anfang des ersten Schuljahres als auch ein halbes Jahr danach eingesetzt werden kann. Es besteht dadurch die Möglichkeit, Fördermaßnahmen, die am Schulbeginn einsetzen, zu überprüfen. Aus diesem Grund beinhaltet »Hörhausen« sowohl einfache als auch sehr anspruchsvolle Aufgaben.

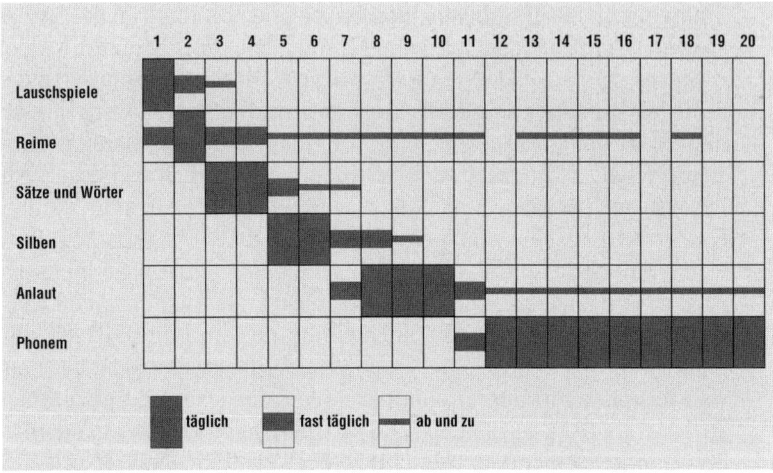

Abb. 1: Übersicht zu den Inhalten des Trainingsprogramms »Hören, lauschen, lernen« von Küspert und Schneider (1999)

6. Woche				
Montag	**Dienstag**	**Mittwoch**	**Donnerstag**	**Freitag**
4.2 **Namenball**	**3.8** **Beende das Wort**	**4.6** **Kobold**	**4.7** **Silbenball geschichte**	**2.3** **Frei reimen**
4.5 **Nimm ein Ding aus der Kiste**	**4.** **Erst lauschen, dann schauen**	**4.6** **Kobold geschichte**	**4.7** **Silbenball**	**4.5** **Nimm ein Ding aus der Kiste**

Nimm ein Ding aus der Kiste

Material: Bildkarten
Wir sammeln viele Dinge (Bildkarten) in einer Kiste oder in einem Korb. Die Kinder dürfen der Reihe nach ein Bild aus der Kiste nehmen, ohne hinzugucken. Dann sagen sie laut, was sie gefunden haben: „Das ist ein Elefant". Wir klatschen das Wort „E-le-fant". Wie viele „Klatscher" sind nötig? In wie viele Silben kann man das Wort aufteilen?
Wenn die Kinder im Laufe der Zeit sicherer werden, können die Wörter für die Bilder in der Kiste komplizierter werden. So können zusätzlich zu dem Bildmaterial Gegenstände aus dem Kindergarten verwendet werden. Die Kinder empfinden es als witzig und als Glück, ein Stück „A-lu-mi-ni-um-fo-li-e" aus der Kiste zu fischen.

Abb. 2: Trainingsplan für eine Woche mit Beispiel

Abb. 3: »Der Rundgang durch Hörhausen« von MARTSCHINKE U. A. *(2001)*

Die Testdauer pro Kind beträgt ca. eine halbe Stunde. Besonders hervorzuheben sind der kindgemäße Gestaltungsgedanke und die motivierenden Aufgaben: Das Kind macht mit dem Testleiter einen »Rundgang« durch die Stadt »Hörhausen« und soll dabei verschiedene Aufgaben erledigen. Es gibt in »Hörhausen« einen Zoo, einen Briefkasten, einen Spielplatz, einen Bahnhof und Häuser. Bei allen Aufgaben bzw. Spielen müssen sich »die Ohren anstrengen«, denn es geht darum, besonders genau zuzuhören.

Der folgende Überblick über die Aufgaben des Tests wurde aus dem Handbuch entnommen:

Aufgabe	Beschreibung der Durchführung	Ziel
Silben segmentieren	Im Zoo: Die Tiere des Zoos sind auf Bildkärtchen abgebildet. Die Kinder sprechen die Tiernamen und klatschen dazu die Silben. Beispiel: Kro-ko-dil	Phonologische Bewusstheit im weiteren Sinn
Silben zusammensetzen	Im Zoo: Dem Kind werden mit Bildkärtchen zwei Tiere gezeigt. Jedes Tierbild ist in der Mitte auseinander geschnitten. Durch Zusammenlegen der ersten Hälfte des ersten Tieres mit der zweiten Hälfte des zweiten Tieres und der zweiten Hälfte des ersten Tieres mit der ersten Hälfte des zweiten Tieres entstehen zwei neue Phantasietiere, die das Kind benennen soll. Beispiel: Ziege – Kamel: Zie-mel – Ka-ge	
Phonemanalyse	Auf dem Spielplatz: Das Kind spricht immer ein Wort und hört es auf seine Laute hin ab. In die Waggons einer aufgemalten Eisenbahn legt das Kind für jeden gehörten Laut einen Stein ab. Beispiel: Ast – A-s-t	Phonologische Bewusstheit im engeren Sinn
Lautumkehrung (Synthetisier- und Umkehraufgabe)	Auf dem Bahnhof: Eine Spielzeugeisenbahn wird mit Steinen beladen. Es wird jeweils ein Stein auf einen Waggon geladen. Jeder Stein entspricht einem Laut. Fährt die Eisenbahn nun vorwärts vorbei, kann man die Laute zusammenhängend hören. Das Kind soll die Lautverbindung nennen. Fährt der Zug anschließend rückwärts, wird die Lautverbindung umgekehrt. Das Kind soll auch sie benennen. Beispiel: MI IM, NAT TAN	

Schreiben des eigenen Namens und anderer Wörter	Am Briefkasten: Das Kind soll einen Brief schreiben. Auf ein Briefkuvert schreibt das Kind seinen Namen. Auf ein Briefpapier schreibt das Kind noch weitere Wörter, die es kennt. Kann ein Kind noch nichts schreiben, so kann es auch malen.	Überprüfung der Vorkenntnisse
Gleiche Anlaute erkennen	Am hellgrünen Haus: Im hellgrünen Haus sollen Wörter wohnen, die sich gut verstehen, weil sie am Anfang gleich klingen. Dem Kind werden jeweils vier Bildkärtchen vorgelegt. Eines dieser Wörter darf nicht einziehen, weil es am Anfang nicht gleich klingt. Das Kind legt die drei Bildkärtchen mit dem gleichen Anlaut in das Haus und benennt das Wort, das nicht dazu passt. Beispiel: Bart – (Kamm) – Birne – Boot	Phonologische Bewusstheit im engeren Sinn
Gleiche Endlaute erkennen	Am dunkelgrünen Haus: Hier dürfen nur die Wörter einziehen, die sich ganz hinten gleich anhören. Auch hier können von jeweils vier Bildkärtchen nur drei einziehen. Beispiel: Blitz – Herz – (Wiese) – Pilz	
Endreime erkennen	Am blauen Haus: Hier dürfen nur die Wörter einziehen, die sich reimen. Auch hier wählt das Kind aus vier Wörtern drei passende aus und benennt das, das nicht dazu passt. Beispiel: Hose – Rose – (Roller) – Dose	Phonologische Bewusstheit im weiteren Sinn
Buchstaben benennen	Am Hexenhaus: Hier ist eine Überraschung für das Kind versteckt. Das Hexenhaus ist fest verschlossen und kann nur geöffnet werden, wenn ein »Zauberspruch« vorgelesen wird. Das Kind soll alle Buchstaben benennen, die es erkennt. Danach erhält es die Überraschung aus dem Hexenhaus	Überprüfung der Vorkenntnisse

Tab. 4: Überblick über »Rundgang durch Hörhausen« von Martschinke u.a. (2001)

Insgesamt kann man davon ausgehen, dass mit dem »Rundgang durch Hörhausen« ein Verfahren zur Erhebung phonologischer Bewusstheit für beide Messzeitpunkte vorliegt, das den statistischen und inhaltlichen Anforderungen eines »guten« Tests entspricht (Treinies/Martschinke/Kirschhock/Frank 1999). »Der Rundgang durch Hörhausen« wurde in 15 Klassen im Rahmen des von der DFG geförderten Forschungsprojekts »Die Entwicklung phonologischer Bewusstheit sowie des Lesens und Rechtschreibens im 1./2. Schuljahr unter verschiedenen unterrichtsmethodischen Bedingungen« (EINSIEDLER/HELBIG/TREINIES 1997) erprobt. Die Befunde zeigen, dass Schwierigkeiten am Ende des 1. Schuljahres im Rechtschreiben relativ gut und Leseverständnis sehr gut individuell vorhergesagt werden können. Für Mitte der 2. Klasse liegt nur die Vorhersage des Leseverständnisses in einem guten Bereich. Dies wird von den Autoren auf die Anlage des Instruments zurückgeführt, das ursprünglich als Forschungsinstrument konzipiert wurde.

Leichter lesen und schreiben lernen mit Hexe Susi

Eng verzahnt mit dem Diagnostikinstrument »Der Rundgang durch Hörhausen« von MARTSCHINKE U. A. (2001) ist das Nürnberger Training »Leichter lesen und schreiben lernen mit der Hexe Susi« (FORSTER/MARTSCHINKE 2001). Kinder, deren Punktzahl im Bereich der unteren 20 % liegt, können in der ersten Klasse mit dem Training »Leichter lesen und schreiben lernen mit der Hexe Susi« gefördert werden. Wie der »Rundgang durch Hörhausen« zeichnet sich auch das Training durch einen tragfähigen, kindgemäßen und motivierenden Gestaltungsgedanken aus: Hexe Susi möchte unbedingt das Hexen lernen, kann aber die Zaubersprüche im Hexenbuch nicht lesen. Dabei helfen ihr verschiedene Figuren, z.B. der Rabe Kunibert, der ihr die Silbensprache beibringt. Die fibelunabhängigen Bausteine des Trainings können sowohl im Klassenunterricht als auch im Förderunterricht oder als Materialangebot im offenen Werkstattunterricht eingesetzt werden. Tabelle 5 zeigt die vier Übungsbereiche.

Das Training wurde in fünf Klassen erprobt und es zeigte sich, dass die Kinder in den Trainingsklassen vom Training profitierten. EINSIEDLER/FRANK/KIRSCHHOCK/MARTSCHINKE/TREINIES (2000) berichten, dass sich die durchschnittlichen Leistungen im phonologischen Bereich, unabhängig von den Ausgangswerten in allen Trainingsklassen verbesserten und dies in besonderem Maße bei den schwachen Schülern. Die Trainingsklassen waren in allen Tests, sowohl am Ende der ersten als auch Mitte der zweiten Klasse, der Tendenz nach besser als die Kontrollklassen, die neben dem Fibelunterricht kein spezielles Training erhielten, und auch besser als die offen unterrichteten Klassen, in denen individuell die Lese- und Schreibentwicklung jedes einzelnen Kindes gefördert wurde. Besonders hinsichtlich der Lesefertigkeit, in etwas geringerem Maße hinsichtlich des Leseverständnisses sind die Trainingskinder den Kindern in den beiden anderen Gruppen überlegen.

1. Lausch- und Reimaufgaben	Phonologische Bewusstheit im weiteren Sinne	– Geräusche im und um das Hexenhaus – Wörter und Hexensprüche, die sich reimen	2 Wochen ab Schulanfang*
2. Aufgaben zur Silbe		– Silbensprache des Raben Kunibert	2 Wochen*
3. Aufgaben zu Phonemen	Phonologische Bewusstheit im engeren Sinne	– Kater Niko wird Susis Trainer – Lesetraining mit Kater Niko – Schreibtraining mit Kater Niko	12 Wochen*
4. Aufgaben zum schnellen Lesen	Höhere Lesestrategien	– In der Hexenschule – Aufgaben zum schnellen Lesen im Hexenbuch	ab dem zweiten Schulhalbjahr

** bei einem ungefähren zeitlichen Aufwand von zwei Unterrichtsstunden pro Woche*

Tab. 5: Übungsbereiche des Trainingsprogramms »Leichter lesen und schreiben lernen mit Hexe Susi« (Forster/ Martschinke 2001)

Vorläuferfähigkeiten in Mathematik

Schulanfänger kommen nicht nur im Schriftspracherwerb, sondern auch in Mathematik mit einer Fülle von sehr unterschiedlichen Erfahrungen in die Schule. In verschiedenen Untersuchungen wurden überraschend hohe mathematische Kompetenzen der Schulanfänger festgestellt, bedeutsamer als Durchschnittswerte sind jedoch die enormen Unterschiede zwischen den Kindern und die damit verbundene Gefahr der Über- und Unterforderung der Kinder (vgl. die kritische Zusammenstellung der Untersuchungen von Schipper 1998). Fest steht, dass nicht nur im Schriftspracherwerb, sondern auch in Mathematik der Schulanfang keine »Stunde Null« ist, weshalb die Notwendigkeit besteht, die mathematischen Lernvoraussetzungen frühzeitig zu diagnostizieren und die Entwicklung dieser Fähigkeiten in der Vorschulzeit stärker zu fördern.

Osnabrücker Test zur Zahlbegriffsentwicklung (OTZ)

Der Osnabrücker Test zur Zahlbegriffsentwicklung (OTZ) von Van Luit u. a. (2000) wurde für Kinder zwischen 5 und 7 ½ Jahren konzipiert und kann sowohl im Kindergarten als auch in der 1. Klasse eingesetzt werden. Ziel des Tests ist es, etwa in der Mitte des 2. Kindergartenjahres diejenigen Kinder herauszufinden, bei denen die Zahlbegriffsentwicklung relativ zu der ihrer Altersgenossen verzögert ist. Die Autoren gehen davon aus, dass es wichtig ist, sich dieses Problems bereits im Vorschulalter anzunehmen, da zu erwarten ist, dass Kinder mit Mängeln in den grundlegenden numerischen Fertigkeiten im späteren Mathematikunterricht Schwierigkeiten haben werden. Mit ihm können die Kinder herausgefunden werden, bei denen die Zahlbegriffsentwicklung verzögert ist. Der Test ist die deutsche Version des Utrechter Zahlbegriffstests. Es wurde im Hinblick auf die frühe Zahlbegriffsentwicklung eine eindimensionale Variable konstruiert, mit deren Hilfe sowohl Schwierigkeitsstufen von Aufgaben als auch Leistungsstufen von Kindern dargestellt werden können. Entwicklungsstufen der Zahlbegriffsentwicklung werden in der Handanweisung referiert. Es liegen Altersnormtabellen vor, mit denen das Niveau der Zahlbegriffsentwicklung ermittelt werden kann. Der frühe Zahlbegriff besteht aus acht Komponenten des Wissens über numerische und nicht-numerische Quantitäten, wie Tabelle 6 zeigt.

Das Verfahren wurde sowohl an 823 holländischen als auch an 330 deutschen Kindern überprüft, eine ausführliche Darstellung der sorgfältigen Testkonstruktion findet sich bei VAN DE RIJT U.A. (2000). Mit dem Osnabrücker Test zur Zahlbegriffsentwicklung (OTZ) von VAN DE RIJT

Aufgabe	Beispiel
(1) Vergleichen	Zeige mir den Indianer, der weniger Federn hat.
(2) Klassifizieren	Zeige mir das Bild mit fünf Quadraten und keinem Dreieck.
(3) Eins-zu-eins-Zuordnen	Kannst du mir genau so viele Holzwürfel auf den Tisch legen, wie mit diesen beiden Würfeln gewürfelt wurde?
(4) Nach Reihenfolgen ordnen	Zeige auf das Bild, in dem die Äpfel von groß nach klein geordnet sind.
(5) Zahlwörter gebrauchen	Zähle weiter von 6 bis 15.
(6) Strukturiertes Zählen	Zähle die Holzwürfel (die ungeordnet auf dem Tisch liegen) mit Zeigen.
(7) Resultatives Zählen	Zähle die Holzwürfel (die in drei Reihen zu je fünf auf dem Tisch liegen) ohne Zeigen.
(8) Allgemeines Zahlenwissen	Du hast neun Murmeln und verlierst drei davon. Wie viele sind übrig? Zeige mir das Bild mit der richtigen Anzahl von Murmeln.

Tab. 6: Komponenten der frühen Zahlbegriffsentwicklung

u. a. (2000) wurde ohne Zweifel eine wichtige Lücke in der lernzielnahen Schuleingangsdiagnostik geschlossen. Leider ist jedoch die grafische Gestaltung der Aufgaben nicht besonders ansprechend, zu kritisieren ist vor allem, dass diese nicht auf deutsche Verhältnisse angepasst wurde (vgl. Abb. 4).

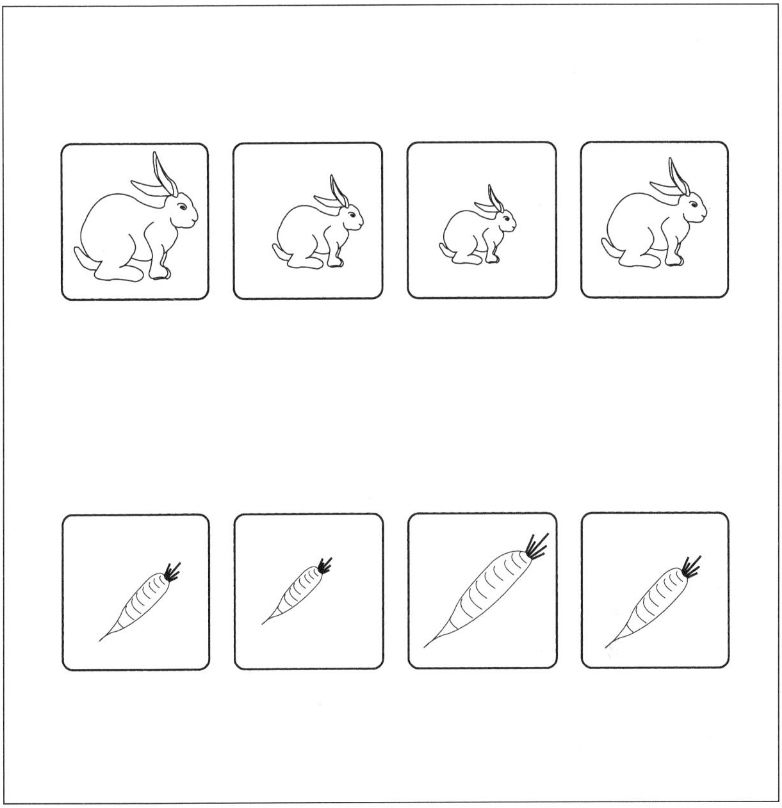

Abb. 4: Beispielaufgabe aus dem Osnabrücker Test zur Zahlbegriffsentwicklung (OTZ)

Additional Early Mathematics (AEM)

Auch die Zahlbegriffsentwicklung kann bei »Risikokindern« bereits im Kindergarten erfolgreich gefördert werden. Hierzu wurde von Van de Rijt und Van Luit (1998) das Trainingsprogramm »Additional Early Mathematics (AEM)« entwickelt. Es besteht aus 26 Einheiten, soll zweimal in der Woche je 30 Minuten lang durchgeführt werden und enthält Aufgaben, die in einen Alltagskontext (z.B. Post) eingebettet sind. Interessant ist, dass es in zwei unterschiedlichen Formen erprobt wurde: Bei der »Guiding Instruction« regt der Testleiter Spielhandlungen an, beobachtet sie und unterstützt die eigenen Lernwege des Kindes. Im Gegensatz hierzu hat der Testleiter bei der »Structuring Instruction« eine direkte lenkende Funktion. Der Testleiter regt das Kind an, das mathematischen Problem und seine Lösungsvorschläge zu verbalisieren, setzt auch Formen der Demonstration und Erklärung ein und handelt bewusst als Modell. Beide Trainingsformen waren erfolgreich, die Kinder, die an dem Programm teilnahmen, erreichten im Nachtest bessere Werte.

Dieses Trainingsprogramm liegt jedoch (noch) nicht in deutscher Sprache vor. Ein solches Training für Mathematik wäre aber, parallel zum Würzburger Trainingsprogramm zum Schriftspracherwerb, dringend nötig.

Bedeutung ökologischer Diagnostik

Die dargestellten Verfahren entsprechen einem neueren Verständnis von Schulfähigkeit, da sie proximale Schulfähigkeitskriterien, die an den Lernzielen des Anfangsunterrichts ansetzen, erfassen. Besteht Schuleingangsdiagnostik jedoch nur in der Durchführung von Testverfahren, dann wird dies einem ökologischen Verständnis von Schuleingangsdiagnostik nicht gerecht. Schuleingangsdiagnostik darf heute nicht mehr auf eine Individualdiagnostik eingeengt werden. Sie muss eine systemische Perspektive einbeziehen, indem sie verschiedene Informationsquellen nutzt, und eine davon sind Testverfahren.

Eine »Ökosystemische Individualdiagnostik (OSID)« wurde von Käser (1993) entwickelt. Dieser Ansatz geht zwar vom Individuum aus, betont aber auch die Notwendigkeit der Einbeziehung des Umfeldes. Er eignet sich für die Schuleingangsdiagnostik, da Käser (1993) sich in seinen Ausführungen explizit auf diese bezieht. Das ökopsychologische Schulreifemodell von Nickel (1990, vgl. auch den Beitrag von Kammermeyer zur »Schulfähigkeit« in diesem Band) war für ihn u. a. Anregung zur Entwicklung seines Ansatzes. Dieser ist folgendermaßen gekennzeichnet:

- Diagnostischer Ausgangspunkt ist das Kind, zum Problemverständnis wird jedoch das Beobachtungsfeld erweitert.
- Das Problemverhalten wird als Resultat multikausaler, interdependenter und zirkulärer ökosystemischer Prozesse aufgefasst.

- Die Diagnostik erfasst auch Faktoren, welche das Problemverhalten aufrechterhalten und eine Lösung verhindern. Die Aufmerksamkeit richtet sich vor allem auf die Ressourcen des Individuums.
- Für die Erfassung personaler Systemkomponenten (z.B. Kognitionen, Emotionen, intellektuelle Stärken und Schwächen, Motorik) werden bei Bedarf geeignete testpsychologische Verfahren angewendet.
- Umfelddiagnostik ist notwendig und bedeutsam: Eltern und Lehrerinterviews, Lehrerbericht, Unterrichtsbeobachtung, Arbeitsplatzanalyse, Einbezug anderer Bezugspersonen (z.B. Hausarzt, Verwandte, Geschwister).
- Je nach Problemstellung wird der Schwerpunkt der diagnostischen Erfassung anders gelegt. Die Fülle von Informationen zwingt den Diagnostiker zu einem stark selektiven Vorgehen. Für die Festlegung der zu fokussierenden Ausschnitte und die Auswahl der diagnostischen Verfahren muss sich der Berater auf seine eigene Erfahrung (oder auf diejenige eines Supervisors) stützen.
- Die aus verschiedenen einzelnen Fakten abgeleiteten Einzelhypothesen werden innerhalb eines systemischen Bezugsrahmens verknüpft, relativiert und zu diagnostischen »Hypothesen zweiter Ordnung« weiterentwickelt. Die systemische Gesamtdiagnose erfolgt auf der idiographischen Ebene des Einzelfalls.

Einige dieser theoretischen Aspekte von Käser (1993) werden im Kieler Einschulungsverfahren von Fröse u.a. (1986) bereits umgesetzt. Es berücksichtigt durch die Einbeziehung verschiedener Informationsquellen (Elterngespräch, Informationen von vorschulischen Einrichtungen) die Bedeutung der Umfelddiagnostik und stellt die Erfahrung des Diagnostikers in den Mittelpunkt (»subjektive Beurteilungskompetenz«). Andere Aspekte jedoch, wie z.B. die stärkere Betonung der Ressourcen fehlt.

Besonders umstritten ist der Einsatz von Tests in der Schuleingangsdiagnostik. Zu Recht argumentiert Käser (1993, S. 447), bei dieser Kontroverse müsse mit berücksichtigt werden, dass es nicht nur um den Einsatz bestimmter Verfahren geht, sondern auch darum, in welcher Weise diese Informationen weiter verarbeitet werden. Testinformationen sind lediglich, wie andere Daten auch, Puzzleteile in der »ökosystemischen Landkarte eines Problemfeldes«, die erst ihre Bedeutung aus ihrer Stellung und ihrer Funktion im gesamten Hypothesennetz erhalten. »Der Rundgang durch Hörhausen« von Martschinke u.a. (2001), der bereits ausführlich dargestellt wurde, zeigt zudem in erfreulicher Weise, dass ein Test durchaus auch sehr kindgemäß sein kann. Praktisch bedeutsame

Hinweise, welche Rolle Testergebnisse in einer systemischen Diagnostik spielen können, zeigt Kilian (1990) auf. Das Testergebnis wird hier nicht als Merkmal des Kindes gewertet, sondern als Produkt der Interaktion zwischen Testleiter und Kind. Zu berücksichtigen ist auch, dass Diagnostik und damit auch Schuleingangsdiagnostik nicht objektiv, sondern immer relativ, situativ und subjektiv geprägt ist. Diagnosen sind aus diesem Grund nicht Fakten, sondern Arbeitshypothesen (Schiepek 1986).

Zu einem ähnlichen Ergebnis kommt auch Burgener-Woeffray (1996, S. 177) in ihrem umfassenden Konzept einer Schuleingangsdiagnostik. Sie fordert, dass Schuleingangsdiagnostik Entwicklungsdiagnostik sein soll, die auch im Interesse des Lernfortschritts steht und in der zusätzlich der ökologische Kontext mit einbezogen wird. Als Erhebungsverfahren favorisiert sie jedoch vor allem die halbstrukturierte Beobachtung in quasi-natürlichen Situationen und das entscheidungsorientierte Gespräch. Sie stellt die Grundzüge einer subjekt- und handlungsorientierten Schuleingangsdiagnostik dar, diese sind als Zielvorstellungen und Orientierungen für die Entwicklung diagnostischer Verfahren zu verstehen und zu bewerten:

- Orientierung an angemessenen Erhebungsmethoden bedeutet, dass in der Schuleintrittsdiagnostik nicht mehr traditionelle, an der klassischen Testtheorie ausgerichtete normorientierte Tests, sondern in erster Linie Verhaltensbeobachtung in natürlichen Situationen, strukturierte Gespräche und die Analyse von Arbeitsprodukten verwendet werden. Informelle Verfahren haben deshalb in der Schuleingangsdiagnostik einen wichtigen Stellenwert.

- Orientierung am Subjekt und seiner Handlung bedeutet, dass Schuleintrittsdiagnostik in natürlichen Alltagssituationen stattfinden soll, z. B. in Spielhandlungen mit vorstrukturiertem Material und in Problemlösungshandlungen mit standardisiertem Testmaterial.

- Orientierung an der Subjekt-Subjekt-Beziehung bedeutet, dass die Reflexion des diagnostischen Handelns (z. B. die Auseinandersetzung mit Subjektiven Theorien über Schulfähigkeit) und der diagnostischen Zielsetzung (z. B. Auftraggeber, bildungspolitischer Rahmen) ein wesentlicher Bestandteil ist. Die Erkenntnis der Bedeutsamkeit der subjektiven Dimension der Reflexion kann nur gelingen, wenn Schuleingangsdiagnostik als Aufgabe eines Teams gesehen wird, in das auch die Erzieherin einbezogen werden sollte.

- Orientierung an mehreren Perspektiven bedeutet, dass eine »Kind-Umfeld-Diagnose« (Hildeschmidt 1993, Heyer 1993) erfolgt. Beteiligt werden hierbei pädagogische und private Personen aus dem schulrelevanten Kind-Umfeld-System: die Eltern mit ihrer umfassenden Kenntnis der Lebens- und Lernsituation ihres Kindes und eine Lehrkraft, die das schulische Umfeld, in der das Kind unterrichtet werden soll, hinreichend kennt.

Bei der Berücksichtigung all dieser Orientierungen darf jedoch nicht übersehen werden, dass diagnostische Informationen nicht eine Entscheidung selbst bieten, sondern lediglich zur Begründung einer Entscheidung dienen. »Schuleintrittsdiagnostik ist nie Selbstzweck, sie stellt sich in den Dienst einer zu treffenden Entscheidung. Welche Zielsetzung Schuleintrittsdiagnostik hat, hängt von schul- und bildungspolitischen Zielsetzungen sowie von gesellschaftlich akzeptierten realen Organisationsformen ab, innerhalb derer diese Ziele erreicht werden sollen. Dies erklärt die Tatsache, dass in der diagnostischen Praxis immer noch Verfahren zur Anwendung kommen, die diesem Ziel dienen, dem theoretischen Kenntnisstand jedoch in keiner Weise mehr entsprechen« (BURGENER-WOEFFRAY 1996, S. 83).

Literatur

BURGENER-WOEFFRAY, A.: Grundlagen der Schuleintrittsdiagnostik. Kritik traditioneller Verfahren und Entwurf eines umfassenden Konzepts. Bern 1996

BARTH, K.: Die diagnostischen Einschätzskalen (DES) zur Beurteilung des Entwicklungsstandes und der Schulfähigkeit. München 1998

DEIMANN, P. / KASTNER-KOLLER, U.: Testbesprechung: Bielefelder Screening (BISC) von Jansen, Mannhaupt, Marx und Skowronek. In: Zeitschrift für Entwicklungspsychologie und Pädagogische Psychologie, 32. Jg., 2000, S. 108-111.

EINSIEDLER, W. / HELBIG, P. / TREINIES, G.: Die Entwicklung phonologischer Bewusstheit sowie des Lesens und Rechtschreibens im 1./2. Schuljahr unter verschiedenen unterrichtsmethodischen Bedingungen. DFG-Antrag. Nürnberg 1997

EINSIEDLER, W. / FRANK, A. / KIRSCHHOCK, E. / MARTSCHINKE, S. / TREINIES, G.: Der Einfluss verschiedener Unterrichtsmethoden auf die phonologische Bewusstheit sowie auf Lese- und Rechtschreibleistungen im 1. Schuljahr. Berichte und Arbeiten aus dem Institut für Grundschulforschung Nr. 93. Universität Erlangen-Nürnberg 2000

FAUST-SIEHL, G. / GARLICHS, A. / RAMSEGER, J. / SCHWARZ, H. / WARM, U.: Die Zukunft beginnt in der Grundschule. Empfehlungen zur Neugestaltung der Primarstufe. Frankfurt, Arbeitskreis Grundschule 1996

FORSTER, M. / MARTSCHINKE, S.: Leichter lesen und schreiben lernen mit der Hexe Susi. Übungen und Spiele zur Förderung der phonologischen Bewusstheit. Donauwörth 2001

FRÖSE, S. / MÖLDERS, R. / WALLRODT, W.: Beiheft zum Kieler Einschulungsverfahren. Weinheim 1986

GEISLER, H. J.: Das Kieler Einschulungsverfahren. In: Psychologie in Erziehung und Unterricht, 34. Jg., 1987, S. 69-73

GSOTTBERGER, G. / KORMANN, A.: Die differenzierte Erfassung der Schulfähigkeit. Das Kieler Einschulungsverfahren als pädagogisch fundierte Entscheidungshilfe. In: STAATSINSTITUT FÜR SCHULPÄDAGOGIK UND BILDUNGSFORSCHUNG (Hrsg.): Empfehlungen zur Aufnahme des Kindes in die Grundschule. Donauwörth 1989, S. 111-121

HETZER, H. / TENT, L.: Weilburger Testaufgaben für Schulanfänger (WTA). Weinheim 1971

HEYER, P.: Lohnt sich der Aufwand? Förderausschüsse ersetzen die bisherige Praxis der Sonderschuleinweisungen. In: Grundschule, 25. Jg., H. 1/1993, S. 19-20

HILDESCHMIDT, A.: Kind-Umfeld-Diagnose zur Feststellung des besonderen Förderbedarfs bei Schülern mit Behinderungen. In: Grundschule, 25. Jg., H. 1/1993, S. 15-16

JANSEN, H. / MANNHAUPT, G. / MARX, H. / SKOWRONEK, H.: Bielefelder Screening zur Früherkennung von Lese- und Rechtschreibschwierigkeiten (BISC). Göttingen 1994

JANSEN, H. / MANNHAUPT, G. / MARX, H. / SKOWRONEK, H.: Lassen sich Lese- und Rechtschreibschwierigkeiten mit einem vorschulischen Screeningverfahren vorhersagen? Ergebnisse aus einer Längsschnittuntersuchung zur Früherkennung der Lese-Rechtschreibschwäche. Sonderforschungsbereich 227, Universität Bielefeld (Projektbericht) 1994

KAMMERMEYER, G.: Schulfähigkeit – Kriterien und diagnostische / prognostische Kompetenz von Lehrerinnen, Lehrern und Erzieherinnen. Bad Heilbrunn 2000

KÄSER, R.: Neue Perspektiven in der Schulpsychologie. Handbuch der Schulpsychologie auf ökosystemischer Grundlage. Bern 1993

KERN, A.: Sitzenbleiberelend und Schulreife. Ein psychologisch-pädagogischer Beitrag zu einer inneren Reform der Grundschule. Freiburg 1951

KERN, A.: Der Grundleistungstest zur Ermittlung der Schulreife (7. Aufl.). München 1969a

KERN, A.: Der Paralleltest zum Grundleistungstest. München 1969b

KILIAN, H.: Psychodiagnostik als Möglichkeit für systemische Intervention? Einige Gedanken zu Tests und systemischem Ansatz. In: Kinderpsychologie und Kinderpsychiatrie, 39. Jg., 1990, S. 300-305

KORMANN, A.: Das Kieler Einschulungsverfahren. Testbesprechung. In: HORN, R. / INGENKAMP, K. / JÄGER, R. S. (Hrsg.): Tests und Trends 6. Weinheim 1987, S. 180-184

KORMANN, A. / STORATH, R. / GSOTTBERGER, G. / SCHLEGEL, H.: Anspruch und Realität der Schuleingangsdiagnostik. In: TROST, G. / INGENKAMP, K. / JÄGER, R. S. (Hrsg.): Tests und Trends 10. Weinheim 1993, S. 83-114

KRAJEWSKI, K. / SCHNEIDER, W.: Vorhersage von Rechenschwäche in der Grundschule: Eine Längsschnittstudie. http://www.psychologie.uni-wuerzburg.de/i4pages/Forschung/Vorhersage … 2001

KRAPP, A.: Zur Abhängigkeit der pädagogisch-psychologischen Diagnostik von Handlungs- und Entscheidungssituationen. In: MANDL, H. / KRAPP, A. (Hrsg.): Schuleingangsdiagnose. Neue Modelle, Annahmen und Befunde. Göttingen 1978, S. 43-65

KRAPP, A. / MANDL, H.: Wer sich auf Schulreifetests verlässt, der ist verlassen. In: Bayerische Schule, 26. Jg., H. 9/1973, S. 17-20

KRAPP, A. / MANDL, H.: Einschulungsdiagnostik. Weinheim 1977

KRATZMEIER, H.: Reutlinger Test für Schulanfänger (RTS). Weinheim 1969

KÜHN, R.: Aus der Arbeit des Testkuratoriums. Das Kieler Einschulungsverfahren. In: Diagnostica, 37. Jg., 1991, S. 278-286

KÜSPERT , P. / SCHNEIDER, W.: Hören, lauschen, lernen. Sprachspiele für Kinder im Vorschulalter. Göttingen 1999

MANDL, H.: Zehn Kritikpunkte zur traditionellen Schuleingangsdiagnose. In: MANDL, H. / KRAPP, A. (Hrsg.): Schuleingangsdiagnose. Neue Modelle, Annahmen und Befunde. Göttingen 1978, S. 29-42

MANDL, H. / KRAPP, A.: Diskussionsebenen für eine Neuorientierung der Schuleingangsdiagnostik. In: MANDL, H. / KRAPP, A. (Hrsg.): Schuleingangsdiagnose. Neue Modelle, Annahmen und Befunde. Göttingen 1978, S. 9-28

MARTSCHINKE, S. / KIRSCHHOCK, E. / FRANK, A.: Der Rundgang durch Hörhausen. Das Nürnberger Erhebungsverfahren zur phonologischen Bewusstheit. Donauwörth 2001

MARX, H.: Vorhersage von Lese-Rechtschreibschwierigkeiten in Theorie und Anwendung. Unveröff. Habilitationsschrift 1992

MEIS, R.: Kettwiger Schulreifetest (KST). Weinheim 1968

MEIS, R.: Der Duisburger Vor- und Einschulungstest (DVET). Weinheim 1973

PROBST, H.: Qualitative Testverfahren in der Entwicklung pädagogisch-diagnostischer Methodik. In: INGENKAMP, K. / JÄGER, R. S. / PETILLON, H. / WOLF, B. (Hrsg.): Empirische Pädagogik 1979-1990 (Bd. 1). Weinheim 1992, S. 169-195

NICKEL, H.: Schulreife und Schulversagen: Ein ökopsychologischer Erklärungsansatz und seine praktischen Konsequenzen. In: Psychologie in Erziehung und Unterricht, 28. Jg., 1981, S. 19-37

NICKEL, H.: Das Problem der Einschulung aus ökologisch-systemischer Perspektive. In: Psychologie in Erziehung und Unterricht, 37. Jg., 1990, S. 217-227

RICHTER, S.: »Schulfähigkeit des Kindes« oder »Kindfähigkeit der Schule«? In: RICHTER, S. / BRÜGELMANN, H. / FÖLLING-ALBERS, M. (Hrsg.): Jahrbuch Grundschule 1999. Seelze 1999, S. 7-29

ROLLETT, B.: Testbesprechung: Kieler Einschulungsverfahren. In: Zeitschrift für differentielle und diagnostische Psychologie, 7. Jg., 1986, S. 249-250

ROTH, H. / SCHLEVOIGT, G. / SÜLLWOLD, F. / WICHT, G.: Frankfurter Schulreifetest (FST) (5.Aufl.). Weinheim 1968

RÜDIGER, D. / KORMANN, A. / PEEZ, H.: Schuleintritt und Schulfähigkeit. München 1976

RUMPF, U.: Aufnahme in die Grundschule: Aufgabe der Schulleitung, Durchführung einer Elternversammlung, Ideen zur Gestaltung eines »Schnuppertages«. Thüringer Institut für Lehrerfortbildung, Lehrplanentwicklung und Medien 1994

SCHNEIDER, W.: Rechtschreiben und Rechtschreibschwierigkeiten. In: WEINERT, F. E. (Hrsg.): Psychologie des Unterrichts und der Schule. Göttingen 1996, S. 328-363

SCHIEPEK, G.: Systemische Diagnostik in der klinischen Psychologie. Weinheim 1986

SCHIPPER, W.: »Schulanfänger verfügen über hohe mathematische Kompetenzen« In: PETER-KOOP, A. (Hrsg.): Das besondere Kind im Mathematikunterricht der Grundschule. Mildenberger 1998, S. 119-140

SCHNEIDER, W.: Rechtschreiben und Rechtschreibschwierigkeiten. In: WEINERT, F. E. (Hrsg.): Psychologie des Unterrichts und der Schule. Göttingen, Hogrefe 1996, S. 328-363

SCHNEIDER, W. / NÄSLUND, J.C.: The impact of early metalinguistic competencies and memory capacity on reading and spelling in elementary school: Results of the Munich Longitudinal Study on the Genesis of Individual Competencies (LOGIC). In: European Journal of Psychology of Education, 8. Jg., 1993, S. 273-287

SCHNEIDER, W. / ROTH, E. / KÜSPERT, P. / ENNEMOSER, M.: Kurz- und langfristige Effekte eines Trainings der sprachlichen (phonologischen) Bewusstheit bei unterschiedlichen Leistungsgruppen: Befunde einer Sekundäranalyse. In: Zeitschrift für Entwicklungspsychologie und Pädagogische Psychologie, 30. Jg., 1998, S. 26-39

SCHNEIDER, W. / VISÉ, M. / REIMERS, P. / BLAESSER, B.: Auswirkungen eines Trainings der sprachlichen Bewusstheit auf den Schriftspracherwerb in der Schule. In: Zeitschrift für Pädagogische Psychologie, 8. Jg., 1994, S. 177-188

SKOWRONEK H. / MARX, H.:. Die Bielefelder Längsschnittstudie zur Früherkennung von Risiken der Lese-Rechtschreibschwäche: Theoretischer Hintergrund und erste Befunde. In: Heilpädagogische Forschung, 15. Jg., 1989, S. 38-49

STANOVICH, K. E.: Cognitive processes and the reading problems of learning-disabled children: Evaluating the assumptions of specifity. In: TORGESEN, J. K. / WONG, B. Y. L. (Ed.): Psychological and Educational Perspectives on Learning Disabilities. San Diego 1986, pp. 87-131

THOMPSON, L. / STOUT, J. / TYMMS, P.: Starting points: A national survey of reception classes teachers priorities and practice. Paper presented at the 11th International Congress on School Effectiveness and Improvement (ICSEI). Manchester 1998

TIETZE, W. / MEISCHNER, T. / GÄNSFUSS, R. / GRENNER, K. / SCHUSTER, K.-M. / VÖLKEL, P. / ROSSBACH, H.-G.: Wie gut sind unsere Kindergärten? Neuwied 1998

TREINIES, G. / MARTSCHINKE, S. / KIRSCHHOCK, E. / FRANK, A.: Die Entwicklung und Evaluation eines Erhebungsinstrumentes zur phonologischen Bewusstheit im 1. Schuljahr. Berichte und Arbeiten aus dem Institut für Grundschulforschung Nr. 91. Universität Erlangen-Nürnberg 1999

TYMMS, P. / MERELL, C. / HENDERSON, B.: The first year at school: A quantitative investigation of the attainment and progress of pupils. In: Educational Research and Evaluation, 3. Jg., 1997, S. 101-118

VAN DE RIJT, B. A. M. / VAN LUIT, J. E. H.: Effectiveness of the AEM program for teaching children early mathematics. In: Instructional Science, 26. Jg., 1998, S. 337-358

VAN DE RIJT, B. A. M. / VAN LUIT, J. E. H./ HASEMANN, K.: Zur Messung der frühen Zahlbegriffsentwicklung. In: Zeitschrift für Entwicklungspsychologie und Pädagogische Psychologie, 32. Jg., 2000, S. 14-24

VAN LUIT, J. E. H. / VAN DE RIJT, B. A. M. / HASEMANN, K.: Osnabrücker Test zur Zahlbegriffsentwicklung. Göttingen 2001

Hans-Günther Rossbach

Die Einschulung in den Bundesländern

Der Zeitpunkt der Einschulung war und ist im letzten halben Jahrhundert Dauerbrenner in der pädagogischen und bildungsreformerischen Diskussion. Es sei nur an die Diskussion erinnert, die Artur Kern (1951) zu Beginn der 50er Jahre mit seiner These vom Zusammenhang zwischen Sitzenbleiberelend und Schulreife entfachte. Auf der Grundlage reifungstheoretischer Überlegungen forderte er eine Erhöhung des Einschulungsalters, da ein hoher Prozentsatz der späteren Schulversager bei der Einschulung noch zu jung und damit noch nicht schulreif sei. Weiterhin sollten alle Kinder bei mangelnder Schulreife unabhängig von ihrem Lebensalter vom Schulbesuch zurückgestellt werden. Die beiden Hauptkriterien für den Schulanfang – Lebensalter und vom Kind erreichter Entwicklungsstand – sind allerdings älter. Schon zu Beginn des 17. Jahrhunderts versuchte Comenius diese beiden Kriterien zu verbinden. Der Übergang von der »Mutterschul« in die institutionalisierte »Muttersprachschule« sollte im Allgemeinen mit dem vollendeten sechsten Lebensjahr erfolgen. Er könne aber um ein halbes oder ganzes Jahr eher oder langsamer geschehen, je nachdem wie geschickt das Kind ist (vgl. Rüdiger/Kormann/Peez 1976, S. 13ff.). Bis zum 19. Jahrhundert schwankte das Lebensalter, zu dem die Einschulung erfolgen sollte, zwischen dem vollendeten fünften und siebten Lebensjahr; zu Beginn des 19. Jahrhunderts bildete sich aber die Tendenz heraus, das Schuleintrittsalter auf das vollendete sechste Lebensjahr festzusetzen. Eine besondere Brisanz erhielt die Einschulungsproblematik durch die Durchsetzung der allgemeinen Schulpflicht und die formale Bestimmung der Grundschule als Einheitsschule für alle Kinder in der Weimarer Verfassung. Zunächst wurde es nicht als ein Verstoß gegen das Prinzip der sozialen Koedukation angesehen, wenn schulpflichtige Kinder vom Schulbesuch zurückgestellt wurden, da sie damit nur für eine gewisse Zeitspanne von der gemeinsamen Grundschule ausgeschlossen wurden. Dies wurde aber – speziell in der Phase der Bildungsreform – als Problem betrachtet, als sich Zurückstellungen auch als sozial bedingt erwiesen (vgl. Mader 1989, S. 7ff.).

Sowohl bei Zurückstellungen vom Schulbesuch (bei verzögerter Entwicklung) als auch bei vorzeitiger Einschulung (bei guter, beschleunigter Entwicklung) handelt es sich um eine in unser Schulsystem eingebaute Selektivität aus dem über das Lebensalter definierten Einschulungsjahrgang heraus. Im Hinblick auf die Früheinschulungen gibt es gesellschaftliche Trends, bei denen die vorzeitige Einschulung mal positiv, mal negativ beurteilt wird – Letzteres vor allem begleitet durch Warnungen über problematische Schulkarrieren vorzeitig eingeschulter Kinder (vgl. z.B. Bellenberg 1999, S. 25ff.). Während in der Vergangenheit eine Zurückstellung vom Schulbesuch oftmals auch als angemessene Reaktion auf eine verlangsamte Entwicklung betrachtet wurde, wird die frühe Selektion zu Schulbeginn heute weitgehend als problematisch angesehen. Hierbei spielen auch besonders Forschungsergebnisse eine Rolle, die die Unwirksamkeit einer Zurückstellung für die betroffenen Schüler aufzeigen. Je größer der durch Zurückstellungen und Früheinschulungen bewirkte Altersunterschied in der Gruppe der eingeschulten Kinder, desto stärker wird bei der Einschulung das Kriterium des Entwicklungsstandes gegenüber dem des Lebensalters betont. Andererseits lassen sich gegenwärtig – auch international – Gegenbewegungen ausmachen, die allein dem Lebensalter Bedeutung für die Einschulung zuweisen (vgl. z.B. für die USA Crnic/Lamberty 1994; Katz 1991).

Der folgende Beitrag kann nicht die gesamte Einschulungsproblematik bearbeiten, vielmehr ist er auf ausgewählte Aspekte beschränkt. Zunächst werden die gesetzlichen Einschulungsregelungen in den 16 Bundesländern dargestellt. Es folgt ein kurzer Überblick über die quantitative Entwicklung der Selektivität zu Schulbeginn und über ihr heutiges Ausmaß. Anschließend werden Untersuchungsergebnisse zu Bedingungen und Folgen von Zurückstellungen zu Schulbeginn zusammengefasst. Ein kurzes Fazit zu den Untersuchungsergebnissen beendet den Beitrag.

Rechtliche Regelungen

Mit dem »Abkommen zwischen den Ländern der Bundesrepublik Deutschland zur Vereinheitlichung auf dem Gebiet des Schulwesens« von 1964 – auch Hamburger Abkommen genannt – wurden alle Kinder schulpflichtig, die bis zum 30.06. des gleichen Kalenderjahres das sechste Lebensjahr vollendet haben (vgl. Burk/Faust-Siehl 1999). In zwei weiteren Beschlüssen der Kultusministerkonferenz (KMK) wurden die Möglichkeiten für eine vorzeitige Einschulung und eine Zurückstellung vom Schulbesuch geregelt: Kinder, die bis zum 31.12. des Kalenderjahres sechs Jahre alt werden (sog. Kann-Kinder), können vorzeitig eingeschult werden, wenn aufgrund des körperlichen und geistigen Entwicklungsstandes des Kindes zu erwarten ist, dass es mit Erfolg am Unterricht teilnehmen kann (Beschluss der KMK vom 28.03.1968 »Vorzeitige Einschulung von noch nicht schulpflichtigen Kindern«, Beschlusssammlung Nr. 825). Kinder können dann vom Schulbesuch zurückgestellt werden, wenn für das Kind ein erfolgreicher Schulbesuch nicht zu erwarten ist (Beschluss der KMK vom 19./20.01.1967 »Anrechnung der Zurückstellung vom Pflichtschulbesuch auf die Dauer der Schulpflicht«, Beschlusssammlung Nr. 825.1). Am 24.10.1997 hat die KMK neue »Empfehlungen zum Schulanfang« verabschiedet, die die beiden letztgenannten Beschlüsse aufheben. Die KMK reagiert damit auf die ihrer Ansicht nach allgemein zu beobachtende Tendenz zur späteren Einschulung schulpflichtiger Kinder. Angesichts des im internationalen Vergleichs hohen durchschnittlichen Einschulungsalters der Kinder in Deutschland sollen Maßnahmen zur Reduktion der teilweise hohen Zurückstellungsquoten ergriffen und Eltern bzw. Erziehungsberechtigte ermutigt werden, von der Möglichkeit einer vorzeitigen Einschulung Gebrauch zu machen. Im Einzelnen:

- Die Schulpflicht beginnt für alle Kinder, die bis zu einem vom jeweiligen Land festgelegten Stichtag das sechste Lebensjahr vollendet haben, am 1.08. desselben Jahres, in der Regel mit Beginn des Unterrichts nach den Sommerferien. Der Stichtag soll dabei zwischen dem 30.06 und 30.09. liegen.
- Kinder, die nach dem Stichtag das sechste Lebensjahr vollenden, können auf Antrag ihrer Erziehungsberechtigten vorzeitig in die Schule aufgenommen werden – in begründeten Ausnahmefällen auch Kinder, die nach dem 31.12. geboren worden sind.
- Im Ausnahmefall ist eine Zurückstellung vom Schulbesuch möglich, wenn zu erwarten ist, dass eine Förderung im schulischen Rahmen keine für die Entwicklung des Kindes günstigeren Voraussetzungen schafft. Die Entscheidung über eine Zurückstellung soll möglichst in zeitlicher Nähe zum Schuljahresbeginn getroffen werden. Die Zeit der Zurückstellung soll grundsätzlich nicht auf die Schulpflicht angerechnet werden.

Näheres soll jeweils von den Ländern in eigener Zuständigkeit geregelt werden, u.a. können sie auch zusätzliche Einschulungsmöglichkeiten während eines Schuljahres vorsehen. Ende 2000 wurden vom Verfasser über den Grundschulverband die Grundschulreferentinnen und -referenten der Bundesländer zu verschiedenen Aspekten der länderspezifischen gesetzlichen Grundlagen der Einschulung befragt. Die Hauptergebnisse dieser Befragung sind in Tabelle 1 wiedergegeben. Die Antworten der Länder auf den Fragebogen liegen auf unterschiedlichem Differenzierungsgrad. Sie wurden vom Verfasser vereinheitlicht; »Interpretationsfehler« gehen zu seinen Lasten. Die Angaben in Tabelle 1 spiegeln den Stand Ende 2000/Anfang 2001 wieder; einige Länder (Berlin, Brandenburg, Nordrhein-Westfalen, Rheinland-Pfalz, Saarland, Thüringen) wiesen explizit auf geplante Änderungen in naher bzw. mittlerer Zukunft hin.

Tab. 1: Übersicht über die gesetzlichen Regelungen zur Einschulung in den Bundesländern

	Fristgemäße Einschulung	Vorzeitige Einschulung	Zurückstellung vom Schulbesuch
Baden-Württemberg	Vollendung des 6. Lebensjahres bis 30.06; seit 1998/1999 Flexibilisierung des Stichtages: Eltern können schulpflichtige Kinder, die zwischen dem 01.07. und 30.09. 6 Jahre alt werden, zur Schule anmelden, wenn sie wollen (keine Schulpflicht; auch »frühzeitige« Einschulung oder »Korridorkinder« genannt). Allein durch die Schulanmeldung werden die Kinder schulpflichtig. Die Grundschule kann die Aufnahme nur ablehnen, wenn die Voraussetzungen für eine Zurückstellung vorliegen. Keine Empfehlungen für die Schuleingangsdiagnostik.	Kinder, die ab dem 1.10. das 6. Lebensjahr vollenden, können auf Antrag der Erziehungsberechtigten zum Schulbesuch angemeldet werden. Eine Untersuchung durch das Gesundheitsamt und ein pädagogisch-psychologisches Gutachten sind nicht zwingend erforderlich. Die Entscheidung über die Aufnahme trifft die Schule, in Zweifelsfällen Einholung eines Gutachtens des Gesundheitsamtes und eines pädagogisch-psychologischen Gutachtens.	Schulpflichtige Kinder können für 1 Jahr zurückgestellt werden. Die Zeit der Zurückstellung wird nicht auf die Schulpflicht angerechnet. Den Antrag können Eltern oder Schule stellen; der Schulleiter entscheidet, in Zweifelsfällen Einholung eines Gutachtens des Gesundheitsamtes und eines pädagogisch-psychologischen Gutachtens. Eine Zurückstellung kann bis Ende des ersten Schulhalbjahres geschehen. Es gibt keine Verpflichtung auf einen spezifischen Förderort; Empfehlung zum Besuch einer Grundschulförderklasse.
Bayern	Vollendung des 6. Lebensjahres bis 30.06. Ab 2001/2002 keine schulärztlichen Untersuchungen mehr nach bisherigem Muster; Grundlage ist die U 9, ergänzt durch eine optische und akustische Untersuchung des Gesundheitsamtes. Keine amtlichen Empfehlungen für eine Schuleingangsdiagnostik. Der Stichtag 30.06. wird flexibilisiert: Eltern können Kinder, die im Juli (ab 2000/2001), August (ab 2001/2002) oder September (ab 2002/2003) geboren sind, zur Schule anmelden, ohne dass diese Kinder dann als »vorzeitig eingeschult« gelten.	Kinder, die bis zum 30.06. des Folgejahres 6 Jahre alt werden, können auf Antrag der Erziehungsberechtigten vorzeitig eingeschult werden. Die Schule entscheidet, auch darüber, ob im Zweifelsfall ein Verfahren zur Überprüfung der Schulfähigkeit durchgeführt wird. Bei Schülern, die nach dem 31.12. geboren sind, wird ein schulpsychologisches Gutachten gefordert.	Auf Antrag der Eltern oder bei entsprechenden Erkenntnissen der Schule kann ein schulpflichtiges Kind für höchstens 1 Jahr vom Schulbesuch zurückgestellt werden. Die Schule entscheidet; das Jahr wird nicht auf die Schulpflicht angerechnet. Es sind keine speziellen Verfahren der Schuleingangsdiagnostik gefordert; Fachleute können hinzugezogen werden. Die Zurückstellung soll zum Zeitpunkt der Schulaufnahme bzw. nach der Einschulung bis 30.11. erfolgen, nach Möglichkeit vor Schulbeginn. Keine Verpflichtung auf einen bestimmten Förderort.

Berlin	Vollendung des 6. Lebensjahres bis 30.06. Schulärztliche Untersuchung beschränkt sich auf körperliche Schulreife. Vorklassenleiterin (Schule) oder Vorschulerzieherin (Kindertagesstätte) geben eine Empfehlung zur Einschulung oder Zurückstellung ab. Wenn keine Empfehlung vorliegt, Durchführung eines diagnostischen Verfahrens durch die Schule; in Zweifelsfällen Einbezug des Schulpsychologischen Dienstes. Keine Festlegung auf ein spezifisches diagnostisches Verfahren.	Kinder, die bis zum 31.12. das 6. Lebensjahr vollenden, können auf Antrag der Erziehungsberechtigten vorzeitig eingeschult werden. Die Schule entscheidet, ggf. nach Durchführung einer Schulreifeuntersuchung, in Zweifelsfällen unter Einschaltung des Schulpsychologischen Dienstes. Keine Festlegung auf ein spezifisches diagnostisches Verfahren.	Schulpflichtige Kinder können auf Antrag der Erziehungsberechtigten, des Schularztes oder der Schule für 1 Jahr zurückgestellt werden; das zuständige Schulamt entscheidet. Es gibt keine Angaben zum Zeitpunkt der Zurückstellung. Die Dauer der Zurückstellung wird nicht auf die Schulpflicht angerechnet. Die Schule prüft die Schulfähigkeit; in Zweifelsfällen wird der Schulpsychologische Dienst herangezogen. Keine Festlegung auf ein spezifisches diagnostisches Verfahren. Die Kinder sind verpflichtet, eine Vorklasse oder eine Einrichtung der Jugendhilfe (Kindertagesstätte) zu besuchen.
Brandenburg	Vollendung des 6. Lebensjahres vor dem 1.07. Die schulärztliche Untersuchung (körperlicher Entwicklungsstand einschließlich Sinnesorgane) soll bis spätestens Ende April abgeschlossen sein. Keine Empfehlung für die Schuleingangsdiagnostik.	Kinder, die vom 01.07. bis 31.12. das 6. Lebensjahr vollenden, können auf Antrag der Eltern vorzeitig eingeschult werden. Der Schuleiter entscheidet unter Berücksichtigung der schulärztlichen Untersuchung.	Schulpflichtige Kinder können auf Antrag der Eltern für 1 Jahr zurückgestellt werden. Der Schulleiter entscheidet; die schulärztliche und in individuellen Fällen auch eine schulpsychologische Untersuchung können als Grundlage dienen. Auf Antrag der Eltern kann das Zurückstellungsjahr auf die Dauer der Schulpflicht angerechnet werden. Im Regelfall erfolgt die Zurückstellung vor Schulbeginn, in Ausnahmefällen bis nach einer dreimonatigen Schulbesuchszeit. Bei einer Zurückstellung muss eine anderweitige Förderung (insbesondere in Kindertagesstätte) gewährleistet sein; eine Verpflichtung auf einen Förderort gibt es nicht.
Bremen	Vollendung des 6. Lebensjahres bis 30.06. Vor Einschulung findet eine schulärztliche Untersuchung statt.	Kinder, die zwischen dem 1.07. und 31.12. geboren werden, werden auf Antrag der Eltern bei der Schulanmeldung schulpflichtig und in das normale Einschulungsverfahren einbezogen. Die Schule muss dem	Schulpflichtige Kinder können auf Antrag der Eltern einmal zurückgestellt werden. Die Schule hat keine Entscheidungsmöglichkeit, den Antrag abzulehnen. Der Zeitraum der Zurückstellung wird nicht auf die Schulpflicht angerech-

		Antrag zustimmen. Kinder, die später geboren werden, können angemeldet werden. Die Schule entscheidet über die Aufnahme dieser Kinder auf der Grundlage des Antrags der Eltern, einer Entwicklungsbeschreibung des Elementarbereichs, des Gutachtens eines Schulpsychologen und des Schulärztlichen Dienstes.	net. In Ausnahmefällen können zurückgestellte Kinder im darauf folgenden Schuljahr in eine Vorklasse eingeschult werden. Es gibt keine Verpflichtung für einen spezifischen Förderort; den Eltern wird der Besuch von Vorklasse oder Kindergarten empfohlen.
Hamburg	Vollendung des 6. Lebensjahres bis zum 1.07. Seit 1997 keine schulärztliche Untersuchung mehr im Hinblick auf Schulreife bzw. Schulfähigkeit. Nach der Anmeldung findet für alle Kinder, bei denen die U 9 noch nicht durchgeführt wurde, eine körperlich-medizinische Untersuchung statt. Für alle Kinder gibt es nach Aufnahme in die Schule eine Untersuchung, die der Förderung der gesundheitlichen Voraussetzungen für eine erfolgreiche Teilnahme am Unterricht dienen soll. Keine Empfehlungen für die Schuleingangsdiagnostik.	Kinder, die nach dem 30.06. das 6. Lebensjahr vollenden, können auf Antrag der Eltern eingeschult werden (kein Mindestalter). Die Schulleitung entscheidet und kann nur aus Gründen, die sich auf den geistigen und seelischen Entwicklungsstand des Kinds beziehen, eine Früheinschulung ablehnen. In Zweifelsfällen soll ein schulärztliches Gutachten eingeholt werden, das jedoch nicht zwingend für eine Entscheidung vorgeschrieben ist.	Schulpflichtige Kinder, die das 6. Lebensjahr zwischen dem 1.01. und 30.06. vollenden, können für 1 Schuljahr zurückgestellt werden; die Zeit wird nicht auf die Schulpflicht angerechnet. Den Antrag stellen die Erziehungsberechtigten oder nach deren Anhörung die Schule; die zuständige Schulbehörde entscheidet. Die Eltern müssen zur Erhärtung entsprechende Gutachten vorlegen und die Schule muss eigene Beobachtungen hinzufügen. Ggf. kann die zuständige Behörde eine schulärztliche Untersuchung veranlassen (nicht der Regelfall). Der Zeitpunkt der Zurückstellung soll vor Beginn des Schuljahres liegen, spätestens bis November. Zurückgestellte Kinder werden in eine Vorschulklasse aufgenommen (in begründeten Ausnahmefällen auch Besuch einer Kindertagesstätte).
Hessen	Vollendung des 6. Lebensjahres bis zum 30.06. Ab Februar schulärztliche Untersuchung auf altersgemäße Entwicklung, Seh-, Hör- und Sprachbeeinträchtigungen und eventuellen Förderbedarf. Keine Empfehlung für die Schuleingangsdiagnostik.	Kinder, die in der Zeit vom 1.07. bis 31.12. das 6. Lebensjahr vollenden, können auf Antrag der Eltern eingeschult werden. Der Schulleiter entscheidet unter Berücksichtigung des körperlichen, geistigen und see-	Schulpflichtige Kinder können auf Antrag der Eltern oder nach deren Anhörung vom Schulleiter für 1 Schuljahr zurückgestellt werden; die Zeit wird nicht auf die Schulpflicht angerechnet. Der Schulleiter trifft die Entscheidung unter Beteiligung des schulärztlichen und schulpsycho-

		lischen Entwicklungsstandes des Kindes und des schulärztlichen Gutachtens.	logischen Dienstes auf der Grundlage von Erkenntnissen aus der Zusammenarbeit mit dem Kindergarten oder der Frühförderstelle, dem Gespräch mit den Eltern und der Beobachtung des Kindes bei der Anmeldung oder in dafür organisierten Situationen (z.B. Spielnachmittagen). Falls erforderlich, sollen förderdiagnostische (Test-) Verfahren angewendet werden. Die Zurückstellung erfolgt bis zum 1.12., in Ausnahmefällen auch danach. Mit Zustimmung der Eltern erfolgt die Förderung in der Vorklasse oder außerschulisch.
Mecklenburg-Vorpommern	Vollendung des 6. Lebensjahres bis zum 30.06. Die schulärztliche Untersuchung dient der Beurteilung der Schulfähigkeit und umfasst u.a.: klinische Ganzkörperuntersuchung, grobneurologische Untersuchung, Prüfung des Hör- und Sehvermögens, Überprüfung des Impfstatus, Überprüfung des sprachlichen und motorischen Entwicklungsstandes sowie der Aufmerksamkeits- und Wahrnehmungsfähigkeit.	Kinder, die bis zum 31.12. 6 Jahre alt werden, können auf Antrag der Erziehungsberechtigten eingeschult werden. Die Entscheidung trifft die Schule (auch in Abhängigkeit der vorhandenen Aufnahmekapazitäten). Es sind keine speziellen Verfahren der Schuleingangsdiagnostik gefordert.	Schulpflichtige Kinder können auf Antrag der Erziehungsberechtigten 1 Jahr zurückgestellt werden; die Erziehungsberechtigten entscheiden im Einvernehmen mit der Schule. Die Zeit wird nicht auf die Schulpflicht angerechnet. Für die Entscheidung sind keine speziellen diagnostischen Verfahren gefordert. Die Zurückstellung erfolgt vor der Einschulung oder bis zum 30.11. Es besteht keine Verpflichtung für einen spezifische Förderort. Angeboten werden Vorklassen und Diagnoseförderklassen.
Niedersachsen	Vollendung des 6. Lebensjahres bis zum 30.06. Bei der Entscheidung über eine Aufnahme können die Ergebnisse von Einschulungsuntersuchungen oder Früherkennungsuntersuchungen (U 9) sowie mit Zustimmung der Erziehungsberechtigten Auskünfte der besuchten vorschulischen Einrichtungen herangezogen, anerkannte Testverfahren durchgeführt und der Schularzt oder die schulpsy-	Alle Kinder, die nicht bis zum 30.06. das 6. Lebensjahr vollendet haben, können auf Antrag der Erziehungsberechtigten in die Schule aufgenommen werden. Über die Aufnahme entscheidet die Schule; bei Nichtaufnahme sind die Erziehungsberechtigten zu hören. Es sind keine speziellen Verfahren der Schuleingangsdiagnostik gefordert.	Schulpflichtige Kinder können auf Antrag der Eltern einmal vom Schulbesuch zurückgestellt werden; die Entscheidung trifft der Schulleiter. Es sind keine speziellen diagnostischen Verfahren gefordert; ggf. können schulpsychologische oder amtsärztliche Gutachten hinzugezogen werden. Die Dauer der Zurückstellung kann auf die Schulpflicht angerechnet werden, außer, wenn durch ein weiteres Schulbesuchsjahr der

	chologische Beratung hinzugezogen werden. Direkte Empfehlungen für die Schuleingangsdiagnostik werden nicht gegeben.		Hauptschulabschluss erreicht werden könnte. Die Zurückstellung kann vor Beginn des Schuljahres und während der ersten sechs Wochen ausgesprochen werden, in begründeten Einzelfällen bis 1.12. Eine Verpflichtung zum Besuch eines Schulkindergartens kann nur ausgesprochen werden, wenn dieser in zumutbarer Weise erreicht werden kann. Wird keine Verpflichtung ausgesprochen und ist ein Besuch einer Vorklasse nicht möglich, so kann für das Kind ein Kindergartenplatz beansprucht werden. Auf Antrag der Eltern kann auf den Besuch eines Schulkindergartens zugunsten des weiteren Besuchs einer Kindertagesstätte verzichtet werden.
Nordrhein-Westfalen	Vollendung des 6. Lebensjahres bis zum 30.06. Keine Empfehlungen für die Schuleingangsdiagnostik. Der Schulleiter prüft die Schulfähigkeit und kann das Kind einschulen oder auch zurückstellen, wenn er zu der Auffassung gelangt, das Kind sei noch nicht schulfähig. Der Schulleiter entscheidet aufgrund der schulärztlichen Untersuchung. Alle Kinder (auch solche, für die eine Entscheidung über vorzeitige Einschulung oder Zurückstellung ansteht) werden im Rahmen der gleichen schulärztlichen Untersuchung begutachtet.	Kinder, die nach dem 30.06. das 6. Lebensjahr vollenden, können auf Antrag der Erziehungsberechtigten vorzeitig eingeschult werden. Der Schulleiter überprüft die Schulfähigkeit und entscheidet. Keine Empfehlungen für die Schuleingangsdiagnostik.	Schulpflichtige Kinder können vom Schulleiter für 1 Jahr zurückgestellt werden. Die Zeit der Zurückstellung wird nicht auf die Dauer der Schulpflicht angerechnet; in Ausnahmefällen kann das Schulamt auf Antrag der Erziehungsberechtigten die Zeit der Zurückstellung auf die Dauer der Schulpflicht anrechnen. Keine Empfehlung für die Schuleingangsdiagnostik. Vor der Entscheidung über eine Zurückstellung ist ein Gutachten des Gesundheitsamtes einzuholen. Vor der Einschulung kann ein Kind vom Schulleiter zurückgestellt werden, wenn im schulärztlichen Gutachten erhebliche Bedenken gegen eine Einschulung geltend gemacht werden; die Erziehungsberechtigten sind vor der Entscheidung anzuhören. Nach der Einschulung kann der Schulleiter ein Kind zurückstellen, wenn eine ausreichende Förderung nicht mög-

			lich ist; das Einvernehmen mit den Erziehungsberechtigten ist anzustreben. Auf Antrag der Erziehungsberechtigten kann der Schulleiter ein Kind zurückstellen, wenn aufgrund eines Berichts des Kindergartens oder eines ärztlichen oder psychologischen Gutachtens und nach einem Beratungsgespräch mit den Erziehungsberechtigten davon ausgegangen werden muss, dass das Kind in seiner Entwicklung nicht durch die Teilnahme am Unterricht der 1. Klasse angemessen gefördert wird; in diesem Fall ist ein zusätzliches ärztliches oder psychologisches Gutachten erforderlich. Bei schon eingeschulten Kindern soll die Zurückstellung innerhalb von 6 Wochen erfolgen. Auf Antrag des Schulleiters kann das Schulamt ein zurückgestelltes Kind zum Besuch des Schulkindergartens verpflichten. Falls keiner in zumutbarer Entfernung erreichbar ist, kann das Kind im Einvernehmen mit den Eltern zum Besuch des Unterrichts in der 1. Klasse zugelassen werden (falls erfolgreich, geht es am Ende des Schuljahres in die 2. Klasse über).
Rheinland-Pfalz	Vollendung des 6. Lebensjahres bis 1.07. Es gibt keine Empfehlung für die Schuleingangsdiagnostik.	Kinder, die vom 1.07. bis 31.12. geboren sind, können auf Antrag der Eltern eingeschult werden; die Entscheidung trifft die Schulleitung. Noch jüngere Kinder können in besonders zu begründenden Einzelfällen mit Genehmigung der Schulbehörde eingeschult werden. Es sind keine besonderen diagnostischen Verfahren vorgesehen.	Schulpflichtige Kinder können auf Antrag der Eltern für 1 Jahr zurückgestellt werden; die Entscheidung trifft die Schulleitung. Die Zeit der Zurückstellung wird nicht auf die Schulpflicht angerechnet. Es sind keine besonderen diagnostischen Verfahren vorgesehen. Soweit vorhanden, sollen die Kinder im Schulkindergarten gefördert werden, ansonsten im Kindergarten.

Saarland	Vollendung des 6. Lebensjahres bis 30.06. Die schulärztliche Untersuchung bezieht sich auf körperliche Entwicklung und Verfassung, Verhaltensauffälligkeiten, Sprachentwicklung, Motorik sowie kognitive Auffälligkeiten. Es gibt keine verbindlichen Vorgaben für die Schuleingangsdiagnostik.	Kinder, die am 1. Juli noch nicht schulpflichtig sind, können auf Antrag der Erziehungsberechtigten vorzeitig eingeschult werden; der Schulleiter entscheidet. Nur für Kinder, die erst im folgenden Kalenderjahr das 6. Lebensjahr vollenden, hat der Schulleiter einen Schul- oder Amtsarzt und einen Schulpsychologen hinzuzuziehen.	Schulpflichtige Kinder, für die aufgrund einer medizinischen Indikation durch den Schul- oder Amtsarzt eine Einschulung noch nicht angeraten ist, können auf Antrag und nach Anhörung der Erziehungsberechtigten für 1 Jahr zurückgestellt werden (Zurückstellung im engeren Sinne). Der Schulleiter trifft die Entscheidung. Die Zeit der Zurückstellung wird im Regelfall nicht auf die Schulpflicht angerechnet. Eine Zurückstellung i.e.S. ist nach Aufnahme des Kindes in den Klassenverband nicht mehr vorzunehmen. Diese Kinder sind in der Regel schon vor Beginn der Schulpflicht in Frühfördermaßnahmen einbezogen, die im Jahr der Zurückstellung fortgesetzt werden. – Es wird noch eine zweite Gruppe von Kindern unterschieden: »Entwicklungsbeeinträchtigte Kinder«, die bereits bei Beginn der Schulpflicht förderungsbedürftig erscheinen, sind verpflichtet, an besonderen Fördermaßnahmen der Grundschule (individuelle Förderung in der Regelklasse bei abgestuften Anforderungen oder Förderung im Rahmen einer Sonderklasse/Schulkindergarten) teilzunehmen. Diese Zeit wird im Regelfall nicht auf die Dauer der Schulpflicht angerechnet. Bei der Einweisung dieser Kinder in Fördermaßnahmen soll der Schulleiter sich auf Erkenntnisse eines Schul- oder Amtsarztes oder eines Schulpsychologen stützen. Über die Art der Fördermaßnahmen entscheidet der Schulleiter nach einem Beratungsgespräch mit den Erziehungsberechtigten nach Maßgabe der schulorganisatorischen und personellen

			Gegebenheiten. Nach Schulbeginn ist eine Einweisung in einen Schulkindergarten nicht mehr zulässig.
Sachsen	Vollendung des 6. Lebensjahres bis 30.06. Keine verbindliche Vorgabe für die Schuleingangsdiagnostik (Handreichung zur Schuleingangsphase).	Kinder, die bis zum 31.12. das 6. Lebensjahr vollenden, können auf Antrag der Eltern eingeschult werden; der Schulleiter entscheidet. Es sind keine speziellen diagnostischen Verfahren vorgesehen.	Schulpflichtige Kinder können auf Antrag der Eltern für 1 Jahr zurückgestellt werden; der Schulleiter entscheidet. Die Zeit der Zurückstellung wird nicht auf die Schulpflicht angerechnet. Die Zurückstellung muss bis spätestens November erfolgen. Es gibt keine Empfehlung für spezielle diagnostische Verfahren; zur Feststellung der Schulfähigkeit können anerkannte Testverfahren durchgeführt werden. Eine Verpflichtung auf einen bestimmten Förderort besteht nicht; Kinder können auf Wunsch der Eltern in Vorbereitungsklassen aufgenommen werden.
Sachsen-Anhalt	Vollendung des 6. Lebensjahres bis 30.06. Etwa 6 Monate vor Aufnahme findet eine allgemeinärztliche Untersuchung statt. Es gibt keine Empfehlungen für die Schuleingangsdiagnostik. Die pädagogische Entscheidung liegt in der Verantwortung des Schulleiters.	Kinder, die bis zum 30.06. das 5. Lebensjahr vollendet haben, können auf Antrag der Erziehungsberechtigten eingeschult werden; die Entscheidung trifft der Schulleiter. Es sind keine speziellen diagnostischen Verfahren vorgesehen.	Schulpflichtige Kinder können für 1 Jahr vom Schulbesuch zurückgestellt werden; die Zeit wird nicht auf die Schulpflicht angerechnet. Gemäß der gesetzlichen Vorgaben soll ein Antrag auf Zurückstellung ausschließlich von der Schulleitung gestellt werden; manchmal wird er aber auch von den Eltern (z.B. auf Anraten des Kindergartens oder des Hausarztes) gestellt. Das zuständige Schulamt entscheidet über den Antrag. Es sind keine speziellen diagnostischen Verfahren vorgesehen. Der Regelfall ist die Zurückstellung vor Schulbeginn; im 1. Schuljahr ist eine Zurückstellung bis zum 1.12. möglich. Zurückgestellte Kinder können zum Besuch einer Vorklasse verpflichtet werden.

Schleswig-Holstein	Vollendung des 6. Lebensjahres bis 30.06. Zur Feststellung der Schulfähigkeit wird das Kieler Einschulungsverfahren empfohlen.	Für vorzeitige Einschulungen gibt es keinen Stichtag. Der Schulleiter entscheidet auf Antrag der Eltern. Zusätzliche schulpsychologische und schulärztliche Gutachten sind erforderlich.	Schulpflichtige Kinder können auf Antrag der Eltern für 1 Jahr zurückgestellt werden; der Schulleiter entscheidet. Die Zeit der Zurückstellung wird nicht auf die Schulpflicht angerechnet. Es sind keine speziellen diagnostischen Verfahren vorgesehen. Die Zurückstellung kann bis Ende des 1. Halbjahres der 1. Klasse erfolgen; bevorzugt wird die Zurückstellung vor der Einschulung. Die Schulaufsicht verpflichtet zum Besuch von Schulkindergarten, Kindertagesstätte oder geeigneter Sonderschule.
Thüringen	Vollendung des 6. Lebensjahres bis 30.06.	Kinder, die bis zum 31.12. das 6. Lebensjahr vollenden, können auf Antrag der Eltern eingeschult werden. Die Entscheidung trifft der Schulleiter im Benehmen mit dem Schularzt. Es sind keine speziellen diagnostischen Verfahren vorgesehen.	Schulpflichtige Kinder können für 1 Jahr zurückgestellt werden; die Zurückstellung darf nicht wiederholt werden. Die Zeit der Zurückstellung wird nicht auf die Schulpflicht angerechnet. Das zuständige Schulamt entscheidet. Vor der Entscheidung ist ein schulärztliches Gutachten einzuholen; ferner hat das Schulamt die Eltern zu hören. Die Zurückstellung soll vor Schulbeginn erfolgen; sie ist noch bis zum 30.11. zulässig. Anstelle der Zurückstellung kann die Einweisung in eine Diagnose- und Förderklasse erfolgen. Zurückgestellte Kinder können nicht auf einen speziellen Förderort verpflichtet werden. Möglichkeiten sind der weitere Besuch einer Kindertagesstätte, der Besuch von integrativ geführten Kindertagesstätten und der Besuch von speziell schulvorbereitenden Einrichtungen an Förderschulen.

Im Folgenden werden summarisch einige der Haupttrends der Einschulungsregeln in den Ländern zusammengefasst:

Gegenwärtig wird in allen Bundesländern an dem Stichtag 30.06. festgehalten, an dem ein Kind das sechste Lebensjahr vollendet haben muss, um am 1.08. bzw. mit Beginn des Unterrichts nach den Sommerferien schulpflichtig zu werden. Nur in Baden-Württemberg und Bayern wird der Stichtag insofern flexibilisiert, als Schüler, die danach bis zum 30.09. das sechste Lebensjahr vollendet haben (in Bayern ab 2002/2003), zwar nicht schulpflichtig sind, aber von den Eltern angemeldet werden können und alleine schon dadurch schulpflichtig werden (ohne dass sie als »vorzeitig« eingeschult gelten).

In keinem Land wird routinemäßig ein Schulfähigkeitstest eingesetzt; es werden auch mit Ausnahme von Schleswig-Holstein (dort das Kieler Einschulungsverfahren) keine besonderen diagnostischen Verfahren zur Feststellung der Schulfähigkeit empfohlen. In Berlin geben Vorklassenleiterin (Schule) oder Vorschulerzieherin (Kindestagesstätte) eine Empfehlung zur Einschulung oder Zurückstellung ab; nur wenn keine Empfehlung vorliegt, führt die Schule eine Untersuchung der Schulfähigkeit durch. Soweit aus den Unterlagen ersichtlich, fallen die Regeln für die schulärztlichen Untersuchungen in den Bundesländern unterschiedlich aus. Auch im Hinblick auf vorzeitige Einschulungen sind spezielle Untersuchungen bzw. pädagogisch-psychologische Gutachten nicht in allen Ländern zwingend erforderlich. In Schleswig-Holstein sind zusätzliche schulpsychologische und schulärztliche Gutachten erforderlich. In Bayern wird ein schulpsychologisches Gutachten nur für die Kinder gefordert, die nach dem 31.12. geboren sind; in diesem Fall muss auch in Bremen und im Saarland ein Schul- oder Amtsarzt und ein Schulpsychologe hinzugezogen werden (im Saarland zusätzlich eine Entwicklungsbeschreibung des Elementarbereichs). Ansonsten werden nur in Zweifelsfällen weitere schulärztliche Gutachten oder Schulfähigkeitsuntersuchungen bzw. der Einbezug des Schulpsychologischen Dienstes erforderlich. Dies gilt in der Regel auch im Hinblick auf Entscheidungen über die Zurückstellung eines Kindes. In Hamburg müssen die Eltern bei einem Antrag auf Zurückstellung entsprechende Gutachten vorlegen und die Schule muss eigene Beobachtungen hinzufügen. In Nordrhein-Westfalen wird zusätzlich zum schulärztlichen Gutachten ein weiteres ärztliches oder psychologisches Gutachten nur erforderlich, wenn die Eltern einen Antrag auf Zurückstellung stellen. Im Saarland soll sich der Schulleiter bei der Entscheidung über die Einweisung von entwicklungsbeeinträchtigten Kindern in besondere Fördermaßnahmen auf Erkenntnisse eines Schul- oder Amtsarztes oder eines Schulpsychologen stützen. In

Thüringen ist ein schulärztliches Gutachten einzuholen, und in Hessen trifft der Schulleiter die Entscheidung über eine Zurückstellung unter Beteiligung des Schulärztlichen und Schulpsychologischen Dienstes.

Die Länder unterscheiden sich danach, für welche Altersgruppen vorzeitige Einschulungen möglich sind. In Berlin, Brandenburg, Hessen, Mecklenburg-Vorpommern, Sachsen und Thüringen können die Kinder vorzeitig eingeschult werden, die zwischen dem 1.07. und dem 31.12. das sechste Lebensjahr vollenden; in Bayern und Sachsen-Anhalt auch die Kinder, die in der ersten Kalenderhälfte des Folgejahres das sechste Lebensjahr vollenden. In Baden-Württemberg, Bremen, Hamburg, Niedersachsen, Nordrhein-Westfalen, Rheinland-Pfalz, Saarland und Schleswig-Holstein ist kein Mindestalter vorgesehen. Für Kinder, die nach dem 31.12. das sechste Lebensjahr vollenden, sind dabei in Bayern, Bremen, Rheinland-Pfalz und Saarland besondere Regelungen vorgesehen. Den Antrag auf eine vorzeitige Einschulung stellen in allen Ländern die Eltern bzw. Erziehungsberechtigten. Über den Antrag entscheidet die Schulleitung. In Bremen muss die Schule für Kinder, die das sechste Lebensjahr bis zum 31.12. vollenden, dem Antrag der Eltern zustimmen. In Rheinland-Pfalz bedarf es bei Kindern, die nach dem 31.12. das sechste Lebensjahr vollenden, der Genehmigung durch die Schulbehörde.

Kinder, die bis zum 30.06. das sechste Lebensjahr vollendet haben und damit schulpflichtig werden, können in allen Ländern für – in der Regel maximal – ein Jahr vom Schulbesuch zurückgestellt werden. In Hamburg ist eine Zurückstellung nur für die Kinder möglich, die im Zeitraum 1.01. bis 30.06. das sechste Lebensjahr vollenden (für früher geborene Kinder somit nicht). In den meisten Ländern wird das Jahr der Zurückstellung nicht auf die Dauer der Schulpflicht angerechnet. In Brandenburg, Nordrhein-Westfalen und Niedersachsen kann auf Antrag der Eltern das Zurückstellungsjahr auf die Schulpflicht angerechnet werden, in Niedersachsen aber dann nicht, wenn durch ein weiteres Schulbesuchsjahr der Hauptschulabschluss erreicht werden könnte. Bei einigen Ländern gibt es Präferenzen, dass die Zurückstellung vor der Einschulung stattfinden sollte, bei andern soll zuerst das Lernfeld Schule eröffnet werden, bevor nach einer Beobachtungsphase über eine Zurückstellung entschieden wird. Einige Länder äußern sich nicht zum Zeitpunkt der Zurückstellung. Faktisch können aber in allen Bundesländern Zurückstellungen vor Schulbeginn und nach Schulbeginn (zum Teil bis Ende des ersten Schulhalbjahres) geschehen. In den meisten Bundesländern können die Eltern bzw. Erziehungsberechtigten einen Antrag auf eine Zurückstellung stellen und die Schulleitung entscheidet. Dort, wo die Schule als Antragsteller (mit) auftritt, entscheidet häufiger das Schulamt bzw. die Schulbehörde. In Bremen hat die Schule keine Entscheidungsmöglichkeit, den

Antrag der Eltern auf eine Zurückstellung abzulehnen. In Mecklenburg-Vorpommern entscheiden die Erziehungsberechtigten im Einvernehmen mit der Schule.

Je nach Bundesland können die vom Schulbesuch zurückgestellten Kinder in dem Zurückstellungsjahr an unterschiedlichen Orten gefördert werden. Diese können der Schule angegliedert sein, sie können aber auch außerschulisch sein, d.h. im Bereich der Jugendhilfe liegen (z.B. Kindertagesstätte). Die Namen für die (außerfamilialen) Förderorte unterscheiden sich in den Ländern; ohne Anspruch auf Vollständigkeit seien genannt: Schulkindergarten, Sonderschulkindergarten, Eingangsstufe, Vor- bzw. Vorschulklasse, schulvorbereitende Einrichtung, Grundschulförderklasse, Vorbereitungsklasse, Diagnoseförderklasse, Diagnose- und Förderklasse, Kindergarten/Kindertagesstätte. In verschiedenen Bundesländern können die zurückgestellten Kinder auf den Besuch einer bestimmten Fördereinrichtung verpflichtet werden: In Berlin sind die Kinder verpflichtet, eine Vorklasse oder eine Kindertagesstätte zu besuchen. In Brandenburg gibt es zwar keine direkte Verpflichtung auf einen bestimmten Ort, eine anderweitige Förderung muss aber gesichert sein. In Hamburg werden zurückgestellte Kinder in eine Vorschulklasse aufgenommen (in Ausnahmefällen ist auch der Besuch einer Kindertagesstätte möglich). In Hessen erfolgt die Förderung mit Zustimmung der Eltern in einer Vorklasse oder außerschulisch. In Niedersachsen kann eine Verpflichtung zum Besuch eines Schulkindergartens nur ausgesprochen werden, wenn dieser in zumutbarer Weise erreicht werden kann; auf Antrag der Eltern kann aber auch eine Kindertagesstätte besucht werden. In Nordrhein-Westfalen kann das Schulamt ein zurückgestelltes Kind zum Besuch eines Schulkindergartens verpflichten, falls ein solcher in zumutbarer Entfernung erreichbar ist; ansonsten kann das Kind im Einvernehmen mit den Eltern auch den Unterricht der 1. Klasse besuchen. In Rheinland-Pfalz sollen die Kinder – soweit vorhanden – im Schulkindergarten gefördert werden, ansonsten im Kindergarten. Im Saarland sind entwicklungsbeeinträchtigte Kinder verpflichtet, an besonderen Fördermaßnahmen der Grundschule teilzunehmen (Regelklasse bei abgestufter Anforderung, Schulkindergarten). In Sachsen-Anhalt können zurückgestellte Kinder zum Besuch einer Vorklasse verpflichtet werden. In Schleswig-Holstein verpflichtet die Schulaufsicht die zurückgestellten Kinder zum Besuch von Schulkindergarten, Kindertagesstätte oder geeigneter Sonderschule.

Das quantitative Ausmaß von Früheinschulungen und Zurückstellungen

EINSIEDLER (im Druck) berichtet über verspätete und vorzeitige Einschulungen an Grundschulen in den alten und neuen Bundesländern vom Schuljahr 1976/77 bis 1999/2000. Die Gruppe der verspäteten Einschulungen besteht praktisch ausschließlich aus Kindern, die im vorangegangenen Schuljahr vom Schulbesuch zurückgestellt waren. Danach betrug in den alten Bundesländern die Quote der verspätet eingeschulten Kinder an allen eingeschulten Kindern in dem betreffenden Schuljahr bis 1978/79 rund 8 %, sie sank dann bis Mitte der 80er Jahre auf 5,5 %, um bis 1993/94 wieder auf 8 % anzusteigen. Seit dieser Zeit ist ein kontinuierliches leichtes Sinken bis 1999/2000 auf gut 6 % zu verzeichnen (vgl. für 1999/2000 auch Tabelle 2). In den neuen Bundesländern ist die Quote der verspäteten Einschulungen höher. Sie stieg von 5 % im Schuljahr 1992/93 auf 11 % 1998/99 an und liegt gegenwärtig knapp unter 10 %. Im Vergleich dazu lag in den alten Bundesländern die Quote der vorzeitigen Einschulungen bis Mitte der 80er Jahre bei 4 bis 5 %, sie sank dann auf knapp unter 3 % bis 1995/96, um dann wieder bis 1999/2000 auf über 4 % anzusteigen. In den neuen Bundesländern ist diese Quote – anders als bei den verspäteten Einschulungen – niedriger, sie liegt in dem Zeitraum von 1992/93 bis heute bei 1 bis unter 2 %. Für das Land Nordrhein-Westfalen und den Zeitraum 1970/71 bis 1987/88 berichten MADER/ROSSBACH/TIETZE (1991, S. 23) nach eigenen Berechnungen auf der Grundlage der amtlichen Schulstatistik Zurückstellungsquoten von 6,8 % bis 10,4 %. Diese Quoten liegen konstant hoch und scheinen – anders als die Wiederholerquoten in der Grundschule, die in diesen Jahren kontinuierlich sinken – unabhängig von in diesem Zeitraum deutlich verbesserten unterrichtlichen Rahmenbedingungen (wie z.B. steigende Versorgung mit Kindergartenplätzen, verbesserte Zusammenarbeit zwischen Kindergarten und Grundschule, sinkende Klassenfrequenzen und sinkende Schüler-Lehrer-Relationen) und von einem veränderten Selbstverständnis der Grundschule, das individuelle Benachteiligungen, entstanden durch unterschiedliche außerschulische Lebens- und Lernbedingungen, über innere Differenzierung, individuelle Förderung und soziale Koedukation auffangen will.

Tabelle 2 enthält für das Schuljahr 1999/2000 die Anteile der verspäteten Einschulungen an allen Einschulungen in Grundschulen, aufgebrochen nach den 16 Bundesländern. Zum Vergleich sind auch die Anteile vorzeitiger und fristgemäßer Einschulungen wiedergegeben. Die Quoten beruhen auf Daten, die von den Statistischen Landesämtern dem Statistisches Bundesamt nach einem vereinheitlichten Muster gemeldet wer-

Tab. 2: Quoten vorzeitiger, verspäteter und fristgemäßer Einschulungen an Grundschulen nach Bundesländern im Schuljahr 1999/2000

	Vorzeitige Einschulungen in %	Verspätete Einschulungen in %	Fristgemäße Einschulungen in %
Baden-Württemberg	0,8*	5,6	93,6
Bayern	5,1	3,9	91,1
Berlin	4,8	10,0	84,7+
Brandenburg	2,5	7,2	90,3
Bremen	11,5	12,0	74,1+
Hamburg	7,5	7,0	85,5
Hessen	9,0	8,0	83,0
Mecklenburg-Vorpommern	1,9	14,7	83,5
Niedersachsen	5,2	7,1	87,7
Nordrhein-Westfalen	3,3	6,0	90,6+
Rheinland-Pfalz	3,9	6,5	89,7
Saarland	6,0	6,0	87,9
Sachsen	1,3	12,8	85,9
Sachsen-Anhalt	1,5	7,5	91,1
Schleswig-Holstein	4,9	9,2	86,0
Thüringen	1,3	6,1	92,7
Neue Bundesländer (ohne Berlin)	1,6	9,8	88,6
Alte Bundesländer (mit Berlin)	4,3	6,2	89,4
Deutschland	4,0	6,6	89,4

Quelle: Statistisches Bundesamt, Arbeitsunterlagen zur Fachserie 11, R 1, 1999/2000

*: Baden-Württemberg zählt für die Bundesstatistik die eingeschulten »Korridorkinder« (Vollendung des 6. Lebensjahres zwischen 1.07. und 30.09.) nicht als vorzeitige Einschulungen; sie werden somit bei den fristgemäßen Einschulungen gezählt. Nach einer landesinternen Statistik werden 8,5 % vorzeitige Einschulungen berichtet, von denen 7,6 % auf die »Korridorkinder« entfallen (Engemann 2000, S. 58).

+: In Berlin, Bremen und Nordrhein-Westfalen gibt es noch eine geringe Anzahl »sonstiger Einschulungen«, so dass sich vorzeitige, verspätete und fristgemäße Einschulungen nicht auf 100 % addieren. In Nordrhein-Westfalen fallen darunter z.B. die zurückgestellten schulpflichtigen Kinder, die am Unterricht der 1. Klasse teilnehmen.

den. Insofern kann es Unterschiede zwischen den gemäß der jeweiligen Länderdefinitionen landesintern berichteten Einschulungsdaten und dieser Bundesstatistik geben. Aus Gründen der Vergleichbarkeit wird aber auf die Bundesstatistik zurückgegriffen.

Das quantitative Problem wird deutlich, wenn man sich die hinter den Anteilen stehenden absoluten Zahlen vergegenwärtigt. Ein Anteil von 6,6 % verspäteter Einschulungen an allen Einschulungen in Deutschland bedeutet, dass 52.699 Schüler im Schuljahr 1999/2000 mindestens ein Jahr später – als nach dem Aufnahmekriterium Lebensalter regulär vorgesehen – eingeschult wurden. Dabei ergeben sich erhebliche Unterschiede zwischen den Bundesländern. Während in Bayern mit 3,9 % (5.032 verspätete Einschulungen von 130.222 Einschulungen insgesamt) nur etwa jeder 25. bis 26. Schüler verspätet eingeschult wird, sind in vier Bundesländern 10 % und mehr davon betroffen. Den Spitzenreiter bildet Mecklenburg-Vorpommern mit 14,7 % (1.532 von 10.450; etwa jeder siebte Schüler), gefolgt von Sachsen mit 12,8 % (3.101 von 24.205), Bremen mit 12,0 % (764 von 6.349) und Berlin mit 10,0 % (2.598 von 26.099). Alle anderen Bundesländer bewegen sich zwischen 5 und 10 %. In den neuen Bundesländern liegt dabei der Anteil verspäteter Einschulungen deutlich höher als in den alten Bundesländern (9,8 % zu 6,2 %). Schüler haben somit in Abhängigkeit von ihrem Bundesland ein sehr unterschiedliches Risiko, verspätet eingeschult zu werden. Dies verweist schon darauf, dass schulische Bedingungen eine erhebliche Bedeutung für eine Zurückstellung vom Schulbesuch haben müssen – wenn man nicht davon ausgeht, dass z. B. Intelligenz und Schulfähigkeit in den Bundesländern unterschiedlich verteilt sind.

Auch im Hinblick auf vorzeitige Einschulungen zeigen sich erhebliche Unterschiede zwischen den 16 Bundesländern. Während bei den verspäteten Einschulungen diese häufiger in den neuen als in den alten Bundesländern stattfinden, zeigt sich das umgekehrte Bild bei den vorzeitigen Einschulungen: Der Anteil der vorzeitig eingeschulten Schüler liegt mit 4,3 % (etwa jeder 23. Schüler) in den alten Bundesländern deutlich höher als in den neuen (1,6 %; etwa jeder 62. Schüler). Bei den einzelnen Bundesländern liegt Bremen mit 11,5 % vorzeitigen Einschulungen an allen Einschulungen an der Spitze, gefolgt von Hessen (9,0 %), Hamburg (7,5 %), Saarland (6,0 %), Niedersachsen (5,2 %) und Bayern (5,1 %). Bei der relativ niedrigen Quote von 0,8 % in Baden-Württemberg muss berücksichtigt werden, dass hier nur die vorzeitig eingeschulten Kinder gezählt sind, die nach dem 30.09. geboren wurden. Werden alle nach dem 1.07. geborenen und eingeschulten Kinder gezählt, so liegt die Quote in Baden-Württemberg bei etwa 8,5 % (vgl. die Anmerkung zu Tabelle 2). Die niedrigsten Anteile vorzeitig eingeschulter Kinder finden sich – wie bereits gesagt – in den neuen Bundesländern. Ein Zusammenhang derart, dass die Bundesländer, die relativ zu den anderen Bundesländern einen höheren Anteil verspätet eingeschulter Kinder haben, gleichzeitig einen höheren oder – gegenläufig – niedrigeren Anteil vorzeitig eingeschulter Kinder haben, zeigt sich nicht (Rangkorrelation = .08). Inwieweit die Bedeutung des Lebensalters als Haupteinschulungskriterium eingeschränkt ist und das Kriterium des vom Kind erreichten Entwicklungsstandes eine Rolle spielt, zeigt sich, wenn die Anteile von vorzeitigen und verspäteten Einschulungen zusammen betrachtet und den fristgemäßen

Einschulungen gegenübergestellt werden. Insgesamt werden knapp unter 90 % aller Kinder fristgemäß eingeschult, wobei sich hier kein Unterschied zwischen den neuen und alten Bundesländern zeigt. In vier Bundesländern (Berlin, Bremen, Hessen und Mecklenburg-Vorpommern) werden weniger als 85 % der Kinder fristgemäß eingeschult, wobei dies in Bremen sogar nur für drei von vier Kindern zutrifft.

Aufgrund der unterschiedlichen Förderorte lassen sich keine genauen Angaben darüber machen, wo die im Schuljahr 1999/2000 verspätet eingeschulten Kinder im vorangegangenen Schuljahr gefördert wurden. Die Schulstatistik unterscheidet im Hinblick auf schulische Förderorte zwischen Vorklassen (für schulreife, aber noch nicht schulpflichtige Kinder) und Schulkindergärten (für vom Alter her schulpflichtige, aber noch nicht schulreife Kinder); wobei die den Schulkindergärten entsprechenden Einrichtungen in Hessen, Sachsen-Anhalt und Thüringen als »Vorklassen« bezeichnet werden. Die Schulstatistik für das Schuljahr 1998/99 weist – ohne Bayern, Berlin, Brandenburg, Hamburg, Mecklenburg-Vorpommern und Thüringen – insgesamt 33.492 Kinder in Schulkindergärten an Grundschulen aus; dem stehen 40.839 verspätet eingeschulte Kinder an Grundschulen im Schuljahr 1999/2000 in diesen Ländern gegenüber. Als Anhaltspunkt lässt sich damit schätzen, dass in diesen Ländern etwa 80 % der an Grundschulen vom Schulbesuch zurückgestellten Kinder im Schulkindergarten gefördert wurden. Aus diesen Daten ist aber nicht zu entnehmen, wie viele Kinder, die nach dem Stichtag der Schulstatistik (je nach Bundesland zwischen erster Hälfte September und 1.11.) vom Schulbesuch zurückgestellt wurden, eine Förderung im Schulkindergarten erhalten haben. Weitere Angaben sind nicht möglich.

Bedingungen für eine Zurückstellung vom Schulbesuch

Es liegen nur wenige Untersuchungen darüber vor, unter welchen Bedingungen ein Kind vom Schulbesuch zurückgestellt wird. Die Bundesstatistik weist auf geschlechtsspezifische Unterschiede hin. Von den verspätet eingeschulten Kindern an Grundschulen im Schuljahr 1999/2000 – praktisch die Kinder, die im vorangegangenen Schuljahr vom Schulbesuch zurückgestellt wurden – sind 63,1 % männlich und 36,9 % weiblich (zum Vergleich: 50,6 % zu 49,4 % bei den fristgemäßen Einschulungen; 39,2 % zu 60,8 % bei den vorzeitigen Einschulungen). Von allen Einschulungen von Jungen sind 8,1 % verspätet, bei den Mädchen nur 5,0 %. Damit ist die Wahrscheinlichkeit für Jungen, verspätet eingeschult zu werden, mehr als anderthalbmal so groß wie für Mädchen, während sich das genau umgekehrte Bild bei den vorzeitigen Einschulungen zeigt (bei den Mädchen sind 5,0 % der Einschulungen vorzeitig, bei den Jungen nur 3,1 %). In der Bundesstatistik werden die Einschulungen ausländischer Kinder nicht getrennt erhoben. Einen Hinweis auf eine erhöhte Wahrscheinlichkeit einer Zurückstellung bei ausländischen Kindern gegenüber deutschen Kindern lässt sich aus dem Ausländeranteil in Schulkindergärten an Grundschulen entnehmen. Dieser beträgt im Schuljahr 1999/2000 27,3 %, während der gesamte Anteil von ausländischen Kindern an allen Schülern in Grundschulen nur bei 11,5 % liegt.

In Untersuchungen werden darüber hinaus – ohne auf einzelne Untersuchungen einzugehen – als Merkmale von nicht schulfähigen Kindern u. a. genannt: verzögerte Entwicklung, niedrige Intelligenz und kognitive Fähigkeiten, unzureichende motivationale Lernvoraussetzungen, niedrige sprachliche Fähigkeiten, niedriger körperlicher und sozial-emotionaler Entwicklungsstand, jüngeres Alter (d. h. Vollendung des sechsten Lebensjahres nahe dem Stichtag), fehlende Förderung im Kindergarten, mangelndes häusliches Anregungsniveau, niedrigere soziale Herkunft (gemessen z. B. über Schulbildung der Eltern oder Beruf des Vaters), Berufstätigkeit der Mutter. Dabei ist insgesamt eine Abgrenzung zwischen noch nicht schulfähigen Kindern (im Sinne von Entwicklungsverzögerungen) und schulschwachen Kindern kaum möglich.

Verschiedentlich wird auf Tendenzen verwiesen, nach denen Eltern ihre Kinder – speziell jüngere Kinder, die kurz vor dem Stichtag sechs Jahre alt werden – für ein Jahr vom Schulbesuch zurückstellen lassen wollen, um ihnen damit im folgenden Schuljahr, in dem sie dann zu den älteren Schulanfängern gehören, bessere Startchancen für die Schulkarriere zu geben. Untersuchungen hierzu liegen nicht vor. In den USA gibt es seit längerem eine vergleichbare Diskussion. Praktisch beginnt in den USA die Schule für die Fünfjährigen mit dem Besuch des einjährigen Kindergartens (eine Institution, die mehr schulvorbereitenden Charakter hat und eher als Vorklasse zu betrachten ist). An dieser Schnittstelle kann es nun zweierlei geben: Zum einen können Eltern ihre Kinder verspätet in diesen Kindergarten schicken, weil sie überzeugt sind, dass ihr Kind noch nicht genügend schulreif/schulfähig ist. Zum anderen müssen Kinder den Kindergarten wiederholen, weil dies die Schule verlangt oder empfiehlt. Für die USA bzw. einzelne Bundesstaaten repräsentative Untersuchungen haben u.a. aufgezeigt, dass von einem verzögerten Kindergartenbeginn überproportional Jungen, jüngere Kinder (d. h. Geburtstag näher an dem jeweiligen Stichtag) und weiße (nicht spanisch sprechende) Kinder betroffen sind, während ebenfalls Jungen und Kinder mit Entwicklungsverzögerungen überproportional unter denen zu finden sind, die den Kindergarten wiederholen müssen. Andere Untersuchungen verweisen darauf, dass Kinder mit verzögertem Kindergartenbeginn eher aus sozio-ökonomisch bevorzugten und Kinder, die den Kindergarten wiederholen müssen, eher aus sozio-ökonomisch benachteiligten Familien stammen (GRAUE/DIPERNA 2000; ZILL/LOOMIS/WEST 1997). Vermutlich ist somit der verzögerte Beginn des Kindergartens zumindest teilweise als Versuch anzusehen, den Kindern verbesserte Startchancen im Schulsystem zu geben.

Bisher wurden nur individuelle Bedingungen für eine Zurückstellung vom Schulbesuch genannt. Die großen Unterschiede zwischen den Bundesländern in den Anteilen verspätet eingeschulter Kinder sowie die großen Unterschiede zwischen Schulen in den Bundesländern verweisen aber auch auf Bedingungen auf Seiten der Schule wie z. B. Lehrereinstellungen, deren implizite Schulreife-/Schulfähigkeitstheorien, Klassenfrequenzen oder den Einsatz von Schulfähigkeitstests (vgl. RÜDIGER/KORMANN/PEEZ 1976, S. 57f.; eine sehr interessante Untersuchung zu den Lehrerorientierungen in den USA findet sich bei SMITH/SHEPARD 1988). In den 80er Jahren wurden auf der Basis der amtlichen Schulstatistik des Landes Nordrhein-Westfalen sowie ergänzender Lehrerbefragungen und an für Nordrhein-Westfalen repräsentativen Stichproben von Grundschulen und Anfangsklassen gezielt schulische Bedingungen für eine Zurückstellung untersucht (MADER 1989; MADER/ROSSBACH/TIETZE 1991; ROSSBACH/TIETZE 1996). Danach liegen die Zurückstellungsraten (vor und nach Schulbeginn) an den Schulen besonders hoch, an denen ein Schulkindergarten eingerichtet ist. Es ist zwar zu vermuten, dass ein Schulkindergarten an Schulen mit einer eher problematischen Schülerschaft eingerichtet wird. Allerdings scheint sich der Schulkindergarten selbst auch seine Kinder im Sinne eines Sogeffekts zu rekrutieren. Die Zurückstellungsquoten liegen in kleinen Anfangsklassen niedriger; diese scheinen den Anpassungsprozess an die Schule zu erleichtern. Die Verwendung von Schulfähigkeitstests sowie Beratungen mit Kollegen und Schulkindergartenleiterin erhöhen die Wahrscheinlichkeit einer Zurückstellung. In Klassen mit einer höheren Ausländerquote (hier türkische Schüler) werden vermehrt Kinder zurückgestellt, während aus Klassen, in denen viele Kinder einen Kindergarten besucht haben, relativ wenige Kinder am Anfangsunterricht scheitern. Auffällig ist auch, dass Kinder aus vergleichsweise ungünstigen außerschulischen Lebens- und Lernbedingungen auch in der Grundschule vergleichsweise ungünstige Bedingungen vorfinden. Diese Ergebnisse zeigen auf, dass die Wahrscheinlichkeit einer Zurückstellung also nicht nur von dem abhängt, was ein Kind »mitbringt«, sondern auch von Gegebenheiten, die gar nicht von ihm verschuldet sind. Allerdings scheint der Einfluss von schulischen Bedingungen nicht per se unpädagogisch, wenn z. B. ein Schulleiter unter ungünstigen Rahmenbedingungen Probleme bei der Förderung eines

Schülers in der Anfangsklasse sieht und ihn deshalb in einen günstiger ausgestatteten Schulkindergarten als Förderort überweist.

Auswirkungen einer Zurückstellung vom Schulbesuch

Die Zurückstellung eines Kindes kann Auswirkungen auf das Kind selbst, aber auch auf die dann um schwächere, noch nicht schulfähige Schüler »bereinigte« Anfangsklasse haben. Spezifische Auswirkungen ergeben sich aber auch für den Fall, dass ein Kind, obwohl Zweifel an seiner »Schulfähigkeit« bestehen, in die erste Klasse aufgenommen wird. Diese Auswirkungen können wieder bei dem betroffenen Schüler selbst wie auch bei den anderen Schülern in der Anfangsklasse liegen, die dann u. U. durch die schwächeren, noch nicht schulfähigen Schüler in ihren Lernprozessen »belastet« werden. Während zu den Effekten auf die anderen Schüler in der Anfangsklasse dem Verfasser keine Untersuchungen bekannt geworden sind, gibt es einige Hinweise auf die Auswirkungen auf die zurückgestellten Kinder bzw. trotz (vermuteter) Defizite in ihrer Schulfähigkeit in die Anfangsklasse aufgenommenen Kinder.

Auf der Grundlage einer schriftlichen Befragung von rund 2.400 Schülern der Jahrgangsstufen 10 bzw. 13 in Nordrhein-Westfalen hat Bellenberg (1999) retrospektiv die Bildungsverläufe der Schüler rekonstruiert. Für die Teilstichprobe der in Deutschland eingeschulten Schüler hält sie fest: »Eine verspätete Einschulung ist ein Indiz dafür, dass die anschließende Schullaufbahn eher in einer niedrigerqualifizierenden Schulform verlaufen wird, während eine vorzeitige Einschulung nur einen geringen Prognosewert für die in Anschluß an die Grundschule besuchte Schulform besitzt. Eine verspätete Einschulung schützt in gewissem Maße davor, in der Grundschule und in der Sekundarstufe I eine oder mehrere Jahrgangsstufen wiederholen zu müssen, eine vorzeitige Einschulung hingegen erhöht die Wahrscheinlichkeit von Klassenwiederholungen während der Grundschulzeit wie auch während der Sekundarstufe I« (ebd., S. 269). Schützt damit in gewissem Maße eine verspätete Einschulung vor Klassenwiederholungen, so erhöht sie zugleich die Wahrscheinlichkeit, bei mehreren in einer Schulform möglichen Bildungsabschlüssen eher den jeweils niedrigeren zu erreichen (während die vorzeitig Eingeschulten gegenüber den Fristgemäßen bei mehreren möglichen Abschlüssen eher den jeweils höheren erreichen). In einer Untersuchung von gut 11.000 Hamburger Fünftklässlern, in der retrospektiv der Verlauf in der Grundschule rekonstruiert wurde, liegt die Rate der Klassenwiederholungen bei den zu Schulbeginn zurückgestellten Kindern mit 6,0 % niedriger als der allgemeine Durchschnitt (7,5 %); zudem gab es bei den verspätet Eingeschulten nur maximal eine Wiederholung während der Grundschulzeit (LEHMANN/PEEK 1997, S. 75ff.). Die Gruppe der Zurückgestellten ist zwar leistungsschwach (Testwerte zu Beginn der fünften Klasse unter dem Durchschnitt), die Zurückgestellten ohne Klassenwiederholung zeigen aber ein günstigeres Leistungsbild als die Gruppe der regulär Eingeschulten mit einer Klassenwiederholung. Die Zurückgestellten mit Klassenwiederholung unterscheiden sich praktisch nicht von den regulär Eingeschulten mit zwei Klassenwiederholungen. Die Autoren folgern, dass »... die Entscheidung für eine Zurückstellung dann sachgerecht sein kann, wenn sie an die Stelle späterer Klassenwiederholungen tritt« (ebd., S. 78). In dieser Untersuchung wurde auch ein erhöhtes Wiederholen einer Grundschulklasse bei den vorzeitig Eingeschulten festgestellt, die insgesamt aber eine überdurchschnittlich leistungsstarke Gruppe darstellen. Die Autoren vermuten, dass sich in den erhöhten Wiederholungsquoten der vorzeitig Eingeschulten weniger ein Entwicklungsrückstand widerspiegelt, sondern vor allem die Bereitschaft, die Entscheidung für eine vorzeitige Einschulung ggf. im Zweifelsfall nachträglich zu korrigieren (und zwar um so eher, je jünger die Schüler sind). Während offensichtlich Entscheidungen für eine Klassenwiederholung bei den vorzeitig Eingeschulten leichter fallen, da die Schüler jünger sind und sie durch die Wiederholung gegenüber den Fristgemäßen nichts »verlieren«, verzichtet man bei den verspätet Eingeschulten eher auf eine Klassenwiederholung, um diese Schüler nicht zweifach (durch die Zurückstellung und durch die Klassenwiederholung) von dem eigentlich altersgemäßen Durchlauf durch die Schule zu entfernen. Insofern müssen Aussagen aus den 50er und 60er Jahren über erhöhte Wiederholerquoten bei zurückgestellten Kindern (vgl. RÜDIGER/KORMANN/PEEZ 1976, S. 53ff.) heute revidiert werden.

Positive Effekte für die Schulkarriere von zurückgestellten und im Schulkindergarten geförderten Kindern zeigen sich auch in einer Ende der 70er Jahre in Nordrhein-Westfalen durchgeführten Erhebung (MADER/ROSSBACH/TIETZE 1991; ROSSBACH 1984, dort auch ein Überblick über ältere Untersuchungen zu den Auswirkungen eines Schulkindergartenbesuchs). Auf der Basis der amtlichen Schulstatistik wurde an einer repräsentativen Stichprobe von Grundschulen das Selektionsverhalten längsschnittlich untersucht. Unter Kontrolle anderer möglicher Einflussfaktoren – speziell auch der »Selektionskultur« einer Schule, d.h. einer über verschiedene Selektionsarten (Zurückstellung, Klassenwiederholung, Zuweisung zu einer Sonderschule) und über Zeit stabilen Selektionshaltung der Schule – zeigt sich, dass im Schulkindergarten geförderte Kinder die Grundschule mit einem ähnlichen Selektionsmuster wie normaleingeschulte Kinder, d.h. ohne überproportional häufigeres

Versagen (Wiederholen einer Klasse, Zuweisung zu einer Sonderschule), durchlaufen. Die Schulkindergartenförderung erweist sich in dieser Hinsicht somit als effektiv. Eine Zurückstellung ohne anschließende Schulkindergartenförderung erwies sich aber nicht als effektiv (vergleichbare Häufigkeit im Wiederholen einer Klasse wie bei Normaleingeschulten, aber häufigere Zuweisungen zur Sonderschule).

Für die besondere Situation in den USA (vgl. weiter oben) zeigen sich Unterschiede in den beiden Gruppen, die Verzögerungen am Schulanfang erleben. Während die Kinder mit einem verzögerten Kindergartenbeginn in ihren Schulleistungen etwas besser abschneiden als die Kinder, die regulär mit dem Kindergarten beginnen, ergeben sich Nachteile bei denen, die den Kindergarten wiederholen müssen (ZILL/LOOMIS/WEST 1997). Andere Untersuchungen weisen aber auch auf Probleme (z.B. erhöhte sonderpädagogische Maßnahmen) bei den Kindern mit verzögertem Kindergartenbeginn gegenüber den regulär Beginnenden hin, wohingegen sich im Hinblick auf den Leistungsstand keine Unterschiede zeigen (GRAUE/DIPERNA 2000).

Zur Beurteilung der Auswirkungen einer Zurückstellung besonders bedeutsam sind Untersuchungen, in denen zurückgestellte Kinder mit solchen mit vergleichbaren Leistungsvoraussetzungen verglichen werden, die aber nicht zurückgestellt, sondern in die erste Klasse aufgenommen wurden. In einer Längsschnittuntersuchung hat JANSEN (1994) die Schriftsprachentwicklung in den ersten beiden Schuljahren von (früheren) Schulkindergartenkindern verglichen mit zwei Gruppen von regulär eingeschulten Kindern: einer Kontrollgruppe mit vergleichbaren vorschulischen Schriftsprachvoraussetzungen und einer Vergleichsgruppe, die sich in ihren vorschulischen Schriftsprachvoraussetzungen nur geringfügig von einer repräsentativen Gruppe regulär eingeschulter Kinder unterscheidet. Die Schriftsprachleistungen der Schulkindergartenkinder unterscheiden sich dabei in den ersten beiden Schuljahren nicht von denen der (um ein Jahr jüngeren) Kontrollkinder; die Schulkindergartenförderung hat also im Vergleich zur Kontrollgruppe nicht zu einer verbesserten Schriftsprachentwicklung geführt. Die Leistungen sowohl von Kindern der Schulkindergarten- als auch der Kontrollgruppe liegen deutlich niedriger als die der Vergleichsgruppe; eine Kompensation der schwächeren Ausgangslagen findet also weder durch den Schulkindergarten noch durch den Erstunterricht statt. Die Ergebnisse sprechen auch dafür, die Schulkindergartenförderung (und auch die Förderung leistungsschwacher Kinder in der Schule) spezifischer auf den Lerngegenstand Schriftsprache auszurichten. In der LOGIK-Studie am Max-Planck-Institut für Psychologische Forschung, einer umfassenden Langzeituntersuchung der kognitiven und sozio-emotionalen Entwicklung von ca. 200 Kindern zwischen dem 4. und 13. Lebensjahr, wurden Kinder mit ähnlicher kognitiver Ausstattung verglichen, die entweder zurückgestellt oder eingeschult wurden (SCHNEIDER 1996). Insgesamt ergibt sich für die eingeschulten Kinder eine günstigere Entwicklung in ihrer Schullaufbahn. Schon nach einem Jahr zeigten sich z. B. im intellektuellen Bereich deutliche Vorteile gegenüber den zurückgestellten Kindern. Der Schulbesuch scheint die Intelligenz zu fördern, während z. B. ein zusätzliches Kindergartenjahr in dieser Hinsicht weniger stimulierend wirkt.

Die beschriebenen Ergebnisse ordnen sich in internationale Forschungsergebnisse zu Verzögerungen in der Schulanfangsphase ein. In einem US-amerikanischen Forschungsüberblick zum Problem des Wiederholens des Kindergartens (d. h. verschiedener Formen einer Verlängerung des in den USA auf ein Jahr angelegten Kindergartens auf zwei Jahre) kommt SHEPARD (1989) zu der Schlussfolgerung, dass ein Wiederholen des Kindergartens uneffektiv ist. Die Wiederholung führt im Vergleich zu gleich schwachen Kindern, die in die erste Klasse eingeschult werden, nicht zu verbesserten Leistungen der Kinder. Dieses Ergebnis ist unabhängig davon, ob das zweite Kindergartenjahr wegen schwacher Lernvoraussetzungen oder wegen Entwicklungsverzögerungen durchgeführt wird. Die Kinder, die ein zweites Kindergartenjahr vor dem Übergang in die erste Klasse absolvieren, haben die gleiche Wahrscheinlichkeit, in den ersten Schuljahren zu den schwächeren Schülern zu zählen, wie die in ihren Leistungsvoraussetzungen vergleichbaren Kinder, für die ein solches zweites Kindergartenjahr abgelehnt wird. In den Untersuchungen wurden seltener Selbstkonzept und Einstellungen der Schüler untersucht. Wenn dies aber geschieht, so zeigen sich ebenfalls keine Unterschiede oder eher negative Effekte des zweiten Kindergartenjahrs. In einer Untersuchung berichten Eltern über geringfügig ungünstigere Einstellungen ihrer Kinder gegenüber der Schule im Vergleich zu den Eltern, die ein zweites Kindergartenjahr für ihr Kind abgelehnt haben. Wenn auch nur ein Fünftel der Eltern nachhaltige negative Effekte nennt, so weist doch die Mehrheit der Eltern auf emotionale Probleme für ihr Kind hin, die darauf zurückgeführt werden, dass das Kind nicht den normalen Übergang in die erste Klasse mitmacht (SHEPARD/SMITH 1989).

Fazit

Im Schuljahr 1999/2000 wurden in Deutschland nur 89,4 % der Kinder fristgemäß eingeschult, 4,0 % vorzeitig und 6,6 % verspätet. Dieses Datum verweist darauf, dass dem Einschulungskriterium Entwicklungsstand gegenwärtig eine große Bedeutung zukommt. Eine neuere international vergleichende Untersuchung zeigt hier deutliche Unterschiede zu anderen europäischen Ländern wie Österreich und Spanien auf (EUROPEAN CHILD CARE AND EDUCATION – STUDY GROUP 1999). Während in der deutschen Stichprobe von Grundschülern 90,7 % fristgemäß eingeschult wurden, waren dies in den Schülerstichproben in Österreich 96,4 % und in Spanien 99,7 %. Nun könnte man vermuten, dass die durch vorzeitige und verspätete Einschulungen gegebene größere Flexibilität im Schulbeginn in Deutschland auch zu weniger Problemen in der Anpassung der Schüler an die Anforderungen der Schule führt. In der Untersuchung zeigt sich aber das Gegenteil: Die deutschen Eltern berichten über mehr Probleme ihrer Kinder hinsichtlich der Anpassung an die Schule. Zugleich fallen die Schulleistungen der deutschen Grundschüler (gemessen über einen Schulleistungstest) signifikant schlechter aus als die der österreichischen und spanischen Schüler. Dabei ist aber zu berücksichtigen, dass – die Schulleistungen wurden im Alter von acht Jahren erhoben – sich die spanischen Schüler in der dritten Klasse befinden, während die deutschen Schüler überwiegend die zweite Klasse besuchen; d.h., die spanischen Schüler haben ein Jahr mehr Schulerfahrung. Allerdings zeigt sich die Leistungsdifferenz auch gegenüber den österreichischen Schülern, die sich wie die deutschen überwiegend in der zweiten Klasse befinden. Die stärkere Berücksichtigung des Einschulungskriteriums Entwicklungsstand gegenüber dem Lebensalter in Deutschland – und die damit gegebene größere Altersheterogenität in den Anfangsklassen – führt somit im Vergleich zu Österreich und Spanien offensichtlich nicht zu einer besseren Anpassung zwischen individuellen Schülervoraussetzungen und Anforderungen der Schule.

In den beschriebenen Untersuchungen zu den Auswirkungen einer Zurückstellung auf die Schulkarriere der betroffenen Schüler zeigen sich Hinweise auf eine Verringerung von Klassenwiederholungen im Vergleich zum Durchschnitt. Dabei muss aber berücksichtigt werden, dass die zurückgestellten Kinder schon eine Selektionserfahrung (die Zurückstellung) hinter sich haben und ein Jahr älter sind. Vormals zurückgestellte Kinder stellen auch in folgenden Schuljahren eine leistungsschwächere Gruppe dar. Die Zurückgestellten ohne Klassenwiederholung zeigen jedoch in einer Untersuchung ein günstigeres Leistungsbild als die Gruppe der fristgemäß Eingeschulten mit einer Klassenwiederholung. Somit scheint frühe Selektion (Zurückstellung zu Schulbeginn) günstiger zu sein als späte (Klassenwiederholung in der Schule) – obwohl man nicht weiß, ob es sich hier um Schülergruppen mit vergleichbaren Leistungsvoraussetzungen zu Schulbeginn handelt. So wäre denkbar, dass Schüler mit Entwicklungsverzögerungen zurückgestellt werden und von dem zusätzlichen Jahr profitieren, während (nur) schwache Schüler in die erste Klasse aufgenommen werden und in der Folgezeit dann eine Klasse wiederholen müssen. Direkte Vergleiche der Schulleistungen von vormals zurückgestellten Kindern mit solchen, die zu Schulbeginn vergleichbare Leistungsvoraussetzungen hatten wie die Zurückgestellten, aber eingeschult wurden, weisen keine Unterschiede auf. Die vormals zurückgestellten Schüler zeigen die gleichen schulischen Leistungen wie die eingeschulten, aber ein Jahr jüngeren Schüler. Ohne eine experimentelle Versuchsanordnung kann man zwar nie völlig sicher sein, dass die zurückgestellten Kinder und die gleich schwachen, aber nicht zurückgestellten Kinder wirklich vergleichbare Leistungsvoraussetzungen aufweisen; so könnten die Einschulungen der schwachen Kinder auf in den Untersuchungen nicht erfasste Leistungsvorteile dieser Kinder hinweisen. Die vorliegenden Befunde legen aber eher nahe, dass eine Zurückstellung und spätere Einschulung generell nicht zu erfolgreicheren Schulleistungen führt – wohl aber zu älteren Schülern.

Aus den Untersuchungsergebnissen den Schluss zu ziehen, alle Kinder einfach – ohne weitere Maßnahmen – einzuschulen, scheint aber voreilig (vgl. auch Richter 1999, S. 15). In pädagogischer Hinsicht kommt es weniger auf die formalen Lösungen an (z. B. Zurückstellung und Förderung im Schulkindergarten; Einschulung aller Kinder; altershomogene Anfangsklasse; altersgemischte Eingangsstufe aus zwei Jahrgängen), sondern vielmehr darauf, was innerhalb dieser verschiedenen Lösungen geschieht, d. h., inwieweit es im Unterricht gelingt, eine individuelle Passung zwischen den Lernvoraussetzungen der Schüler – speziell der schwächeren Schüler – und den Anforderungen und der Schwierigkeit des Unterrichts zu erreichen. Die Herstellung dieser Passung stellt eine schwierige Aufgabe für die Schule und den Lehrer dar, und es ist nicht ausgeschlossen, dass im Einzelfall, wenn z. B. die Lernvoraussetzungen eines Kindes (noch) zu weit unter den Möglichkeiten der Schule liegen, eine weitere, aber dann gezielte Förderung des Kindes in einem Kindergarten oder einer anderen Förderinstitution für das Kind angemessener ist als die Aufnahme in die erste Klasse. Generell dürfte bei allen schulschwachen Kindern eine gezielte Förderung erforderlich sein und einfache Einschulung (fast) aller nicht ausreichen, um eine produktive Passung zu erreichen. Forderungen nach einer Verlagerung sozial- und sonderpädagogischer Kompetenzen aus Sondereinrichtungen heraus in den Anfangsunterricht können hier nur unterstützt werden (siehe dazu die Beiträge von Faust-Siehl und Cosson zur neuen Schuleingangsstufe in diesem Band). Obwohl eine Integration der gezielten Förderung der schwächeren Schüler in die erste Klasse diese Schüler nicht vor Frustrationen und Enttäuschungen schützt, so dürften doch die emotionalen Probleme, die mit einer nicht »normalen« Einschulung oder einer Ausschulung aus der ersten Klasse verbunden sind, reduziert werden. Ob die Förderung der schulschwachen Kinder in einer Eingangsstufe, bestehend aus der altersgemischten Gruppe von Schülern des ersten und zweiten Schuljahres, oder in der mehr altershomogenen Anfangsklasse nur aus Erstklässlern erfolgversprechender ist, kann beim derzeitigen Forschungsstand nicht entschieden werden. Zumindest scheint die Förderung in der altersgemischten Gruppe kein Selbstläufer zu sein, eine entsprechende Lehrerfortbildung ist erforderlich, und es müssen Forschungsergebnisse berücksichtigt werden, die einen skeptischen Blick auf altersgemischtes Lernen werfen (vgl. ROSSBACH 1999). Da diese Untersuchungen aber überwiegend nicht in Deutschland durchgeführt wurden, sind systematische empirische Untersuchungen bei uns erforderlich.

In gegenwärtigen theoretischen Konzeptionen wird die Schulfähigkeit eines Schülers gedacht als abhängig von Bedingungen des Schülers, seiner Familie, der vorschulischen Erfahrungen, der schulischen Anforderungen und der gesellschaftlichen Situation insgesamt (vgl. KAMMERMEYER 2000 und ihren Beitrag zur Schulfähigkeit in diesem Band). Eine isolierte Reform des Schulanfangs alleine dürfte damit kaum ausreichen, um die Probleme zu Schulbeginn befriedigend zu lösen. Die Entwicklung der Schulfähigkeit kann in dieser Sicht nicht alleinige Aufgabe der Grundschule sein. Der Aufbau von Wissen, kognitiven und metakognitiven Kompetenzen, Motivationen, Werthaltungen fängt am ersten Schultag nicht bei Null an. Die Entwicklung der Schulfähigkeit sollte deswegen als eine gemeinsame Aufgabe von Kindergarten und Grundschule betrachtet werden (vgl. auch die Beiträge von FAUST-SIEHL und HACKER in diesem Band; KAMMERMEYER 2000, S. 235ff.). Hier stellen sich Fragen der curricularen Orientierungen von Kindergarten und Grundschule, aber auch Fragen einer Verzahnung der beiden Bereiche – es sei hier abschließend nur an das beide Bildungsbereiche verzahnende und während der Bildungsreform in den 70er Jahren diskutierte Modell einer Eingangsstufe erinnert, in die alle Kinder als Fünfjährige eingeschult und in der sie in einer zweijährigen Förderung vom spielorientierten zum schulischen Lernen geführt werden sollten.

Literatur

BELLENBERG, G.: Individuelle Schullaufbahnen. Eine empirische Untersuchung über Bildungsverläufe von der Einschulung bis zum Abschluss. Weinheim 1999

BURK, K. / FAUST-SIEHL, G.: Gesetzliche Grundlagen zum Schulanfang. In: BRÜGELMANN, H. / FÖLLING-ALBERS, M. / RICHTER, S. / SPECK-HAMDAN, A. (Hrsg.): Jahrbuch Grundschule. Fragen der Praxis – Befunde der Forschung. Seelze/Velber 1999, S. 82-84

CRNIC, K. / LAMBERTY, G.: Reconsidering school readiness: Conceptual and applied perspectives. In: Early Education and Development, Vol. 15, No. 2, 1994 (http://readyweb.crc.uiuc.edu/library/1994/crnic1.html)

EINSIEDLER, W.: Unterricht in der Grundstufe. In: SCHNABEL, K. U. / BAUMERT, J. / LESCHINSKY, A. / MAYER, K. U. (Hrsg.): Das Bildungswesen in der Bundesrepublik Deutschland. Reinbek bei Hamburg (im Druck)

ENGEMANN, C.: Entwicklung der Zurückstellungen und der vorzeitigen Einschulungen in Baden-Württemberg. In: MINISTERIUM FÜR KULTUS, JUGEND UND SPORT BADEN-WÜRTTEMBERG (Hrsg.): Schulanfang auf neuen Wegen. Dokumentation eines Projektes der Schuleingangsstufe. Stuttgart 2000, S. 58

EUROPEAN CHILD CARE AND EDUCATION – STUDY GROUP: School-age assessment of child development: Long-term impact of pre-school experiences on school success, and family-school relationships. Report submitted to the European Union DG XII: Science, Research and Development. RTD Action: Targeted Socio-Economic Research. 1999 (http://www.cordis.lu/improving/socio-economic/publications.htm)

GRAUE, M. E. / DIPERNA, J.: Redshirting and early retention: Who gets the »gift of time« and what are its outcomes? In: American Educational Research Journal, Vol. 37, No. 2, 2000, S. 509-534

JANSEN, H.: Fördert der Besuch des Schulkindergartens die Entwicklung schriftsprachlicher Fertigkeiten? In: Zeitschrift für Pädagogische Psychologie 8, 3/4, 1994, S. 165-175

KAMMERMEYER, G.: Schulfähigkeit. Kriterien und diagnostische/prognostische Kompetenz von Lehrerinnen, Lehrern und Erzieherinnen. Bad Heilbrunn/Obb. 2000

KATZ, L. G.: Readiness: Children and schools. ERIC Digest 1991 (http://readyweb.crc.uiuc.edu/library/1991/katz91.html)

KERN, A.: Sitzenbleiberelend und Schulreife. Ein psychologisch-pädagogischer Beitrag zu einer inneren Reform der Grundschule. Freiburg i. Br. 1951

LEHMANN, R. H. / PEEK, R.: Aspekte der Lernausgangslage von Schülerinnen und Schülern der fünften Klassen an Hamburger Schulen. Bericht über die Untersuchung im September 1996. Hrsg. von der Behörde für Schule, Jugend und Berufsbildung, Amt für Schule. Hamburg 1997

MADER, J.: Schulkindergarten und Zurückstellung. Zur Bedeutung schulisch-ökologischer Bedingungen bei der Einschulung. Münster 1989

MADER, J. / ROSSBACH, H. G. / TIETZE, W.: Schulentwicklung und Schulentwicklungsforschung im Primarbereich – Untersuchungen zum Regelsystem. In: BECK, K. / KELL, A. (Hrsg.): Bilanz der Bildungsforschung. Stand und Zukunftsperspektiven. Weinheim 1991, S. 15-49

RICHTER, S.: »Schulfähigkeit des Kindes« oder »Kindfähigkeit der Schule«? In: BRÜGELMANN, H. / FÖLLING-ALBERS, M. / RICHTER, S. / SPECK-HAMDAN, A. (Hrsg.): Jahrbuch Grundschule. Fragen der Praxis – Befunde der Forschung. Seelze/Velber 1999, S. 7-29

ROSSBACH, H. G.: Auswirkungen des Schulkindergartenbesuchs auf die Schulkarriere. In: PESTALOZZI-FRÖBEL-VERBAND: Schulkindergarten. Dokumentation der Expertentagung des Pestalozzi-Fröbel-Verbandes am 6. und 7. Dez. 1984 in Bad Homburg

ROSSBACH, H. G.: Empirische Vergleichsuntersuchungen zu den Auswirkungen von jahrgangsheterogenen und jahrgangshomogenen Klassen. In: LAGING, R. (Hrsg.): Altersgemischtes Lernen in der Schule. Baltmannsweiler 1999, S. 80-91

ROSSBACH, H.G. / TIETZE, W.: Schullaufbahnen in der Primarstufe. Eine empirische Untersuchung zu Integration und Segregation von Grundschülern. Münster 1996

RÜDIGER, D. / KORMANN, A. / PEEZ, H.: Schuleintritt und Schulfähigkeit. Zur Theorie und Praxis der Einschulung. München 1976

SCHNEIDER, W.: Stellungnahme zum Fragebogen der KMK-Arbeitsgruppe »Schulanfang«. Unveröffentl. Manuskript. Würzburg 1996

SHEPARD, L. A.: A review of research on kindergarten retention. In: SHEPARD, L. A. / SMITH, M. L. (Eds.): Flunking grades: Research and policies on retention. London 1989, S. 64-78

SHEPARD, L. A. / SMITH, M. L.: Academic and emotional effects of kindergarten retention in one school district. In: SHEPARD, L. A. / SMITH, M. L. (Eds.): Flunking grades: Research and policies on retention. London 1989, S. 79-107

SMITH, M. L. / SHEPARD, L. A.: Kindergarten readiness and retention: A qualitative study of teachers' beliefs and practices. In: American Educational Research Journal, Vol. 25, No. 3, 1988, S. 307-333

ZILL, N. / LOOMIS, L. S. / WEST, J.: The elementary school performance and adjustment of children who enter kindergarten late or repeat kindergarten: Findings from national surveys. U.S. Department of Education. National Center for Education Statistics, Washington, D.C. 1997 (http://nces.ed.gov/pubsearch/pubsinfo.asp?pubid=98097XXXXX)

Günther Opp / Angelika Speck-Hamdan

Heterogenität der Schulanfänger – Herausforderungen für die Schule

Seit einigen Jahren erfährt das Thema Heterogenität in der grundschulpädagogischen Diskussion wachsende Beachtung. Nicht nur die Zunahme integrativer Schul- und Unterrichtsformen, auch die immer noch ungelöste Frage der verminderten Chancen von Migrantenkindern im Bildungssystem verlangt der Grundschule eine grundsätzliche Reflexion ihres Anspruchs ab, Schule für *alle* Kinder zu sein, wie es ihr in der Weimarer Verfassung ins Stammbuch geschrieben worden ist. Während dieser Anspruch generell nicht in Zweifel gezogen wird, sieht sich die Praxis angesichts wachsender Heterogenität der Schülerinnen und Schüler mit Problemen konfrontiert, deren Lösung angesichts der strukturell bedingten Ressourcenknappheit der Grundschulen nicht so einfach ist, wie es Slogans von der »Vielfalt in Gemeinsamkeit« (Preuss-Lausitz 1993) oder »Vielfalt und Gemeinsamkeit« (Bundesgrundschulkongress 1999) nahe legen.

Im Folgenden werden wir Heterogenität im Zusammenhang mit (1) der Psychologie kindlicher Entwicklung, (2) gesellschaftlichen Differenzierungsprozessen und (3) spezifischen Risiken kindlicher Entwicklung diskutieren, um auf der Grundlage dieser Diskussion (4) die Aufgabe des pädagogischen Umgangs mit Heterogenität in der Grundschule als professionelle Dilemmasituation zu skizzieren.

Heterogenität im Spiegel der Psychologie kindlicher Entwicklung

In vielerlei Hinsicht markiert der Beginn der Schulzeit einen Meilenstein in der kindlichen Entwicklung. Nach Oerter/ Montada u.a. (1987) stellt der Schulanfang eine klassische Entwicklungsaufgabe dar: Kinder sollen und wollen so sein, wie man es von Schulkindern erwartet. Eine soziokulturelle Norm – die Vorstellung dessen, was man von einem Schulanfänger und einer Schulanfängerin erwarten kann – wird als individuelle Herausforderung angenommen und zu erreichen gesucht. Kinder im Einschulungsalter wissen aus den Rückmeldungen ihrer Umgebung, dass die neue Rolle des Schulkinds neue Aufgaben beinhaltet. Sie machen sie sich zu eigen und werden so zu Agenten der eigenen Entwick-

Freundlicher Empfang für die Neulinge

lung. Die Bewältigung dieser Entwicklungsaufgabe wird als Erfolg, die Nicht-Bewältigung als Versagen gewertet. Dabei sind beide Größen in diesem Verhältnis variabel zu sehen: die Norm wie der Entwicklungsstand des einzelnen Kindes. Die erfolgreiche Bewältigung hängt demnach vor allem von der Korrespondenz zwischen Anforderung und Voraussetzung ab. Dass die Schulfähigkeit heute nicht mehr als einseitige Vorleistung des Kindes anzusehen ist, sondern als Ergebnis des Zusammenspiels zwischen den an dieser Gelenkstelle zusammentreffenden Entwicklungssystemen, hat vor allem NICKEL in seinem öko-systemischen Modell der Schulfähigkeit deutlich gemacht (z. B. NICKEL 1988, siehe auch den Beitrag von KAMMERMEYER zur Schulfähigkeit in diesem Band). In diesem Verständnis sind heterogene Voraussetzungen für das Lernen in der Schule das Ergebnis unterschiedlicher Entwicklungsbedingungen.

Wie viele andere Übergangsphasen in der kindlichen Entwicklung zeichnet sich auch die Einschulungszeit durch Widersprüche und durch eine Ungleichzeitigkeit des Gleichzeitigen in den kindlichen Fähigkeitsprofilen aus. Dies ist eine Zeit, in der komplexe neue Beziehungen mit Gleichaltrigen aufgebaut und verhandelt werden müssen (KRAPPMANN/OSWALD 1995). Es ist nicht nur eine Phase, in der sich neue *Entwicklungsfenster* öffnen, sondern auch eine Zeit, in der zwei unterschiedliche und doch aufeinander verwiesene Realitäten kindliche Entwicklung anfeuern. Zum einen ist das eine ungeheure Lust am Wettbewerb, an Abenteuern und ein Drang danach, die Reichweite der eigenen Unabhängigkeit auszuloten und auszudehnen. Zum anderen werden die Risiken dieser Entwicklungs- und Erfahrungsspielräume gleichzeitig durch ein kontinuierliches ausgiebiges Bedürfnis nach Sicherheit, Nähe und liebevoller Zuwendung abgesichert (GREENSPAN 1998, Vorwort). Der aggressive Karatekämpfer, der im einen Augenblick in seiner Phantasie Legionen von

Gegnern niederstreckt, muss im nächsten Augenblick auf dem elterlichen Schoß gekost und getröstet werden, wenn er im Kampf gestürzt ist. Dies sollen die anderen Kinder aber nicht sehen, denn das Bild, das unser kleiner Karatekämpfer für sich nach außen projiziert, würde dazu nicht mehr passen. Es gibt also ausreichend Widersprüche mit sich selbst und der erweiterten sozialen Bezugswelt der eigenen Familie, der Peergruppe, den Lehrern und anderen zu vermitteln.

Auf dieser Altersstufe entwickeln Kinder komplexere Selbstbehauptungs-, Verteidigungs- und Problembewältigungsstrategien. Spielregeln werden durchaus anerkannt, aber oft sind diese Regeln noch Regeln, die man nur selbst verändern kann, und zwar so, dass sie den eigenen Spielbedürfnissen, vor allem aber dem Wunsch zu gewinnen, entsprechen. Die Aushandlung solcher Regeln in der Peergruppe, in Formen, die das gemeinsame Spiel nicht verhindern, sondern aufrechterhalten, gehört zu den Feinheiten der Pausenhof- und Spielplatzpolitik, deren funktionale Logik für die Erwachsenen nicht immer nachvollziehbar ist.

In der Phase der Einschulungszeit wächst die Selbstständigkeit der Kinder in vieler Hinsicht. Die Kinder können sich nun selbstständig oder mit nur geringer Hilfe anziehen, waschen und duschen. Kleine Exkursionen im Lebensumfeld (z.B. Semmeln holen beim Bäcker) werden nun selbstständig unternommen. Die Bedeutung der Peergruppe im Vergleich zur Familie wächst kontinuierlich und wird auch für die Organisation von Spielaktivitäten in der Freizeit immer wichtiger. Die alltägliche Selbstbehauptung in der Peergruppe ist ein zentrales Anliegen. Die eigenen Eltern werden jetzt auch schon sehr geschickt gegeneinander ausgespielt. Selbstzentriertheit und Omnipotenzgefühle werden zunehmend und nicht ohne Frustrationen und Enttäuschungen an der Realität abgearbeitet. Das Bedürfnis nach Anerkennung ist groß und manchmal grenzenlos. Gefühle der Unsicherheit, Ängste, Schüchternheit und Sorgen koexistieren häufig noch in einem brisanten Spannungsverhältnis mit mächtigen und oft omnipotenzgefärbten Erwartungen (vgl. GREENSPAN 1998, S. 303f.). Bei all dem ist es gar nicht immer leicht, dieses Kind, das sich selbst nicht immer begreifen kann, in seiner Entwicklungslogik zu verstehen.

Die Heterogenität von Kindern in der Grundschule hat eine deutliche entwicklungspsychologische Grundlage. Im Zusammenspiel zwischen genetischen Potentialen und den Qualitäten, Herausforderungen und Ressourcen, die die Kinder in ihren Lebenswelten vorfinden, gestalten sie ihre eigenen Entwicklungsprozesse. Dabei gibt es keine sichere Parallelität zwischen Entwicklungsstatus und chronologischem Alter. Die Schule wird zu einem Erfahrungslaboratorium, in dem neue Zonen des Wissens und Empfindens im Zusammenhang mit biographischen Vorerfahrungen und sozial gebundenen Alltagserfahrungen vermittelt werden. Genetisch vorgegebene, individuelle Differenzen und Lernvoraussetzungen von Grundschulkindern werden durch diese Umfeldqualitäten und sozialen Rahmenbedingungen signifikant mit geformt.

Heterogenität im Spiegel allgemeiner Entwicklungsrisiken

Kinderarmut. Von Armut bedroht sind Haushalte, in denen das Pro-Kopf-Einkommen zwischen 50 und 60 % des durchschnittlichen Einkommens liegt. Man spricht von einer »relativen Armut«, weil Armut hier in Relation zu einem durchschnittlichen Lebensstandard bestimmt und relativ zu Veränderungen dieser Standards neu bestimmt, also relationiert wird. Dabei ist nur ein kleiner Teil der von Armut betroffenen Familien dauerhaft arm. Etwa 10 % aller Familien leben in chronischer Armut, während 15 % der Familien zeitweiligen und wiederholten Armutserfahrungen ausgesetzt sind (ZEHNTER KINDER- UND JUGENDBERICHT 1998, S. 91). Dabei haben insbesondere chronische Armutserfahrungen besonders nachhaltig negative Auswirkung auf kindliche Entwicklung (KORENMAN et al. 1995), während wiederkehrende Armutserfahrungen ein starkes Gefühl der Unkontrollierbarkeit des eigenen Lebens und der Hilflosigkeit in einer die familiären Lebensbewältigungskompetenzen überfordernden Umwelt entstehen lassen können.

In der Bundesrepublik ist der Anteil armer Kinder unter 16 Jahren in den letzten Jahren kontinuierlich gestiegen. Der ZEHNTE KINDER- UND JUGENDBERICHT (1998, S. 90) spricht von 21,9 % aller Kinder unter 16 Jahren in den neuen Bundesländern und von 11,2 % Kindern in den alten Bundesländern, die unter Armutsbedingungen aufwachsen. Kinder stehen in einem eineinhalb bis zweifach höheren Armutsrisiko als Erwachsene. Zu den besonderen Armutsrisiken von Kindern gehören:

- das Angewiesensein des Haushalts auf Transferzahlungen; das sind Sozialleistungen wie Arbeitslosengeld oder Wohngeld,
- die Familienform; insbesondere für Kinder, die in Haushalten Alleinerziehender – meistens der Mutter – mit dem spezifischen Risiko längerfristiger Armut aufwachsen,
- die Potenzierung der Armutsgefahr durch die Zahl der Geschwister,
- ein nicht-deutscher Pass; bzw. das Aufwachsen in Migrantenfamilien, in denen höhere Kinderzahl, Arbeitslosigkeit, berufliche Integrationsprobleme der Eltern mit beengten Wohnverhältnissen verquickt sein können.

Kindliche Armutserfahrungen verknüpfen sich nicht mit kausal determinierbaren negativen Entwicklungsprognosen (vgl. WERNER/SMITH

1982, 1992), aber sie bleiben auch nicht folgenlos (KLEIN 1996, WEISS 1996). Neben direkten materiellen Einschränkungen und dem Nichtverfügen über Statusgüter, das durch soziale Vergleiche brisant wird, führen Armutserfahrungen zu einem gesteigerten familiären Konfliktpotential und setzen Kinder in ein höheres Risiko von Vernachlässigungserfahrungen und Schulversagen (KÜRNER/NAFROTH 1994). Die Sozialisationsumwelten sind geprägt durch reduzierte Anregungserfahrungen (z.B. lernanregende Spielmaterialien), Einschränkung der Beteiligung an kulturellen Aktivitäten in einem weiten Sinne (feiern, reisen, Kino- oder Theaterbesuche) und manchmal auch »gewaltiger« Lebensumfelder. Familiäre Armutserfahrungen können negative Auswirkung auf Ernährung, Körperpflege und den gesundheitlichen Status von Kindern haben (KÖSTERS 1999, S. 53 ff.), beeinflussen das psychische Wohlbefinden, führen zu niedrigerer Selbsteinschätzung und geringerer sozialer Einbindung in der Peergruppe (WILK/BACHER, 1994, BACHER 1996).

All dies resultiert in einer signifikanten Bildungsbenachteiligung von Kindern, die unter Armutsbedingungen aufwachsen (BECKER 1999; LAUTERBACH et al. 1999). Auch die großen Hoffnungen, die man über viele Jahre in die pädagogischen Möglichkeiten nachteilsausgleichender und kompensatorischer Erziehungsprogramme für Kinder aus depravierten Familien setzte, werden inzwischen in ihren Effekten weitaus kritischer betrachtet (vgl. OPP/FINGERLE 2000). In den USA gibt es seit langem eine öffentliche Diskussion über die langfristigen Erfolge kompensatorischer Programme im Vorschulalter (HOOD 1993, FRIEDMAN 1993), die zu skeptischen Einschätzungen kommt.

Geschlechtsspezifische Differenzen. In den Bildungssystemen moderner Industriegesellschaften sind die Mädchen unter den Jugendlichen und jungen Erwachsenen, die höhere Bildungsabschlüsse erzielen, gegenüber Jungen prozentual deutlich stärker vertreten. Bezogen auf Bildungsabschlüsse kann man feststellen, dass sich die Risikokonstellation gegenüber früher umgekehrt hat. Dass »Männer schon als Kind auf Mann geeicht werden« (RABE-KLEBERG 1999) ist in modernen Bildungssystemen zu einem signifikanten Risiko geworden, während sich Weiblichkeit als Bildungschance konturiert. Jungen könnten durch ihre Konkurrenzmechanismen wie z.B. Schnelligkeit, Aktivismus, Stärke und die Bedeutung von Siegen über Gegner gegenüber den Mädchen, für die der Aufbau strategisch günstiger Freundschaften besonders wichtig ist, in einen strukturellen Nachteil geraten (LÖW 1999, S. 298).

Natürlich gibt es hier viele offene Fragen. Festgestellt werden kann allerdings, dass bei allen Formen extrovertierter Verhaltensauffälligkeiten (Schulabbruch, Aufmerksamkeitsstörungen, Hyperaktivität, aktiv dissoziales Verhalten) Jungen deutlich überproportional in einem Verhältnis von mindestens 2 : 1 vertreten sind. Anders gestaltet sich dieses Verhältnis bei introversiven Verhaltensstörungen (z. B. depressive Störungsformen), die insgesamt seltener auftreten und von denen Mädchen häufiger betroffen sind als Jungen.

Migrationshintergrund. Die kulturelle Vielfalt unserer Gesellschaft spiegelt sich in der Grundschule am deutlichsten wider. Manche innerstädtische Schulen werden von mehr nicht-deutschen als von deutschen Kindern besucht. Kinder nicht-deutscher Herkunft (und das betrifft zum allergrößten Teil Kinder mit Migrationshintergrund, entweder als Nachkommen der ehemaligen »Gastarbeiter« oder als Asylsuchende) haben nach wie vor geringere Chancen in unserem Bildungssystem. Insgesamt lassen sich zwar beachtliche Erfolge für die letzten zwei Jahrzehnte verzeichnen; so legen beispielsweise immer mehr ausländische Jugendliche auch das Abitur ab. Gemessen an ihrer Gesamtzahl kann man jedoch noch nicht davon sprechen, dass die immer noch bestehende Benachteiligung der ausländischen Kinder und Jugendlichen im Bildungssystem kompensiert worden wäre.

Im Gegenteil: Vom Scheitern in der Schule sind ausländische Kinder und Jugendliche besonders hoch betroffen (vgl. Gomolla 1998, S. 184 f.). Das beginnt bei einer überproportional hohen Zurückstellungsquote in den Schulkindergarten, zeigt sich im häufigeren Sitzenbleiben in der

Gemeinsames Wandern und Rasten macht Spaß

Grundschule (vgl. GLUMPLER 1992) und wird besonders deutlich sichtbar am hohen Anteil ausländischer Kinder und Jugendlicher in den Sonderschulen für Lernbehinderte (KORNMANN et al. 1996; 1997). Eine Schweizer Studie noch jüngeren Datums (KRONIG/HAEBERLIN/ECKHART 2000) belegt erneut, dass Immigrantenkinder weit häufiger als einheimische Kinder in Sonderklassen überwiesen werden und dass diese separierende Tendenz steigt. Immer noch verlassen überproportional viele ausländische Jugendliche die Schule mit niedrigem oder keinem Abschluss; entsprechend sinken ihre Chancen auf dem Beschäftigungsmarkt. BOMMES/RADTKE (1993) sprechen in Anlehnung an BAKER/LENHARDT davon, dass die Migrantenkinder die Bildungspyramide des deutschen Bildungssystems »unterschichtet« hätten.

Dabei ist jedoch eine erhebliche Differenzierung innerhalb der angesprochenen Gruppe nicht zu übersehen: Dem Fünftel ohne Hauptschulabschluss und dem Drittel der Berufsschüler ohne Berufsqualifikation steht ein Zehntel von ausländischen Jugendlichen gegenüber, die das Abitur oder einen vergleichbaren Abschluss erreichen und zunehmend auch in Hochschulen studieren. LEGGEWIE spricht angesichts dieser Entwicklung von einer »Polarisierung innerhalb der Einwandererbevölkerung« (2000, S. 94), die vor allem deshalb zur Sorge Anlass gibt, weil die benachteiligte Gruppe zu wachsen scheint.

Der Migrationshintergrund kann demnach als Bildungsrisiko gelten. Die Schule scheint sich auf die Bildungsbedürfnisse dieser Gruppe nicht ausreichend eingestellt zu haben, aus welchen Gründen auch immer. Dabei kann man ihr nicht Blindheit vorwerfen. Schon seit Mitte der 70er Jahre gibt es eine bildungspolitische Diskussion um diese Frage, gibt es zahlreiche Modellversuche, Programme usw., gibt es sogar eine eigene wissenschaftliche Teildisziplin – die Ausländerpädagogik bzw. Interkulturelle Pädagogik –, die sich mit den Herausforderungen des Bildungssystems durch die neue kulturelle Vielfalt beschäftigt. Die Geschichte dieser Teildisziplin spiegelt die jeweils wechselnde Problemsicht deutlich wider.

Fatal erweist sich hier die Unauflösbarkeit verschiedener Wirkungszusammenhänge. Ein Migrationshintergrund bedeutet eben nicht nur eventuelle Unsicherheit in der deutschen Sprache. Er umfasst eine Reihe anderer möglicher Risiken, die sich gegenseitig verstärken können. So bedeutet die Zugehörigkeit zu einer Minderheitsgruppe vielfach Marginalisierung und Diskriminierung, die als Einschränkung der Selbstwirksamkeit erfahren wird. Neben diesem sog. Minderheitenstress erleiden Migrantenkinder zudem häufig biographische Brüche, haben häufig kritische Ereignisse zu verarbeiten. Das trifft insbesondere auf jene zu, die Flucht und Vertreibung erlebt haben, aber auch auf solche Kinder, die –

aus welchen Gründen auch immer – zwischen Herkunftsland und Aufenthaltsland, zwischen Eltern und anderen Verwandten im Laufe ihrer Kindheit und Jugend »pendeln«. Nicht selten vollzieht sich die Immigration einer Familie sozusagen in Teilen und in Schüben. Dadurch, dass der Aufenthaltsstatus nicht immer geklärt ist, leben viele Migrantenkinder in verunsichernden Lebensbedingungen. Das trifft wieder am stärksten für Asylbewerberkinder oder »geduldete« Ausländer zu. Kinder erleben ihre Eltern ebenfalls oft verunsichert. Nicht zu vergessen ist vielfach auch ein Klima von Ausländerfeindlichkeit, das ein Gefühl von Bedrohung – auch wenn keine konkreten eigenen Erfahrungen gemacht werden – auslöst.

Zu diesen allgemein belastenden Faktoren kommt außerdem hinzu, dass viele ausländische Eltern ihren Kindern die für den Schulerfolg notwendige, im deutschen Schulwesen immer noch stillschweigend vorausgesetzte, häusliche Unterstützung nicht geben können. Dem beinahe entgegengesetzt wird immer wieder vom hohen Bildungsaspirationsniveau ausländischer Eltern berichtet. Lernvoraussetzungen und -bedingungen der Schülerinnen und Schüler mit Migrationshintergrund sind zum großen Teil suboptimal. Das mag dazu beitragen, dass die kulturelle Heterogenität in der Grundschule von den Lehrerinnen und Lehrern in erster Linie als Problem artikuliert wird, und nicht als Chance.

Heterogenität in der Grundschule im Spiegel spezifischer Störungsbilder

Wenn von problematischen Schülern gesprochen wird, dann sind es in der Regel zwei Bereiche von Verhaltensauffälligkeiten, die von den Lehrern als besonders störend empfunden werden. Zum einen sind dies Störungen des sozialen Verhaltens und der emotionalen Verarbeitung, insbesondere des externalisierenden Formenkreises *(Gefühls- und Verhaltensstörungen)*. Zum anderen sind es Störungen der *Aufmerksamkeit*, insbesondere in Verbindung mit *Hyperaktivität* und *Impulsivität* und ihrer Kombination mit spezifischen *Lernstörungen*. Die dritte Problemstellung, der wir in diesem Abschnitt nachgehen wollen, ist die Frage nach den Überschneidungen zwischen diesen Störungsbildern (»Ko-Morbidität«) und den daraus zu ziehenden pädagogischen Konsequenzen.

Gefühls- und Verhaltensstörungen. Unter Gefühls- und Verhaltensstörungen fassen wir *oppositionelles Verhalten* (z.B. Verweigerung; Nichtbefolgung von Regeln; Streiten mit Erwachsenen und Schülern; Wutanfälle; das Stören anderer), *dissoziales Verhalten* (z.B. aggressives Verhalten gegenüber Menschen, Tieren und Gegenständen; Zerstörung von Gegenständen; Lügen; Stehlen; Fortlaufen; Schule Schwänzen) und *auffällige emotionale Verarbeitungsformen* (z.B. eine allgemeine und dauerhafte Stimmung des Unzufriedenseins; Weinen oder Gereiztsein ohne erkennbaren Grund; depressiv gefärbtes Rückzugsverhalten und Passivität oder Phasen manisch überspannter Stimmungen) zusammen. Diese Störungen treten in mehreren Lebensbereichen (z.B. Schule, Familie oder Hort) in einem entwicklungsunüblichen Maße auf und beeinträchtigen die Erziehungserfolge, die persönliche Entwicklung und die soziale Integration des Kindes.

Die Häufigkeit von Gefühls- und Verhaltensstörungen bei Kindern und Jugendlichen wird international zwischen 14 bis 22 % geschätzt (Brandenburg 1989, Costello 1989, Lehmkuhl 1995). Dabei ist allerdings von unterschiedlichen Schweregraden und ungleichem Hilfe- und Therapiebedarf auszugehen. Der Prozentsatz der Kinder mit dringendem Hilfebedarf könnte zwischen 3 bis 8 % liegen (Tuma 1989; Rubin/Balow 1978). Die pädagogische Brisanz kindlicher Gefühls- und Verhaltensstörungen liegt in ihrer Stabilität und der ungünstigen Entwicklungsprognose, mit der sie sich verbinden (Lavigne et al. 1998).

Aufmerksamkeitsstörungen/Hyperaktivität. Historisch betrachtet entwickelte sich das Konzept kindlicher Aufmerksamkeitsstörungen aus der Feststellung von Defiziten psychischer Wahrnehmungsprozesse (spezielle Lernstörungen) mit vermuteter organischer Ursache (z.B. minimale cerebrale Dysfunktion) heraus. Es gibt deshalb auch klare Überschneidungen mit den parallelen Störungsbegriffen der Legasthenie, Teilleistungsstörungen und Dyskalkulie. Das DSM IV (Diagnostisches und Statistisches Manual Psychischer Störungen) spricht von Aufmerksamkeitsstörungen mit oder ohne Hyperaktivität und Impulsivität. Kinder mit Aufmerksamkeitsstörungen werden als »zappelig« beschrieben, sie sind »immer in Bewegung«, »hören nur halb zu«, »machen alles kaputt«. In der Schule haben sie Schwierigkeiten ihre Aufmerksamkeit auf den Lerngegenstand zu richten, sie arbeiten sorglos, machen viele Fehler, können nicht lange bei einer Sache bleiben, hören nicht auf Anweisungen oder vergessen sie schnell wieder, verlieren Gegenstände, sind leicht störbar und vergesslich. Aufmerksamkeitsstörungen treten häufig, aber nicht immer im Zusammenhang mit Hyperaktivität und Impulsivität auf. Hyperaktive Kinder zeigen ein Gefühl der Unruhe, verlassen in der Schule ihren Platz, laufen und klettern in Situationen herum, in denen dies unangemessen ist, sie haben Schwierigkeiten sich ruhig zu verhalten, reden viel, platzen mit ihren Antworten ungefragt heraus, unterbrechen und stören andere.

Aufmerksamkeits- und/oder spezielle Lernstörungen werden in wissenschaftlichen Prävalenzstudien in einer Häufigkeit von 14 bis 21 % ermittelt (Holborow/Berry 1986; Esser 1991; Esser/Schmidt 1993; Baumgaertel et al. 1995). Auch hier ist von unterschiedlichen Schweregraden und differenziertem Interventionsbedarf auszugehen.

Ko-Morbidität. Ko-Morbidität bezeichnet die funktionale Verknüpfung verschiedener Störungsbilder. Zwischen Gefühls- und Verhaltensstörungen und Aufmerksamkeitsstörungen wurde ein signifikanter Zusammenhang belegt (Kauffman et al. 1987; Wheeler/Carlson 1994). Rutter hat bereits 1989 auf einen engen Zusammenhang zwischen geringen sozialen Kontakten, Aufmerksamkeitsstörungen und Hyperaktiviät mit psychiatrischen Störungen, insbesondere dissozialem Verhalten hingewiesen. Bedeutsam ist dabei vor allem der prognostische Wert der Leseleistungen am Ende der Grundschulzeit für die weitere kindliche Entwicklung. Gerade die Entwicklung der Lesefertigkeit ist bei Kindern mit Aufmerksamkeitsstörungen neben ihrer erfahrungsbedingt reduzierten Leistungsmotivation ein schulisches Kardinalproblem.

Bei zwei Dritteln der Kinder mit Aufmerksamkeitsstörungen findet man Überschneidungen mit psychischen Auffälligkeiten (Handwerk/Marshall 1998; AACAP 1998). Diese Ko-Morbidität geht in der Regel mit einer Symptomverschärfung Hand in Hand (August et al. 1996; Kuhne et al. 1997). Insbesondere früh erkannte Aufmerksamkeitsstörungen weisen hohe Kontiniutät auf und setzen die betroffenen Kinder in ein erhebliches Risiko sozialer Benachteiligung in ihrem späteren Leben (Biedermann et al. 1998; Mannuzza et al. 1997).

Der aus der anglo-amerikanischen Diskussion stammende Begriff der Ko-Morbidität ist medizinisch ausgelegt (morbus = Krankheit). Seine pädagogische Attraktivität resultiert daraus, dass er quer zu den üblichen sonderpädagogischen Kategorien von Behinderungszuschreibungen liegt. Er konturiert das durch die Existenz der Schule für Lernbehinderte verdeckte und behinderungskategorial nicht erfasste Problemfeld der Aufmerksamkeitsstörungen und speziellen Lernstörungen neu.

Unter dem Gesichtspunkt sog. Problemkinder wird die Heterogenität in den Grundschulen zu einer besonderen Herausforderung. Ihr gegenüber fühlen sich Lehrkräfte oft verunsichert oder hilflos, sind sie doch in ihrer Ausbildung meist nur am Rande damit in Berührung gekommen. Ihrer Einschätzung nach – so der Eindruck aus vielen Gesprächen – hat die Zahl der »schwierigen« Kinder in den vergangenen Jahren stark zugenommen. Das Unterrichten selbst als »Kerngeschäft« der Schule bereitet nicht die größten Probleme, auch wenn hier die Ansprüche gewachsen sind. Unendlich mühevoll ist es, angesichts der Fülle möglicher Problemlagen oder Störungsbilder überhaupt erst Bedingungen zu schaffen, die ein gelingendes Lehren und Lernen erwarten lassen.

Heterogenität in der Grundschule als professionelle Herausforderung

Vom Aufgehen einer »*Entwicklungsschere*« spricht FÖLLING-ALBERS (1994, S. 48) beim Blick auf die schulischen Lernvoraussetzungen von Grundschulkindern. Wir haben diesen Sachverhalt einer hoch heterogenen Schülerschaft der Grundschulen unter den Fragestellungen kindlicher Entwicklung, gesellschaftlich produzierter allgemeiner Entwicklungsrisiken und spezieller Entwicklungsstörungen einer differenzierten Analyse unterzogen, in der sich dieses Bild bestätigt.

Die Grundschulen sind mit einer wachsenden Heterogenität ihrer Schülerschaft, mit wachsenden Bildungshoffnungen und -ansprüchen der Eltern (KRÜGER 1996) und mit abnehmenden Ressourcen konfrontiert. Dass sich die Schülerschaft in den neuen Bundesländern seit 1989 auf fast 50 % reduziert hat und auch in den alten Bundesländern nach einem Anstieg in den letzten Jahren von 2002 an wieder sinken wird, könnte in diesem Zusammenhang auch als Chance gesehen werden,

Spielen im Schullandheim verbindet

wenn sich die Ressourcenzuweisung an den gestiegenen Ansprüchen orientierte.

Was können die Lehrer an Grundschulen tun? Zunächst soll ein eher skeptischer Blick auf die pädagogischen Bewältigungsstrategien, derer sich die Lehrer in dieser Situation bedienen können, geworfen werden. Die *Mikroökonomie* des Klassenzimmers (GERBER/SEMMEL 1985), also der ökonomische Umgang mit den vorhandenen Ressourcen, eröffnet den Lehrerinnen und Lehrern augenscheinlich zwei pädagogische Handlungsstrategien. Mit einer *Elitestrategie* können sie versuchen, die Schulleistungsergebnisse ihrer Schulklasse zu maximieren, indem sie vorrangig Schüler mit guten Lernvoraussetzungen fördern, die von den Unterrichtsangeboten am meisten profitieren. Damit würde die Leistungsvarianz (Leistungsunterschiede) erhöht. Neben dieser Elite- oder Maximierungsstrategie können die Lehrer eine *Egalisierungsstrategie* verfolgen, die darauf zielt, durch die konzentrierte Förderung von Schülern im unteren Leistungsbereich die Schulleistungen innerhalb der Schulklasse zu egalisieren. Dass diese Strategie suboptimal für leistungsstärkere Schüler ist, wurde von HELMKE (1988) belegt. Problematisch daran ist, dass die Lehrerinnen auf Grund nicht überschreitbarer Ressourcenknappheit in der Regel nicht gleichzeitig zwei Strategien verfolgen können, sondern sich für eine Strategie entscheiden müssen.

WEINERT zieht allerdings aus der SCHOLASTIK-Studie den Schluss, dass es auch eine Optimalstrategie gäbe, die sowohl leistungsschwächeren als auch leistungsstärkeren Kindern zugute käme: ein »anspruchsvoller, anregungsreicher, problemzentrierter, lehrergesteuerter, aber schülerorientierter Unterricht« (2001, S. 26) trüge am besten zur Förderung *aller* Schülerinnen und Schüler bei. Schülerorientierung wird in diesem Zusammenhang beschrieben als »proaktive Anpassung an wesentliche Schüler- und Kontextmerkmale« (WEINERT 2001, S. 26). Die Lehrerinnen und Lehrer in den so genannten Optimalklassen der Studie (in denen diese Strategie beobachtet werden konnte) waren in der Lage, den Unterricht variabel an die unterschiedlichen Bedürfnisse und Situationen anzupassen. Die Regel stellten diese Klassen keinesfalls dar. Auch lässt sich das »Erfolgsgeheimnis« der besonders guten Lehrkräfte nicht auf einen einzelnen Faktor reduzieren. LOMPSCHER wertet dieses Ergebnis als weiteren Beleg dafür, dass guter Unterricht nicht einen »ominösen Einheitslehrer ..., sondern ausgeprägte Persönlichkeiten, die sich ... durch ganz unterschiedliche Merkmalskomplexe und Determinationslinien auszeichnen« (1997, S. 257), erfordert.

In der SCHOLASTIK-Studie (WEINERT/HELMKE 1997) zeigte sich außerdem, dass Leistungsunterschiede, die zu Beginn der Grundschulzeit bestanden, über die Grundschulzeit hinweg in etwa gleich blieben. Sie lassen sich nicht aufheben, was jedoch angesichts der Eigenart des kumulativen Lernens durchaus als Erfolg der Grundschularbeit gewertet werden kann. Die Leistungsunterschiede *nahmen nicht zu*. Dies deutet darauf hin, dass die meisten Lehrkräfte wohl eher eine Strategie der Egalisierung verfolgen, die aber ihr Ziel nicht erreichen kann.

Wir haben damit ein erstes Dilemma der Grundschule skizziert: Eliteförderung und Egalisierung unterschiedlicher Lernvoraussetzungen lassen sich nur äußerst schwierig gleichzeitig pädagogisch verfolgen. Setzt man dagegen nur auf eine der beiden Strategien, läuft man Gefahr, die berechtigten Interessen der einen oder der anderen Gruppe von Schülern zu vernachlässigen.

Ein zweites Problem hängt mit diesem ersten zusammen. Dem Aufbau des Schulsystems liegt die Vorstellung homogener Lerngruppen zu Grunde, die durch Separierungen zustande kommen. Die Grundschule versteht sich weitgehend als Schule ohne Selektion, weil sie fast alle Kinder aufnimmt. Am Ende der Grundschulzeit steht allerdings eine sehr weitreichende Selektionsentscheidung an, die von der Schule allein oder in Kooperation mit den Eltern – je nach Länderregelung – getroffen wird. Einerseits geht es der Grundschule um die Förderung aller Kinder, weshalb sich viele Lehrer/-innen an Grundschulen auch Fragen der Integration von Kindern mit Leistungsproblemen gegenüber durchaus offen zeigen (REISER U.A. 1995). Andererseits lässt sich die selektive Architektur des Schulsystems nicht leugnen. Die pädagogische Profession ist in einer

Warm? kalt? unangenehm? wohltuend?

verzwickten Lage, in der sie zwischen der selektiven Praxis des Schulalltags und dem pädagogischen Selbstanspruch, der gleichzeitig wirksam ist, laviert.

Das zweite Dilemma der Grundschulpädagogik besteht dann darin, dass sich über die Propagierung egalisierender und integrativer Praktiken die selektive pädagogische Praxis nicht auflösen lässt (REISER 1997, S. 268). Im Rahmen dieses Reflexionsproblems unterstrichen Grundschullehrer/-innen in einer Studie in zwei hessischen Schulamtsbezirken den Bedarf an zusätzlichen, insbesondere sonderpädagogisch ausgelegten Ressourcen, die sie aber nicht im Sinne einer integrativen Praxis einsetzen wollten, sondern zur Lösung der pädagogischen Probleme, mit denen sie eine bereits hoch heterogene Schülerschaft konfrontiert (REISER et al. 1995, S. 103). Im Kern verstanden die befragten Grundschullehrerinnen Schulversagen nicht als Schulproblem, sondern als Schülerproblem (ebd., S. 110). Es ist in der Tat unabdingbar, dass die Grundschulen über ihre Aufgaben – und Selbstbeschreibungen – neu nachdenken und die Lehrer und Lehrerinnen ein pädagogisch angereichertes Professionsverständnis entwickeln.

Ohne Zweifel muss die Pädagogik auch Visionen entwickeln. Gleichzeitig muss sie aber auch realistisch bleiben und so handeln, dass Vision und Realität in einem produktiven Verhältnis zueinander stehen. Grundschulpädagogische Theorieentwürfe sollten daran geprüft werden. Da muss auch gefragt werden können, ob das Fakt einer zunehmenden Heterogenität unter den Grundschülern das schon immer angestrebte Ideal *pädagogischer Vielfalt* ist. Die praktischen Möglichkeiten der Grundschule könnten in diesen ethisch begründeten Schulkonzepten vor allem dann überschätzt werden, wenn die Expansion pädagogischer Aufgabenbeschreibungen an Grundschulen nicht durch Ressourcenzuweisungen gestützt werden.

Über die *Möglichkeit der Bereicherung* durch Vielfalt besteht kein Zweifel. Vielfalt eröffnet zusätzliche Lern- und Erfahrungsmöglichkeiten, die allerdings pädagogisch vorbereitet und gestaltet werden müssen (SPECK-HAMDAN 2001). Heterogenität an sich gewährleistet noch keine Qualitätsverbesserung des Lernens, sie muss dafür produktiv genutzt werden. Dazu bedarf es zusätzlicher Ressourcen und eines neuen Selbstverständnisses der Grundschullehrerinnen und -lehrer. Zur Professionalität von Lehrerinnen und Lehrern gehört es auch, in bestimmten Situationen die Grenzen der eigenen Profession anzuerkennen und mit Spezialisten zu kooperieren. Ein in der Öffentlichkeit immer noch propagiertes Selbstbild des Lehrers/der Lehrerin, der/die jede pädagogische Situation alleine meistern kann, wenn sie nur über einen ausreichend guten Willen verfügt, hat längstens ausgedient.

Aus einem Hamburger Projekt mit integrativen Grundschulklassen wurde kürzlich eine Veränderung der Projekteinschätzung durch die beteiligten Grundschullehrer und –lehrerinnen berichtet. Nach vierjähriger schulischer Integrationspraxis in einer sozial depravierten Nachbarschaft war die Einschätzung dieser Erfahrungen von den Lehrerinnen und Lehrern von extrem positiv im ersten Jahr auf zwischen *positiv* und *gemischt* gefallen (HINZ 1999, S. 295). Die Erklärung der Autoren für diese Entwicklung deutet vor allem auf die soziale Belastung der Schülerinnen und Schüler. Aus unserer Sicht spielt hier zusätzlich eine Rolle, dass sich die Heterogenität der Schülerschaft nach vier Jahren Grundschule nicht aufheben lässt.

Hier liegt möglicherweise das dritte Dilemma der Grundschulpädagogik: Grundschullehrer und -lehrerinnen stehen unter dem Anspruch, »Allround-Spezialisten« sein zu müssen. Sie sind Generalisten, was durch das hoch gehaltene Klassenlehrerprinzip immer wieder unterstrichen wird. Sie sollen aber gleichzeitig Spezialisten sein, für differenziertes Unterrichten, für Kindernöte, für die Diagnose von Lernschwierigkeiten, für die Förderung von Hochbegabungen usw. Dieser Anspruch ist nicht einzulösen. Die einzige Möglichkeit, dem Dilemma zu begegnen, besteht in der Entwicklung einer Kooperationskultur zwischen den erzieherischen und therapeutischen Professionen. Sie schafft die Voraussetzung, die gegebene Heterogenität nicht nur zu bewältigen, sondern sie möglicherweise auch als Bereicherung zu nutzen. Es wäre unserer Einschätzung nach unverantwortlich, Lehrerinnen und Lehrer zu Spezialisten für heterogene Lernansprüche jeder Art zu erklären – weil sich die Realität in den Grundschulklassen in diese Richtung gewandelt hat –, ohne Unterstützungen für diese anspruchsvolle professionelle Herausforderung bereitzustellen.

Literatur

AACAP OFFICIAL ACTION: Practice parameters for the assessment and treatment of children and adolescents with Language and learning disorders. In: Journal of the American Academy of Child and Adolescent Psychiatry, 37. Jg., 1998, Supplement, p. 465-625

AUGUST, G. J. / REALMUT, G. M. / MACDONALD III, A. W. / NUGENT, S. M./ CROSBY, R.: Prevalence of ADHD and comorbid disorders among elementary school children screened for disruptive behavior. In: Journal of Abnormal Child Psychology, 24. Jg., 1996, http://web3.searchbank.com/infotrac

BAUMGAERTEL, A. / MARK, L. / WOLRAICH, M. D. / DIETRICH, M.: Comparison of diagnostic criteria for attention deficit disorders in a German elementary school sample. In: Journal of the American Academy of Child and Adolescent Psychiatry, 23. Jg., 1995, p. 629-638

BECKER, R.: Kinder ohne Zukunft? Kinder in Armut und Bildungsgleichheit in Ostdeutschland seit 1990. In: Zeitschrift für Erziehungswissenschaft, 2. Jg., 1999, S. 263-284

BIEDERMAN, J. U. A.: Diagnostic continuity between child and adolescent ADHD: Findings from a longitudinal clinical sample. In: Journal of the American Academy of Child and Adolescent Psychiatry, 37. Jg., 1998, http://web3.searchbank.com/infotrac

BOMMES, M. A. / RADTKE, F.-O.: Institutionalisierte Diskriminierung von Migrantenkindern. In: Zeitschrift für Pädagogik, 39. Jg./1993, S. 483-497

BRANDENBURG, N. A. / FRIEDMAN, R. M./ STARR, E. S.: The epidemiology of childhood psychiatric disorders: Prevalence findings from recent studies. In: Journal of the American Academy of Child und Adolescent Psychiatry, 29. Jg., 1989, p. 76-83

BUNDESMINISTERIUM FÜR FAMILIE, SENIOREN, FRAUEN UND JUGEND: Zehnter Kinder- und Jugendbericht. Bonn 1998

COSTELLO, E. J.: Developments in child psychiatric epidemiology. The American Academy of Child and Adolescent Psychiatry, 29. Jg., 1989 , p. 836-841

ESSER, G.: Was wird aus Kindern mit Teilleistungsschwächen? Stuttgart 1991

ESSER, G. / SCHMIDT, M.: Die langfristige Entwicklung von Kindern mit Lese-Rechtschreibschwäche. In: Zeitschrift für klinische Psychologie, 22. Jg., 1993, S. 100-116

FÖLLING-ALBERS, M. (Hrsg.): Schulkinder heute. Weinheim 1995 (2. Auflage)

FRIEDMAN, D.: A reputation that outruns reality (Head Start). In: U.S. News & World Report. 114. Jg., n. 3 /1993, http://web7.searchbank.com/infotrac

GERBER, M. M. / SEMMEL, M. I.: The microeconomics of referral and reintegration: A paradigm for evaluation of special education. In: Studies in Educational Evaluation, 11. Jg., 1985, p. 13-29

GLUMPLER, E.: Schulerfolgsprobleme ausländischer Kinder – Indizien für didaktische Defizite interkultureller Grundschulpädagogik. In: BORELLI, M. (Hrsg.): Zur Didaktik interkultureller Pädagogik. Teil II. Baltmannsweiler 1992, S. 121-153

GOMOLLA, M.: Mechanismen institutionalisierter Diskriminierung in der Grundschule. In: APELTAUER, E. / GLUMPLER, E. / LUCHTENBERG, S. (Hrsg.): Erziehung für Babylon. Baltmannsweiler 1998, S. 184-207

GREENSPAN, S. J.: Playground politics. Understanding the emotional life of your school-age child. Reading, MA. 1998 (6. Aufl.)

HANDWERK, M. L. / MARSHALL, R. M.: Behavioral and emotional problems of students with learning disabilities, serious emotional disturbance, or both conditions. In: Journal of Learning Disabilities, 31. Jg., 1998, p. 327-338

HINZ, A. / KATZENBACH, T. / RAUER, W. / SCHUCK, K.-D. / WOCKEN, H. / WUTTKE, H.: Die integrative Grundschule im sozialen Brennpunkt. Ergebnisse eines Hamburger Schulversuchs. Hamburg 1998

HOLBOROW, P. / BERRY, P.: A multinational, cross-cultural perspective on hyperactivity. In: American Journal of Orthopsychiatry, 56. Jg., 1986, p. 320-322

HOOD, J.: Careat emptor: the Head Start scam. In: USA Today (Magazine). 121. Jg., n. 4 2576 /1993, http://web7.searchbank.com/infotrac

KAUFFMAN, J. M. / CULINAN, D. / EPSTEIN, H.: Characteristics of students placed in special programs for the seriously emotionally disturbed. In: Behavioral Disorders, 12. Jg., 1987, p. 175-184

KLEIN, G.: Soziale Benachteiligung: Zur Aktualität eines verdrängten Begriffs. In: OPP, G. / PETERANDER, F. (Hrsg.): Focus Heilpädagogik. München 1996, S. 140-149

KORENMAN, S. / MILLER, J. E. / SJAASTAD, J. E.: Long-term poverty and child development in the United States: Results from the NLSY. In: Children and Youth Services, 17. Jg., 1995, p. 127-155

KÖRNER, T. / NAFROTH, R.: Die vergessenen Kinder. Armut – Vernachlässigung – Kinderschutz. In: KÖRNER, T. / NAFROTH, R. (Hrsg.): Die vergessenen Kinder. Köln 1994, S. 10-20

KORNMANN, R. / KLINGELE, C.: Ausländische Kinder und Jugendliche an Schulen für Lernbehinderte in den alten Bundesländern. In: Zeitschrift für Heilpädagogik, 47. Jg., 1996, S. 2-9.

KORNMANN, R. / KLINGELE, C. / IRIOGBE-GANNINGER, J.: Zur Überrepräsentation ausländischer Kinder und Jugendlicher in Schulen für Lernbehinderte: Der alarmierende Trend hält an. In: Zeitschrift für Heilpädagogik, 48. Jg., 1997, S. 203-207.

KÖSTERS, W.: Politik für die nächste Generation. München 1999

KRAPPMANN, L. / OSWALD, H.: Alltag der Grundschulkinder: Beobachtungen und Analysen von Interaktionen und Sozialbeziehungen. Weinheim 1995

KRONIG, W. / HAEBERLIN, U. / ECKHART, M.: Immigrantenkinder und schulische Selektion. Bern 2000

KRÜGER, H.-H.: Aufwachsen zwischen Staat und Markt. Veränderungen des Kinderlebens im Ost-West-Vergleich. In: BENNER, D./ KELL, A. / LENZEN, D. (Hrsg.): Bildung zwischen Staat und Markt. 35. Beiheft der Zeitschrift für Pädagogik. Weinheim 1996, S. 107-124

KUHNE, M. / RUSSEL, S. / TANNOCK, R.: Impact of comorbid oppositional or conduct problems on attentiondeficit hyperactivity disorder. In: Journal of The American Academy of Child and Adolescent Psychiatry, 36. Jg., 1997, p. 1715-1726

LAUTERBACH, W. / LANGE, A. / WÜEST-RUDIN, D.: Familien in prekären Einkommenslagen. Konsequenzen für die Bildungschancen von Kindern in den 80er und 90er Jahren? In: Zeitschrift für Erziehungswissenschaft, 2. Jg., 1999, S. 361-384

LAVIGNE, J. V. / AREND, R. / ROSENBAUM, D. U. A.: Stability of diagnoses (Psychiatric Disorders with Onset in the Preschool Years, part1). In: Journal of the American Academy of Child and Adolescent Psychiatry. 1998 v37 i12 p 124(9), http://web5.searchbank.com/infotrac

LEGGEWIE, C.: Integration und Segregation. In: BADE, K. J. / MÜNZ, R. (Hrsg.): Migrationsreport 2000. Fakten – Analysen – Perspektiven. Frankfurt/Main 2000, S. 85-107

LEHMKUHL, G.: Kinder und Jugendliche mit psychiatrischen Auffälligkeiten. In: KOLIP, P. / HURRELMANN, K. / SCHNABEL, P. E. (Hrsg.): Jugend und Gesundheit. Weinheim 1995, S. 159-176

LÖW, M.: Diskussion – Vom Risiko, ein Mädchen oder ein Junge zu sein. In: OPP, G. / FINGERLE, M. / FREYTAG, A. (Hrsg.): Was Kinder stärkt. München/ Basel 1999, S. 296-300

LOMPSCHER, J.: Kommentar zu: Unterrichtsqualität und Leistungsentwicklung. In: WEINERT, F. E. / HELMKE, A. (Hrsg.): Entwicklung im Grundschulalter. Weinheim 1997, S. 253-258

Mannuzza, S. u. a.: Educational and occupational outcome for hyperactive boys grown up. In: Journal of the American Academy of Child and Adolescent Psychiatry, 36. Jg., 1997, http://web3.searchbank.com/infotrac

Nickel, H.: Die »Schulreife« – Kriterien und Anhaltspunkte für Schuleingangsdiagnostik und Einschulungsberatung. In: Portmann, R. (Hrsg.): Kinder kommen zur Schule. Frankfurt 1988, S. 44-58

Oerter, R. / Montada, L. (Hrsg.): Entwicklungspsychologie. Ein Lehrbuch. München/ Weinheim 1987, 2. Auflage

Opp, G. / Fingerle, M.: Risiko und Resilienz in der frühen Kindheit am Beispiel von Kindern aus sozioökonomisch benachteiligten Familien: Amerikanische Erfahrungen mit Head Start. In: Weiss, H. (Hrsg.): Frühförderung mit Kindern und Familien in Armutslagen. München 2000, S. 164-174

Rabe-Kleberg, U.: Vom Risiko, ein Junge zu sein – oder: »Männer werden als Kind schon auf Mann geeicht«. In: Opp, G. / Fingerle, M. / Freytag, A. (Hrsg.): Was Kinder stärkt. München/ Basel 1999, S. 279-295

Reiser, H. / Loeken, H. / Dlugosch, A.: Bedingungen der Problemwahrnehmung von Leistungsversagen in der Grundschule am Beispiel zweier hessischer Landkreise. Forschungsstelle Integration, Institut für Sonder- und Heilpädagogik am Fachbereich Erziehungswissenschaften der Johann Wolfgang Goethe-Universität. Frankfurt 1995

Reiser, H.: Lern- und Verhaltensstörungen als gemeinsame Aufgabe von Grundschul- und Sonderpädagogik unter dem Aspekt der pädagogischen Selektion. In: Zeitschrift für Heilpädagogik, 48. Jg., 1997, S. 266-275

Rubin, R. A. / Balow, B.: Prevalence of teacher identified behavior problems: A longitudinal study. In: Exceptional Children, 1978, p. 102-111

Sass, H. / Houben, I. (Hrsg.): Diagnostisches und Statistisches Manual Psychischer Störungen – DSM IV. Göttingen 1996

Speck-Hamdan, A.: Heterogenität als Lernchance. In: Leonhardt, A. (Hrsg.): Gemeinsames Lernen von hörenden und hörgeschädigten Schülern. Hamburg 2001, 2. Auflage, S. 48-54

Tuma, J.: Mental health services for children. In: American Psychologist, 44. Jg., 1989, p. 188-199

Weinert, F. E.: Disparate Unterrichtsziele: Empirische Befunde und theoretische Probleme multikriterialer Zielerreichung. In: Bayerische Schule, Heft 2/2001, S. 25-28

Weinert, F. E. / Helmke, A. (Hrsg.): Entwicklung im Grundschulalter. Weinheim 1997

Weiss, H.: Armut als gesellschaftliche Normalität. Implikationen für die kindliche Entwicklung. In: Opp, G. / Peterander, F. (Hrsg.): Focus Heilpädagogik. München 1996, S. 150-162

Werner, E. E. / Smith, R.: Vulnerable but invincible: A longitudinal study of resilient children and youth. New York 1982

Werner, E. E. / Smith, R.: Overcoming the odds: High risk children from birth to adulthood. Ithaca 1992

Wheeler, J. / Carlson, C. L.: The social functioning of children with ADD with hyperactivity and ADD without hyperactivity: A comparison of their peer relations and social deficits. In: Journal of Emotional and Behavioral Disorders, 1994/H. 2, p. 2-12

Wilk, L. / Bacher, J. (Hrsg.): Kindliche Lebenswelten: eine sozialwissenschaftliche Annäherung. Opladen 1994

3 Die neue Schuleingangsstufe

Gabriele Faust-Siehl

Die neue Schuleingangsstufe in den Bundesländern

Dieser Beitrag beschreibt die bisherige Veränderung des Schulanfangs durch die neue Schuleingangsstufe. Alle 16 Bundesländer antworteten auf die Umfrage des Grundschulverbands im Dezember 2000 (Fragen und Antworten in tabellarischer Übersicht am Ende dieses Beitrags), wofür wir den Referentinnen und Referenten danken. Die Angaben zu den meisten Ländern wurden durch einen telefonischen Kontakt im Juli 2001 noch einmal aktualisiert. Sofern vorhanden bzw. uns zur Verfügung gestellt, wurden neben der bisherigen Fachdiskussion auch interne Papiere und Broschüren ausgewertet. Als Ausblick und zum Vergleich werden außerdem die Erfahrungen bzw. Planungen in Österreich und der Schweiz herangezogen.

Zielsetzungen und Entstehungsgeschichte

Seit ca. zehn Jahren werden neue Schuleingangsstufen in der Bundesrepublik Deutschland erprobt. 14 Bundesländer sind daran beteiligt (Ausnahmen Mecklenburg-Vorpommern und das Saarland). Teils finden begrenzte, teils großangelegte Schulversuche statt. Teilweise sind die Versuche in die Regelpraxis (z.B. Schleswig-Holstein) übergegangen oder werden fortlaufend ausgeweitet. In keinem Bundesland ist die neue Schuleingangsstufe das alleinige Einschulungsmodell. Segregative und integrative Einschulungsverfahren stehen also gegenwärtig nebeneinander (Faust-Siehl 1997).

Nach der segregativen (trennenden) Strategie werden aufgrund des Kriteriums »Schulfähigkeit« verschiedene Lerngruppen gebildet, die entweder eingeschult (schulfähige Kinder, 1. Klasse) oder zunächst ein Jahr in sozialpädagogischen Einrichtungen für schulpflichtige, aber nicht schulfähige Kinder gefördert werden. Diese Gruppenbildung steht unter dem Vorzeichen versuchter Homogenität. Nach der integrativen Strategie werden alle schulpflichtigen Kinder eingeschult. In diesen Klassen befinden sich also auch die Kinder, die unter anderen Bedingungen zurückgestellt worden wären, außerdem die Kinder, die noch nicht schulpflichtig sind, aber nach der Entscheidung ihrer Eltern vorzeitig in die Schule kommen sollen. Die Förderung, die die Kinder in den sozialpädagogischen Einrichtungen erhalten hätten, soll jetzt in der Eingangsklasse integriert angeboten werden. Außerdem wird die Verweildauer flexibilisiert und kann ein Jahr bis drei Jahre betragen. Auf diese Weise sollen sowohl schwache als auch besonders leistungsstarke Kinder individuell bestmöglich gefördert werden. Die unterschiedlichen Erfahrungshintergründe und Lernvoraussetzungen der Schulanfänger werden in diesem Organisationsmodell als Bereicherung verstanden, die Zielperspektive besteht im »Erhalt der Heterogenität« (so im Antrag zum hessischen BLK-Modellversuch von 1994).

An der Herausbildung und Profilierung der integrativen Strategie sind verschiedene fachliche, gesellschaftliche und bildungspolitische Diskussionen bzw. Strömungen beteiligt, u.a. die Auseinandersetzungen mit dem Schulfähigkeitsbegriff und den diagnostischen Verfahren zu deren Feststellung, Fragen nach dem Zustandekommen von Zurückstellungen, den nicht ausreichenden Förderplätzen und den Erfolgen bei der Förderung der zurückgestellten Kinder, Erfahrungen mit der schulischen Integration von Kindern mit Behinderungen, Diskussionen um das Einschulungs- und Berufseintrittsalter in Deutschland im europäischen Vergleich u.w.m. (Richter 1999, Faust-Siehl 1995 und 1997; siehe dazu auch den Beitrag von Burk in diesem Band). Die Bezeichnungen der Versuche sind unterschiedlich. Weil die Klassenstufen 1 und 2 als pädagogische Einheit betrachtet werden, bietet sich »Eingangsstufe« an. Um Verwechslungen mit der Eingangsstufe der 70er Jahre zu vermeiden, in die 5-Jährige in ein- oder zweijährigen Klassen 0 bzw. 0/1 an einer Reihe von Grundschulen in einigen Bundesländern eingeschult wurden, soll hier von der »neuen« Schuleingangsstufe gesprochen werden.

Die ersten neuen Schuleingangsstufen werden 1992 an zwei Brandenburger Grundschulen eingerichtet (»Kindgerechte flexible Schuleingangsphase/FLEX« mit jahrgangsübergreifenden Gruppen 1/2, Lambrich/Steuer 1997, Liebers 1997). Ein Jahr später folgen zwei Schulen in Bremen, darunter die Schule am Pfälzer Weg, die in enger Kooperation mit dem Kindertagesheim Eingangslerngruppen mit Jahrgangsmischung 0/1/2 bildet. Ende 1993 veröffentlicht eine Autorengruppe des Grundschulverbandes »Empfehlungen zum Schulanfang«, die ebenfalls die integrative Strategie propagieren (in etwa textgleich mit Faust-Siehl u.a. 1996, S. 139ff.). Weitere Schulversuche folgen 1994 in Schleswig-Holstein, Niedersachsen und Rheinland-Pfalz sowie Hessen, dessen BLK-Modellversuch »Pädagogische und strukturelle Neukonzeption des

Schulanfangs entsprechend einer ökopsychologischen Sichtweise bei Integration der Sondermaßnahmen zur Förderung der Schulfähigkeit in das 1. und 2. Schuljahr« 1994 – 1998 besonders relevant ist. Die weiteren Versuche sind der tabellarischen Übersicht am Ende dieses Beitrags zu entnehmen.

Parallel dazu intensiviert sich zu Beginn der 90er Jahre die programmatische Diskussion über die Grundschularbeit und den Schulanfang zwischen den Bundesländern. Die Arbeit der Grundschulreferenten mündet in die 1994 von der Kultusministerkonferenz verabschiedeten »Empfehlungen zur Arbeit in der Grundschule«, die die Fassung von 1970 aktualisieren. Darin sind vielfältige Hinweise zu Schulanfang und Anfangsunterricht zu finden. Zur Einschulung wird festgehalten: »Mit der Zunahme individueller Förderangebote wird die Notwendigkeit zur Zurückstellung vom Schulbesuch verringert werden« (zitiert nach BURK U.A. 1998, S. 132). 1995 erteilt die Kultusministerkonferenz dem Schulausschuss den Auftrag, die gegenwärtige Einschulungspraxis in den Ländern zu erheben und »Vorschläge für eine Optimierung des Eintritts in die Schule« zu erarbeiten (ebd.). 1997 verabschiedet die Kultusministerkonferenz »Empfehlungen zum Schulanfang«, die das Hamburger Abkommen von 1964 revidieren, das mit seiner Stichtagsregelung – alle bis zum 30. 6. das sechste Lebensjahr vollendenden Kinder werden zu Schuljahrsbeginn schulpflichtig – und den flankierenden Ausnahmen für vorzeitige Einschulungen und Zurückstellungen bislang den rechtlichen Rahmen der Einschulung in der Bundesrepublik Deutschland bestimmt hatte.

Die Neuregelung zielt darauf, die Zurückstellungen auf Ausnahmefälle zu begrenzen und zur früheren Einschulung zu ermutigen. Die Länder können den Stichtag bis zum 30. 9. hinausschieben und zusätzliche Einschulungsmöglichkeiten während des Schuljahrs vorsehen; in begründeten Ausnahmefällen können auch Kinder eingeschult werden, die erst im darauf folgenden Jahr sechs Jahre alt werden (BURK/FAUST-SIEHL 1999, S. 82f., zur ausführlichen Darstellung der gegenwärtigen Einschulungspraxis siehe den Beitrag von ROSSBACH in diesem Band). In der Folge machen Baden-Württemberg und Bayern von dieser Flexibilisierung Gebrauch. In Baden-Württemberg können die Eltern Kinder, die zwischen dem 30. 6. und dem 30. 9. sechs Jahre alt werden, an der Schule zur Einschulung anmelden. Die Kinder werden dadurch schulpflichtig, die Schule muss sie aufnehmen. Vorzeitige Einschulungen für ab dem 1. Oktober Geborene werden erleichtert, indem die Untersuchung durch das Gesundheitsamt und das pädagogisch-psychologische Gutachten nicht mehr erforderlich sind (MINISTERIUM FÜR KULTUS, JUGEND UND SPORT 2000, S. 59). Bayern schiebt 2000 – 2002 den Stichtag jedes Jahr um einen Monat hinaus. Die vorzeitige Einschulung wird erleichtert (Schulfähigkeitsprüfung nur im Zweifel), es können auch 5-Jährige aufgenommen werden, die erst im darauf folgenden Jahr 6 Jahre alt werden, diese allerdings mit Gutachten (Beschluss des bayerischen Ministerrats vom April 2000).

Unterschiedliche Organisationsformen

Gemeinsam ist den Schulversuchen der Grundgedanke der integrativen Förderung der zurückgestellten Kinder und der flexiblen Verweildauer, über die erst während der Eingangsstufe entschieden wird. Jedoch wird dieser Grundgedanke unterschiedlich umgesetzt. Rheinland-Pfalz, Sachsen und Schleswig-Holstein führen nur Jahrgangsklassen. Bei dieser Organisationsform bedeutet flexibles Verweilen, dass das Kind ein Schuljahr entweder überspringt oder wiederholt. Auch wenn der Wechsel während des Schuljahrs stattfindet, bedeutet dies, dass die Lerngruppe und die Lehrerin bzw. der Lehrer gewechselt werden müssen. »Springer« gehen entweder nach Klasse 1 direkt in Klasse 3 oder während des Schuljahrs in Klasse 2 und danach mit dieser Gruppe in das dritte Schuljahr. Kinder, die länger verweilen, gehen während des Schuljahrs oder am Schuljahrsende zurück in Klasse 1 oder Klasse 2. Diese Maßnahme entspricht dem bisherigen freiwilligen Wiederholen. »Wiederholer« sind häufig negativ stigmatisiert. Zu bedenken ist, dass die neue Schuleingangsstufe alle schulpflichtigen Kinder aufnimmt, somit auch solche mit schlechteren Lernvoraussetzungen, bei denen überproportional häufig mit drei statt zwei Schuljahren gerechnet werden muss. Für diese Kinder wird bei der Organisationsform Jahrgangsklasse das Wiederholen am Anfang ihrer Schullaufbahn also von vornherein einkalkuliert.

Der Wechsel der Lerngruppe und der Lehrerin bzw. des Lehrers während der ersten zwei Schuljahre kann Kinder belasten. Hohe Sitzenbleiberraten vor allem im ersten Schuljahr (»Repetentenelend«) waren früher ein Grund zur Sorge und veranlassten zur Hinaufsetzung des Einschulungsalters (RÜDIGER/KORMANN/PEEZ 1976, S. 24ff.). Entscheidungen dieser Art sind zudem unflexibel und risikobehaftet: Wer kann vor einem »Springen« einigermaßen sicher sagen, dass sich das Kind in der neuen Lerngruppe wohl fühlen wird und die Inhalte des Schuljahrs getrost übersprungen werden können? Wer, dass die Wiederholung das Beherrschen ermöglichen wird? Nicht von ungefähr ist das Springen im System der Jahrgangsklassen so selten und gilt das Wiederholen als nicht voll befriedigende Maßnahme.

Die einzige Alternative dazu ist die jahrgangsübergreifende Lerngruppenorganisation, die die Kinder, die außerhalb des Versuchs zurückgestellt worden wären (quasi Klasse 0), mit den anderen Schulanfängern und den Kindern der zweiten Jahrgangsstufe (entspricht Klasse 1 und 2) zusammenfasst (1/2 bzw. 0/1/2). Jahrgangsübergreifende Lerngruppen sind bisher in 11 Bundesländern entweder generell eingeführt oder zumindest möglich. Diese Organisationsform hebt auf das soziale Miteinander der Kinder ab und leitet sie zum helfenden Umgang an. Der Unterricht wird betont differenziert und individualisiert gestaltet. Die Entscheidung über die Verweildauer kann bis zum Ende der Schuleingangsstufe hinausgeschoben werden und wird flexibel angesichts der Lernentwicklung getroffen. Gleichgültig, ob das Kind ein Jahr oder zwei oder drei Jahre in der Schuleingangsstufe bleibt, es wird stets von der gleichen Lehrkraft bzw. einem zumindest in Teilen gleichbleibenden Team unterrichtet. Dass die Zuständigkeit für die Förderung nicht wechselt, könnte ein wichtiger Vorteil sein. Da in jedem Schuljahr ein Teil der Lerngruppe in die Klassenstufe 3 übergeht, wechseln sowohl kürzer als auch länger verweilende Kinder zusammen mit einer Mitschülergruppe in den neuen Klassenverband. Die Gefahr, als »Wiederholer« stigmatisiert zu werden, wird reduziert, weil das längere Verweilen nach außen hin weniger offensichtlich wird. Den Eltern wird die Zustimmung erleichtert. Es leuchtet ein, dass nur in der jahrgangsübergreifenden Organisation eine pädagogisch vertretbare Lösung für die längere Verweildauer zu finden ist. Diese Lerngruppenbildung stellt allerdings besonders hohe Anforderungen an die didaktische und pädagogische Kompetenz der Lehrkräfte und ist offensichtlich vor allem am Anfang mit Mehrarbeit verbunden. Für jahrgangsübergreifende Lerngruppen werden i.a. mehr Ressourcen z.B. durch geringere Klassenfrequenz und höhere Stundenzuteilung zur Verfügung gestellt. Deshalb kommt außerdem Teamarbeit hinzu.

In einer kleinen Anzahl von Bundesländern und bisher wenigen Schulen wird außerdem ein zweiter Einschulungstermin zum Schulhalbjahr erprobt. In jahrgangsübergreifenden Lerngruppen mit »halbjährlicher« Einschulung lernen Kinder mit vier unterschiedlichen Schulbesuchsdauern.

Die neuen Schuleingangsstufen in den 14 Bundesländern stimmen in einer Reihe von Merkmalen überein: Sie sehen Differenzierung und weitgehend Rhythmisierung vor, außerdem Förderdiagnostik, Elterninformationen sowie Zusammenarbeit mit sonderpädagogischem Fachpersonal, sofern sonderpädagogischer Förderbedarf festgestellt ist (falls es diese Regelung im jeweiligen Bundesland gibt). In sechs anderen Merkmalen dagegen sind Unterschiede festzustellen. Die folgende Tabelle hält diese Unterschiede fest:

(1) Jahrgangsübergreifende Lerngruppen vertreten?
(2) Halbjährliche Einschulung vertreten?
(3) Sozialpädagogisches Fachpersonal in den Lerngruppen?
(4) Ausweitung des üblichen Zeitrahmens oder Doppelbesetzungen bzw. zusätzliche Förderstunden?
(5) Sonderpädagogisches Fachpersonal auch *präventiv* in den Lerngruppen?
(6) Wissenschaftliche Begleitung?

Tab. 1: Neue Schuleingangsstufen in den Bundesländern nach sechs ausgewählten Merkmalen

Land	(auch) jgüb. Lerngruppen	(auch) halbjährl. Einschul.	Soz.päd. Fachpers. i. d. Klasse	mehr Zeit/ Doppelbesetzung	Sondpäd. Fachpers. präventiv	Wiss. Begleit.
BW	x [1]	x [2]	(x) [3]	x	-	x
BY	x	-	-	(x)	-	x
BE	(x)	-	x	x	-	x
BRA	x	(x)	x	x	x	(x)
BRE	x	(x)	x	(x) [4]	-	x
HH	(x) [5]	-	x	x	x	-
HE	x	x	x	x	-	x
NI	x	(x)	x	(x) [4]	x	(x)
NRW	(x)	-	(x) [3]	-	(x)	(x)
RP	-	-	x	x	-	-
SA	-	-	-	x	x	-
S-A	(x)	-	x	x	-	(x)
SH	-	-	(x) [3]	-	-	-
TH	x	-	x	x	x	x

Erläuterungen:
Modelle auf kommunaler Ebene nicht berücksichtigt.
Mecklenburg-Vorpommern und Saarland ohne neue Schuleingangsstufen.
1: Alle Schulen Modell A
2: Alle Schulen Modell A2
3: Sofern vorhanden
4: Mehr Zeit angestrebt bzw. vorgesehen
5: 2 Schulen

Ausgewählte Fragestellungen

Im Folgenden werden ausgewählte Fragestellungen der neuen Schuleingangsstufe diskutiert. Dazu werden insbesondere die bisher vorliegenden Erfahrungsberichte aus verschiedenen Ländern herangezogen. Die Ausführungen konzentrieren sich auf die jahrgangsübergreifende Lerngruppenorganisation.

Altersmischung

Lernen in der Altersmischung hat viele Aspekte. Es ermöglicht neue Entwicklungs- und Lernchancen, indem sich die Kinder als Helfer den jüngeren Mitschülern zuwenden. Die Einführung in die Schule ist nicht mehr allein die Aufgabe der Lehrkraft, die in einer neuen Gruppe sämtliche Abläufe, Regeln und Rituale aufbaut und alle Fragen der Kinder (und der Eltern) allein beantwortet. Die Schulanfänger kommen in eine eingespielte soziale Umgebung, die »erfahreneren« Schüler machen die Neuen den Berichten nach gern damit bekannt. Die ersten Wochen in der Schule werden im allgemeinen als eine Phase erhöhter Belastungen angesehen. Die Schulversuche zur neuen Schuleingangsphase zeigen nun: Der Schulanfangsstress für Kinder und Lehrkräfte ist hausgemacht, der Schulanfang kann wesentlich entlastet werden. Gleichzeitig wird für die Jüngeren das Miteinander-Lernen mit den nur wenig Älteren und Erfahreneren zum Anreiz, es diesen möglichst rasch gleichzutun. Die soziale Situation wird zum Motor des inhaltlichen Lernens. »Die Eltern sagen: 'Was haben Sie mit unseren Kindern gemacht? Die Kinder sind gar nicht mehr zu bremsen, sie fragen uns den ganzen Tag'«, berichtete eine Schulleiterin kurz nach der Einschulung neuer Kinder in ihre jahrgangsübergreifende Lerngruppe. Für die älteren Kinder ist die Helfersituation ein Anreiz, ihre Kenntnisse aufzufrischen und zu vertiefen. Die Berichte sind bemerkenswert ähnlich und übereinstimmend positiv.

> »Zu Beginn jedes neuen Schuljahrs kommen in die Lerngruppen 6 bis 14 Schulanfängerinnen und Schulanfänger. Die übrigen Kinder der Lerngruppe sind dann schon mindestens ein Jahr oder sogar zwei Jahre in der Schule. Gerade in den ersten Wochen eines Schuljahrs braucht die Lehrerin oder der Lehrer die 'erfahrenen' Schulkinder. Sie machen z.B. die neuen Kinder mit dem Schulhaus bekannt, zeigen ihnen Ordnungssysteme und üben mit ihnen Arbeitstechniken ein. Einige der 'älteren' Schulkinder lernen und begreifen vieles auch erst jetzt, durch Wiederholen und Vormachen« (Hirschfeld u. a. o. J., S. 23 – BRE, das Bundesland wird im Folgenden jeweils genannt).

»Übereinstimmend wurde berichtet, dass sich die Schulanfänger in jahrgangsgemischten Gruppen sehr viel schneller und problemloser in der Schule zurechtfinden, da sie in eine bereits bestehende Gemeinschaft aufgenommen werden, in die sie nach und nach hineinwachsen können. Auch die bereits Eingeschulten profitieren von der neuen Lernsituation. Sie vertiefen ihre Kenntnisse und Fertigkeiten und erwerben zusätzlich Fähigkeiten, wenn sie den Neulingen etwas beibringen. Ein erstes Fazit war, dass die sozialen und kognitiven Lernentwicklungsmöglichkeiten in jahrgangsgemischten Lerngruppen höher sind, allerdings auch eine hohe Kompetenz der Lehrkräfte voraussetzen. Unter den Kindern ist ein hohes Maß an Hilfsbereitschaft zu beobachten, sie lernen sehr zielstrebig« (Ministerium für Kultus, Jugend und Sport 2000, S. 7 – BW).

»Die Aufnahme der Schulneulinge in eine schon bestehende Klassengemeinschaft mit ihren eingeführten Regeln und Ritualen entlastet die Lehrpersonen von vielen erzieherischen Aufgaben. … Die jüngeren Kinder sind hochmotiviert, es den älteren gleichzutun. Die Kleinen wollen besonders schnell das Lesen, Rechnen und Schreiben lernen und benötigen dafür auffallend weniger Zeit. Für die leistungsschwächeren Kinder des älteren Jahrgangs bringt der Neuzugang einen neuen Motivationsschub, denn sie können ihre Lernfortschritte im Vergleich zu den Jüngeren erfahren. … Die Kinder werden von Anfang an zur Selbstständigkeit angehalten … Vor allem für die Erweiterung der sozialen Kompetenz bietet der jahrgangsübergreifende Unterricht Vorteile. … Jedes Kind des zukünftigen 2. Schuljahres übernimmt vor Beginn des neuen Schuljahres die Patenschaft für einen Schulneuling. Es hat die Aufgabe, diesem Kind in der Schule hilfreich zur Seite zu stehen, ihm alles Neue zu erklären und ihm in den ersten Wochen ein Partner zu sein« (Holthaus 1997, S. 42f. – NI).

»Als die Lehrerin im Morgenkreis den Wochenplan (nur für die älteren Kinder, die im Februar gerade erst Eingeschulten waren nach einer Entscheidung des Teams nicht einbezogen worden, F.-S.) vorstellte, waren die Kinder über diese Regelung empört. Alle wollten einen Wochenplan für ihre Arbeit bekommen. Für die Kinder ist der Wochenplan ein Zeichen für die Zugehörigkeit zur schulischen Arbeit. Darauf wollten die Kleinen nicht verzichten, und die Großen wollten, dass auch die Kleinen dazugehören. Die Lehrerin gab nach und bereitete auch für die Kleinen einen Wochenplan vor. … Die größeren Kinder haben die kleineren in kurzer Zeit in die Arbeitsweise eingeführt. … Damals erhielt jedes Kind einen Wochenplan, auf dem seine Aufgaben eingetragen waren. Heute enthält der Plan nur noch einen Rahmen, die Kinder füllen diesen Rahmen mit eigenen Inhalten. Die kleineren Kinder suchen sich eine größere Partnerin oder einen Partner für ihre Arbeit aus« (Burk u.a. 1998, S. 59; in diesem Band wird auch der Übergang von Jahrgangsklassen zu jahrgangsübergreifenden Lerngruppen in der Schulorganisation erläutert, ebd., S. 101f. – HE).

Didaktik und Methodik jahrgangsübergreifender Lerngruppen

In didaktischer und methodischer Hinsicht stellen jahrgangsübergreifende Lerngruppen in der Schuleingangsstufe vornehmlich folgende miteinander verknüpfte Aufgaben: Die Kinder sollen miteinander lernen, damit ihre unterschiedlichen Voraussetzungen zum »Motor« des sachlichen und des sozialen Lernens werden. Dadurch werden Sich-Helfen, Partnerarbeit zwischen Größeren und Kleineren, generell Voneinander-Lernen möglich. Jedes Kind bringt jedoch unterschiedliche Voraussetzungen in die gemeinsamen Lernsituationen mit, was Differenzierung bis hin zur Individualisierung erforderlich macht. Für die gemeinsamen Lernsituationen bildet der jahrgangsübergreifende Klassenverband den organisatorischen Rahmen. Hier findet das alltägliche Klassenleben mit seinen Ritualen statt. Sowohl für die Differenzierung als auch das Verhältnis von differenzierten und nicht-differenzierten Lernsituationen werden unterschiedliche Lösungen berichtet:

➢ Differenzierung wird vor allem durch *selbstgeleitete Arbeit* eingelöst. Die Kinder der verschiedenen Jahrgänge bearbeiten in der Gesamtlerngruppe ohne direkte Lehreranleitung unterschiedliche Aufgaben. Die Lehrgänge werden quasi individualisiert und lehrerunabhängig organisiert. Eine Bremer Schule z. B. hat für den Deutsch- und Mathematikunterricht zahlreiche kleine »Hefte« entwickelt, die in selbstgeleiteter Einzelarbeit während der Arbeitsphasen bearbeitet werden (LASSEK/STRUCKMEYER 1999, S. 176).

➢ Eine andere Lösung besteht darin, die Kindergruppen für einen Teil der Zeit auch räumlich zu trennen. Neben den jahrgangsübergreifenden Lerngruppen entstehen *Kurse*, die u. a. für die Einführung von neuen Inhalten genutzt werden. Kurse können nach Jahrgangsstufe oder Leistungsstand gebildet werden. In einem Kurssystem sind Flexibilität und Wechselmöglichkeiten von besonderer Bedeutung. Da darüber nichts berichtet wird, darf man annehmen, dass die Kurse jahrgangsbezogen gebildet werden und relativ stabil bleiben. Dieser Kursunterricht ist z. B. an Thüringer Eingangsstufen verbreitet. Täglicher Kursunterricht für die Kinder der ersten Jahrgangsstufe ermöglicht einer Reihe von Schulen Schriftspracherwerb wie bisher mit einer Fibel.

➢ Die Kurse können »verdeckt« in der Gesamtgruppe stattfinden. Während eine Abteilung nicht direkt angeleitet arbeitet, unterrichtet die Lehrkraft die andere Gruppe, oder zwei Lehrkräfte machen verschiedene, deutlich bestimmten Kindergruppen zugeordnete Angebote. Vermutlich wird erneut die stabile jahrgangsbezogene Bildung bevorzugt. In diesem *»Abteilungsunterricht«* bestehen zwischen den Kindergruppen gleichsam unsichtbare Wände. Beschrieben wird diese Form

z. B. für eine Schuleingangsstufe in Halle (STUCHLIK o. J.). Auch die Aussagen österreichischer Lehrkräfte zur Differenzierung in ihrem Unterricht mit den höchsten Werten für »Einsatz verschiedener Gruppierungsformen im Unterricht« und »Einsatz mehrerer (Lehr)personen« lassen dieses Unterrichtskonzept erkennen (vgl. STANZEL-TISCHLER/GROGGER 1997, S. 16 und S. 46f.). Abteilungs- und Kursunterricht können in Kombination vorkommen.

➢ Es können jedoch auch *differenzierte gemeinsame Unterrichtssituationen* gestaltet werden, bei denen eine Mitarbeit auf unterschiedlichem Niveau möglich ist und durch die Aufgabe ein »kognitiv stimulierender Sog« entsteht. Unterricht mit anspruchsvollen Aufgabenstellungen, in dem das Problemlösen in den Vordergrund gestellt wird, ist in Jahrgangsklassen günstig für den Lernerfolg aller Schüler (EINSIEDLER 1997, S. 240). An diese frontalen Unterrichtssituationen schließen sich Phasen selbstständiger Arbeit mit differenzierten Anforderungen an, denen sich die Schüler/-innen flexibel selbst zuordnen.

Die Unterrichtsgestaltung in jahrgangsübergreifenden Lerngruppen kann sich also an verschiedenen Konzepten ausrichten. Nach ROSSBACH (1999, S. 80), der sich auf eine persönliche Mitteilung J. SCHMIDTS stützt, betont ein knappes Siebtel (13 %) die Individualisierung durch Arbeitspläne. Ein knappes Zehntel (9 %) bildet leistungshomogene Lerngruppen. Die Mehrheit (44 %) richtet jahrgangsbezogene Abteilungen ein. Allerdings wird nicht berichtet, ob die Abteilungen als räumlich getrennte Kurse oder verdeckt realisiert werden. Auch in Bezug auf das Drittel, das heterogene Lerngruppen bildet und Kinder unterschiedlichen Alters und unterschiedlicher Voraussetzungen miteinander lernen lässt, ist nicht genau bekannt, in welcher Weise dies erfolgt.

Ausgedehntes lehrerunabhängiges Arbeiten hat Nachteile, die allerdings in der Grundschule noch kaum in den Blick kommen. Direktes Unterrichten ist beweglicher und lerneffektiver (vgl. u. a. ROSSBACH 1999, S. 87f., diese Diskussion kann hier nicht geführt werden). Ein vollständig lehrerunabhängiger Lehrgang ist nur sehr schwer durch Material zu repräsentieren und zu begleiten. Mehrfache Wechsel zwischen Kursen und dem Unterricht in der Gesamtgruppe zerreißen demgegenüber den Unterrichtsvormittag. Die Kursorganisation könnte außerdem dazu verleiten, das »Wichtige« in den Kursen stattfinden zu lassen, in den Lerngruppen demgegenüber »nur« die selbstständige Arbeit, die besonderen und handwerklich-künstlerisch-musischen Lernsituationen und das Soziale. Soziales und inhaltliches Lernen werden getrennt, die Heterogenität für das inhaltliche Lernen nicht genutzt. Wenn Kinder wiederholen oder

»springen«, müssen sie den Kurs wechseln. »Kurslehrkräfte« kennen außerdem in der Gesamtlerngruppe nicht alle Kinder. Diese Nachteile gelten in abgemilderter Form auch für den verdeckten Abteilungsunterricht. Diese Art der Unterrichtsgestaltung erfordert zudem doppelte Vorbereitung (weil zwei Teilgruppen zu versorgen sind) und besonders präzise (doppelte) Planungen. Mehrbelastung wird von den Lehrerinnen und Lehrern als ein gravierender Nachteil der neuen Eingangsstufe genannt (vgl. MINISTERIUM FÜR KULTUS, JUGEND UND SPORT 2000, z.B. S. 11, auch HASSELHORN/THIEL 2000, S. 3, sowie STANZEL-TISCHLER/GROGGER 1997, S. 14). Auch dieses Konzept nutzt die Voraussetzungen nicht für das gemeinsame Lernen. Wenn die Kurse und Abteilungen nach Jahrgang gebildet werden und stabil bleiben, gehen die Vorteile verloren, die für flexible Gruppierungen nach Leistungsfähigkeit berichtet werden (vgl. ROSSBACH 1999, S. 84f.).

In dem zuletzt beschriebenen differenzierten lehrergeleiteten jahrgangsübergreifenden Unterricht werden die unterschiedlichen Voraussetzungen für die Problemstellung genutzt und die Kinder intensiv in Kontakt gebracht. Die Zielsetzung besteht darin, Kindern mit verschiedenen Voraussetzungen im Rahmen gemeinsamer Erfahrungen produktive Fortschritte zu ermöglichen. Im Hinblick auf die Lehrgänge der Schuleingangsstufe setzt dies allerdings voraus, dass die Inhalte nicht kleinschrittig nacheinander behandelt werden, sondern der Stoff in großen Abschnitten zugänglich gemacht wird. Die Materialien für die selbstständige Arbeit repräsentieren die Inhalte beider Schuljahre. Jedes Kind nimmt nach seinem Tempo Zugriff darauf, manche sehr begabte schnell, weniger begabte vorsichtig und in mehreren Durchläufen. Dadurch erübrigt sich ein umständliches Zuordnen schneller oder langsamer lernender Kinder. Unter dieser Bedingung kann sich die Verweildauer verkürzen, ohne dass Lerninhalte übersprungen

werden. Die gemeinsamen Lernsituationen sind darauf gerichtet, produktive Fragestellungen aufzuwerfen. Noch liegen wenige Erfahrungen mit dieser Art der Unterrichtsgestaltung und keine Untersuchungen dazu vor. Ein entsprechendes didaktisches Repertoire für den jahrgangsübergreifenden Anfangsunterricht ist erst aufzubauen.

Unterschiedliche didaktische und methodische Konzepte treten besonders deutlich an der Unterrichtsgestaltung der ersten Wochen im Schuljahr hervor. Dazu zwei Beispiele für unterschiedliche Konzepte:

> Im Rahmen einer Hospitation in einer neuen Eingangsstufe in der Nähe von Darmstadt sind die Studierenden besonders daran interessiert, wie der Unterricht zu Schuljahrsbeginn anfängt. Die Schulleiterin berichtet, dass die jahrgangsübergreifenden Lerngruppen der Schule gemeinsam mit einem Projekt anfangen, das die Kinder intensiv in Beziehung bringt. Beim Piratenprojekt z. B. bringen sie Gegenstände wie Verkleidungsmaterialien und Spielsachen, aber auch Bücher mit, es wird gesungen, geturnt, gemalt, gespielt, gebastelt, geschrieben und gelesen; Knoten werden geknüpft, Schiffe gebaut, Szenen entwickelt und aufgeführt. Das Projekt mündet in ein Begegnungsfest mit den Eltern. (Beobachtung F.-S., März 2000 – HE, siehe dazu auch die Fotos)

> In einer Thüringer Schuleingangsstufe bestehen vier jahrgangsübergreifende Lerngruppen, die nach Tieren benannt sind. Die Kinder der zweiten Jahrgangsstufe sind die Hasen, Igel, Bienen und Käfer, die neuen Schulanfänger entsprechend die »Häschen«, »Igelchen«, »Bienchen« und »Käferchen«. In den ersten drei Wochen findet nur Kursunterricht statt: Aus den Häschen und Igelchen sowie den Bienchen und Käferchen werden zwei

altershomogene Klassen gemacht, in denen die Kinder »... das Schulleben mit seinen Regeln, Anforderungen und Normen ...« kennenlernen, während die Kinder der zwei Kurse des zweiten Schulbesuchsjahrs (Hasen und Igel sowie Bienen und Käfer) »... ihre Kenntnisse und Gewohnheiten festig(t)en« (ThILLM 2000, S. 44). Jedoch nehmen nun die Schulanfänger ihren Kurslehrer als ihre wichtigste Bezugsperson an. Auch die Eltern verstehen nicht, warum die Elternversammlung in der jahrgangsübergreifenden Lerngruppe und nicht im Kurs stattfindet. Die Schule sucht noch nach einem besseren Start und hält zusammenfassend fest: »Unsere vielfältigen Erfahrungen haben gezeigt, dass sich viele offene Unterrichtsmethoden gerade im altersgemischten Lernen bewähren und ohne sie ein effektives Lernen nicht möglich wäre. ... Aber wie Kinder unterschiedlichen Alters und Entwicklungsniveaus gemeinsam an einer konkreten Aufgabe arbeiten können und die Ergebnisse für jeden fruchtbringend sind, das ist unser derzeitiger Lösungswunsch« (ebd., S. 45).

Für den Schriftspracherwerb, den Deutsch- und Sachunterricht und die anderen Lernbereiche fällt die Gestaltung differenzierter gemeinsamer Lernsituationen nicht allzu schwer. Die größten Schwierigkeiten bereitet der üblicherweise lehrgangsmäßig aufgebaute Mathematikunterricht. Deshalb sind die folgenden Beispiele für produktive gemeinsame Situationen daraus gewählt.

Eine Schulleiterin aus dem hessischen BLK-Modellversuch berichtete über den Mathematikunterricht in der jahrgangsübergreifenden Lerngruppe 1/2 zu Beginn des Schuljahrs, wenn für die Älteren die Zahlbereichserweiterung auf 100 ansteht: »Die neu eingeschulten Kinder fassen jeweils zehn Elemente zusammen (z.B. durch Auffädeln), die Kinder des zweiten Jahrgangs bündeln jeweils zehn Zehner zu einem Hunderter. Im Klassenraum entstehen so mehrere Hunderter, alle sind auf ihrem Niveau beteiligt« (Persönliche Mitteilung, F.-S. – HE).

»Die Einmaleinswerkstatt fängt im Januar an. Zu diesem Zeitpunkt sind die Erstklässler fünf Monate in der Schule, in zwei Wochen steht die Einschulung der Februarkinder bevor. (Und zwei weitere Gruppen von Kindern sind in dieser Schule mit halbjährlicher Einschulung ca. 1 Jahr und fast 1 $^{1}/_{2}$ Jahre in der Schule, F.-S.) In der Einmaleinswerkstatt gibt es 100 Angebote. Es gibt keine Vorgaben, wer eine Aufgabe ergreifen darf und wer nicht. Das Angebot ist breit gefächert und enthält auch Aufgaben im Zahlenraum bis 6. Die Aufgaben sind mit 3 Farben nach Schwierigkeitsgrad markiert. Es ist möglich, dass ein Kind im ersten Jahr die leichteren Aufgaben erledigt und nach einem Jahr an seinem Blatt weiterarbeitet. Im elementaren Bereich gibt es Aufgaben zum simultanen Wahrnehmen, z.B. unter Einbeziehung verschiedener Sinne: Wie oft schmecke ich Zitronensaft? Wie oft fasse ich einen Knoten? Diese Aufgaben sind im Kreis für alle Kinder von Interesse. Es gibt Aufgaben zur einfachen Mengenerfassung und Aufgaben zur Festigung des 'Mal'-Begriffs (dreimal Zitronensaft schmecken). ... Die Schulanfängerinnen und Schulanfänger arbeiten jeweils mit einem Kind des zweiten Schuljahres zusammen, besonders auch beim praktischen Tun: Sie hängen Handtücher auf eine Leine, jedes Handtuch mit zwei Klammern. Hierzu kann es zu einer Rollenverteilung kommen, z. B.: Das kleine Kind sagt: 'Ich habe drei Handtücher mit zwei Wäscheklammern aufgehängt, das sind dreimal zwei Wäscheklammern.' Das größere Kind kann es mit Worten, dann mit dem Mal-Zeichen aufschreiben« (BURK U. A. 1998, S. 69f. – HE).

Ein an die Tafel gezeichnetes Kalenderblatt mit den Tagen des aktuellen Monats (März 2000) wird in einer neuen Schuleingangsstufe 1/2 in der Nähe von Darmstadt zum Anlass produktiven Denkens. Infolge des siebentägigen Wochenrhythmus wachsen die Zahlen zeilenweise um 1, spaltenweise um 7. Daraus ergeben sich Regelmäßigkeiten. In jedem 2 x 2-Teilfeld haben die Diagonalen die gleiche Summe, z. B.

$$14 + 22 = 36$$
$$15 + 21 = 36$$

Dies gilt auch für jedes 3 x 3-Teilfeld, z. B.

$$8 + 16 + 24 = 48$$
$$10 + 16 + 22 = 48$$

Es sind zwei im vergangenen Herbst vorzeitig eingeschulte und jetzt erst 6 $^1/_2$ Jahre alte Kinder, ein Mädchen und ein Junge, die für die ganze Lerngruppe begründen, warum die Summe gleich sein muss (»Die 16 ist bei beiden drin, die 24 ist zwei größer <als die 22>, und wenn man zur 8 zwei dazu tut, ist das auch 10«). (Beobachtung F.-S., zur Aufgabe vgl. WITTMANN/MÜLLER 1990, S. 87f.)

Die jahrgangsübergreifende Organisation fordert den Lehrkräften also erhebliche didaktische Kompetenzen ab. Sie kann aber auch zum Anlass werden, diese Kompetenzen zu entwickeln. Als größten Vorteil bezeichnen die Lehrer/-innen der baden-württembergischen A-Modelle (jahrgangsübergreifende Schuleingangsstufen) »... die durch den Modellversuch initiierte Weiterentwicklung eigener didaktisch-methodischer Kompetenzen ...« (HASSELHORN/THIEL 2000, S. 3). Ähnlich erreichen bei den befragten österreichischen Lehrkräften die veränderte Unterrichtsgestaltung mit Förderung und Differenzierung und die Veränderung der Lehrerrolle die höchsten Werte, wenn die Lehrerinnen und Lehrer nach dem »besonders Gelungenen« gefragt werden (STANZEL-TISCHLER/GROGGER 1997, S. 12f., siehe dazu auch unten).

Bei Forschungen zur neuen Schuleingangsstufe ist es unabdingbar, das Konzept der Unterrichtsgestaltung zu erfassen, und zwar präziser als es bisher geschieht (z. B. durch die angebotenen Auswahlmöglichkeiten bei STANZEL-TISCHLER/GROGGER 1997, S. 16). Es genügt auch keinesfalls, allein die Anteile des Klassenunterrichts und des selbstständigen Arbeitens zu erheben und daraus auf den Grad der Differenzierung bzw. Individualisierung zurückzuschließen (vgl. z.B. bei HASSELHORN/THIEL 2000, S. 2). Wie deutlich geworden ist, können jeweils sehr verschiedene Konzepte dahinter stehen.

Die vier Schulbesuchsdauern der Kinder in jahrgangsübergreifenden Lerngruppen mit halbjährlicher Einschulung unterscheiden sich jeweils um ein halbes Jahr: Die Kinder sind z. B. im Februar gerade eingeschult, ein halbes Jahr, ein Jahr und 1 1/2 Jahre in der Schule. Man kann auch von vier »Generationen« in einer Lerngruppe sprechen. Bisher liegen noch kaum Untersuchungsergebnisse und Erfahrungen vor, wie sich diese Altersmischung auswirkt.

In einer Pilotstudie fragen FAUST-SIEHL U.A. (1999) nach den sozialen Beziehungen der Kinder untereinander und nach dem Lernstand der einzelnen Generationen in Arithmetik. In einer Teilwiederholung der Untersuchungen von PETILLON (1993) werden den 25 Kindern einer Stammgruppe mit vier Generationen Fotos der Mitschüler/-innen vorgelegt mit der Frage nach den gewünschten Spielkameraden und Sitznachbarn. Die Wahlen erfolgen bevorzugt generationenübergreifend. Die mit dem pädagogischen Konzept verbundene Erwartung, dass sich positive Beziehungen zwischen älteren und jüngeren Kindern entwickeln, kann für die untersuchte Stammgruppe bestätigt werden.

Die Kinder aller vier Stammgruppen (N = 100) bearbeiten in einer Einzeluntersuchung fünf Aufgaben zum Zahlverständnis. Zusätzlich lösen sie in einem Gruppentest Additions- und Subtraktionsaufgaben mit ansteigenden Schwierigkeiten. Beim Gruppentest bleiben die Aufgaben für die Generationen 1 (zum Zeitpunkt der Untersuchung ein Monat in der Schule)

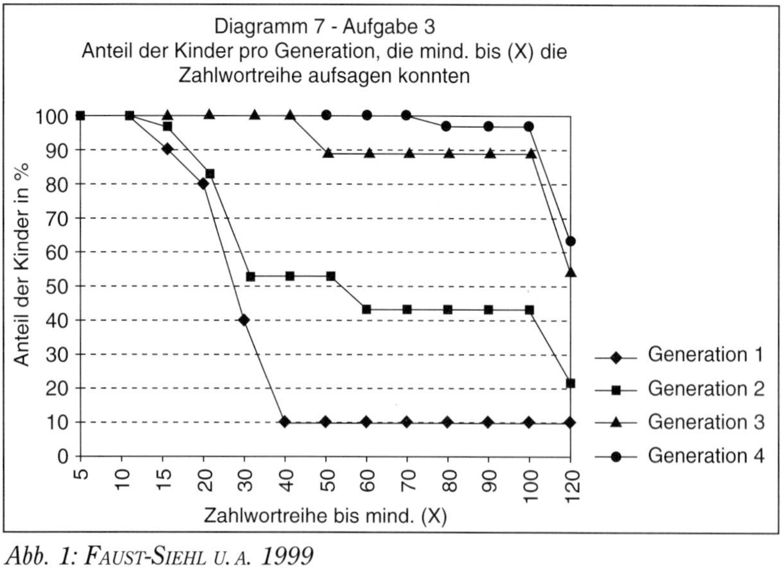

Abb. 1: FAUST-SIEHL U. A. 1999

und 2 (ein Monat plus ein halbes Jahr) im Zahlenraum bis 20. Die Aufgaben für die Generationen 3 (plus ein Jahr) und 4 (plus 1 1/2 Jahre) beziehen sich auf den Zahlenraum bis 100. Die Ergebnisse zeigen, dass schon die Schulanfänger der Generation 1 im allgemeinen nicht zu unterschätzende arithmetische Kompetenzen besitzen, was mit zahlreichen mathematikdidaktischen Untersuchungen von Schulanfängern übereinstimmt, wobei allerdings auch eine große Leistungsbreite deutlich wird (Abb. 1 zur Aufgabe 1: Zählen). Mit zunehmender Schulbesuchsdauer werden in allen Aufgaben in Übereinstimmung mit den Zielen des hessischen Rahmenplans höhere durchschnittliche Leistungsstände erreicht (Abb. 2 zur Aufgabe 4: Zahlzerlegung mit Material, ein Faktor verdeckt). Allerdings erzielen teilweise Kinder mit kürzerer Schulbesuchsdauer bessere Ergebnisse als bereits länger eingeschulte Kinder. So fallen die ähnlichen Ergebnisse der Generationen 3 und 4 in den Einzeluntersuchungen auf, wobei allerdings die begleitenden Beobachtungen zeigen, dass die älteren Kinder teilweise anspruchsvollere Strategien verwenden oder schneller sind. Hohe Prozentsätze der Kinder der Generation 2 (jeweils über 70 %) bewältigen im Gruppentest schwierigere Additions- und Subtraktionsaufgaben, obwohl solche Aufgaben mit dieser Schülergruppe explizit noch nicht behandelt wurden. Dazu könnte beitragen, dass es den Kindern aufgrund des differenzierten Unterrichts in der jahrgangsübergreifenden Gruppe möglich war, am Lernstoff der nächsten Generationen mitzuarbeiten.

Zwei Einschulungstermine im Schuljahr bedeuten für die Schule und die Lehrer/-innen einen Mehraufwand an Organisation, Verwaltung und pädagogischer Arbeit, z.B. mit einer zweiten Einschulungsfeier. Eine Übersicht über die baden-württembergischen Schulen des Modells A2 zeigt, dass bei höheren Zahlen an Februareinschulungen im größeren Rahmen

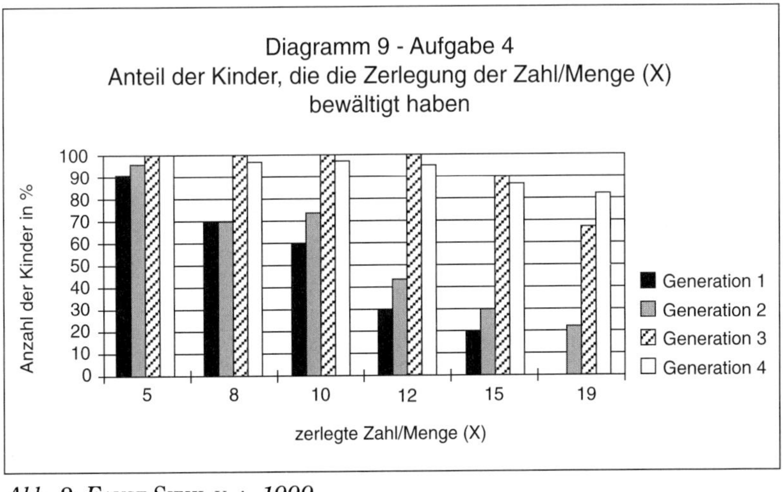

Abb. 2: FAUST-SIEHL *U. A. 1999*

(z.B. an der Lindenschule Hohenacker, siehe dazu den Beitrag von BRÄNDLE in diesem Band), bei kleineren in der Klasse gefeiert wird (MINISTERIUM FÜR KULTUS, JUGEND UND SPORT 2000, S. 18). Die didaktisch-methodische Arbeit allerdings ändert sich nicht grundsätzlich. Der Lernanreiz, der von den »erfahreneren« Mitschülern ausgeht, ist eher noch größer zu veranschlagen, denn die vier Generationen sind sich in ihrer Schulbesuchsdauer noch ähnlicher. Dies verbessert möglicherweise auch die Gelegenheiten zum wechselseitigen Helfen. Die Einführung in die Abläufe der Schule bezieht auch hier die schon länger eingeschulten Kinder mit ein, wobei die Verhältnisse dafür günstiger sind, da im Februar im Allgemeinen weniger Kinder als im Herbst in die Klasse kommen.

Der große Vorteil der Februareinschulung besteht für Eltern und Kinder in der erhöhten Flexibilität: Bei einem zweiten Einschulungstermin bedeutet eine Nicht-Einschulung zum üblichen Herbsttermin nicht, dass die nächste Möglichkeit erst ein Jahr später besteht. Eltern können gelassen die weiteren Entwicklungen abwarten. Sollten ihre sechs Jahre alt werdenden Kinder zu Beginn des nächsten Jahres in die Schule drängen, können sie im Februar mit der Schule beginnen. Der zweite Einschulungstermin führt so der Tendenz nach zu einem niedrigeren Einschulungsalter. Wie lange aber sollen die Kinder dann in der Eingangsstufe bleiben? Da der Übergang in Klasse 3 bislang nur zum Schuljahrsende möglich ist, kann es sich nur um 1 1/2 oder 2 1/2 Jahre, in Ausnahmefällen wohl auch um 3 1/2 Jahre handeln. Zu fragen ist, wer die Februareinschulung mit welcher Zielperspektive nutzt bzw. wie die Schulen die Eltern dazu beraten.

»Entwicklungsstand und Lernmotivation des einzelnen Kindes entscheiden über den Zeitpunkt der Einschulung. Da es inzwischen sehr positive Erfahrungen für die Eltern und die Schule gibt, steigt das Interesse an einer Einschulung im Februar.« – »In Elterngesprächen im Kindergarten spielen 'Stichtage' inzwischen kaum eine Rolle mehr. In jedem Einzelfall geht es um den möglichst optimalen Termin für den Wechsel des Kindes vom Lernort Kindergarten in den Lernort Schule.« »… wurde der 2. Einschulungstermin im Februar hauptsächlich von solchen Eltern gewählt, die erwarteten, dass ihr Kind mit einer Verweildauer von eineinhalb Jahren in das dritte Schuljahr wechseln wird« (Stimmen aus mehreren Schulen, MINISTERIUM FÜR KULTUS, JUGEND UND SPORT 2000, S. 15f. und 17 – BW).

»Nachdem wir an der Grundschule S. dreimal eine Februareinschulung praktiziert haben, können wir zu einer vorsichtigen Einschätzung der Elternwünsche kommen. Die eindeutige Mehrheit der Eltern (95 %) wünscht für ihr Kind eine längere Schulzeit. Nach ihren eigenen Aussagen sehen die Eltern diese Zeit als 'Vorlauf', als Eingewöhnungszeit. Viele verbinden zugleich damit die Erwartung, dass bestimmte Problemkonstellationen (z.B. Konzentrationsschwächen, motorische Auffälligkeiten, Probleme im sozialen Verhalten) kompensiert werden können. Wenn dann die anderen Kinder im August kommen, haben die Februarkinder 'ihre' Schule schon gut kennen gelernt. Sie können lesen, rechnen, schreiben und haben ihr Selbstwertgefühl und Selbstvertrauen ausgebaut. Die Eltern hoffen, dass ihre Kinder dann mit den neuen Schulanfängern erfolgreich 'mithalten' können bzw. 'ihre Nase vorn' haben. Die restlichen 5 % der Eltern schulen ihre Kinder vorzeitig im Februar ein,

- weil sie von der Begabung ihrer Kinder überzeugt sind,
- weil sie ihre Kinder als 'Überflieger' sehen,
- weil sie eine Verkürzung der Schulzeit um ein halbes Jahr erhoffen. ...

Durch die bisherigen Erfahrungen mit einzelnen Eltern von Februarkindern haben wir die Praxis unserer Elternberatung verändert. So empfehlen wir denjenigen, die von vornherein eine kürzere Verweildauer (oder einen früheren Beginn der Schulzeit? F.-S.) für ihr Kind anstreben, es im August vorzeitig einschulen zu lassen, dann ist der Wechsel in das 3. Schuljahr besser zu erreichen als nach 1 1/2 Jahren bei der Februareinschulung. Gleichwohl bleibt die Möglichkeit, auch schon nach 1 1/2 Jahren in das 3. Schuljahr zu wechseln, vorausgesetzt die Klassenkonferenz hält dies für sinnvoll« (Burk u.a. 1998, S. 99f. – HE).

Verweildauer

Es ist dezidierte Zielsetzung der neuen Schuleingangsstufe, die Lernzeit in den ersten beiden Klassenstufen zu flexibilisieren. Die »Verweildauer« soll zwischen einem Jahr und drei Jahren betragen. Bei einer halbjährlichen Einschulung ergeben sich weitere Möglichkeiten (1 1/2, 2 1/2 oder 3 1/2 Jahre). Erst am Ende der Schuleingangsstufe (und nicht am Beginn, wie bei einer Zurückstellung notwendig) wird darüber entschieden (zur Zurückstellung siehe den Beitrag von Rossbach in diesem Band). Zusammen mit dem sozialen und intellektuellen Klima in jahrgangsübergreifenden Lerngruppen und den erweiterten Entwicklungs- und Lernchancen sowie der förderdiagnostischen und sozialpädagogischen Unterstützung, gegebenenfalls ergänzt durch sonderpädagogische Förderung könnte die *längere Lernzeit* schwächeren Kindern ermöglichen, zu Beginn ihrer Schulzeit tragfähige Grundlagen zu erreichen (siehe dazu den Beitrag von Cosson in diesem Band). Leistungsstarke und -schwache Schüler unterscheiden sich auch in der Lernzeit, die sie jeweils benötigen. Von größeren Spielräumen in der Lernzeit, die sich nach Monaten und Schuljahren bemessen, kann möglicherweise mehr Erfolg bei Lernschwächen erwartet werden als von einer Sonderbeschulung (vgl. Wocken 2000).

Bei einer *Verkürzung* der Verweildauer verkürzt sich die Grundschulzeit. Die Dauer der Grundschule war während des gesamten letzten Jahrhunderts nicht unumstritten, vor allem 1919, als die drei Jahre dauernden kostenpflichtigen »Vorschulen« an Gymnasien aufgehoben und durch die vierjährige gemeinsame Grundschule ersetzt wurden. Die Vorschulen, die noch heute im Grundgesetz der Bundesrepublik Deutschland erwähnt werden (»Vorschulen bleiben aufgehoben« Artikel 7; 6), ermöglichten einen direkten Einstieg in die gymnasiale Schullaufbahn, die überdies dadurch auch nur 12 Jahre dauerte (Nave 1980). Jahrelange Auseinandersetzungen drehten sich in der Folge darum, wie doch noch eine nur dreijährige Grundschulzeit zu erreichen gewesen wäre, z.B. durch Verkürzung der Grundschulpflicht auf drei Jahre für besonders begabte Kinder mittels Privatunterricht in »Familienschulen«; vorgeschlagen wurden auch dreijährige »Schnellläuferklassen« an Grundschulen (ebd., S. 144ff.). Eine kürzere Grundschulzeit ist deshalb auch heute noch politisch brisant. Die neue Schuleingangsstufe könnte also die Tür zu einer stärkeren Segregation im Bildungswesen öffnen. Die Grundschule hat die Aufgabe der sozialen Integration, aber auch der bestmöglichen individuellen Förderung. Die Chance von mehr Flexibilität muss für alle Kinder gelten. Bei der Entscheidung über eine Verkürzung der Verweildauer werden nicht allein die Lernfortschritte zählen, sondern das Kind mit seiner gesamten Persönlichkeit. Welche Erfahrungen werden mit der flexiblen Verweildauer gemacht?

> Wenn ein Kind ... Lern- oder Entwicklungsrückstände hat und diese durch die Förderung der verschiedenen Pädagoginnen nicht soweit ausgeglichen werden können, dass es die Lernziele am Ende des 2. Schulbesuchsjahres erreichen kann, dann verbleibt dieses Kind gemeinsam mit der nachgerückten Lerngruppe der Erstklässler ein weiteres, also drittes Jahr in der Schulanfangsklasse. Dieses Kind hat dann genau wie Schulkindergartenkinder oder 'Wiederholer' in einer anderen Grundschule für die Erreichung der Lernziele der ersten beiden Schuljahre drei Jahre benötigt, aber es hat diese drei Jahre in nur zwei Lerngruppen verbracht, die jeweils zwei Jahre zusammen waren. Es hat nicht das schmerzliche Ausgesondert-Sein erfahren, es brauchte sich nicht an verschiedene Bezugspersonen gewöhnen, und es musste nicht als 'Sitzenbleiber' in einer fremden Lerngruppe neu beginnen. Die betreuenden Pädagoginnen können das Kind drei Jahre kontinuierlich beobachten und seine Lernfortschritte ohne Unterbrechung strukturieren und unterstützen. ... Jahrgangsübergreifende Schulanfangsklassen ermöglichen Kindern mit besonderen Begabungen verstärkte individuelle Förderung. ... Für diese Kinder ist das individualisierte Lernen in jahrgangsübergreifenden Schulanfangsklassen ein echter Gewinn. Es ist ausnehmend spannend, wenn solch ein Kind den Unterrichtsstoff der 1. Klasse in einem Halbjahr bearbeitet und dann mit den Kindern des 2. Schuljahres zusammenarbeitet und auch mit dieser, ihm vertrauten Gruppe gemeinsam ins 3. Schuljahr (nach einem individuellen Schulbesuchsjahr) gehen kann« (Wichert-Schürmann 1997, S. 46f. – NI).

»Ch., der schon mit guten Lesefertigkeiten in die Schule kam, hat bereits nach wenigen Monaten an den Leseübungen des zweiten Schuljahres teilgenommen, wenig später auch an den Rechenübungen. … Seit einigen Monaten lernt Ch. gemeinsam mit den Schülern des zweiten Schuljahres. Mit dieser Gruppe wird er zum nächsten Schuljahr, mit Zustimmung der Eltern, in die dritte Klasse versetzt. Oft hat man den Eindruck, Ch. hat schon lange vergessen, dass er eigentlich zum ersten Schuljahr gehört« (WITZLACK/BURRMANN 1995, S. 50 – BRA).

Man kann darauf vertrauen, dass es sich um höchst individuelle Entscheidungen handeln wird, die zwar in diese Problemsituation eingespannt, aber nicht allein davon bestimmt sind.

»Von den im Vorjahr eingeschulten Kindern einer neuen Schuleingangsstufe in der Nähe von Darmstadt könnten drei Kinder nach Auffassung der Klassenkonferenz bereits nach einem Jahr in die 3. Klasse wechseln (darunter die beiden Kinder, die im obigen Beispiel die Mathematikaufgabe erklärten). Bei einem Kind wollen die Eltern diese Möglichkeit in Anspruch nehmen. Beim zweiten Kind sind die Eltern dagegen. Ein schnellerer Durchlauf ist ihnen nicht wichtig und sie wollen für ihr Kind keine Sonderrolle. Beim dritten Kind wären zwar die Eltern mit dem Wechsel in Klasse 3 einverstanden gewesen, aber das Kind lehnte ab: Es wollte sich noch nicht von seiner Lehrerin trennen« (Mitteilung der Schulleiterin, F.-S. – HE).

Wenn für die ersten zwei Klassenstufen drei Schulbesuchsjahre notwendig werden, wird dies ohne den Wechsel der Lerngruppe und ohne negative, ja fast mit positiver Stigmatisierung ermöglicht. Der Schüler »verweilt«, er bleibt nicht »sitzen« – ein kleiner oder doch großer Unterschied, der auch den Eltern die Zustimmung erleichtert (siehe dazu den Beitrag von BRÄNDLE in diesem Band). Die Entscheidung kann bis zum Ende der Eingangsstufe offen gelassen werden. Dies gibt den Eltern die Möglichkeit, die Fortschritte des Kindes fortlaufend daraufhin zu überprüfen und sich eventuell allmählich an den Gedanken des längeren Verweilens zu gewöhnen.

»Kinder, die ein drittes Jahr in der Lerngruppe sind, haben einen besonders positiven Status (anders als Vorklassenkinder oder Wiederholer im herkömmlichen System). Sie sind in vielen Beziehungen die Erfahrensten und können sichere Helfer sein. Die Orientierung an den Älteren bewirkt bei den Schulanfängern, dass sie selbst auch oftmals länger und ausdauernder arbeiten können.« (HIRSCHFELD U. A. o.J., S. 28 – BRE) »Anscheinend bewirkt die Kontinuität des Lernweges in der altersgemischten Gruppe für Kinder mit verlängerter Lernzeit eine stabilere Persönlichkeitsentwicklung« (ebd., S. 38 – BRE).

»Die Befragung der Lerngruppenlehrerinnen liefert weiterhin die Erkenntnis, dass bei mehr als der Hälfte der entsprechenden Kinder bereits während der ersten Schulwochen die Vermutung über eine längere Lernzeit entsteht. ... Für die meisten Kinder ergibt sich im Verlauf des ersten Schuljahres eine klare Aussage über die notwendige Länge ... In den Jahren 1996/97 trifft die Anfangsprognose über eine verlängerte Lernzeit bei sieben Kindern nicht zu, das heißt bei der herkömmlichen Einschulungspraxis mit gesonderter Vorklasse hätten diese Kinder ... drei Schulbesuchsjahre bis zum Übergang in die dritte Klasse absolviert. Im Modell der Schule P. können sie bereits nach zwei Jahren überwechseln. ... Bei den Elterngesprächen am Schulanfang rücken die Information und das gegenseitige Kennenlernen in den Vordergrund. Es muss keine Platzierungsentscheidung getroffen werden. ... Die Zeit spielt hier eine besonders große Rolle. Für die Lehrerinnen liegt kein Entscheidungsdruck vor, die Entwicklung der Kinder kann abgewartet und beobachtet werden. Bestätigen sich die Anhaltspunkte über die Notwendigkeit einer längeren Lernzeit, können die Eltern damit erfahrungsgemäß zu einem späteren Zeitpunkt gelassener umgehen. Die Fragebogenauswertung (Elternfragebogen, F.-S.) sagt aus, dass weit über 80 % der Eltern gelassen bis zustimmend auf den Hinweis über eine verlängerte Lernzeit ihres Kindes reagieren. Sicherlich ausschlaggebend für diese überwiegend positiven Reaktionen der Eltern ist wohl auch, dass für diese Kinder weder ein Gruppenwechsel noch eine Aussonderung nötig ist« (HIRSCHFELD U.A. o.J., S. 38f. – BRE).

Sozialpädagogische Arbeit

Mit Ausnahme von Bayern und Sachsen arbeiten in den neuen Schuleingangsstufen Personen mit sozialpädagogischer Kompetenz mit, teilweise allerdings nur, sofern sie aufgrund der vorher bestehenden Fördereinrichtungen für zurückgestellte Kinder bereits an der Schule tätig waren. Mitunter werden sozialpädagogische Förderstunden auch in Lehrerstunden umgewandelt. Nur wenige Länder haben zusätzliche Stellen für sozialpädagogische Mitarbeiter/-innen an neuen Schuleingangsstufen eingerichtet (z.B. Rheinland-Pfalz). Der Ausbildung nach sind es Sozialpädagog/-innen, Erzieher/-innen und – in den neuen Bundesländern – Erzieher/-innen mit Lehrbefähigung. Bisher sind vor allem Erfahrungen aus Hessen veröffentlicht (MANGELSDORF/SCHOELER 1997, BURK U.A. 1998, S. 107ff.). Bedauerlicherweise liegen aus den neuen Bundesländern noch keine Berichte vor.

Mit der integrativen Arbeit in der neuen Schuleingangsstufe ändern sich die Rahmenbedingungen der Tätigkeit. Das sozialpädagogische Fachpersonal

- ist nicht mehr nur für eine besondere Kindergruppe tätig;
- arbeitet in einem Team mit;

- arbeitet unter der Bedingung, dass der Zeitraum der Förderung mit dem Ziel der »Schulfähigkeit« nicht mehr strikt auf ein Jahr begrenzt ist;
- bringt sozialpädagogische Arbeitsformen in die schulpädagogische Arbeit ein;
- wirkt an der Betreuung und an Gleitzeiten mit.

Die Aufhebung der zuvor gegebenen Abgrenzungen birgt in sich die Gefahr der Überforderung durch Zuständigkeit für alle Kinder und jede Art der Förderung, was durch einen spezifischen Stunden- bzw. Einsatzplan zu vermeiden ist. Der Tätigkeitsplan kann während des Schuljahrs mehrfach wechseln.

Die sozialpädagogischen Tätigkeitsschwerpunkte beziehen sich auf die Förderung grundlegender Fähigkeiten, u. a. in Wahrnehmung, Motorik, Sprache und Spiel, und das Zusammenwirken der Fähigkeiten (»sensorische Integration«). Sozialpädagogik ist an der Hilfe für den Einzelnen orientiert und sensibel für soziale Beziehungen. Dieser über die Schule hinausgehende, auf die gesamte Lebensgeschichte des Kindes gerichtete »Blick« bereichert schulpädagogische Ausrichtungen grundsätzlich. Nach den bisherigen Erfahrungen arbeiten die sozialpädagogischen Fachkräfte in den Lerngruppen mit, am Schuljahrsanfang vor allem mit dem Ziel der Beobachtung, zunehmend mehr mit Angeboten für alle oder einzelne Kinder oder für Teilgruppen. Als Teammitglieder bringen sie ihre Beobachtungs- und Förderschwerpunkte in Besprechungen, Elterngespräche und Elternabende ein und sind u.a. an Förderplänen und an den Verweildauerentscheidungen beteiligt. Da sie mehr oder weniger in allen Lerngruppen einer Schule tätig sind, wird durch ihre Beobachtungen die Perspektive über die einzelne Klasse hinaus erweitert. Es wird für einen eigenen Raum der Sozialpädagogen mit einer großen Bewegungsfläche und eigenen Fördermaterialien plädiert, in den nach Absprache und im Laufe des Schuljahrs wechselnd einzelne Kinder oder Kindergruppen kommen.

> »... Der Raum ist auch wichtig, um ruhige Gespräche mit Kindern zu führen, um Gruppenprozesse und Sozialverhalten in Kleingruppen zu üben, um besondere Angebote zu machen und Materialien wie z. B. große Bälle, Bewegungsgeräte und Rollwippe einsetzen zu können. Die Kinder vertiefen sich in diesem 'geschützten' Raum mehr in ihr Spiel, sie bleiben länger an einer Sache, und auch die Spielinhalte (z. B. beim Rollenspiel) sind andere als im Klassenraum. Nicht zuletzt benötigt die Sozialpädagogin einen Standort, wo sie ihre Materialien unterbringen und die Raumgestaltung eigenständig vornehmen kann« (Burk u. a. 1998, S. 128 – HE).

»Im Morgenkreis … Übungen zur Konzentration, Entspannung, Motorik, Wahrnehmung, Sprache, Sozialverhalten – alles, was in der Kreis-Situation durchführbar ist, bot ich an. Aus der Regel 'Wir machen ein Spiel' wurde ein sinnvolles psychomotorisches Förderangebot, das nun wöchentlich in jeder Stammgruppe institutionalisiert ist. Einige Ideen zur Anregung:

- Gefüllte Säckchen (oder Tücher, Bierdeckel u. ä.) mit Wäscheklammern fassen und weitergeben.
- Knopfdetektive: Jedes Kind bekommt einen anderen Knopf. Nun werden alle gemischt und müssen wieder gefunden werden.
- Bälle (Federn, Luftballons u. a.) auf Löffeln weitergeben. …
- Bewegungsgeschichten zum Mitmachen.
- Sich nach Klängen bewegen« (ebd., S. 115).

»Die Sozialpädagogin beobachtet das Kind im Wechsel mit der Lehrerin in der Klasse. Beide tauschen ihre Beobachtungen aus und legen fest, welche besondere Förderung dieses Kind braucht. Es stellt sich zunächst die Frage: Können die soziale Situation und der Unterricht in der Klasse so verändert werden, dass sich die Probleme für dieses Kind verringern? Die nächste Entscheidung bezieht sich direkt auf das einzelne Kind: Können Unterstützungsmöglichkeiten durch die Sozialpädagogin oder die Lehrerin in der Klasse realisiert werden? Ist die zeitweilige Förderung *außerhalb* der Klasse einzeln oder in einer Kleingruppe Erfolg versprechender? Lehrerin und Sozialpädagogin erstellen gemeinsam einen Förderplan …« (ebd., S. 117).

Durch die Zusammenarbeit ändert sich für alle Beteiligten die Arbeitssituation. In den neuen Schuleingangsstufen sind Teams aus Grundschullehrerinnen und -lehrern und sozialpädagogischen Fachkräften tätig. Manchmal kommen stundenweise auch Sonderpädagoginnen und -pädagogen hinzu. Die Teambildung kann ein Gewinn, aber auch zur Belastung werden. Möglicherweise ist die Bereitschaft, sich auf die bisher noch weithin ungewohnte Teamarbeit einzulassen, der Prüfstein, an dem sich Mitarbeit und Arbeitszufriedenheit in neuen Schuleingangsstufen entscheiden (siehe dazu auch den Beitrag von BRÄNDLE in diesem Band). Auf diesem Hintergrund ist es ein Mangel, dass bislang in keinem Erfahrungsbericht auf die Möglichkeit der Supervision verwiesen wird.

»Das Team verständigt sich darauf, wie viele Kinder im regelmäßigen, engeren Kontakt zur Sozialpädagogin stehen und von ihr in der Klasse oder im sozialpädagogischen Gruppenraum gefördert werden. Über diese Kinder führt die Sozialpädagogin 'Buch' in ihrem Arbeitsbericht. Eine Richt-Obergrenze muss bei 20 – 25 Kindern gezogen werden« (BURK U. A. 1998, S. 129).

»Die Arbeit im Team erfordert viel Flexibilität. Trotz der vielen Absprachen, Elterngespräche und Kooperationstermine empfinde ich sie als entlastend, weil ich nicht mehr allein für die oft gravierenden Probleme einzelner Kinder zuständig bin« (ebd., S. 127).

Einhellig wird zur Förderung der Kinder in der heterogenen Lerngruppe der Einsatz von Förderdiagnostik vorgesehen. Der Lernstand und die Lernvoraussetzungen vor allem der lernschwächeren Schulanfänger/-innen sollen sorgfältig beobachtet und erhoben werden, um durch didaktische Differenzierungsentscheidungen die nötigen Hilfen bereitzustellen (siehe dazu den Beitrag von KAMMERMEYER zur Diagnostik in diesem Band). In den Ländern, die die neuen Schuleingangsstufen ohne sonderpädagogische Unterstützung führen, muss die dazu notwendige Kompetenz von den Grundschullehrerinnen und -lehrern erworben werden. In den anderen Ländern können die Grundschullehrkräfte von der Zusammenarbeit mit sonderpädagogischen Fachkräften profitieren. Brandenburg strebt ausdrücklich einen »Kompetenztransfer« an, d.h. jede neue Schuleingangsstufe erhält im ersten Schulversuchsjahr sieben, im zweiten fünf Sonderschullehrerstunden mit dem Ziel, die Grundschullehrkräfte in diese Arbeit einzuführen. Danach werden diese Stunden abgebaut.

Nur wenige Länder sehen eine präventive sonderpädagogische Arbeit vor, d.h. Sonderpädagoginnen und -pädagogen arbeiten von vornherein ohne Feststellung von sonderpädagogischem Förderbedarf mit. Ihre Arbeit ist darauf gerichtet, nachteilige Wirkungen im Lern-, Sprach- und Verhaltensbereich von Anfang an zu vermeiden. Die Anzahl der Stunden kann sich an den Erfahrungen über die Verbreitung von Behinderungen orientieren, wie dies bei der sonderpädagogischen Grundausstattung der Hamburger »Integrativen Regelklassen« gehandhabt wird (pro 4 Klassen 1 Sonderpädagogenstelle). Wie gestaltet sich die sonderpädagogische Arbeit in einem Team, in dem u. U. auch eine sozialpädagogische Fachkraft mitarbeitet? Auf welche Weise profitieren die Grundschullehrkräfte?

Erfahrungen dazu liegen u. a. aus Niedersachsen vor. An eine Beobachtungsphase im Klassenverband schließt sich eine vorfachliche Förderphase an. Die lehrgangsbegleitende Förderung beginnt im Dezember und dauert je nach Notwendigkeit bis zur Mitte des zweiten Schuljahrs. Die Sonderpädagoginnen fördern die Kinder einzeln, in kleinen Gruppen oder im Klassenverband, beraten die Grundschullehrer/-innen und bringen ihre Kompetenzen z.B. bei der Erstellung von Förderplänen in die Teambesprechungen ein. Die sonderpädagogische Kompetenz ermöglicht eine auf die fachlichen Lernprozesse bezogene Unterstützung diagnostischer und fördernder Art (hier insbesondere in den Bereichen Schriftspracherwerb und mathematischer Anfangsunterricht). Die Arbeit der gleichfalls mitarbeitenden Sozialpädagogin ist im Unterschied dazu das ganze Schuljahr basal ausgerichtet, z.B. in Form der Förderung der Wahrnehmung und des sozialen Verhaltens.

> »Die Zusammenarbeit der unterschiedlichen Professionalitäten vollzog sich auf zwei verschiedenen Ebenen. Untere Ebene war das Klassenteam, bestehend aus zwei Grundsschullehrerinnen (Klassenlehrerin und Teamlehrerin), einer Sozialpädagogin und einer Sonderschullehrerin. Auf dieser Ebene wurden die besonderen Bedürfnisse der einzelnen Kinder intensiv besprochen, die Arbeit der verschiedenen Professionalitäten abgestimmt und bei Bedarf revidiert. Alle Kolleginnen brachten hier ihre Sicht auf das Kind ein und diskutierten Unterrichtsinhalte und Vorgehensweisen. Obere Ebene war das Gesamtteam, in dem grundsätzliche pädagogische Themen besprochen wurden ...
>
> Blickt man nach fast zwei Jahren auf die Entwicklung der Kinder zurück, so lässt sich feststellen, dass die Unterstützung, die den Kindern im Rahmen des Schulversuchs zur Neustrukturierung des Schulanfangs durch die gemeinsame Arbeit ... zukam, vielen Kindern über Startschwierigkeiten am Schulanfang hinweg half und ihnen einen positiven Lernweg ermöglichte« (BUNKOWSKI U.A. 1997, S. 57 – NI).

Tägliche Schulzeit / Doppelbesetzungen / Klassengröße

Die Mehrzahl der Länder weitet den üblichen zeitlichen Rahmen der ersten beiden Klassenstufen aus. Die neuen Schuleingangsstufen sind entweder gleichzeitig ganze Halbtagsgrundschulen mit fünf Zeitstunden/Tag oder mehr, oder die Klassen erhalten Stundenzuschläge, die als Doppelbesetzungen, durch eine Ausweitung des Zeitrahmens oder durch zusätzlichen Förderunterricht genutzt werden. Die Klassengrößen sind geringfügig reduziert, verbleiben im großen und ganzen aber im derzeitigen Rahmen. Altersgemischte Klassen sind etwas kleiner und erhalten gemäß den derzeit gültigen Regelungen (z.B. in Baden-Württemberg) etwas mehr Lehrerstunden.

> »Übereinstimmend berichten die Lehrer/-innen des Anfangsunterrichts von der großen Entlastung, die diese (drei, für Volle Halbtagsgrundschule, F.-S.) zusätzlichen Stunden gebracht haben. Sie empfinden nach vielen Jahren, in denen sie fast permanent eher Verschlechterungen ihrer Arbeitsbedingungen mit einhergehender spürbarer Überlastung erfahren haben, die zusätzlichen drei Stunden als hilfreiche Maßnahme. Hetze und Stoffdruck werden aus dem Unterricht genommen. Es fällt leichter, den Kindern Zeit für ihre Lernprozesse zu lassen und das Lernen anders zu organisieren. Gerade auch für soziale Lernprozesse wird diese Zeit genutzt. Nach Aussagen einiger Lehrer/-innen und Schulleiter/-innen wirke sich dies leistungsfördernd aus, und zwar für die leistungsstarken ebenso wie für die leistungsschwachen Kinder« (RAMSEGER U.A. 2000, S. 6 – BE).

Neue Schuleingangsstufen »kosten« also Ressourcen. Auf der anderen Seite sparen sie aber auch Ressourcen ein, sowohl im Schul- als auch im Vorschulbereich (weniger Kindergartenplätze benötigt durch früheren Schuleintritt). Unmittelbare Einspareffekte im Schulwesen entstehen durch die Vermeidung unnötiger Zurückstellungen und die verkürzte Verweildauer einzelner Kinder, generell durch die flexible Ausrichtung der nötigen Lernzeit am individuellen Bedarf. Indirekt und im gesellschaftlichen Rahmen wird die dadurch erreichbare Senkung des Schuleintrittsalters als vorteilhaft angesehen. Die »intelligente« Lösung der neuen Schuleingangsstufe könnte die Effektivität der eingesetzten Ressourcen am Schulanfang erhöhen. Abgesehen von diesem ökonomischen Vorteil, der für Pädagoginnen und Pädagogen nicht unbedingt im Vordergrund steht, ist es ein Gewinn, wenn der Schulanfang den Familien mehr Spielräume anbietet.

Fortbildung

In den neuen Eingangsstufen verändern sich die Anforderungen an die Lehrkräfte. Dadurch entsteht ein spürbarer Fortbildungsbedarf. Insbesondere werden folgende Themen nachgefragt: jahrgangsübergreifendes Arbeiten, vor allem die veränderte Didaktik und Methodik in diesen Lerngruppen, veränderter Anfangsunterricht, vornehmlich im Lernbereich Mathematik, Förderdiagnostik sowie Teamarbeit unter Einschluss sozialpädagogischer Kompetenz (zur Fortbildung und zu Schulinnovationsprozessen vgl. CARLE 2000, S. 242ff., zum Letzteren siehe den Beitrag von HAMEYER in diesem Band).

Lehrerfortbildungsveranstaltungen finden schulintern, regional und zentral statt. Die Schulen kooperieren in verschiedenen regionalen und zentralen Gruppen (Einzelheiten siehe tabellarische Übersicht am Ende dieses Beitrags). An der neuen Schuleingangsstufe interessierte Schulen nehmen aus Hospitationen wichtige Anstöße mit. Der derzeit laufende nordrhein-westfälische BLK-Modellversuch setzt von vornherein auf regionale Netzwerke, durch die die Arbeit der relativ wenigen Modellschulen jeweils regional verbreitert werden soll (siehe dazu den Beitrag von COSSON in diesem Band). Dabei werden auch neue Kommunikationswege erprobt. Im hessischen Modellversuch 1994 – 1998 dienten ca. zweistündige jährliche »Schulgespräche« zwischen den an der Schule beteiligten Personen und Mitgliedern der zentralen Begleitgruppe zur Bilanzierung und Dokumentation (DIEHM o. J.). Die Schulen wählten ein Thema aus, die Mitglieder der zentralen Projektgruppe hospitierten unter diesem Blickwinkel nach Möglichkeit am Vormittag. Die Gespräche wurden aufgezeichnet und später ausgewertet. Jeweils am Schluss stand ein mündliches Fazit durch ein Mitglied der Begleitgruppe, das von der Schule ergänzt und differenziert wurde.

Zurückstellungen, vorzeitige Einschulungen und Schuleintrittsalter

Zurückstellungen verlieren durch die neuen Schuleingangsstufen ihre Brisanz. Alle Kinder werden eingeschult. Über das dritte Jahr der Förderung am Beginn der Schullaufbahn wird erst zum Zeitpunkt des Übergangs in Klasse 3 endgültig entschieden, wenn die Entscheidung nicht mehr nur prognostiziert wird, sondern an den erreichten Fortschritten überprüft werden kann. Auf dieser Basis ist ein pragmatischerer Umgang mit den Wünschen einzelner Eltern möglich, z.B. wenn aus medizinischen Gründen eine vorübergehende Zurückstellung beantragt wird.

Gleichzeitig werden jüngere Kinder eingeschult. Bevor dazu repräsentative Elternbefragungen vorliegen, kann über mögliche Ursachen nur spekuliert werden. Die baden-württembergische Stichtagsflexibilisierung in der Folge der KMK-Empfehlungen zum Schulanfang von 1997 ließ die Zahlen der vorzeitigen Einschulungen auf über 8 % hochschnellen. Diese Quote liegt damit über der der Zurückstellungen. Allerdings tragen zu

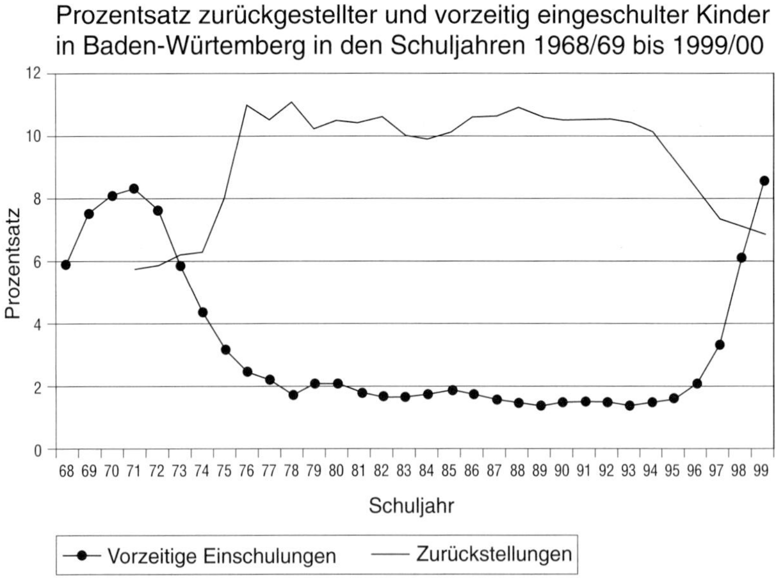

Abb. 3: MINISTERIUM FÜR KULTUS, JUGEND UND SPORT *2000, S. 57*

dieser hohen Zahl vor allem die so genannten »Korridorkinder« (1.7. – 30.9. Geborene) bei. Ohne diese Schulanfänger würde die Quote der vorzeitigen Einschulungen 0,8 % betragen (siehe Abbildung 3 und den Beitrag von ROSSBACH in diesem Band).

An Schulen mit einem zweiten Einschulungstermin gelten die im Februar Eingeschulten als »vorzeitig eingeschult«, obwohl sie zu diesem Zeitpunkt möglicherweise bereits sechs Jahre alt sind. Auch diese Maßnahme senkt das Einschulungsalter. Die Absicht der KMK-Empfehlungen von 1997, die Zurückstellungen auf Ausnahmen zu begrenzen und zu vorzeitigen Einschulungen zu ermutigen, kann in den neuen Schuleingangsstufen demnach recht weitgehend verwirklicht werden.

> »Zu beobachten ist an unserer Schule eine deutliche Zunahme der 'Antragskinder': So waren beispielsweise von den 32 Schulneulingen, die im August 1996 bei uns eingeschult wurden, 8 'Antragskinder' (d.h. 25 %!). Zählt man die 10 Februarkinder hinzu, die ja ein halbes Jahr vor der normalen Einschulung unsere Schule besuchen, dann haben wir 38 % vorzeitig eingeschulte Kinder« (BURK U.A. 1998, S. 99 – HE).

Es muss noch überprüft werden, inwieweit sich durch die neuen Einschulungsregelungen (vor allem auch in Bayern) die Alterszusammensetzung der Schulanfangsklassen verändert. Wie die Einschulungen in den westeuropäischen Nachbarländern und in außereuropäischen Staaten zeigen, ist das Einschulungsalter keine unabhängig von den pädagogischen Rahmenbedingungen festliegende Größe.

> Im November 2000 hospitierte die Verfasserin in den drei »Reception classes« der Fendalton School, Christchurch / NZ. In Neuseeland wird jedes Kind mit seinem 5. Geburtstag schulpflichtig, weswegen diese mehrzügige Schule mehrere »Reception classes« vorhält, die nach und nach bis zum Schuljahrsende (hier im Dezember) aufgefüllt werden. Ca. 40 – 50 Fünfjährige lernen mit zwei Lehrerinnen und gegebenenfalls weiterem Personal in einem großen Raum mit Nebenräumen und einem Außenbereich. Die deutlich jüngeren, Schuluniformen tragenden Kinder waren durchaus mit Aktivitäten beschäftigt, wie sie in deutschen Schulanfangsklassen zu finden sind: Sie rechneten und schrieben in Halbgruppen, lasen in leistungsverschiedenen Kleingruppen, zu denen sie von einer Lehrerin in den Gruppenraum gerufen wurden, versorgten ihre Klassentiere, bearbeiteten Holzstücke auf im Freien stehenden Werkbänken und probten ihren Beitrag für die bevorstehende Schuljahrsabschlussfeier der Schule. An den Wänden waren sorgfältig arrangiert Projektergebnisse aus dem Sachunterricht oder der Lektüre von Kinderbüchern zu sehen. Eine Lehrerin, die für die Dauer des Besuchs durch eine von der Schule kurzfristig herbeigerufene, bezahlte Vertretungslehrkraft freigestellt wurde, zeigte mir die eingesetzten förderdiagnostischen Materialien. Kinder mit besonders

großen Schwierigkeiten beim Schriftspracherwerb werden durch ein landesweites evaluiertes Programm, für das jeweils mindestens eine Lehrkraft an jeder Schule besonders ausgebildet wird, über mehrere Monate oder länger gefördert. Die Einschulung ermöglicht in den ländlichen Regionen, in denen es der geringen Kinderzahlen wegen keine Vorschuleinrichtungen gibt, außerhäusliche Gruppenbildung und Förderung der Kinder ab fünf Jahren. Nach dem Teilschuljahr in den »Reception classes« gehen die Kinder in die normale erste Klasse über. (F.-S., eigene Beobachtung)

Eingangsstufenlerngruppen mit jüngeren Kindern stellen die Schul-, Sozial- und Sonderpädagoginnen und -pädagogen vor neue Aufgaben: Die Kinder dürfen nicht überfordert werden, das Lernen muss sich an den Rhythmen der Kinder orientieren, ihnen durch differenzierte und individualisierte Arbeit Spielräume und Mitentscheidungsmöglichkeiten anbieten und ihren Bedürfnissen gerecht werden. Das Spielen wird eine größere Rolle spielen als bisher. Die alleinige Veränderung der Einschulungsregelungen kann zu einer Gefahr werden, wenn sie nicht von Schulentwicklungsprojekten begleitet wird, in denen der bisherige Anfangsunterricht zur neuen Schuleingangsstufe umgestaltet wird. Die Veränderung des Schulanfangs ist in diesem Sinn eine »längerfristige Schulentwicklungsaufgabe« (Burk u.a. 1998, S. 131ff., zu Innovationsprozessen siehe den Beitrag von Hameyer in diesem Band).

»... ist auf dem Hintergrund der ... dargestellten Entwicklungsmöglichkeiten nachdrücklich nach den Möglichkeiten der Schule zu fragen: Unter welchen Voraussetzungen kann sich die Schule zutrauen bzw. kann der Schule zugemutet werden, grundsätzlich alle schulpflichtigen Kinder aufzunehmen? Aus der Perspektive der Einzelschule heißt dies: Was können wir dazu beitragen, möglichst alle schulpflichtigen Kinder unseres Einzugsbereiches aufzunehmen, bzw. wo sehen wir Grenzen unseres pädagogischen Angebotes? Wie können wir unsere pädagogischen Möglichkeiten erweitern? Jede Schule ist aufgefordert, ihr Konzept zu überprüfen und zu ändern, jedes Bundesland, diesen Prozess zu fördern und auch die personellen Konsequenzen zu ziehen« (Burk u.a. 1998, S. 142 – HE).

Elterninformation

Mit den neuen Schuleingangsstufen kommen auf die Eltern neue und erweiterte Entscheidungen zu, z.B. bezüglich eines zweiten Einschulungstermins zum Halbjahr oder der Verkürzung oder Verlängerung der Verweildauer. Dies sind neue Möglichkeiten im Schulsystem. Dadurch entsteht erweiterter, teilweise neuartiger Beratungsbedarf.

Bisher sind die dazu berichteten Erfahrungen noch spärlich. Nach wie vor werden die Eltern der Schulneulinge zunächst über die Kindergärten erreicht. Danach ist die Zusammenarbeit mit den Eltern die Sache der einzelnen Schule, die auch dafür ein Konzept entwickeln muss. In Thüringen ist die Mitarbeit von Eltern in Projektbeiräten vorgesehen. Eine Bremer Schule hat durch Fragebögen die Erwartungen der Eltern bei Schulanfang erhoben (Rücklaufquote 77 von 86 Eltern = 89 %) und in der Mitte des zweiten Schulbesuchsjahrs (Rücklaufquote 58 von 83 Eltern = 70 %) erneut nach den Erfahrungen und Bewertungen der Eltern gefragt.

> »Für eine Schule mit einem veränderten Unterrichtsmodell ist es notwendig zu untersuchen, wie Eltern dieses Modell einschätzen und bewerten. Da die Schule am Pfälzer Weg Regelschule ist, müssen sich die Eltern mit der Schule arrangieren bzw. die Schule muss versuchen, skeptische Eltern von ihrem pädagogischen Konzept zu überzeugen. Dies kann zu einem Teil ... über mündliche und schriftliche Informationen geschehen, ein entscheidender Teil der Überzeugungsarbeit vollzieht sich offensichtlich unmittelbar über das Erleben der pädagogischen Arbeit. ... Die Zufriedenheit mit der Arbeitsweise der Schule ist hoch. Die positive Einstellung der Eltern, die in der Erstbefragung über eine offene Fragestellung ermittelt wird, bestätigt sich in der zweiten Abfrage dadurch, dass 98,7 % die Schule sehr gut oder gut beurteilen. 84 % der Eltern meinen außerdem, dass ihre Erwartungen voll oder zum Teil erfüllt werden« (HIRSCHFELD U. A. o. J., S. 52ff. – BRE).

Auswirkungen auf die nachfolgenden Schulstufen

Die Frage der Fortsetzung der neuen Schuleingangsstufen in den weiteren Klassenstufen der Grundschule sowie die Weiterführung in der Sekundarstufe I ist noch wenig diskutiert. Bislang folgen auf die jahrgangsübergreifenden Lerngruppen mit flexibler Verweildauer und u. U. zweitem Einschulungstermin im allgemeinen Jahrgangsklassen mit einem Übergang jeweils zum Schuljahrsende. Die Kinder, die die Eingangsstufe verlassen, setzen ihre Schullaufbahn in altershomogenen Klassen fort. Orientiert an der Graphik einer baden-württembergischen Schule zeigt Abbildung 4 auf der folgenden Seite, wie die Organisationsstruktur in diesem Fall aussieht.

Aus Schulen mit neuen Eingangsstufen kommen Anregungen, die sich anschließende Jahrgangsklassenstruktur zu überprüfen. Erneute jahrgangsübergreifende Lerngruppen 3/4 könnten eine zweite Phase mit flexibler Verweildauer ermöglichen. Die Fragen, die sich im Hinblick auf die Verweildauer, die Übergangszeitpunkte und die Abstimmung der pädagogischen Arbeit daraus ergeben, sind allerdings noch nicht absehbar. Eine in der ganzen Dauer jahrgangsübergreifende Organisation der Grundschule müsste – sofern es dazu überhaupt kommt – außerdem die Klassenstruktur auch der nachfolgenden Sekundarstufe I infrage stellen.

Teilweise sind in Nischen Ansätze dazu zu beobachten, z.B. in Hauptschulklassen 5/6, die in Baden-Württemberg vereinzelt als jahrgangsübergreifende Lerngruppen mit ebenfalls flexibilisierter Verweildauer geführt werden.

> »Die beteiligten Eltern sind sehr daran interessiert, wie das eingeführte Modell A weitergeführt wird. Die große Mehrheit würde eine Fortführung des jahrgangsübergreifenden Unterrichts in den Klassenstufen 3/4 begrüßen.« – »Von 10 Erprobungsschulen wurde der Wunsch auf Fortführung der Modellklassen als jahrgangsgemischte Klassen in Klassenstufe 3/4 geäußert« (MINISTERIUM FÜR KULTUS, JUGEND UND SPORT 2000, S. 9f. – BW).

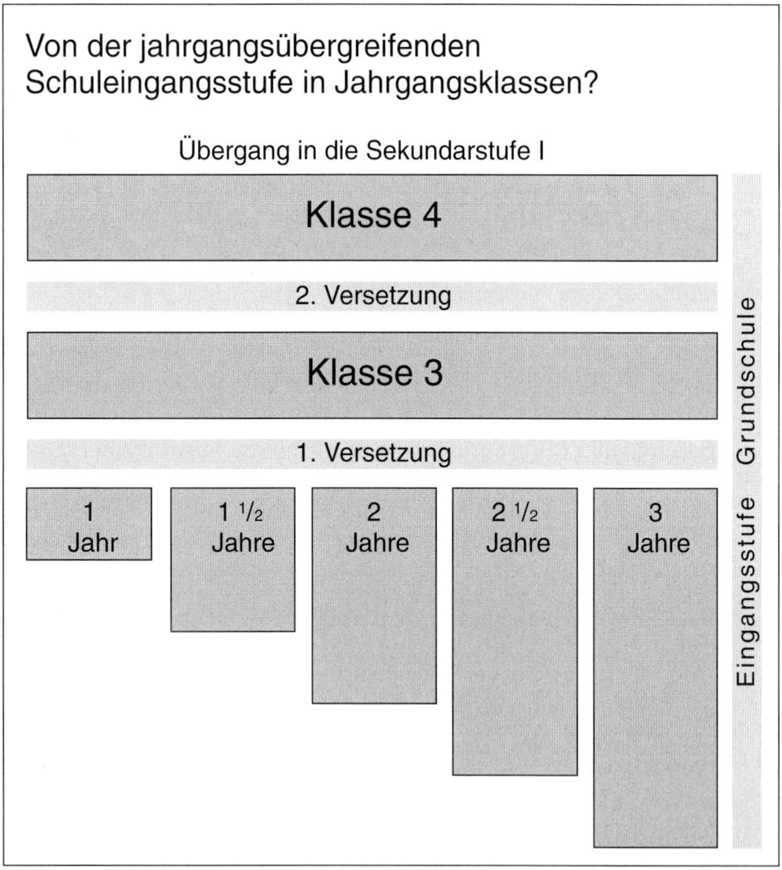

Abb. 4 (in Anlehnung an eine Graphik in MINISTERIUM FÜR KULTUS, JUGEND UND SPORT 2000, S. 17)

»Die Schülerinnen und Schüler aus den acht Lerngruppen, die in das 3. Schuljahr wechseln, müssen in drei Klassenverbände aufgeteilt werden. In der Regel wird eine 3. Klasse aus den zwei größten Teilgruppen zusammengesetzt, in die übrigen zwei Klassen kommen die Kinder aus je drei Lerngruppen. ... An der Schule am Pfälzer Weg folgen die Jahrgangsklassen 3 und 4 auf die Lerngruppen. Dies hat seine Gründe in der Entstehungsgeschichte der Schule und nicht in besonderen pädagogischen Überlegungen. Die Forschungsgruppe hat die daraus entstandene Nahtstelle beim Übergang in die 3. Klasse besonders untersucht und in der Konsequenz Maßnahmen eingeleitet, die diesen Bruch möglichst abmildern sollen. Dennoch sind die beteiligten Kolleginnen der Meinung, dass es pädagogisch sinnvoller wäre, wenn die Kinder nach der 2. Klasse wiederum in eine jahrgangsübergreifende Gruppierung überwechseln würden. An dieser Stelle der Diskussion befindet sich das Kollegium zur Zeit. Es betrachtet mit Interesse andere Organisationsformen der Altersmischung, wie z.B. an der Reformschule Kassel, deren aufeinander aufbauende jahrgangsübergreifende Gruppen für den Lernweg der Kinder mehr Kontinuität ermöglichen ...« (HIRSCHFELD U.A. o. J., S. 43 und 69f. – BRE).

Veränderter Schulanfang in zwei Nachbarländern

Österreich

In Österreich ist die Grundschule in zwei in der Regel je zwei Jahre dauernde Stufen gegliedert (Grundstufe I, bestehend aus »1.« und »2. Schulstufe«, und Grundstufe II, die dem 3. und 4. Schuljahr entspricht). Der 1. Schulstufe kann die einjährige »Vorschulstufe« vorausgehen. Schulpflichtig werden die Kinder zum 1. September nach Vollendung des 6. Lebensjahres. Kinder können vorzeitig in die Schule aufgenommen werden, wenn sie bis zum Ende des Kalenderjahres das 6. Lebensjahr vollenden, die 1. Schulstufe voraussichtlich mit Erfolg besuchen werden und die Eltern sie einschulen wollen. Bereits seit 1987 werden in Österreich Schulversuche zum Schuleingangsbereich durchgeführt. Die Zahl der teilnehmenden Schulen steigt Mitte der 90er Jahre stark an. Kern der Versuche 1993/4 – 1997/8 ist die Einbindung der Vorschulstufe in die Grundstufe I, und zwar in zwei Varianten: entweder als getrennt geführte Klasse oder in integrativer Form jahrgangsübergreifend zusammen mit der 1., teilweise auch mit der 1. und 2. Schulstufe. Über den Besuch der Vorschulstufe bzw. eine längere Verweildauer ist entweder innerhalb eines festgelegten Beobachtungszeitraums zu entscheiden (vor allem bei den getrennt geführten Klassen), oder die Entscheidung kann hinausgeschoben werden und »ist kein Thema«. Bei beiden Varianten werden die Lerngruppen entweder von einem Team oder von einer Lehrkraft allein geführt. Viele Versuchsschulen erhalten Lehrerstundenzuschläge. Im

Rahmen der Versuche können alternative Leistungsbeurteilungen erprobt werden, z. B. durch umfassende mündliche Information, verbale Beurteilungen, Leistungsvorlagen oder Pensenbücher.

Die Evaluierung der Schulversuche durch das Zentrum für Schulentwicklung Graz beginnt im Schuljahr 1994/5. Unter anderem werden zwei Befragungen der Schulleitungen (N = 215) und der beteiligten Lehrkräfte (N = 503) (STANZEL-TISCHLER/GROGGER 1996 und 1997) und Unterrichtsbeobachtungen in sechs Versuchsschulen (STANZEL-TISCHLER 1997) durchgeführt und ausgewertet. Von den zahlreichen interessanten Ergebnissen soll hier wenigstens berichtet werden, dass der Anteil der Kinder, die »3 statt 2« Jahre für die zweijährige Grundstufe I benötigen, in den integrativ geführten Klassen um ein Viertel bis die Hälfte niedriger als in den getrennten liegt, am niedrigsten in den Klassen, die die Entscheidung hinausschieben (STANZEL-TISCHLER/GROGGER 1996, S. 18). In beiden Befragungen überwiegen die positiven Aussagen die negativen deutlich. Die Schulleitungen sehen Vorteile vor allem in den Auswirkungen auf das

Akustische Gliederungs- und Merkfähigkeit	*Akustische Signale und Geräusche erkennen, deuten, unterscheiden und lokalisieren* *Akustische Eigenschaften wie laut – leise, hoch – tief, hell – dunkel erkennen und spielerisch anwenden* Erleben, dass Sprache gegliedert ist (Sätze, Wörter) *Ähnlich klingende Wörter voneinander unterscheiden und später akustisch wieder erkennen (zB Tasche – Masche, Hand – Hund)* Akustisch dargebotene Reime nachsprechen und wiedergeben *Reimwörter erkennen und bilden* *Gleiche Wortanfänge und Wortenden erkennen (zB Hase – Hafen, Dose – Hose)* *Einen vorgegebenen Laut im Wort erkennen* *Die Position eines vorgegebenen Lautes im An-, In- und Auslaut erkennen (nicht bei Auslautverhärtung, zB Hand, Korb, Tag)* *Einfache Wörter in Laute zerlegen und die Anzahl der Laute feststellen* *Erkennen, dass sich die Bedeutung des Wortes durch Hinzufügen, Weglassen bzw. Austauschen (zB ein – dein; Maus – aus; Maus – Haus) ändert* *Einfache Wörter „zusammenbauen", auch aus vorgegebenem Lautbestand*

Abb. 5: BUNDESMINISTERIUM FÜR UNTERRICHT UND KULTURELLE ANGELEGENHEITEN / ZENTRUM FÜR SCHULENTWICKLUNG DES BMUK 1999, S. 45

Schulklima und die Zusammenarbeit mit den Eltern sowie in den Möglichkeiten der Differenzierung und Individualisierung, der Förderung der Kinder und der Verhinderung möglicher negativer Auswirkungen des Schuleintritts (ebd., S. 38ff.).

Die Lehrer/-innen sehen die wichtigsten Erfolge in der Veränderung der Lehrerrolle insbesondere durch Teamarbeit sowie ebenfalls in den Bereichen Förderung und Differenzierung (vor allem in den integrativen Modellen mit Team) sowie im sozialen Lernen. Förderung, Differenzierung und Teamarbeit sowie Mehrbelastung bzw. Überforderung waren gleichzeitig die meistgenannten Schwierigkeiten (STANZEL-TISCHLER/GROGGER 1997, S. 36ff.). Viele Lehrkräfte befürchteten allerdings auch, dass die Maßnahmen für die Kinder »nicht positiv« seien, und Diskriminierung/Belastung durch »3 statt 2«, z.B. durch organisatorisch bedingte Lerngruppenwechsel. Vor allem die Lehrkräfte in den getrennten Vorschulklassen beurteilten ihr Modell positiv und plädierten für dessen Beibehaltung. In beiden Befragungen wurden doppelt so häufig versuchsbefürwortende Elternstellungnahmen als kritische mitgeteilt (ebd., S. 28ff.).

1998 beschließt der Nationalrat auf der Basis der Versuche eine umfassende Reform des Eingangsbereichs. Alle schulpflichtigen Kinder müssen danach entweder in die 1. Schulstufe oder in die Vorschulstufe aufgenommen werden (zuvor war auch in besonderen Fällen eine Zurückstellung vom Schulbesuch bzw. der Vorschulstufenpflicht zulässig). Die Vorschulstufe und die 1. und 2. Schulstufe können organisatorisch verschieden geführt werden: entweder in drei Jahrgängen getrennt oder als integrative Einheit 0 – 2 oder auch teilintegriert als Einheit 0/1, ergänzt durch die 2. Schulstufe. »Den Kindern wird die für die Grundstufe I erforderliche Lernzeit (bis zu drei Schuljahren) individuell zur Verfügung gestellt, ohne dass dadurch eine Schulstufe wiederholt werden muss« (JOPPICH U.A. 2000, S. 11). In den Lehrplan der Vorschulstufe wird bei der verbindlichen Übung »Sprache und Sprechen« der Bereich »Vorbereitung auf Lesen und Schreiben« aufgenommen; neu sind vor allem die Vorschläge zur akustischen Gliederungs- und Merkfähigkeit (vgl. Abbildung 5 auf der vorhergehenden Seite). Erläuternd wird festgehalten:

> »'Vorbereitung auf Lesen und Schreiben' stellt keineswegs die Vorwegnahme eines systematischen Lese- und Schreiblehrganges dar. Wohl aber sollen individuelle Entwicklungen in dieser Richtung verstärkt und gefördert werden, um einen kontinuierlichen und leichteren Übergang zu den weiterführenden Lehrplaninhalten aus der 1. Schulstufe des Pflichtgegenstandes 'Deutsch, Lesen, Schreiben' zu gewährleisten. Dieser fließende Übergang erfolgt individuell und ist während des ganzen Unterrichtsjahres möglich« (Aller Anfang Nr. 6, Lehrplanheft, BUNDESMINISTERIUM FÜR UNTERRICHT UND KULTURELLE ANGELEGENHEITEN/ZENTRUM FÜR SCHULENTWICKLUNG 1999, S. 48 – AU).

In der Mathematischen Früherziehung werden einzelne Aspekte ergänzt. Generell soll die Didaktik der ersten Schulstufen verstärkt das Prinzip der Individualisierung berücksichtigen und elementarpädagogische Arbeitsweisen wie z. B. das Lernen im Spiel stärker einbeziehen.

Außerdem wird der Wechsel von Schulstufen im Rahmen der Grundstufe I eingeführt. Ein Wechsel ist auch *während* des Schuljahres möglich, und zwar sowohl auf- als auch absteigend. Zum Beispiel wechselt das Kind aus der Vorschulstufe in die 1. Schulstufe; bei integrativer Führung verbleibt das Kind im Klassenverband, bei getrennter Führung wechselt es die Lerngruppe und die Lehrerin bzw. den Lehrer. Im Verlauf der Grundstufen I und II kann auch eine Klasse übersprungen werden, grundsätzlich jedoch nicht die 1. Schulstufe. Die Grundschulzeit insgesamt muss mindestens drei Jahre betragen. Sämtliche Verwaltungsabläufe werden geregelt (schnelle Entscheidung durch die Schulleitung, schriftliche Bekanntgabe, Widerspruchsrecht der Erziehungsberechtigten, Entscheidung durch die nächste Ebene der Schulverwaltung). Die Flexibilisierung der Einschulung und des Schulstufenwechsels erfordert einen engen Kontakt zwischen Schule und Elternhaus sowie zum Kindergarten. Fortbildungen der betroffenen Lehrerinnen und Lehrer werden als notwendig angesehen.

Die Nationalratsbeschlüsse werden von den Bundesländern durch Ausführungsgesetze konkretisiert. Dabei sind verschiedene Organisationsformen (jahrgangsübergreifend oder nicht, siehe oben) möglich. Zu berücksichtigen ist, dass 24 % der österreichischen Grundschulen, insbesondere im Burgenland, in Tirol und Vorarlberg, auf Grund der Schülerzahlen nicht mit vier getrennten Jahrgangsklassen geführt werden und die Tendenz zu kombinierten Klassen durch sinkende Schülerzahlen verstärkt wird (Österreichische Schulstatistik 1999/2000).

Das Nachbarland Österreich – lässt sich zusammenfassen – hat den Schulanfang flächendeckend neu gestaltet. Alle schulpflichtigen Kinder werden in die Schule aufgenommen und entweder in getrennt geführten Klassen (Vorschulstufe und 1. Schulstufe) oder in integrativer Form (gemeinsam geführte Schulstufen der Grundstufe I) gefördert. In den Lehrplan der Vorschulstufe werden Vorläuferfähigkeiten für das schulische Lernen aufgenommen. Die Verweildauer in der Grundschule wird flexibilisiert und dabei den individuellen Notwendigkeiten angepasst. Im Zusammenhang mit dieser Reform wird auch der Unterricht in einer lebenden Fremdsprache ab der 1. Schulstufe eingeführt.

Auf gesamtschweizerischer Ebene liegt seit 1997 das Dossier 48A der EDK (»Schweizerische Konferenz der kantonalen Erziehungsdirektoren«) mit dem Titel »Bildung und Erziehung der vier- bis achtjährigen Kinder in der Schweiz« vor (EDK 1997). Darin wird die Zusammenführung des Kindergartens, der je nach Kanton ein bis drei Jahre besucht wird, und der ersten zwei Jahre der Primarschule zu einer vierjährigen Basisstufe vorgeschlagen. Die Basisstufe orientiert sich an skandinavischen und niederländischen Vorbildern. Sie ist Teil des Schulwesens und in dessen Administration eingegliedert, ihr Besuch verpflichtend. Nach diesem Vorschlag sollen die Lerngruppen altersgemischt geführt werden. Die Kinder kommen im Alter von vier Jahren plus oder minus ein halbes Jahr in die Schule. Der Zugang ist zweimal jährlich im August und im Februar möglich, wobei die Eltern über den Schuleintritt entscheiden. Die Schulbesuchsdauer dieser Stufe beträgt in der Regel vier Jahre, kann aber individuell zwischen drei und fünf Jahren variieren. Kinder mit besonderen Bedürfnissen werden ebenfalls wohnortnah einbezogen. Sie werden entweder bei der Klassengröße (Regelgröße 18 bis 24 Kinder) oder bei der Stellenausstattung der Lerngruppen (im Regelfall teilen sich zwei Lehrpersonen, von denen eine über sonderpädagogische Qualifikationen verfügen soll, 150 Stellenprozente) besonders berücksichtigt. Die wöchentliche Unterrichtsdauer liegt bei 18 bis 22 Zeitstunden, die in fünf bis sieben Halbtagen pro Woche organisiert sind. Betreuungsangebote können hinzukommen. Die Lernziele sind auf das Ende der Basisstufe hin formuliert, eine Beurteilung erfolgt erst zu diesem Zeitpunkt in einem Bericht. Die zukünftigen Lehrkräfte an Basisstufen werden auf Fachhochschulebene an Pädagogischen Hochschulen ausgebildet und sind den Primarschullehrkräften gleichgestellt. Doppelqualifizierungen (Basisstufe und Primarschule) und Nachqualifizierungen (besonders für die ehemals an Kindergärten tätigen Personen) sind ebenfalls möglich.

Das Dossier 48A setzt systemisch an und beabsichtigt, das Übergangsproblem durch die Einführung einer neuen Schulstufe zu lösen. Die Basisstufe soll die punktuelle Schulfähigkeitsfeststellung und den risikoreichen Übergang überflüssig machen, indem die Kinder diese frühen Jahre des Lebens und Lernens in *einer* Institution verbringen. Die unterschiedliche Verweildauer und der zweimalige Eintrittstermin sollen die Bedingungen stärker auf die Bedürfnisse der Kinder abstimmen. In einer integrativen Gruppe wird das Lernen individualisiert. Jedes Kind soll individuell seinen Übergang vom vorschulischen zum schulischen Lernen finden. In diesem Rahmen kann auch eine frühere Auseinandersetzung mit den Kulturtechniken stattfinden.

Die Empfehlungen der EDK zu diesem Komplex vom August 2000 berücksichtigen die unterschiedlichen Ausgangsbedingungen in den verschiedenen Kantonen und legen Bandbreiten für den Eintritt in die Basisstufe (frühestens zwei Jahre vor dem heutigen Schuleintritt) und deren Dauer (längstens bis Ende der jetzigen zweiten Klasse) fest (EDK 2000). Dies geschieht auch in der Absicht, die erreichte Einheitlichkeit der Volksschule zu wahren. Die EDK ermutigt zu Schulentwicklungsprojekten in interkantonaler Abstimmung. Als Zwischenschritt sollen Rahmenlehrpläne für zwei Vorschul- und die ersten zwei Schuljahre erarbeitet werden.

Auf der Basis dieser Empfehlungen wird die EDK-Ost, in der die Ostschweizer Kantone, u. a. Zürich, und das Fürstentum Liechtenstein zusammenarbeiten, ab 2003 zwei unterschiedliche Modelle erproben, wobei die Notwendigkeit der Veränderung des Schulanfangs bekräftigt wird: eine vierjährige Basisstufe (zwei Kindergartenjahre und die ersten zwei Primarstufenjahre) und eine dreijährige Grundstufe (nur das erste Primarstufenjahr wird einbezogen).

Im Kanton Zürich war die Grundstufe Teil der 14 Punkte umfassenden, 1999 vorgestellten Volksschulreform und sollte nach Entwicklungsprojekten zwischen 2003 und 2007 bis 2012 flächendeckend eingeführt sein (BILDUNGSDIREKTION DES KANTONS ZÜRICH 2000, 2001). Die Ausgangssituation in diesem Kanton ist ein relativ hohes Schuleintrittsalter (6;4 bis 7;4 Jahre) bei 9 % Zurückstellungen und 6 % Einschulungen in Sonderklassen A, in denen der Stoff des ersten Primarstufenjahrs auf zwei Schuljahre verteilt wird. Rund ein Viertel der Schulanfänger sind dem Schulstoff jedoch um ein halbes Jahr voraus, 10 % sogar um ein ganzes Jahr. Der Anteil der vorzeitigen Einschulungen liegt unter einem Prozent, nur eine verschwindend geringe Zahl von Kindern überspringt ein Primarstufenjahr. Gleichzeitig ist es dem Kindergarten gesetzlich verboten, schulische Inhalte vorwegzunehmen (HEYER-OESCHGER 1996). Zwar werden diese Schwierigkeiten des aktuellen Systems und die Notwendigkeit von Veränderungen von allen offiziellen Gruppierungen anerkannt, jedoch findet die Grundstufe vor allem bei den Lehrerinnen und Lehrern weniger Unterstützung. Deshalb wird als Variante ein obligatorischer, vom Kanton getragener Kindergarten (»Kindergarten +«) diskutiert, in dem interessierte Kinder auch die Kulturtechniken lernen können. Parallel dazu sollen Schulversuche mit der Grundstufe durchgeführt werden. Der politische Entscheid, ob Veränderungen ins Volksschulgesetz kommen und wenn ja welche, ist jedoch noch nicht zu Ende geführt. Die Pädagogische Hochschule Zürich, die gegenwärtig im Aufbau ist, wird allerdings ab 2002 auf Fachhochschulniveau parallele Studiengänge für Vorschulstufen- und Grundschullehrkräfte führen.

Im Vergleich zur deutschen Diskussion machen die schweizerischen Überlegungen darauf aufmerksam, dass die Veränderung der Einschulung durch die fortschreitende Europäisierung in den Blick gerät. Das Einschulungsalter, der Zuschnitt der vorschulischen Bildung und der Schulanfangsklassen und deren geringe Anschlussfähigkeit werden in dieser Perspektive zum Problem. In der Schweiz wird mit den sich noch im Planungsstadium befindenden Maßnahmen eine systemische Lösung angestrebt, die den Kindergarten und die ersten Schuljahre einbezieht (siehe dazu auch die Beiträge von HACKER und ROSSBACH in diesem Band). In den Schweizer Beiträgen wird auch deutlicher diskutiert, dass eine Veränderung der Anfangsjahre Veränderungen der folgenden Schuljahre bzw. -stufen nach sich zieht. (Nach dem sicher sehr weitgehenden und in seinen Konsequenzen noch weiter zu bedenkenden EDK-Vorschlag 48A etwa soll am Ende der Basisstufe auch der Übergang in die ebenfalls altersheterogene Primarstufe flexibel zweimal jährlich und im Alter zwischen sechs und neun Jahren erfolgen.)

Zur wissenschaftlichen Begleitung

Sowohl in den österreichischen als auch in den deutschen Schulversuchen wird berichtet, dass von der wissenschaftlichen Begleitung aufgrund des Handlungsdrucks vor Ort unmittelbare Handlungsbegleitung statt der Analyse und Untersuchung gefordert wird. Die Wissenschaftler/-innen sollen die Praktiker mit ihren Kompetenzen unterstützen, Informationen und Hilfen zur Verfügung stellen, oder es wird eine Begleitung durch Praktiker gewünscht. Während die Lehrkräfte in den getrennten Vorschulklassen der österreichischen Schulversuche der wissenschaftlichen Begleitung kritisch gegenüberstehen und u.a. häufigere Begleitung fordern, äußern die Lehrkräfte in den integrativen Modellen, dass eine wissenschaftliche Begleitung notwendig ist bzw. wäre und fortgesetzt werden soll (STANZEL-TISCHLER/GROGGER 1997, S. 26f. und 64). Auf diesem Hintergrund erscheint es als Mangel, dass nicht alle deutschen Eingangsstufenversuche projektkoordinierende, die Schulen unterstützende Begleitgruppen eingerichtet haben.

> »... *fordern die Lehrerinnen und Lehrer mehr Unterstützung durch Fortbildung* (Hervorhebung U. C.). Wissenschaftliche Begleitung verstehen sie folglich in diesem Sinne, nämlich als Möglichkeit, sich Hilfe von außen zu holen. Die Enttäuschung ist groß, wenn die beteiligten WissenschaftlerInnen dem nicht in gewünschtem Maße nachkommen können und statt dessen damit beginnen, den Mangel und seine Wirkungen zu vermessen« (CARLE 2000, S. 269 – NI).

Eine wissenschaftliche Begleitung ist in den deutschen Schulversuchen in sechs der 14 beteiligten Bundesländer mit eingeschlossen, in weiteren vier bedingt, d.h. zeitlich befristet oder als Einzelinitiative in Bezug auf einzelne Schulen, oder das Konzept ist in der Überarbeitung. Die Einzelheiten sind der Tabelle 1 im Text und der tabellarischen Übersicht am Ende dieses Beitrags zu entnehmen. Zur Konzeption werden kontroverse Meinungen vertreten: Wissenschaftliche Begleitung soll entweder als prozessbegleitende und -unterstützende Evaluation angelegt werden (»Naturalistic Approach«, nach GUBA/LINCOLN, zitiert bei CARLE 2000, S. 275) oder als hypothesenprüfende Evaluation.

Der erste Ansatz zielt darauf ab, pädagogische oder politische Interventionen in sich ständig verändernden komplexen Feldern zu begleiten. Die Innovation und ihre Bedingungen sollen »verstanden« werden, nicht zuletzt in der Absicht, Partei nehmend zu ihrer weiteren Verbreitung beizutragen. Der erste Schritt besteht darin, ins Feld zu gehen und die Problemsicht der dort Tätigen nachzuvollziehen. Bevorzugt werden qualitative Methoden eingesetzt. Gegen quasi-experimentelle oder Kontrollgruppendesigns wird eingewandt, dass die Bedingungen im Feld nicht gleichbleiben und keine echte Kontrollgruppe zu finden ist, weil pädagogische Ideen zwischen den Einrichtungen diffundieren (vgl. auch ZIMMER U.A. 1997, S. 53ff.). CARLE lehnt deshalb die von NAUCK (1999, S. 235ff.) berichteten eng begrenzten hypothesentestenden Begleitstudien ab.

> »Hochkomplexe, individuelle und institutionelle Entwicklungsarbeit von Schulen erlaubt keine Vergleiche mit unbeteiligten, lediglich stichprobencharakteristisch parallelisierten Schulen oder Schulklassen … . Während der Schulversuchszeit sollte die wissenschaftliche Begleitung statt dessen auf prozessfördernde Unterstützung der angestrebten Entwicklungen in den Schulen sowie auf die Systematisierung ihrer Ergebnisse im Sinne eines verallgemeinerbaren nachvollziehbaren Schulentwicklungsprozesses zielen …« (CARLE 2000, S. 275).

Die von NAUCK beschriebenen Arbeiten von Studierenden kommen auf Initiative einer Schule zustande. Sie werden kurzfristig entwickelt und von Seiten des zuständigen Kultusministeriums mehr geduldet als mit Interesse zur Kenntnis genommen und nicht finanziell unterstützt (NAUCK 1999, S. 235 und 247). Als Auftragsforschung sind Begleituntersuchungen zu Schulreformen stets in der Gefahr, die Erwartungen der Auftraggeber nicht zu erfüllen und deshalb mit Kritik, Veröffentlichungsbehinderungen und möglicherweise Einstellung der Untersuchungen rechnen zu müssen. Konflikte dieser Art, z.B. auch mit einzelnen Schulen, werden immer wieder aus Schulversuchen berichtet. Allzu viel Einbindung in die

Entwicklungsprozesse scheint also nicht nur vorteilhaft zu sein. NAUCK schlägt im übrigen vor, dass u.a. die Schulen selbst in den Stand gesetzt werden, ihre Probleme selbstständig zu untersuchen (ebd., S. 247).

Die Alternative zur prozessbegleitenden, parteilichen Unterstützung besteht in einem quantitativen empirischen Design, auch mit Vergleichsklassen. Nur diese Form erlaubt verallgemeinerbare Aussagen. Auch qualitative Untersuchungen können wesentliche Erkenntnisse zur neuen Schuleingangsstufe beitragen. Strenggenommen kann nur bei diesen Ansätzen von wissenschaftlichen Begleituntersuchungen gesprochen werden.

Schuleingangsstufenuntersuchungen dieser Art liegen z. B. aus Österreich vor (vgl. oben). Die baden-württembergische Begleituntersuchung ist noch in Gang. Die Ergebnisse sind bis jetzt für den Schulversuch ausgesprochen positiv. Modellspezifisch würden sich bis zu 94 % der befragten Lehrerinnen und Lehrer (bei Modell A1) wieder beteiligen (Modell A2: 84 %). Als häufigster Grund wird genannt, dass der Schulversuch eine bessere Anpassung an die Individuallagen der Kinder ermöglicht. Auch von den Sozialpädagoginnen und Erzieherinnen der B-Modelle äußern 86 % die Bereitschaft zu einer erneuten Teilnahme. Bei der kognitiven und motivationalen Entwicklung der Kinder und im Sozialverhalten zeigen sich keine Unterschiede zwischen Versuchs- und Vergleichsklassen. In den Schulleistungen – vor allem im Deutschbereich – sind die Kinder der Modell A-Klassen tendenziell überlegen. Hinsichtlich der Rechtschreibleistungen in der Mitte des 2. Schuljahrs ist der Vorteil statistisch signifikant. Wenn berücksichtigt wird, dass die neuen Schuleingangsstufen keine Schüler zurückstellen, also eigentlich unter schwierigeren Ausgangsbedingungen arbeiten, sind diese – vorläufigen – Ergebnisse sehr ermutigend (vgl. HASSELHORN/THIEL 2000).

Die bisherigen Untersuchungen zur neuen Schuleingangsstufe konzentrieren sich bislang jeweils in einzelnen Ländern und an einzelnen Schulen auf eine Reihe von Einzelaspekten, u. a.

- schriftliche und mündliche Befragungen oder Gruppengespräche der Lehrkräfte der neuen Schuleingangsstufen und des einbezogenen anderen Personals zu verschiedenen Aspekten (HIRSCHFELD U. A. o. J., DIEHM o. J., STANZEL-TISCHLER/GROGGER 1997, RAMSEGER U. A. 2000, HASSELHORN/THIEL 2000)
- Befragungen von Schulleitungen (STANZEL-TISCHLER/GROGGER 1996, RAMSEGER U. A. 2000)
- Auswertungen der Innovationsprozesse in den beteiligten Schulen u. a. auf der Basis von Berichten der Beteiligten (ALBERS/HAMEYER/

Schusdziarra 1997, Burk u. a. 1998, Carle 2000, S. 229ff., Ramseger u. a. 2000)

- Elternbefragungen (Stanzel-Tischler/Grogger 1996 und 1997, Hirschfeld u. a. o. J., Hasselhorn/Thiel 2000)
- Unterrichtsbeobachtungen und -analysen (Stanzel-Tischler 1997, Ramseger u. a. 2000)
- Untersuchungen zu didaktischen und methodischen Einzelfragen (Nauck 1999) oder zur Unterrichtsgestaltung im allgemeinen (Hasselhorn/Thiel 2000)
- Querschnittuntersuchungen der kognitiven und der Lernentwicklung der Kinder (insbesondere an einzelnen Schulen und zu einzelnen Aspekten, z. B. Witzlack/Burrmann u. a. hinsichtlich Lesen, Rechtschreiben und Rechnen 1994, 1995, Faust-Siehl u. a. 1999 (vgl. oben), Nauck 1999, breit angelegt in Baden-Württemberg Hasselhorn/Thiel 2000)
- Fallbeispiele zur Leistungsentwicklung von Kindern mit guten und schlechten Lernvoraussetzungen (Witzlack/Burrmann 1995, S. 45ff.)
- Untersuchungen zur motivationalen und sozialen Entwicklung der Kinder (Witzlack/Burrmann 1994, Nauck 1999, Hasselhorn/Thiel 2000)
- Beschreibungen des Tagesablaufs einzelner Kinder unter vier Gesichtspunkten (Rhythmisierung des Schultages/zeitliche Strukturen, Umgang mit Material und Raum, Miteinander/Kooperation und Helfen, Milhoffer, in Hirschfeld u. a. o. J., S. 77ff.)
- Schülerbefragungen zu einzelnen Aspekten und an einzelnen Schulen (Faust-Siehl u. a. 1999, Hirschfeld u. a. o. J. rückblickend in der Orientierungsstufe, noch nicht ausgewertet).

Nicht befragt werden bisher die Erzieher/-innen in Kindergärten, die von den neuen Schuleingangsstufen aufgrund der Änderungen beim Schuleintritt ebenfalls betroffen sind.

Die Liste der untersuchten Aspekte ist erstaunlich umfangreich. Nicht vergessen werden darf jedoch, dass es sich um viele Detailstudien handelt, die unverbunden nebeneinander stehen und nicht miteinander vergleichbar sind. Die neue Schuleingangsstufe wird also (zunehmend mehr) erprobt, aber nicht untersucht. Die anscheinende Bewährung ersetzt die Analyse. Sollte die neue Schuleingangsstufe breit eingeführt werden, könnte es sich rächen, dass nicht begleitend zur schulischen Erprobung gründliche wissenschaftliche Untersuchungen durchgeführt worden sind. Ein besonderer Mangel liegt darin, dass bislang nahezu durchgängig einfache schulstatistische Angaben fehlen: Wie viele Schüler sind im Versuch? Wie viele davon vorzeitig eingeschult? Wie hat sich die Verweildauer entwickelt? Wie viele »3 statt 2«? Wie viele »1 statt 2?« Wie sollen auf dieser unsicheren Basis rationale Entscheidungen getroffen werden, z.B. zur Frage der akzeptablen oder unverantwortbaren Rahmenbedingungen? Der Entwicklungspsychologe M. HASSELHORN, Mitglied der wissenschaftlichen Begleitgruppe in Baden-Württemberg, kommentiert: »Pädagogische Reformideen gibt es wie Sand am Meer. Von den wenigsten weiß man, ob sie die gesteckten Ziele erreichen« (MINISTERIUM FÜR KULTUS, JUGEND UND SPORT 2000, S. 64).

Bei den neuen Schuleingangsstufen handelt es sich um ein komplexes Schulreformvorhaben. Verschiedene Ausprägungsformen sind zu unterscheiden, z.B. Jahrgangsklasse oder jahrgangsübergreifende Lerngruppen mit zwei oder vier »Generationen«. Die einzelnen Maßnahmen können unterschiedlich kombiniert sein, z.B. mit oder ohne sozialpädagogische Arbeit, mit oder ohne sonderpädagogisches Personal. Didaktisch und methodisch kann nach unterschiedlichen Konzepten vorgegangen werden. Die bisherigen Ergebnisse sind als Ansatzpunkte relevant. Überlegungen zu einer wissenschaftlichen Begleitforschungs*strategie* zur neuen Schuleingangsstufe, die sich nicht auf Einzelaspekte beschränkt, liegen bisher von WITZLACK/BURRMANN und im Rahmen der österreichischen Forschungen vor bzw. diese könnte sich am Design der Begleituntersuchungen in Baden-Württemberg orientieren (MINISTERIUM FÜR KULTUS, JUGEND UND SPORT 2000, S. 63ff. und HASSELHORN/THIEL 2000).

Konzentriert sich die Begleitforschung darauf, ob es der neuen Schuleingangsstufe gelingt, gleichermaßen Kinder mit sehr guten und sehr schwachen Voraussetzungen in der Schule lernen zu lassen, ist nach WITZLACK/BURRMANN (1995, S. 3ff.) entweder eine gruppenorientierte oder eine individuumszentrierte schlüssige Längsschnittuntersuchung zu entwickeln. Besondere Bedeutung kommt der Ermittlung der Lernausgangslagen am Schulanfang zu, da alle weiteren Fortschritte auf diese »Basislinie« zu beziehen sind. Es sind jeweils Folgeuntersuchungen am Ende des ersten und des zweiten sowie – für »3 statt 2« – am Ende des dritten Schulbesuchsjahrs durchzuführen. Dafür sind geeignete, aufeinander aufbauende Untersuchungsinstrumentarien notwendig. Besonders dringlich erscheint die Entwicklung von Instrumenten zur Lernausgangslage Schriftsprache, die mit den später einsetzbaren Instrumenten wie z.B. der Hamburger Schreibprobe vereinbar sind (zur Entwicklung, ersten Testung und Folgetestung eines Verfahrens OSSNER/FAUST-SIEHL 2000, parallele Instrumentenentwicklungen z.B. bei HASSELHORN/THIEL 2000 erwähnt, zu weiteren geeigneten Instrumenten siehe den Beitrag von KAMMERMEYER zur Schuleingangsdiagnostik in diesem Band). Ergänzend werden Lernprozessbeobachtungen vorgeschlagen. Die Begleitforschungsstrategie des Zentrums für Schulentwicklung Graz umfasst mindestens sechs Elemente, vor allem die Befragung der Schulleitungen zur Erkundung der standortbezogenen Modellvarianten, Unterrichtsbeobachtungen, Interviews mit Schülern und Lehrkräften, schriftliche Befragungen von Lehrkräften und Eltern sowie das Verfolgen der Schullaufbahnen der Kinder (STANZEL-TISCHLER/GROGGER 1996, S. 4).

Umfangreiche Aufgaben wie diese legen die Kooperation einzelner Forschungsgruppen im Rahmen eines Programms nahe. Für die einschlägig interessierten Forscher/-innen könnte es eine besondere Herausforderung sein, einen Rahmen zu entwickeln, sich auf Instrumente zu einigen, die notwendigen Absprachen zu treffen und koordiniert jeweils Teilaspekte zu untersuchen, so dass nach einigen Jahren deutlicher werden kann, welche Ziele die neuen Eingangsstufen erreichen – und welche möglicherweise nicht.

Fazit

Neue Schuleingangsstufen bestehen in den Bundesländern seit noch nicht einmal zehn Jahren. Auf der Basis der deutschen und der österreichischen Erfahrungen wird man zunächst festhalten, dass die Schulen, die sich für diese Einschulung entscheiden, vom integrativen Ansatz überzeugt sein und sich auf die Veränderungen einlassen müssen. Daher sollten die neuen Einschulungsformen weiterhin freiwillig sein. Die integrative Organisationsform hat bedeutsame, zuvor bereits ausführlich diskutierte Vorteile für Kinder, Lehrkräfte und Eltern. Die Arbeit in integrativen Lerngruppen stellt allerdings besonders hohe Anforderungen. Die neuen Arbeitsbedingungen, insbesondere die noch weiterzuentwickelnden Maßnahmen der Differenzierung und Individualisierung sowie die Teamarbeit, können als Bereicherung erfahren werden. Dazu müssen in der Sicht der Lehrkräfte die Ressourcen »stimmen«.

Mit der neuen Schuleingangsstufe beginnt das Bildungssystem, sich flexibler auf die Bedingungen einzelner Schüler/-innen und Eltern einzustellen. Dies erscheint als bedeutsamer Schritt in Richtung auf mehr Flexibilität und Individualität. Die weiterführende Frage nach der Integration von einigen Jahren des Elementar- und des Primarbereichs zu einer echten »Grundstufe« nach internationalen Vorbildern ist damit zunächst in den Hintergrund gerückt, aber nicht aufgehoben.

Es schließt sich nun die tabellarische Übersicht über die neuen Schuleingangsstufen in den Bundesländern an. Zu Beginn ist die Liste der Fragen zu finden, die Ende 2000 an die Zuständigen in den Ministerien übermittelt wurde. Die Informationen sind nach bestem Wissen zusammengestellt worden, wobei Fehler nicht auszuschließen sind.

Nach der tabellarischen Übersicht und dem Literaturverzeichnis zu diesem Beitrag (einschließlich der in der tabellarischen Übersicht genannten Titel) folgen in diesem Teil des Buchs vier Beiträge. Sie stammen aus den Ländern Hessen, Baden-Württemberg, Nordrhein-Westfalen und Schleswig-Holstein. Der Beitrag von BURK behandelt auf dem Hintergrund des BLK-Modellversuchs und des folgenden Schulversuchs in Hessen die Erfahrungen mit der Veränderung der Einschulung insgesamt. Insbesondere sind weitere Hinweise zur Didaktik und Methodik heterogener Lerngruppen zu finden. BRÄNDLE beschreibt am Beispiel der Lindenschule in Hohenacker, wie eine Schule ein Schulprogramm zur Einschulung entwickelt und auf der Grundlage der Erfahrungen fortlaufend modifiziert. Die Lindenschule ist eine A2-Modellschule im Rahmen des baden-württembergischen Schulversuchs und führt jahrgangsübergreifende Lerngruppen mit halbjährlicher Einschulung. Der Beitrag von COSSON zeigt auf, wie in einer Region verschiedene Lösungen für die Neukonzeption der Schuleingangsphase erprobt werden. Zahlreiche Maßnahmen werden miteinander kombiniert, um vor allem problembelasteten Schulanfängern einen erfolgreichen Schulanfang zu ermöglichen. Der Beitrag von HAMEYER schließlich stellt den Innovationsprozess der neuen Schuleingangsstufe in den größeren Kontext von Innovationsprozessen in Grundschulen bzw. Schulen im allgemeinen. Ein im hessischen Modellversuch entstandenes Konzept zur Neudefinition der schulärztlichen und schulpsychologischen Beteiligung an der Einschulung ist im Teil IV (»Hilfen«) zu finden. Es vermittelt, wie an die Stelle der Statusdiagnostik eine professionelle Fachberatung treten kann.

Tabelle 2 (Seite 240-249): Die neue Schuleingangsstufe in den Bundesländern (Stand Juli 2001)

Die Übersicht beruht auf den Antworten der Ministerien auf den folgenden Fragenkatalog. Mecklenburg-Vorpommern und das Saarland führen keine neuen Schuleingangsstufen. Sie werden daher im Folgenden nicht aufgeführt.

Fragen zur neuen Schuleingangsstufe

(Erläuterung: Die »neue Schuleingangsstufe« ist charakterisiert durch Einschulung aller schulpflichtigen Kinder und der vorzeitig einzuschulenden Kinder ohne vorherige Feststellung der Schulfähigkeit, flexible Verweildauer von bis zu drei Jahren in den Schuljahren 1 und 2 sowie der Integration der Unterstützungsmaßnahmen wie z.B. sozialpädagogische Förderung in die grundschulpädagogische Arbeit.)

1. Allgemeines

1.1 Wie viele Grundschulen mit neuer Schuleingangsstufe gibt es in Ihrem Land?

1.2 Seit wann?

1.3 Voraussichtliche Laufzeit bzw. bereits abgeschlossen?

1.4 Wie ist der rechtliche Status? (Schulversuch? BLK-Modell? Sonstiges?)

1.5 Wie erfolgte die Auswahl der Schulen?

1.6 Ist eine Weiterführung oder breitere Einführung geplant bzw. wann wird darüber entschieden?

2. Merkmale

2.1 Wird auf Zurückstellungen völlig verzichtet?

2.2 Werden die Lerngruppen klassenbezogen oder jahrgangsübergreifend geführt?
Welche Jahrgänge werden zusammengefasst?

2.3 Gibt es auch eine halbjährliche Einschulung?

2.4 Welches sozialpädagogische Fachpersonal wird eingesetzt?

2.5 Wie hoch ist die Anzahl der Sozialpädagogik-Stunden pro Zug oder pro Klasse und Woche?

2.6 Wird Förderdiagnostik eingesetzt?
Nach Ihrer Kenntnis welche?

2.7 Wird im Unterricht differenziert (z.B. im Schriftspracherwerb oder in Mathematik)?
Wird der Schulvormittag rhythmisiert (z.B. in Gleitenden Anfang, Morgenkreis, selbstständige und geleitete Arbeit, Frühstück, Spielpause, Arbeitsgemeinschaften/Musisches Angebot)?

2.8 Arbeitet sonderpädagogisches Fachpersonal vor Ort mit?

2.9 Wie viele Stunden pro Zug oder pro Klasse und Woche?

2.10 Wie werden die Eltern informiert?

3. Rahmenvorgaben

3.1 Wie ist die maximale Klassengröße?
Im Schulversuch verringert?

3.2 Wie viele Zeitstunden oder Unterrichtsstunden werden am Tag bzw. in der Woche erteilt?
Sind Zuschläge/Doppelbesetzungen vorgesehen?

4. Begleitmaßnahmen

4.1 Welche Fortbildungen führen Sie durch?
Auf welchen Ebenen?

4.2 Sind die Schulen berichtspflichtig?

4.3 Kooperieren die Schulen?

4.4 Besteht eine Begleitgruppe?

4.5 Findet eine Wissenschaftliche Begleitung statt?
Liegen Berichte vor? Sind diese öffentlich? (Bitte legen Sie veröffentlichte Berichte bei, wenn es Ihnen möglich ist.)

4.6 Sind aus der neuen Schuleingangsstufe in Ihrem Land bisher Veröffentlichungen hervorgegangen?

Land	1. Allgemeines	2. Merkmale
Baden-Württemberg	Seit 1996/7, landesweiter Schulversuch »Schulanfang auf neuen Wegen«, 3 Modelle (Stand 1999/0): *Modell A:* Jahrgangsgemischte Lerngruppe 1/2 (A1, 63 Schulen), dgl. mit halbjährlicher Einschulung (A2, 19 Schulen) *Modell B:* Verzahnung Grundschulförderklasse (GFK) mit Kl. 1 durch Kooperation der Lehrkräfte, flexibler Übergang in Kl. 1 (aus GFK) und GFK (aus Kl. 1, Einzelfälle) , Förderprogramme für Risikokinder in beiden Gruppen (B1, 72 Schulen), dgl. mit um 6 Monate vorgezogener Einschulung von Risikokindern in GFK (B2, 6 Schulen) *Modell C:* Verschiedene Einzelmaßnahmen mit Schwerpunkten Vertiefte Kooperation mit dem Kindergarten und Schulberichtsvarianten (422 Einzelversuche an 249 Schulen); Freiwillige Meldung der Schulen; Noch keine Aussagen zur Weiterführung.	Nur Modelle A und B: Weitgehender Verzicht auf Zurückstellungen nur bei Modell A; Jahrgangsübergreifende Lerngruppen (Modell A), bei A2 auch halbjährliche Einschulung, oder Jahrgangsklassen (Modell B); Mit Ausnahme von 5 zusätzlichen Erzieherstellen sozialpädagogisches Fachpersonal, soweit Erzieher/-innen durch GFK vorhanden; Förderdiagnostik, Differenzierung und Rhythmisierung, soweit an der Schule eingeführt; Sonderpädagogisches Fachpersonal, sofern an der Schule kooperative oder integrative Schulentwicklungsprojekte stattfinden; Elterninformationen durch Broschüre des Ministeriums, Veranstaltungen, Presseberichte und die Informationen der Schulen.
Bayern	Jede Grundschule hat Auftrag, *im Zweifelsfall* Schulfähigkeit festzustellen; 4/2000 Neuregelung der Einschulung (siehe Beitrag Rossbach in diesem Band); Schulversuch »Jahrgangsgemischte Anfangsklassen«, 25 Schulen, 1998/9 bis ca. 2002; Freiwillige Meldung aufgrund schriftlicher Informationen; Entscheidung über Weiterführung/ Ausweitung nach Ende und Auswertung.	Geringe Zurückstellungsraten (unter 4 %), nur bei Entwicklungsverzögerungen *und keinem* sonderpädagogischen Förderbedarf; jahrgangsübergreifende Lerngruppen 1/2, ggflls. auch 0/1/2; keine halbjährliche Einschulung; kein sozialpädagogisches Fachpersonal; Förderdiagnostik in Zusammenarbeit mit schulischen Beratungsdiensten und sonderpädagogischem Mobilen Dienst; Differenzierung und Individualisierung sind Unterrichtsprinzipien; Schulversuch Rhythmisierung einschließlich integrierter Betreuung (1999–2003); Bei sonderpädagogischem Förderbedarf sonderpädagogische Mobile Dienste (2–4 Std. pro Schüler); Elterninformation im Idealfall durch regelmäßige Gespräche.
Berlin	»Flexibilisierung des Schuleintritts« und »Veränderung des Schulanfangs« sind zwei Teilbereiche des Schulversuchs »Ver-	Zurückstellungen noch gesetzlich vorgeschrieben, durchschnittlich 12 %; Verschiedene Organisationsmodelle: JÜL alle jahrgangsübergreifend (z.B. 0/1/2, 3/4, 5/6 oder

3. Rahmenvorgaben	4. Begleitmaßnahmen
Max. 31 Schüler, kombinierte Klassen (Altersmischung) max. 28, für A-Modelle noch in der Überprüfung (25 angestrebt), durchschnittl. 22,1 Schüler in Kl. 1–4; Nach Stundentafel Kl. 1: 22 Stunden, Kl. 2: 24 Stunden (davon jeweils 2 Std. für Fremdsprache, wird ab 2001/2 sukzessive landesweit aufgebaut), zzgl. 2 Std. Förderunterricht aus Ergänzungsbereich, sofern vorhanden.	Fortbildungen (auch gemeinsam für Lehrer/-innen und Erzieher/-innen) auf mehreren Ebenen: – Akademielehrgänge – Fortbildungsreihen auf Schulamtsebene – Schulintern durch Kooperationsbeauftragte – Informationstage an Lehrerausbildungsseminaren; Schulen berichten jährlich; Schulen kooperieren (6-mal, Schulleitung 2-mal/Jahr); Begleitgruppen an allen 4 Oberschulämtern; Wiss. Begleitung Landesinstitut für Erziehung und Unterricht (mit Prof. Dr. GÖTZ und Prof. Dr. NEUHAUS-SIEMON, Univ. Würzburg, Prof. Dr. HASSELHORN, Univ. Göttingen), langfristig, empirisch-quantitativ angelegt (GÖTZ/NEUHAUS-SIEMON 1999, MINISTERIUM FÜR KULTUS, JUGEND UND SPORT 2000, HASSELHORN/THIEL 2000).
Min. 12, max. 32 Schüler; durchschnittl. 23,7 Schüler/Kl. 1–4; Unterricht lt. Stundentafel Kl. 1: 23, Kl. 2: 24 Stunden; Mehr Zeit in der Überprüfung.	Fortbildungen auf allen Ebenen (schulintern, regional, überregional); Schulen sind nicht berichtspflichtig; Kooperation auf freiwilliger Basis; keine Begleitgruppe; Wissenschaftliche Begleitung des Schulversuchs durch Staatsinstitut für Schulpädagogik und Bildungsplanung (ISB); Handreichung wird erarbeitet; keine offiziellen Veröffentlichungen bisher.
Keine max. Klassengröße festgelegt, Einrichtungsfrequenz sollte bei 26 liegen (Frequenzen von 23–30 vorhanden);	Zahlreiche Fortbildungen zu Anfangsunterricht und Integration durch LISUM; zusätzlich Netz von Fachberatern und -beraterinnen für Anfangsunterricht, schulinterne Fortbildungen;

Land	1. Allgemeines	2. Merkmale
	lässliche Halbtagsgrundschule (VHG)«: 25 Schulen (seit 1998/9), weitere 20 Schulen (seit 1999/0), auf 4 Jahre begrenzt; Außerdem Schulversuch »Jahrgangsübergreifendes Lernen (JÜL)«: 12 Schulen (seit 1999/0), Laufzeit 6 Jahre; Teilnahme auf Antrag; Entscheidung über Fortführung im Rahmen des neuen Berliner Schulreformgesetzes.	0–3, 4–6 o.a.), VHG Jahrgangsklassen mit Kooperation zur Vorklasse oder jahrgangsübergreifend 0–2; keine halbjährliche Einschulung; Erzieher/-innen an den VHG (zzt. durchschnittl. 2 Stellen pro Grundschule); Vorklassenleiter/-innen stehen zusätzlich zur Verfügung; Förderdiagnostik breit eingesetzt; Binnendifferenzierung Unterrichtsprinzip; Rhythmisierung auf freiwilliger Basis; Einzelintegration, Integrationsklassen mit 20 Schülern ohne Behinderung und 3 Schülern mit sonderpäd. Förderbedarf; für jedes Kind 4 Stunden sonderpäd. Förderung, vorrangig von Sonderpäd. erteilt, sowohl im Unterricht als auch in Einzelförderung; Eltern werden bei Anmeldung über die Bedingungen der Schule informiert.
Brandenburg	1992/3–1994/5 2 Grundschulen mit integrierter flexibler Eingangsphase, eine (Neu Zittau) nach wie vor dabei; 1999/0–2002 2 weitere Grundschulen; Auswahl der Schulen gemeinsam mit Schulräten, Schulleitungen und Eltern; Rechtlicher Status: Landesmodellversuch; ab 2001/2 insgesamt 20 Schulen, ab 2003 100 Schulen geplant (keine Schulkindergärten in Brandenburg, nicht schulfähige Kinder verbleiben im Kindergarten).	Keine Zurückstellungen; Kinder lernen in altersgemischten Gruppen (Klassenstufe 1/2); Förderdiagnostik wird eingesetzt; keine Sozialpädagogik-Stunden; keine halbjährliche Einschulung (ab 2001/2 möglich); Differenzierung; Sonderpäd. Fachpersonal wird eingesetzt: 1. Jahr im Schulversuch 7 Std./Klasse, 2. Jahr 5 Stunden, danach Kompetenztransfer an GS-Lehrer/-innen erhofft; punktuelle Beratung durch Beratungsstellen. Eltern werden durch Schulleitung und Lehrer/-innen informiert.
Bremen	Grundschule am Pfälzer Weg seit 1993/4 jahrgangsübergreifende Lerngruppen 0/1/2 in Verbindung mit Kindertagesheim (3- bis 6-Jährige); 1994/5 7 Grundschulen; zzt. ca. 25 % der Grundschulen; flächendeckende Einführung vorgesehen.	Ziel Verzicht auf Zurückstellungen, jedoch soll Entscheidungsrecht der Eltern erhalten bleiben; Jahrgangsübergreifende Lerngruppen und Jahrgangsklassen; halbjährliche Einschulung vorgesehen; Sozialpädagogen und -pädagoginnen für unterrichtsergänzende Fördermaßnahmen am Schulanfang (5 zusätzliche Förderstunden); Differenzierung und Rhythmisierung; Förderdiagnostik (Integration der L-S-E-Kinder in BRE flächendeckend).
Hamburg	Lt. § 38 Hamburgisches Schulgesetz von 4/1997: Schulpflichtig ist, wer vor dem 1.7. 6 Jahre wird; keine Schulfähigkeitsüber-	Jahrgangsklassen, 2 Grundschulen mit jahrgangsübergreifenden Lerngruppen (0/1/2, 3/4); keine halbjährliche Einschulung; Sozialpäd. Fachpersonal als Vorschulklassenleitungen (21

3. Rahmenvorgaben	4. Begleitmaßnahmen
Kl. 1 und 2: 20 Unterrichtsstunden, zusätzlich 2 Religionsstunden, für einen Teil der Schüler zusätzlich Förderunterricht und Deutsch als Zweitsprache + Zuschlag 3 Stunden im Schulversuch VGH; Vorklassen 21 Stunden, offene Betreuungszeit von 7.45–13.35 Uhr, für 16 Schüler eine Vorklassenleitung.	jährlicher Bericht der Schulen; Kooperation über Schulleitersitzungen; VHG wird wissenschaftlich begleitet durch Arbeitsstelle Bildungsforschung Primarstufe, FU Berlin, Prof. Dr. RAMSEGER und Mitarbeiter/-innen (Zwischenbericht RAMSEGER U.A. 2000); JÜL: koordinierende Projektleiterin; keine Veröffentlichungen bisher.
Orientierungsgröße 25 Kinder/Klasse; täglich 4 Stunden, in jeder Klasse im Schulversuch zweite Lehrkraft mit 5 Stunden/Woche.	Fortbildungen zentral und in Form von regionalen Netzwerken zu allen einschlägigen Themen; Material zu Qualitätskriterien der internen Evaluation wird entwickelt; Schulen dokumentieren; Schulen kooperieren; Wissenschaftliche Begleitung der Versuche 1992/3–1994/5 (WITZLACK/BURRMANN 1994 und 1995) sowie 1999/0–2002 (Veröffentlichungen vorgesehen), danach nur noch zu Einzelaspekten.
Max. 27 Schüler, angestrebte max. Klassengröße 25; Unterricht lt. Stundentafel in Kl. 1 und 2 20 Unterrichtsstunden; Erweiterung auf 5 Zeitstunden/Tag im Rahmen der verlässlichen Grundschule angestrebt.	Fortbildungen zentral und regional durch Landesinstitut für Schule (LIS) und an den Lernwerkstätten sowie Austausch und Foren der Schulen; Wissenschaftliche Begleitung durch Universität Bremen (Leitung Prof. Dr. MILHOFFER); Begleitforschungsbericht der Schule am Pfälzer Weg (HIRSCHFELD U.A. O.J.).
Vorschulklassen: Orientierungsfrequenz 25, in Integrationsklassen 20; Durchschnittsfrequenz 20,9; täglich	Freiwillige unterrichtsbegleitende Fortbildung am Institut für Lehrerfortbildung (IfL) unter Mitarbeit des Beratungszentrums für Integration (BZI); Einwöchige Schulanfangstagung für Lehrer/-innen der

Land	1. Allgemeines	2. Merkmale
	prüfung; Zurückstellung möglich auf Antrag der Eltern oder der Schule mit Elternanhörung für Kinder, die zwischen 1.1. und 1.7. 6 Jahre geworden sind. Vorschulklassen nach Bedarf eingerichtet für Zurückgestellte und 5-Jährige; Zurückgestellte haben Rechtsanspruch auf Aufnahme; Verlässliche Halbtagsgrundschule flächendeckend eingeführt (Betreuung von 8.00–13.00 Uhr; Klassen 1–4: 27 Unterrichtsstunden).	Stunden), Vollbeschäftigte zusätzlich 7 Wochenstunden in der Grundschule (bes. Klassen 1 und 2); Förderdiagnostik (insbesondere Hamburger Verfahren, z.B. Hamburger Schreibprobe/May u.a., »Lernbeobachtung Lesen- und Schreibenlernen«/Dehn & Hüttis, »Lernbeobachtung des Lösungsweges beim Rechnen«/Godzik u.a.); Differenzierung gängige Unterrichtspraxis (genauso wie Rhythmisierung den einzelnen Schulen überlassen); Sonderpäd. Fachpersonal in Integrationsklassen und Integrativen Regelklassen im Team mit Grundschullehrkräften und Erziehern und Erzieherinnen; Unterstützungssystem der Regionalen Beratungs- und Unterstützungsstelle (REBUS) bei Bedarf; Elterninformationen zur Einschulung und Aufnahme in Vorschulklasse durch öffentliche Bekanntmachungen und in Gesprächen.
Hessen	1994/5–1998 BLK-Modellversuch mit 5 Schulen und unterschiedlichen Organisationsmodellen; Ausweitung auf 29 Schulen als Schulversuch bis 2004; Schulen konnten sich auf der Basis eines Rahmenkonzepts im Amtsblatt melden; nach erfolgreicher Evaluation evtl. weitere Ausweitung, obligatorische Einführung zzt. nicht geplant.	Zurückstellung auf ausdrücklichen Elternwunsch ist möglich; Jahrgangsübergreifende Stammgruppen 1/2; halbjährliche Einschulung möglich, aber nicht in allen Schulen; Sozialpäd. Fachpersonal eingesetzt (vor allem aus den ehemaligen Vorklassen), für 4 Klassen eine Stelle, ca. 7 Stunden pro Klasse; Förderdiagnostik breit eingesetzt; Differenzierung als Prinzip; Sonderpäd. Fachpersonal wird bei Gemeinsamem Unterricht und ambulanter sonderpädagogischer Förderung eingesetzt; Eltern werden über Schulkonzept durch die Schulen (schriftlich, Informationsabende u.w.m.) informiert.
Niedersachsen	10 Grundschulen seit 1994/7; die letzte Schule beendet Schulversuch 2002; Schulen stellten Antrag auf Genehmigung; Rechtlicher Status: Schulversuch; Auswertung im Gang, nach Abschluss wird über Weiterführung entschieden.	Keine Zurückstellungen; Jahrgangsübergreifende Lerngruppen (1/2); in wenigen Fällen halbjährliche Einschulung möglich; Einsatz von Sozialpädagogen: 0,05 Stunden pro Kind, zum Teil auch in höherem Umfang in Anrechnung auf Lehrerstunden; Förderdiagnostik von Sozial- und Sonderpäd. Fachpersonal in Zusammenarbeit mit Lehrerinnen und Lehrern; Differenzierung und Rhythmisierung; Schulen arbeiten mit »sonderpädagogischer Grundversorgung« (integrative Förderung von Kindern mit sonderpäd. Förderbedarf in den Schwerpunkten Lernen, sozial-emotionales Verhalten, Sprache, Sprechen), wofür Schule ein Kontingent an Sonderschullehrerstunden im Umfang von 2 Wochenstunden pro Klasse hat; Elterninformationen schriftlich und durch Veranstaltungen.

3. Rahmenvorgaben	4. Begleitmaßnahmen
4 Zeitstunden; *Klasse 1 und 2:* Orientierungsfrequenz 26; Durchschnittsfrequenz 24,5 (Kl. 1); 24,1 (Kl. 2); Verlässliche Halbtagsgrundschule; *Integrationsklassen:* Sonderpäd. mit 2,5 Wochenstunden pro behindertem Kind; *Schulen mit Integrativen Regelklassen:* 3 Sonderpäd.-stellen mit 27 Stunden und 1 Erzieherstelle pro zweizügige Grundschule.	Schulanfangs- und Vorschulklassen; Bedarfsorientiert schulinterne Fortbildungsangebote des IfL; keine Berichtspflicht; Kooperation der Schulen unterschiedlich, im Ermessen der einzelnen Schulen; Keine Begleitgruppe, keine Veröffentlichungen.
max. 28 Kinder; 20 Wochenstunden, täglich 4 Zeitstunden vorgesehen.	Fortbildungen: – regionale Projektgruppen – regionale Angebote des HeLP – zentrale Jahrestagung für die Schulen des Schulversuchs zum Erfahrungsaustausch; Zweimal jährlich Berichte der Schulen; Kooperation in Regionalgruppen; Begleitung durch zentrale Projektgruppe und regionale Projektgruppen; Wissenschaftliche Begleitung durch Universität Frankfurt (Prof. Dr. Faust-Siehl), außerdem Einzelaufträge und Gutachten zu besonderen Fragen; 1998 Abschlussbericht BLK-Modellversuch, eingegangen in die Veröffentlichung Burk u.a. 1998. Vgl. auch Diehm o.J.
Klassengröße: Bandbreite von 20–28 Schüler; Durchschnitt 1999/2000: 21,7 Schüler; 5 Zeitstunden Unterricht an fünf Tagen in der Woche vorgesehen.	Lehrerfortbildungen mit jährlich zwei zentralen Halbwochenkursen und zwei eintägigen Arbeitstagungen in den Schulen (Begleitung bei der Schulprogrammentwicklung); jährlicher Zwischenbericht der Schulen, Abschlussbericht; Kooperation der Schulen; Lehrerfortbildungen als «Begleitgruppe«; keine wissenschaftliche Begleitung (mit Ausnahme einzelner Schulen); Veröffentlichungen u.a. in: Beispiele. In Niedersachsen Schule machen, 15. Jg., 1997/H. 3.

Land	1. Allgemeines	2. Merkmale
Nordrhein-Westfalen	BLK-Modellversuch »Förderung innovativer Lernkultur in der Schuleingangsphase« (FiLiS) im Rahmen des BLK-Programms »Qualitätsverbesserung in Schulen und Schulsystemen« (QuiSS) mit 7 Schulen (1–2 pro Regierungsbezirk, über den Aufbau regionaler Netzwerke weitaus größere Anzahl regional einbezogen, dabei Nutzung neuer Technologien) 1999/0–2003/4; Bereits 1996 an Veränderung des Schulanfangs interessierte Schulen wurden eingeladen; Breitere Einführung vorgesehen.	Kinder werden formal noch zurückgestellt, verbleiben aber je nach Schulkonzept z. T. auch in der Schulklasse; Je nach Schule Jahrgangsklassen, teilweise auch jahrgangsübergreifend (auch 0/1/2 und 3/4); Keine halbjährliche Einschulung; Sozialpäd. Fachpersonal der Schulkindergärten in den Anfangsklassen, sofern vorhanden, volle Stelle beträgt 27 Unterrichtsstunden; Breiter Einsatz von Förderdiagnostik, verschiedene Verfahren; Differenzierung und Rhythmisierung sind gängige Praxis; Nach Feststellung von sonderpäd. Förderbedarf entsprechend üblicher Regelung, auch präventiv, falls Sonderpäd. Fachpersonal an der Schule; Elterninformation mündlich und schriftlich durch die jeweilige Schule.
Rheinland-Pfalz	2 Schulen 1994/5, danach 20 Schulen im Projekt »Gemeinsamer Schulanfang«; freiwillige Meldung; unbestimmte Laufzeit; Weiterführung vorgesehen.	Keine Schulfähigkeitsüberprüfung; wenn Zurückstellungen, dann aus medizinischen Gründen; In der Regel Jahrgangsklassen; flexible Verweildauer (ein bis drei Jahre); keine halbjährliche Einschulung; keine Angaben über Förderdiagnostik; Sozialpäd. Fachpersonal: Projektschulen erhalten pro Zug einen 1/3 Vertrag für eine pädagogische Fachkraft (volle Stelle: 29 Stunden Präsenz); Differenzierung und Rhythmisierung finden statt (u.a. »Betreutes Frühstück«); Sonderpäd. Fachpersonal: Einsatz an einigen Standorten möglich, nicht die Regel; Eltern werden vor Beginn über die Grundzüge des «Gemeinsamen Schulanfangs« informiert.
Sachsen	4 Grundschulen seit 1997, Laufzeit nicht absehbar; 2001/2 erweitert auf alle Regionalschulamtsbereiche (insgesamt jetzt 20 Schulen); Rechtlicher Status: Projekt des SMK; Auswahl der Schulen in Abstimmung mit Regionalschulämtern.	Auf Zurückstellungen wird bis auf einzelne Ausnahmen verzichtet; Jahrgangsklassen; Keine halbjährliche Einschulung; Kein Einsatz von sozialpäd. Fachpersonal; Gezielte Förderpläne; Differenzierung und Rhythmisierung finden statt; Stundenweise arbeitet sonderpäd. Fachpersonal mit; Eltern werden über Elternabende, Elternbriefe und Gespräche informiert.
Sachsen-Anhalt	4 Schulen seit 1997, 2000/1 17 Schulen, ab 2001/2 weitere 23 Schulen; keine Begrenzung der Laufzeit; Freiwillige Meldung, Schulkonzept erforderlich;	Keine Zurückstellungen; Schulen entscheiden über die Art der Gruppenbildung, Tendenz geht in Richtung jahrgangsübergreifende Lerngruppen; keine halbjährliche Einschulung; ab 2001/2 pädagogische Mitarbeiter/-innen (Erzieher/-innen

3. Rahmenvorgaben	4. Begleitmaßnahmen
Üblicher Klassenteiler, max. 30, durchschnittl. 24 Schüler in Kl. 1–4; Nach Stundentafel: 19–20 Std. Kl. 1, 22 Std. Kl. 2.	Projektmittel für regionale und schulinterne Fortbildungen, regionale Fachtagungen geplant; Schulen berichten halbjährlich; Schulen kooperieren regional und zentral; Zwei zentrale Begleitgruppen: AG Gesamtkoordination 2-mal jährlich, AG Grundschulen alle 4–6 Wochen; Wissenschaftliche Begleitung: Konzeption durch BLK nicht genehmigt, wird überdacht; Jetzt Experten aus Praxis und der Univ. Siegen (Dr. BRINKMANN und Dr. PANAGIOTOPOULOU), dem IPN und der PH Heidelberg (Prof. Dr. SELTER) einbezogen; erste Veröffentlichung KROPP/MIKA 2001, weitere Veröffentlichungen fortlaufend.
max. 30 Schüler; 20 Stunden (täglich 8–12 Uhr im Rahmen der »Vollen Halbtagsschule«).	Zentrale Fortbildungen bei der Einführung des Modells; Schulen kooperieren, keine Berichtspflicht; keine Begleitgruppe; keine wissenschaftliche Begleitung, keine Veröffentlichungen.
max. 20 Schüler; Stundentafel Kl. 1: 22 Std., Klasse 2: 24 Std.; Klassen im Versuch erhalten 30 Lehrerwochenstunden (zweite Lehrkraft mit 10 Std., dadurch Doppelbesetzung oder Förderunterricht möglich, Schulen entscheiden über die Verwendung, Ermäßigung für Klassenlehrer/-innen vorgesehen).	keine Fortbildungen; Schulen sind berichtspflichtig; Kooperation findet statt; Begleitung durch SMK; keine wissenschaftliche Begleitung; keine Veröffentlichungen.
Richtzahl: 28 Schüler, Kl. 1 und 2 je 21 bis 23 Std.; ab 2001/2 verbindliche Öffnungszeit der Grundschulen 5,5 Zeitstunden.	Fortbildungsprogramm für Schulleitungen und Lehrkräfte unter Leitung des LISA; keine Berichtspflicht; Kooperation findet in eigener Verantwortung statt; Begleitgruppe: Fachmoderatoren, Mitarbeiter des LISA;

Land	1. Allgemeines	2. Merkmale
	kein besonderer rechtlicher Status; Lt. Schulgesetz des Landes Sachsen-Anhalt § 4 (3) kann Gesamtkonferenz beschließen, dass eine »Schuleingangsphase« eingerichtet wird (Klasse 1 und 2, flexible Verweildauer 1–3 Jahre, dann keine Zurückstellungen).	mit Lehrbefähigung) für alle Grundschulen (durchschnittlich eine päd. Mitarbeiterstelle pro Zug); Über Förderdiagnostik entscheidet die Schule, ggf. nach Abstimmung und Beratung mit der sonderpädagogischen Beratungsstelle; Differenzierung und Rhythmisierung finden statt; Sonderpäd. Fachpersonal nach Feststellung des sonderpäd. Förderbedarfs; Elterninformationen durch Beratungen, offene Unterrichtsstunden, ausführliche Entwicklungsberichte zu jedem Schulhalbjahr.
Schleswig-Holstein	Ab 1994/5 5 Schulen, 1995/6 weitere 7 Schulen aufgrund freiwilliger Meldung; Entwicklung von schulischen Förderkonzepten als Alternative zur Zurückstellung, Erprobung einer »flexiblen Eingangsphase«; 1996 »Orientierungsrahmen: Zweijährige Eingangsphase in der Grundschule«; Beendigung 7/1997 mit Empfehlungen, die in das Schulgesetz, die Grundschulordnung (GrO) und in den revidierten Lehrplan von 1998 aufgenommen werden; Konzeptentwicklung für die Eingangsphase als Aufgabe der Einzelschule; Zahl der Schulen, die davon Gebrauch machen, nicht bekannt, 45 Schulen lassen Schulkindergarten ruhen.	Kein Verzicht auf Zurückstellungen, weiterer Erhalt der Schulkindergärten ab mind. 8 Schüler; Jahrgangsklassen; keine halbjährliche Einschulung; Mit Ausnahme von 9 neuen Stellen keine zusätzlichen Ressourcen; Sozialpäd.-Stunden, sofern durch Ruhen des Schulkindergartens vorhanden; Sonderpäd. Fachpersonal, sofern sonderpäd. Förderbedarf festgestellt; Öffentlichkeitsarbeit 1994–1997 u.a. mit dem Ziel, Eltern über »negative Folgen einer späten Einschulung aufzuklären«.
Thüringen	Seit 1998/9 5 Schulen, seit 1999/0 Schulversuch »Veränderte Schuleingangsphase« mit 15 Schulen, 4 Jahre Laufzeit; Auswahl durch Kultusministerium in Absprache mit ThILLM auf der Basis von eingereichten Konzeptionen; Änderungen der gesetzlichen Rahmenbedingungen auf der Grundlage der Ergebnisse des Schulversuchs geplant.	Keine Überprüfung der Schulfähigkeit, alle schulpflichtigen Kinder aufgenommen; Jahrgangsübergreifende Lerngruppen (1/2); Keine halbjährliche Einschulung; Erzieher/-innen mit Lehrbefähigung als sozialpädagogisches Fachpersonal, enge Zusammenarbeit von Schule und Hort, im Schulversuch Sonderzuweisung, Koordination von schul- und sozialpäd. Arbeit Aufgabe der Lehrer/-innen und Erzieher/-innen; Förderdiagnostik breit eingesetzt, Unterstützung der Grundschulen durch Förderschulen mit 2–10 Std./Lerngruppe; Öffnung des Unterrichts mit Differenzierung und Individualisierung, Schulen entscheiden über die Ausgestaltung; Elterninformationen u.a. durch Unterrichtshospitation und Mitarbeit in Beiräten zum Schulversuch.

3. Rahmenvorgaben	4. Begleitmaßnahmen
	Grundschule »Brüder Grimm«, Halle, wurde zeitweilig von der Univ. Halle-Wittenberg beraten (Prof. Dr. Prengel, E. Stuchlik, Prof. Dr. Kohl), aber keine wissenschaftliche Begleitung; Veröffentlichung Stuchlik o.J., vgl. auch Prengel u.a. 1999 und Prengel 2001.
Kein maximaler Klassenteiler, Mindestgröße 15 angestrebt; üblicher Stundenrahmen (Klasse 1: 19 Std., Klasse 2: 21 Std., jedoch Stundentafel seit 1989 relativiert, da kein Klassenteiler vorgegeben).	Zentrale und regionale Fortbildungen zu verschiedenen Aspekten des Anfangsunterrichts; Ausbildung von 24 Spielemoderatorinnen und -moderatoren durch IPTS (mit finanzieller Selbstbeteiligung); 1994–1997 Projektgruppe unter Mitarbeit von Prof. Dr. Hameyer, Univ. Kiel; Berichte der Kooperationsschulen; Bericht der Landesregierung 14/1523 vom 18.6.1998; Veröffentlichung Albers/Hameyer/Schusdziarra 1997.
Kein Klassenteiler, Stundenzuweisung basiert auf Sockel-Faktoren-Modell (Kl. 1: 0,839 Std./Schüler, Kl. 2–3: 0,911 Std./Schüler, Sockel 11–12 Std.); Sockel basiert auf min. Schülerzahl 14, wird unabhängig von der Klassenanzahl einer Jg.-Stufe nur einmal vergeben; Mögliche Sonderzuweisung: pro jahrgangsübergreifende Lerngruppe bis zu 5 Lehrerstunden/Woche.	Angebot eines Unterstützungssystems durch ThILLM: Initiierung, Qualifizierung, Beratung und Begleitung schulinterner Gruppen für die Bereiche Unterrichts- und Organisationsentwicklung; Schulen sind berichtspflichtig; Schulen kooperieren; Begleitgruppe vorhanden; Wissenschaftliche Begleitung durch Univ. Bremen (Prof. Dr. Carle), jährliche Zwischenberichte und Abschlussbericht; erste Veröffentlichung durch ThILLM (ThILLM 2000).

ALBERS, S./HAMEYER, U./SCHUSDZIARRA, G. (Hrsg.): Flexible Eingangsphase in der Grundschule. Sechs Portraits aus der Praxis. Kronshagen 1997

BILDUNGSDIREKTION DES KANTONS ZÜRICH (Hrsg.): Vom Kindergarten in die Schule. Kindergarten, Kindergarten +, Grundstufe. Zürich 2000

BILDUNGSDIREKTION DES KANTONS ZÜRICH (Hrsg.): Reformjournal, Informationen zur Zürcher Volksschulreform. Schwerpunkt: Grundstufe. Zürich 2001

BUNDESMINISTERIUM FÜR UNTERRICHT UND KULTURELLE ANGELEGENHEITEN, Wien, ZENTRUM FÜR SCHULENTWICKLUNG DES BMUK, Klagenfurt (Hrsg.): Aller Anfang, Heft 6. Klagenfurt 1999

BURK, K./FAUST-SIEHL, G.: Gesetzliche Grundlagen zum Schulanfang. In: BRÜGELMANN, H./FÖLLING-ALBERS, M./RICHTER, S./SPECK-HAMDAN, A. (Hrsg.): Jahrbuch Grundschule. Fragen der Praxis – Befunde der Forschung. Seelze 1999, S. 82-84

BURK, K./MANGELSDORF, M./SCHOELER, U. U.A.: Die neue Schuleingangsstufe. Lernen und Lehren in entwicklungsheterogenen Gruppen. Weinheim und Basel 1998

BUNKOWSKI, E.-M./REHBERG, A./TESCH, V.: Sonderpädagogische Förderung an der Grundschule Dürerring in Salzgitter. In: Beispiele. In Niedersachsen Schule machen, 15. Jg., 1997/H. 3, S. 53-57

CARLE, U.: Was bewegt die Schule? Internationale Bilanz, praktische Erfahrungen, neue systematische Möglichkeiten für Schulreform, Lehrerbildung, Schulentwicklung und Qualitätssteigerung. Baltmannsweiler 2000

DIEHM, I.: Eine Zusammenfassung von Schulgesprächen aus der Anfangsphase des Modellversuchs »Pädagogische und strukturelle Neukonzeption des Schulanfangs entsprechend einer ökopsychologischen Sichtweise bei Integration der Sondermaßnahmen zur Förderung der Schulfähigkeit in das 1. und 2. Schuljahr« unter der Trägerschaft des Landes Hessen. O. O., o. J.

EDK (Schweizerische Konferenz der kantonalen Erziehungsdirektoren): Dossier 48 A, Bildung und Erziehung der vier- bis achtjährigen Kinder in der Schweiz. Eine Prospektive. Bern 1997

EDK: Erste Empfehlungen zur Bildung und Erziehung der vier- bis achtjährigen Kinder in der Schweiz. August 2000

EINSIEDLER, W.: Unterrichtsqualität und Leistungsentwicklung. Literaturüberblick. In: WEINERT, F. E./HELMKE, A. (Hrsg.): Entwicklung im Grundschulalter. Weinheim 1997, S. 225-240

FAUST-SIEHL, G.: Schulfähigkeit, Zurückstellung und Integrativer Schulanfang. Neue Entwicklungen bei der Einschulung. In: Die Grundschulzeitschrift 85/1995, S. 26-31

FAUST-SIEHL, G.: Schulanfang in der »Veränderten Grundschule«. In: Die Grundschulzeitschrift 104/1997, S. 10-14

FAUST-SIEHL, G./GARLICHS, A./RAMSEGER, J./SCHWARZ, H./WARM, U.: Die Zukunft beginnt in der Grundschule. Empfehlungen zur Neugestaltung der Primarstufe. Frankfurt 1996

FAUST-SIEHL, G. (in Zusammenarbeit mit M. FRANKE, B. WALKER und U. WINGENFELD): Soziale Beziehungen und Lernentwicklung in altersgemischten Lerngruppen am Schulanfang. Unveröffentlichtes MS Frankfurt 1999

GÖTZ, M./NEUHAUS-SIEMON, E.: Schulanfang auf neuen Wegen – Der Modellversuch in Baden-Württemberg. In: BRÜGELMANN, H./FÖLLING-ALBERS, M./RICHTER, S./SPECK-HAMDAN, A. (Hrsg.): Jahrbuch Grundschule. Fragen der Praxis – Befunde der Forschung. Seelze 1999, S. 35-41

HASSELHORN, M./THIEL, R.: Zwischenbericht: Wissenschaftliche Begleituntersuchung »Schulanfang auf neuen Wegen«. Unveröffentlichtes MS. Stuttgart 2000

HEYER-OESCHGER, M.: Kindergarten und Schule – getrennt oder gemeinsam? Verschiedene Wege in die Zukunft. In: ERZIEHUNGSDIREKTION DES KANTONS ZÜRICH (Hrsg.): Kindergarten und Schule – getrennt oder gemeinsam? Verschiedene Wege in die Zukunft. Tagungsbericht. Zürich 1996, S. 10-36

HIRSCHFELD, CH. U.A.: Jahrgangsübergreifendes Lernen im Anfangsunterricht. Eine Antwort auf Einschulungsprobleme sowie eine Möglichkeit zu individueller Lernförderung und sozialer Integration. Abschlussbericht des Forschungsprojekts 40 der Schulbegleitforschung in Bremen. Bremen o. J.

HOLTHAUS, U. große: Jahrgangsübergreifender Unterricht. In: Beispiele. In Niedersachsen Schule machen, 15. Jg., 1997/H. 3, S. 40-43

JOPPICH, E. U.A.: Schülereinschreibung. Aufgaben, Rechte, Pflichten, Punkt für Punkt. Klagenfurt 2000

KROPP, U./MIKA, CH.: Förderung innovativer Lernkultur in der Schuleingangsphase – FILIS –. In: Schulverwaltung NRW, 2001/H. 5, S. 143-145

LAMBRICH, H.-J./STEUER, A.: Den Schulanfang neu gestalten. Die kindgerechte, flexible Schuleingangsphase (FLEX) in Brandenburg. In: Die Grundschulzeitschrift 104/1997, S. 22 und 51-53

LASSEK, M./STRUCKMEYER, R.: Altersgemischte Anfangsklassen – eine Regelschule geht am Schulanfang neue Wege. In: Laging, R. (Hrsg.): Altersgemischtes Lernen in der Schule. Grundlagen, Schulmodelle, Unterrichtspraxis. Baltmannsweiler 1999, S. 169-183

LIEBERS, K.: Förderdiagnostik und individuelle Förderung in der Flexiblen Eingangsstufe. In: Die Grundschulzeitschrift 104/1997, S. 64-67

MANGELSDORF, M./SCHOELER, U.: Integration der sozialpädagogischen Arbeit am Schulanfang. In: Die Grundschulzeitschrift 104/1997, S. 54-57

MINISTERIUM FÜR KULTUS, JUGEND UND SPORT BADEN-WÜRTTEMBERG (Hrsg.): Schulanfang auf neuen Wegen. Informationen für Schulen, Kindergärten und Eltern. Dokumentation eines Projektes der Schuleingangsstufe. Stuttgart 2000

NAUCK, J.: »Neustrukturierter Schulanfang« als Schulversuch. In: KIPER, H./NAUCK, J. (Hrsg.): Unterrichten im ersten Schuljahr. Pädagogische Überlegungen, fachdidaktische Grundlagen, Anregungen für die Praxis. Baltmannsweiler 1999, S. 228-248

NAVE, K.-H.: Die allgemeine deutsche Grundschule. Ideengeschichtliche Grundlegung und Verwirklichung in der Weimarer Republik. Frankfurt 1980

OSSNER, J./FAUST-SIEHL, G.: Aufgaben zum Schulanfang: Schriftspracherwerb. Unveröffentlichtes Testverfahren. Frankfurt 2000

PETILLON, H.: Das Sozialleben des Schulanfängers. Die Schule aus der Sicht des Kindes. Weinheim 1993

PRENGEL, A.: Vielfalt durch gute Ordnung im Anfangsunterricht. Unter Mitarbeit von U. GEILING, F. HEINZEL und M. HEMME-KREUTTER. Opladen 1999

PRENGEL, A.: Schulen für Kinder: flexible Eingangsphase und feste Öffnungszeiten in der Grundschule. Unter Mitarbeit von D. HOLLER U. A. Bad Heilbrunn 2001

RAMSEGER, J./DREIER, A./KUCHARZ, D./SÖRENSEN, B.: Schulversuch »Verlässliche Halbtagsgrundschule« des Landes Berlin. Erster Zwischenbericht der Wissenschaftlichen Begleitung zu den Teilbereichen »Veränderter Schulanfang« und »Differenzierung und Profilbildung in den Klassen fünf und sechs«. Berlin 2000

RICHTER, S.: »Schulfähigkeit des Kindes« oder »Kindfähigkeit der Schule«? In: BRÜGELMANN, H./FÖLLING-ALBERS, M./RICHTER, S./SPECK-HAMDAN, A. (Hrsg.): Jahrbuch Grundschule. Fragen der Praxis – Befunde der Forschung. Seelze 1999, S. 7-29

ROSSBACH, H.-G.: Empirische Vergleichsuntersuchungen zu den Auswirkungen von jahrgangsheterogenen und jahrgangshomogenen Klassen. In: LAGING, R. (Hrsg.): Altersgemischtes Lernen in der Schule. Grundlagen, Schulmodelle, Unterrichtspraxis. Baltmannsweiler 1999, S. 80-91

RÜDIGER, D./KORMANN, A./PEEZ, H.: Schuleintritt und Schulfähigkeit. Zur Theorie und Praxis der Einschulung. München 1976

STANZEL-TISCHLER, E.: Evaluation der Schulversuche zum Schuleingangsbereich. Unterrichtsbeobachtungen an sechs Versuchsschulen in der Steiermark (Schuljahr 1995/96). ZSE-Report 28. Graz 1997

STANZEL-TISCHLER, E./GROGGER, G.: Ergebnisse einer Schulleiterbefragung im Rahmen der Evaluation der Schulversuche zum Schuleingangsbereich (§ 131c SchOG) im Schuljahr 1994/95. ZSE-Report 19. Graz 1996

STANZEL-TISCHLER, E./GROGGER, G.: Ergebnisse einer Lehrerbefragung im Rahmen der Evaluation der Schulversuche zum Schuleingangsbereich (§ 131c SchOG) im Schuljahr 1994/95. Graz 1997

STUCHLIK, E. (Hrsg.): Neugestaltung der Schuleingangsphase – ein Modellversuch an der Grundschule »Brüder Grimm« Halle/Saale unter dem Schwerpunkt Sprache im Auftrag des Kultusministeriums des Landes Sachsen-Anhalt. Halle-Wittenberg o. J.

THÜRINGER INSTITUT FÜR LEHRERFORTBILDUNG, LEHRPLANENTWICKLUNG UND MEDIEN (THILLM): Veränderte Schuleingangsphase an Thüringer Grundschulen. Entwicklungsstand und Perspektive eines Schulversuchs. O.O. 2000

WICHERT-SCHÜRMANN, H.: Jahrgangsübergreifende Klassen in einer 3-zügigen Grundschule. In: Beispiele. In Niedersachsen Schule machen, 15. Jg., 1997/ H. 3, S. 44-48

WITTMANN, E. CH./MÜLLER, G. N.: Handbuch produktiver Rechenübungen. Band 1, Vom Einspluseins zum Einmaleins. Stuttgart und Düsseldorf 1990

WITZLACK, G./BURRMANN, U.: »Flexible kindgemäße Schuleingangsstufe« – Schulversuch in Neu Zittau und Werneuchen. Forschungsbericht 1994. Berlin 1994

WITZLACK, G./BURRMANN, U.: »Flexible kindgemäße Schuleingangsstufe« – Schulversuch in Neu Zittau und Werneuchen. Forschungsbericht 1995. Berlin 1995

WOCKEN, H.: Leistung, Intelligenz und Soziallage von Schülern mit Lernbehinderungen. Vergleichende Untersuchungen in Hamburg. In: Zeitschrift für Heilpädagogik, 51. Jg., 2000/H. 12, S. 492-503

ZIMMER, J./PREISSING, CH./THIEL, TH./HECK, A./KRAPPMANN, L.: Kindergärten auf dem Prüfstand. Dem Situationsansatz auf der Spur. Seelze 1997

Karlheinz Burk

Die Veränderung der Einschulung

Dieser Beitrag thematisiert die Veränderung der Einschulung in der neuen Schuleingangsstufe; es werden die Rahmenvorgaben des hessischen Schulversuchs »Neukonzeption der Schuleingangsstufe« zugrunde gelegt (Amtsblatt 1998). Der Autor war bis 10/2000 Leiter des Projekts. Kursivtexte sind Zitate aus verschiedenen Projektpapieren.

Einschulung der Sechsjährigen kann heißen:

- Jedes Kind, das 6 Jahre alt geworden ist, wird am nächsten Schultag in die Schule aufgenommen (im Hinblick auf 5-Jährige z.B. in Neuseeland). Oder:
- Jedes Kind, das bis zum 30. Juni 6 Jahre alt wird, ist schulpflichtig und wird zum 1. August eingeschult (Bundesrepublik Deutschland). Oder:
- Jedes 6-Jährige kann bis zum 1. Februar in die Schuleingangsstufe aufgenommen werden (Schulversuch).

Zwischen diesen Möglichkeiten liegen Welten. Doch wird deutlich: *Einschulung* ist keine von vornherein festliegende Größe, auch kein Ergebnis wissenschaftlicher Erkenntnisse; es handelt sich um ein komplexes Entscheidungsproblem mit lauter variablen, teilweise historisch und kulturell bedingten Größen. So ist es einerseits nicht verwunderlich, dass verschiedene Staaten die Einschulung anders praktizieren, andererseits jede Veränderung der Einschulung mit Widerständen unterschiedlichster Art zu rechnen hat. Die Öffnung der rechtlichen Vorgaben ist eine Voraussetzung für eine Veränderung, der Weg selbst muss von den Lehrerinnen und Lehrern gegangen werden.

»Neue Aufgaben und veränderte Anforderungen in der Schule lassen sich nicht leichter umsetzen als die relativ kleinen Vorsätze im privaten Bereich, im Gegenteil, die sozialen Verflechtungen und die erlernte Lehrerrolle erschweren die Umsetzung. Sehr bald nach den äußeren organisatorischen Veränderungen wurde klar: Die Einstellung zu den Kindern und dem Unterrichten muss sich bei den Lehrenden neu vollziehen. Diesem sehr sensiblen Punkt des Veränderungsprozesses musste besondere Aufmerksamkeit gewid-

met werden. Es brauchte dafür Zeit, denn die Menschen, die daran beteiligt sind, haben als Lehrerinnen und Lehrer ihr ganz spezielles Verhaltensrepertoire, welches nicht einfach umprogrammiert werden kann. Auch bei ihnen muss Lernen stattfinden. Wie alle Lernprozesse vollziehen sich auch diese höchst individuell und hängen von den Erfahrungen und den Möglichkeiten der Einzelnen ab. Nicht bei allen war die Einsicht in die Notwendigkeit zur Veränderung vorhanden. So vollzog sich die Veränderung nicht nur strukturell, sondern parallel dazu war Überzeugungsarbeit und Entwicklungsbereitschaft bei den Lehrerinnen und Lehrern notwendig« (HILLIGER 2001, S. 2).

Wie groß die erforderlichen Veränderungen sind, wurde erst im Verlauf des Schulversuchs erkannt. Die Veränderungen beinhalten mehr als eine Modifikation der Einschulungspraktiken. Einschulung kann nicht punktuell auf den ersten Schultag bezogen werden, sondern sie ist zum einen die Zeitspanne des Übergangs von der Vorschulzeit in die Schule und die Zeit der Gewöhnung an die neue Lebenswelt Schule, zum anderen Teil der Schuleingangsstufe. Jede strukturelle und konzeptionelle Veränderung der Einschulung hat Auswirkungen auf die Gestaltung der Schuleingangsstufe, setzt ein verändertes Konzept voraus bzw. fordert es ein.

Paradigmenwechsel: Einschulung keine »Laufbahnentscheidung«

»Die Einschulung (Aufnahme oder Zurückstellung) ist neben Versetzung /Nichtversetzung, freiwilligem Zurücktreten, möglicher Sonderschulüberweisung und Übergang zu weiterführenden Schulen eine der Verzweigungsstellen in der Grundschule, die in der Regel Laufbahnentscheidungen erforderlich machen. Zu treffende Entscheidungen sind längerfristig wirksam, weil sie die Schullaufbahn des Kindes mehr oder weniger stark bestimmen. Deshalb ist die Einschulung für die Betroffenen von besonderer Bedeutsamkeit« (WEIGERT 1994, S. 105).

»Es gibt keine Überprüfung der Schulfähigkeit. Alle schulpflichtigen Kinder werden in die Schule aufgenommen. Auch die Kinder, die in der Zeit vom 1. Juli bis 31. Dezember das 6. Lebensjahr vollenden, können – wenn die Eltern es wünschen – ohne Feststellung der Schulfähigkeit aufgenommen werden« (Amtsblatt, S. 582).

Mit dieser Rahmenvorgabe kann Einschulung keine Laufbahnentscheidung mehr sein. Die Hürde am Schulanfang entfällt. Damit wird die Konsequenz aus dem immer wieder neu konstatierten Sachverhalt gezogen, dass der Eingang zur Schule noch keine überzeugende Struktur und pädagogische Konzeption gefunden hat. Einschulung gilt seit Jahrzehnten als ein ungelöstes Problem (KERN 1951; FAUST-SIEHL U.A. 1996, S. 144ff.). Die Kritik richtet sich vor allem auf

- das *Konzept der Schulfähigkeit:* Schon in den 70er Jahren wird Schulfähigkeit als Relationsbegriff verstanden, als Zusammenspiel von persönlichen Voraussetzungen schulpflichtiger Kinder und den Anforderungen der Schule. Dieses Wechselverhältnis wird in der Praxis der Schulaufnahme in der Regel dahin verändert, dass die Anforderungen der Schule als Konstante gesetzt werden und die Schulfähigkeit weitgehend als Fähigkeit interpretiert wird, über die das Kind beim Eintritt in die Schule verfügen soll (siehe dazu den Beitrag von KAMMERMEYER in diesem Band).

- die *Praxis der Zurückstellung und die Maßnahmen für zurückgestellte Kinder*: Die Einschulungspraktiken der einzelnen Schulen weichen sehr stark voneinander ab; Aufnahme und Zurückstellungen schwanken von Schule zu Schule, da es weder eine allgemein gültige Vorstellung von Schulfähigkeit gibt noch angemessene Verfahren, um die Relation zwischen dem Entwicklungsstand des Kindes und den Möglichkeiten der Schule im Hinblick auf den Schulerfolg zuverlässig zu diagnostizieren. Dies führt ebenso zu Chancenungleichheiten wie der Sachverhalt, dass nur für einen Teil der zurückgestellten Kinder eine Fördereinrichtung (Vorklassen/Schulkindergärten) zur Verfügung steht (siehe dazu die Beiträge von KAMMERMEYER und ROSSBACH in diesem Band). Aber auch diese Einrichtungen sind bundesweit auf den Prüfstand gestellt, weil durch die Zusammensetzung der Gruppen Erziehungsprobleme entstehen können und den Kindern die fordernde Anregung einer leistungsmäßig und sozial heterogenen Lerngruppe fehlt. Hinzu kommt, dass oft bis zu 20 Kinder aus verschiedenen Schulbezirken zusammengefasst werden. Andererseits darf nicht übersehen werden, dass durch den Ausbau der Schulkindergärten/Vorklassen das »Sitzenbleiberelend« (KERN 1951) in den Anfangsklassen vermindert wurde. Es kann daher nicht um ein ersatzloses Streichen dieser Einrichtungen gehen; jedes neue Konzept muss zeigen, wie die Förderarbeit dieser Einrichtungen wahrgenommen werden kann. Mit dem Verzicht auf die Überprüfung der Schulfähigkeit ist es nicht getan. Ein weiterer Paradigmenwechsel ist erforderlich.

Paradigmenwechsel: Heterogenität als Auftrag

Der Unterricht wird so gestaltet, dass jedes einzelne Kind entsprechend seinen Voraussetzungen Lernangebote nutzen und auch Entwicklungsrückstände abbauen kann (Amtsblatt, S. 582).

Diese Anforderung kann in jedem Rahmenplan für die Grundschule stehen. Die Erkenntnis ist nicht neu, dass Kinder unterschiedlich lernen, dass sie unterschiedlich viel lernen, tun und erledigen können, dass sie das, was sie in der Schule tun, sehr verschieden erleben und verarbeiten, dass sie gleiche Ziele zu verschiedenen Zeitpunkten erreichen, dass die einen mehr, die anderen weniger der Hilfe bedürfen. Dennoch wird das didaktische Handeln auch am Schulanfang weitgehend noch von dem Prinzip der Homogenität und nicht dem der Heterogenität bestimmt.

In der pädagogischen Theorie ist es weitgehend unbestritten, dass ein gleichschrittiger Beginn und ein zielgleiches Vorangehen vor allem in den Bereichen Schriftspracherwerb und Mathematik besonders häufig Ursache sind für frühes Schulversagen und ungleiche Chancen sowohl für langsame und schwächere Lerner als auch für besonders leistungsstarke Kinder. Dennoch wird auch der Schulanfang weitgehend noch durch gleichschrittiges Lernen bestimmt.

Es wäre kurzschlüssig, die seit Jahren anstehende Reform des Schulanfangsunterrichts den Lehrkräften anzulasten. Vielmehr dürften verschiedene andere Faktoren eine Rolle spielen, z. B.:

- die (noch nachwirkende) Programmatik der 70er Jahre einer kompensatorischen, ausgleichenden Erziehung, die darauf ausgerichtet war (ist), durch die Einrichtung von Förderkursen die unterschiedlichen Lernvoraussetzungen auszugleichen;

- die Gliederung des zu Lernenden in verschiedene Etappen/Stufen, die in einem zeitlichen Kontinuum im Jahresverlauf gesehen werden;

- strukturelle Merkmale in unserem Schulsystem, die vornehmlich das Prinzip der Homogenität stützen und fördern: Jahrgangsklassen, Einschulungsdiagnostik, Zurückstellungen, Klassenwiederholungen, frühzeitige Einschulung, Sonderschulüberweisungen, Ziffernzeugnisse.

Die große Heterogenität in den Lernvoraussetzungen der Kinder ist durch zahlreiche Forschungsbefunde und durch die Erfahrungen von Lehrerinnen und Lehrern belegt; sie ist heute durch kulturelle Faktoren eher noch größer geworden. Die Unterschiedlichkeit der Kinder muss, stärker als bisher, anerkannt, als Bereicherung für das Zusammenleben und Zusammenlernen verstanden sowie als gegenseitige Lernanregung genutzt werden. Anders- und Verschiedensein treten nicht nur als unterschiedliche Ausgangslage in den Blick, sondern als konstitutives Merkmal des Voneinander- und Miteinander-Lernens.

Der Paradigmenwechsel lässt sich mit der folgenden Frage zugespitzt markieren: *Welche Maßnahmen können am Schulanfang dazu beitragen, die Heterogenität zu erhalten?*

Die neue Schuleingangsstufe verstärkt die Heterogenität so, dass zieldifferentes Lernen konstitutiv für die pädagogische Arbeit wird:

➢ Der Verzicht auf »Eignungsfeststellungen« am Schulanfang führt zu einer höheren *Entwicklungsheterogenität* der Schulanfängergruppen. Dadurch ändern sich die Anforderungen an die Schule. Sie muss eine andere Einstellung zur Heterogenität einer Lerngruppe entwickeln und sich als fähig erweisen, mit der Unterschiedlichkeit der Kinder so umzugehen, dass alle Kinder in ihrem Lernen und in ihrer Entwicklung individuell gefördert werden.

➢ Es werden jahrgangsübergreifende Lerngruppen gebildet. Die höhere *Altersheterogenität* bietet besondere Chancen für die Entwicklung sozialer Kompetenz und für ein Voneinander- und Miteinander-Lernen. Diese Organisationsform trägt auch dem Faktum Rechnung, dass Kinder unterschiedlich viel Zeit zum Lernen brauchen. Sie sollen die Möglichkeit haben, drei Jahre oder auch nur ein Jahr in der Schuleingangsstufe zu bleiben.

Diese Rahmenvorgaben führen zu einer höheren Entwicklungs- und Altersheterogenität und verlangen eine Unterrichtsgestaltung, die es jedem Kind ermöglicht, Leistungen zu erbringen und mit Erfolg zu lernen. Nicht Homogenisierung ist das Ziel des didaktischen Handelns, sondern Förderung jedes einzelnen nach seinen Möglichkeiten; daraus folgt, dass die Heterogenität in der Lerngruppe erhalten bleibt.

Sichtbar werden Veränderungen zum Beispiel darin, dass Lernangebote auf verschiedenen Anspruchniveaus in einer Klasse schon bei der Einschulung präsent sind. Bislang gehört zu den zentralen Vorbereitungsaufgaben der Lehrkräfte, die Unterrichtsmaterialien für den Schulanfang und die ersten Schulwochen zu beschaffen. Der Klassenraum wird im Verlauf des Jahres mit den erarbeiteten Materialien zu einem Lernraum ausgestattet. Anders in der neuen Schuleingangsstufe: Die Materialien sind bereits im Raum. Die Schulanfänger werden mit den in der Klasse vorhandenen Materialien und Arbeitsmöglichkeiten vertraut gemacht. Jedes Kind erschließt sich sukzessiv die Angebote. Das *Prinzip des kontinuierlichen Voranschreitens* wird individualisiert. Im Hinblick auf die Arbeit in der Klasse und die Ausstattung der Klasse besteht das *Prinzip der Gleichzeitigkeit:* Kinder arbeiten auf unterschiedlichen Niveaus; das Material und die Arbeitsangebote in der Klasse enthalten bereits weitgehend die Aufgaben, die im ersten und zweiten Schuljahr zu bewältigen sind.

Es hatte sich als schwierig erwiesen in den heterogenen Lerngruppen, die teilweise bis zu fünf Einschulungsgenerationen umfassen, die Kinder in eigenem Tempo mit einem Mathematikbuch arbeiten zu lassen, das für eine Jahrgangsklasse entwickelt wurde und in dem die Themen und Übungsangebote häufig wechseln.

Seit den Herbstferien werden mathematische Themen mit der gesamten Lerngruppe gemeinsam erarbeitet und auf den unterschiedlichen Lernniveaus vertieft; ergänzende Einführungen und Erläuterungen werden, wenn notwendig, in kleinen Gruppen vorgenommen. Statt eines Rechenbuches erhalten die Kinder Arbeitsblätter (teils selbst entwickelt, teils Kopiervorlagen), die auf das jeweilige Lernniveau abgestimmt, mit einem blauen Deckblatt versehen und zu »Büchern« gebunden sind. Die »Bücher« werden von jedem Kind in seinem Tempo bearbeitet. (Grundschule Salzböden)

Für eine *Didaktik der neuen Schuleingangsstufe* sind zieldifferentes Lernen und Formen offenen Unterrichts wie Werkstattunterricht, Wochenplanarbeit, Stationenlernen im Rahmen eines rhythmisierten Schulvormittages *konstitutiv*. Sie sind Voraussetzung für eine Einschulung ohne Zurückstellungen und verändern auch die Schulaufnahme.

Schulaufnahme

Auch wenn bei der Schulaufnahme auf die Überprüfung der Schulfähigkeit verzichtet wird und die Einschulung keine Laufbahnentscheidung mehr ist, bleiben die ersten Begegnungen mit der Schule sowie die Einschulung selbst für die Kinder und Eltern ein bedeutsames Ereignis. Formen und Bausteine der Schulaufnahme werden daher beibehalten, modifiziert und mit einer anderen Zielrichtung versehen:

➢ *»Kennenlern-Tage«*, *Elterngespräche* und *Schulanmeldung* werden weiterhin genutzt, um Informationen von den Kindern und über sie zu erhalten. In einigen Schulen werden die Kinder in Kleingruppen (kindergartenbezogen) zusammengefasst; sie können mit ihren zukünftigen Lehrerinnen spielen, »arbeiten« und sprechen. Die Lehrkräfte haben die Möglichkeit, sich einen ersten Eindruck von den Kindern im Hinblick auf ihre körperliche, soziale, sprachliche, kognitive und motivationale Entwicklung zu verschaffen sowie erste Beobachtungen zur Lernausgangslage der einzelnen Kinder festzuhalten. Kennenlern-Situationen, Gespräche mit Eltern und Erzieherinnen sind von dem Druck befreit, entscheiden zu müssen, welches Kind nicht in die

Schule aufgenommen werden soll. Sie liefern diagnostische Informationen, Hinweise für die Gestaltung des Schulanfangs und die Zusammensetzung der Gruppen. Durch den Wegfall der Schulfähigkeitsfeststellung können die ersten Begegnungen mit der Schule angstfreier erlebt und kinderfreundlicher gestaltet werden.

Viele Wochen vor der Einschulung haben die Kinder den ersten Kontakt mit der Schule. Sie werden angemeldet im Büro der Schule, dürfen mit ihren Eltern durch die Schule gehen, in die eine oder andere Klasse hineinschauen. Wir wünschen uns, dass sie die Schule als ein offenes Haus erleben. Die Eltern erfahren bei einem gemeinsamen Informationsabend erste Einzelheiten über die Einschulung, die Praxis der ersten Schulwochen, können Fragen stellen. Einige Wochen später besuchen die Schulanfänger mit ihren Erzieherinnen an einem Kindergartenvormittag die Schule. Kinder, die keinen Kindergarten besuchen, werden auch für diesen Vormittag eingeladen. Sie lernen ihre Lehrerin kennen, ihren Klassenraum und ihre zukünftigen Mitschüler. Außerdem erleben sie Unterricht und die große Pause und entwickeln so eine Idee davon, wie es in der Schule sein wird (Hilliger 2001, S. 8).

➢ Das *Informationsbedürfnis* vor allem der Eltern und Kindergärten ist aufgrund der Schulversuchssituation gewachsen. Häufig werden Eltern bereits ein bis eineinhalb Jahre vor der Einschulung von der Schule informiert: Es werden Hospitationen in der Schuleingangsstufe angeboten. Die Schulen haben Info-Blätter entwickelt. Auf einem Elternabend vor der Einschulung, an dem nicht nur das Eingangsstufenteam sondern auch die bzw. der Vorsitzende des Schulelternbeirates und die Vertreterinnen der Kindergärten teilnehmen, können die Eltern das neue Konzept kennen lernen und in den Klassenräumen mit den Lehrkräften über die Arbeitweisen und Materialien in der Schuleingangsstufe sprechen.

➢ Die *Kooperation mit dem Kindergarten* wird intensiviert, um den Informations- und Erfahrungsaustausch zu verbessern und zu einer engeren Zusammenarbeit zu kommen, z. B.: Es werden wechselseitige Besuche ermöglicht, Arbeitsgruppen mit Lehrkräften und Erzieherinnen gebildet; Lehrkräfte nehmen an Fortbildungsangeboten der Kindergärten teil, Erzieherinnen erhalten die Möglichkeit, Methoden und Verfahren des Anfangsunterricht (Lesen durch Schreiben, Werkstattunterricht) kennen zu lernen; gemeinsame Elternabende und gemeinsame Elternarbeit werden durchgeführt. Besondere Bedeutung haben erste Schulbesuchstage (»Schnuppertage«): Die Erzieherinnen

Astrid-Lindgren-Schule

Infoblatt zur Neukonzeption der Schuleingangsstufe

Schuleingangsstufe ? Was ist das ?
Die Schuleingangsstufe umfasst die Schulanfangsphase von der Einschulung bis zum Ende des 2. Schuljahres.

Einschulung:
Eingeschult werden alle Kinder, die bis zum 01.07. des Einschulungsjahres 6 Jahre alt werden; das sind die schulpflichtigen Kinder.
„Vorzeitig" eingeschult werden können alle Kinder, die bis zum 1.01. nach dem Einschulungstermin 6 Jahre alt werden.

Alle Schulanfänger werden in bereits bestehende Lerngruppen aufgenommen. Die Eingewöhnung wird ihnen dadurch erleichtert, weil „die Großen" ihnen als hilfreiche Partner zur Seite stehen. Die „Neuanfänger" bilden gemeinsam mit Schülern des 2. Schuljahres eine Lerngruppe 1/2.

Der Unterricht...
... erfolgt also in altersgemischten Lerngruppen 1/2.
Dies bedeutet, dass 5-8jährige Kinder gemeinsam unterrichtet werden, miteinander und voneinander lernen.
Dies gibt jedem Kind die Chance, seinem individuellen Lerntempo entsprechend in seiner Entwicklung voranzuschreiten. Überforderungen und Unterforderungen werden so besser vermieden.

Durch die Rhythmisierung des Unterrichtsvormittags stehen Lern- und Arbeitsphasen in einem dem Alter entsprechenden Verhältnis zu Spiel-, Bewegungs- und Ruhezeiten.

Das miteinander Lernen rückt stärker in den Mittelpunkt des Unterrichts. Auch lernen die Schüler gegenseitige Hilfe, Rücksichtnahme und Verantwortung für sich und andere.
Unterstützung hierbei erhält die Lerngruppe durch die Einbindung einer Sozialpädagogin, die der Lerngruppe mehrere Stunden pro Woche zur Verfügung steht.

Durch die enge Zusammenarbeit von je 2 Lerngruppen 1/2 wird gewährleistet, dass der Übergang in die Jahrgangsstufe 3 fließend möglich ist.

Information für die Eltern: Astrid-Lindgren-Schule, Marburg begleiten die Kinder in die Schule und bleiben in den Gruppen; die Kinder fertigen eine Arbeit für ihren zukünftigen Klassenraum an und lernen ein Lied oder einen Tanz, die sie bei der Einschulungsfeier den Eltern vorführen.

Die Zusammenarbeit zwischen Kindergarten und Schule hat sich in der Weise intensiviert, dass es eine Arbeitsgruppe von Lehrerinnen und Erzieherinnen gibt, die sich regelmäßig trifft. Einige Lehrerinnen unserer Schule haben an einem Fortbildungsangebot des Kindergartens teilgenommen. Dort entstand die Idee, gemeinsame Elternarbeit betreiben zu wollen. Es soll der Versuch unternommen werden, Eltern für Erziehungsfragen zu sensibilisieren. Sowohl Erzieherinnen als auch Lehrerinnen beklagen mangelnde Fähigkeiten der Kinder in grundlegenden Bereichen des täglichen Lebens. Zu diesen Fragen sollen gemeinsame Elternabende angeboten werden.

Außerdem wurden gemeinsame Projekttage mit den Schulanfängern durchgeführt. Dazu gingen die jahrgangsübergreifenden Lerngruppen 1/2 einen Tag in die Bad Arolser Kindergärten, einen Tag besuchten die Schulanfänger aus den Kindergärten die Schule. Projektthema war der Frühling – es gehörte auch ein Gang in den Wald dazu. Die Bad Arolser Kindergärten haben jede Woche einen Waldtag (HILLIGER 2001, S. 9).

➢ *Dem Einschulungstag* wird viel Aufmerksamkeit geschenkt; er wird weiterhin als Beginn eines neuen Lebensabschnittes begriffen. Das Kind löst sich von den Eltern, wird in eine neue Gemeinschaft aufgenommen und erhält eine neue Rolle. Die Schule übernimmt die Verantwortung für den Schulstart der ihr anvertrauten Kinder. Der erste Schultag hat weiterhin die bekannten Eintrittsrituale wie Schuleintrittsfeier, Schultüte, erste Schulstunde in der neuen Klasse. Da im Schulversuch jahrgangsübergreifende Gruppen gebildet werden, gehören schon Kinder aus dem ersten Schulbesuchsjahr zu der Klasse. Sie sind aktiv an der Begrüßung und der Gestaltung des ersten Schultages beteiligt.

In der ersten Schulwoche nach den Ferien schreiben die Kinder des zweiten Schulbesuchsjahres Briefe an die »Neuen«. Diese kommen mit der Post bei den Schulanfängern an und zeigen, dass sie in der Schule erwartet werden (HILLIGER 2001, S. 8).

Durch die Kontakte mit der Schule vor den Ferien und die gute Vorbereitung durch die Kinder des zweiten Schulbesuchsjahres fällt es dem größten Teil der Schulanfänger leicht, sich in das Schulleben einzugewöhnen (HILLIGER 2001, S. 8).

Liebe Rebecca! Ich wünsche
Dir Ein schönes Neues
jar Bei Uhz
Deine Nadine

8.8.2000 Lieber Emanuel
ICH Freue mich wenn Du in die
SchUle komst. ICH Spile Gerne
mit DIR Dein DENNIS

Liebe katharina!

Ich Freue mich das du zu unz komst.
Freust du dich auch?
Gest du mit mir in die Pause?
Schpielst du gerne Ball?
Dein sebastian

Schulanfängerbriefe

Einschulung in die Schuleingangsstufe

Die Anforderungen, die aus einer so tiefgreifenden Veränderung der Einschulung erwachsen, können nur in einer Schuleingangsstufe erfüllt werden, die das erste und zweite Schuljahr umfasst.

Kinder, die viel Zeit zum Lernen und zur Entwicklung brauchen, erhalten die Möglichkeit, länger als zwei Jahre in der Schuleingangsstufe zu bleiben. Diese längere Verweildauer muss so gestaltet sein, dass ein Kind sie nicht als Versagen – als Sitzenbleiben – erlebt. Die Struktur der Jahrgangsklasse kann diese Forderung nur sehr bedingt einlösen; in jahrgangsgemischten Klassen jedoch kann erreicht werden, dass ein längeres Verweilen in der Schuleingangsstufe keinen Wechsel in eine neue Gruppe bedeutet (Amtsblatt, S. 581).

Von März 1994 bis Februar 1998 führte Hessen einen BLK-Modellversuch »Pädagogische und strukturelle Neukonzeption des Schulanfangs« durch (vgl. Burk u. a. 1998), der inzwischen als Schulversuch mit dem Titel »Neukonzeption der Schuleingangsstufe« weitergeführt wird.

Die Änderung des Titels ist nicht zufällig; dahinter steckt die Erkenntnis, dass die Einschulung aller Kinder ohne Feststellung der Schulfähigkeit nur verantwortet werden kann, wenn sich der Blick nicht eng auf die unmittelbare Phase der Einschulung richtet, sondern die ersten beiden Schuljahre neu konzipiert werden. Diese Überzeugung findet sich auch in den Schulversuchen, die Ende der 60er Jahre die Einschulung und den Schulanfang ändern sollten: In »Eingangsstufen« wurden die Kinder ohne Feststellung ihrer Schulfähigkeit in die Schule aufgenommen und die starren Formen der Einschulung durch einen pädagogisch gestalteten Zeitraum der Schulbefähigung ersetzt. In einer zweijährigen Schulstufe sollte der Übergang zwischen häuslich-familiärer sowie institutionalisierter vorschulischer Erziehung (Kindergarten) einerseits und schulischem Lernen in der Grundschule andererseits fördernd und ausgleichend gestaltet werden. Der Ausbau der Eingangsstufen wurde bereits in den 80er Jahren nicht mehr fortgesetzt, vor allem weil die Fünfjährigen dem Kindergarten zugeordnet wurden.

Der Ansatz, die Fragen des Übergangs mit einer zweijährigen Schulstufe zu lösen, reduzierte sich auf die Forderung, die in nahezu allen Schulgesetzen und Verordnungen der Bundesländer zu finden ist: Das 1.und 2. Schuljahr bilden eine pädagogische Einheit. Doch aufgrund der Linearität des Voranschreitens in der Jahrgangsklasse bleibt diese Forderung meist ein uneingelöster Anspruch. Um die Anforderungen, die bei einer Einschulung ohne Schulfähigkeitsfeststellung entstehen, erfüllen zu können, ist eine strukturelle Veränderung hilfreich und für den Schulentwicklungsprozess förderlich (vielleicht auch notwendig): Jahrgangsübergreifende Gruppen. Sie ermöglichen zum einen eine individuelle Verweildauer, zum andern fordern sie eine Didaktik ein, die auf den Prinzipien der Heterogenität und Individualisierung aufbaut.

Weiterhin bedarf es sozialpädagogischer Kompetenz in der Schuleingangsstufe, um den Übergang vom Kindergarten in die Grundschule zu erleichtern und vor allem Kindern mit Entwicklungsrückständen eine elementare Grundbildung und Förderung zukommen zu lassen.

Die sozialpädagogische Arbeit der Vorklassen wird in das 1. und 2. Schuljahr integriert. Hierfür soll für 75 bis 80 Kinder im 1. Schuljahr eine zusätzliche Stelle bereitgestellt werden. Eine Sozialpädagogin arbeitet in der Regel im Team der Schuleingangsstufe mit (Amtsblatt, S. 581).

Die Erfahrungen im Schulversuch haben gezeigt, dass die sozialpädagogischen Aufgaben auch von einer Sozialpädagogin wahrgenommen werden sollten. Sie hat einen »speziellen Blick« auf die Entwicklung des einzelnen Kindes, während Lehrkräfte die Kinder stärker von den Zielen und Qualifikationsaufgaben her sehen. Obwohl es den Schulen im Schulversuch zunächst freigestellt war, ob sie die Zuschläge für die sozialpädagogische Arbeit als Lehrerstunden verwandten oder für die Einstellung einer Sozialpädagogin, entschieden sich alle für eine Sozialpädagogin. Die Verschränkung von sozialpädagogischer und schulpädagogischer Kompetenz sollte auch an Personen mit unterschiedlicher Profession gebunden werden. Darin sehen die Schulen eine wichtige Voraussetzung für eine Einschulung ohne Zurückstellungen. Nicht Wegfall der Schulkindergärten/Vorklassen, sondern Integration auch der Sozialpädagogin in eine jahrgangsübergreifende Schuleingangsstufe ist die Perspektive!

Die zweijährige jahrgangsgemischte Klasse ist auch eine unverzichtbare Voraussetzung für weitere Einschulungstermine.

Einschulung im Februar

»Um den Bedürfnissen und Entwicklungsanforderungen der Kinder im Einzelfall entgegenzukommen, können Kinder (bis zum 1. Februar bzw. am 1. Februar) in die bestehenden Lerngruppen aufgenommen werden, wenn es die pädagogische Situation und die Klassenstärke zulassen« (Amtsblatt 1998, S. 582).

Die Grundschule Salzböden (Lollar) erprobt seit 1994 die halbjährliche Einschulung. Ein Drittel der Kinder werden inzwischen im Februar eingeschult, zwei Drittel der Kinder im Sommer. Die Schule nennt verschiedene Gründe, die für einen weiteren Einschulungstermin im Februar sprechen:

- Der Übergang vom Kindergarten in die Schule kann fließender gestaltet werden. Die Entscheidung über die Einschulung muss nicht zum Schuljahresbeginn getroffen werden. »Im Sommer war mein Kind noch nicht 'reif', zum nächsten Sommer wären sie 'überreif'«, sagen Eltern.

- Die individuelle Verweildauer kann nun auch 1 1/2 Jahre oder 3 1/2 Jahre betragen. Wenn das Kind wie üblich in Klasse 3 wechselt, sehen die Eltern in dem zusätzlichen halben Jahr eine Chance für ihr Kind, sich langsam an die Schule zu gewöhnen.

- Die eingeschulten Gruppen sind deutlich kleiner. Jedes Kind kann individueller wahrgenommen und beachtet werden. Es erlernt rascher die Spielregeln und Rituale.

- Die Gruppe bleibt am Ende des Schuljahres stabiler, da weniger als die Hälfte der Kinder die Klasse verlassen.

- Rollenfixierungen (klein – groß) und Zuordnungen im Leistungsbereich (schwach – stark) werden verhindert, zumindest jedoch halbjährlich neu aufgebrochen. Verschiedene soziale Rollen (vom Schulanfänger zum Zweitklässler, vom Kleinen zum Großen) können erprobt werden. Auch leistungsschwache Kinder nehmen deutlicher wahr, dass sie schon etwas gelernt haben. Sie können sich durch die Aufnahme zum 1. Februar neu orientieren und stabilisieren. Hieraus wächst Lernfreude und neue Motivation.

- Das Prinzip der Heterogenität wird durch die organisatorische Maßnahme der Februareinschulung unterstrichen und eine entsprechende Didaktik eingefordert. Die Kinder werden nicht nach ihren Einschulungsterminen in Abteilungen unterrichtet, sondern je nach ihren Fähigkeiten. Kinder werden von ihrem Leistungsstand her gesehen, nicht von den Einschulungsterminen.

Die Vorbereitung zur Einschulung ist die gleiche wie im August. Dies beinhaltet jedoch keine Verdoppelung der Arbeit weder in der Vorbereitung noch in der Unterrichtsgestaltung, da sich »Schnittmengen« ergeben.

Die Grundschule Salzböden schien lange die einzige Schule zu bleiben, die die Möglichkeit der halbjährlichen Einschulung nutzt. In den jährlich verfassten Schulberichten der Versuchsschulen stand meist lapidar: Halbjährliche Einschulung wird an unserer Schule nicht angestrebt.

Inzwischen hat sich die Lage geändert: Weitere Schulen erproben diese Möglichkeit oder prüfen, ob sie in die Erprobung einsteigen sollen.

Augenscheinlich sehen immer mehr Schulen in einem Einschulungstermin im Februar eine Erweiterung ihrer pädagogischen Handlungsmöglichkeiten und trauen sich zu, Kinder auch während des laufenden Schuljahres einzuschulen. Eine veränderte Einstellung zur Heterogenität sowie eine entsprechende Didaktik sind Voraussetzung für eine solche Praxis.

Vor allem Schulen mit einer hohen Fluktuation der Wohnbevölkerung haben mit diesem Konzept weniger Probleme, »Seiteneinsteiger« aufzunehmen. Sie erleichtern den Kindern den Einstieg in die neue Schule, sie finden leichter ihre Aufgaben, die ihrem Entwicklungsstand entsprechen. Die Gruppe hat Erfahrungen bei der Integration »neuer« Kinder in die Klassengemeinschaft.

Paradigmenwechsel: Diagnostik und Förderung

Schuleingangsdiagnostik durch schulärztliche, schulpsychologische und sonderpädagogische Dienste soll vor allem Hinweise für individuell angemessene und lernprozessbegleitende Fördermaßnahmen erbringen. Eine Zusammenarbeit mit diesen Diensten auf der Grundlage der veränderten Zielsetzungen wird angestrebt (Amtsblatt, S. 582).

Durch den Verzicht auf »Eignungsfeststellungen« zur Einschulung ändern sich die Anforderungen an die Schule. Sie muss sich als fähig erweisen, mit der Unterschiedlichkeit der Kinder so umzugehen, dass alle Kinder in ihrem Lernen und in ihrer Entwicklung gefördert werden. Gerade deswegen bedarf sie einer Schuleingangsdiagnostik, die Informationen über die Entwicklungschancen des Kindes liefert und nicht die Entscheidung über Aufnahme in die Schule oder Zurückstellung begründet. Pädagogische und schulärztliche, bei Bedarf auch schulpsychologische Beobachtungen und Feststellungen sollen helfen, jedes Kind in seiner Individualität besser zu verstehen und fördern zu können und im Einzelfall auch individuelle Lösungen für die Beschulung zu finden. Schuleingangsdiagnostik wandelt sich von einer Diagnostik vor der Einschulung in eine professionelle Fachberatung während der Schuleingangsstufe (siehe den Beitrag von HOLD-JAGODA in diesem Band).

Die Grundschule Salzböden schreibt:

Die Schulleiterin und die Sozialpädagogin hospitieren im Kindergarten.
Mit den Erzieherinnen und der Kindergartenleiterin finden Gespräche über einzelne Kinder statt.
Die Schulärztin informiert.

In den ersten Wochen nach der Einschulung nimmt sich die Sozialpädagogin gezielt die Zeit, um die Kinder in den Stammgruppen zu beobachten. Alle Schulanfänger einer Stammgruppe kommen wöchentlich einmal in den Förderraum der Sozialpädagogin zu einer »Psychomotorikstunde«.
Dies ist eine sehr gute Möglichkeit, die Kinder zu beobachten und ihre Stärken und Schwächen zu bemerken.
- *Gespräche über die Kinder finden mit den Lehrerinnen und der Sozialpädagogin statt.*
- *Fördermöglichkeiten in der Klasse und spezielle Förderangebote werden gemeinsam geplant.*
- *Die Sozialpädagogin hat für sich einen Fragenkatalog entwickelt, in dem die Stärken, Schwächen und Besonderheiten der Kinder eingetragen werden, um daraus klare Förderziele zu formulieren.*

Die Kinder aller Stammgruppen, die zu einer Förderstunde in den Förderraum der Sozialpädagogin gehen, werden von der Lehrerin und der Sozialpädagogin gemeinsam ausgesucht.
Die Sozialpädagogin entwickelt für diese Förderstunden einen Förderplan.
Die Förderkinder kommen je nach Bedarf und Möglichkeiten 1- bis 4-mal pro Woche für eine Schulstunde in den Förderraum.
Die Förderdauer ist unterschiedlich. Manche Kinder kommen nur einige Stunden, andere auch noch im dritten Schulbesuchsjahr.
In besonderen Fällen kommen Kinder einzeln, ansonsten in Kleingruppen mit drei bis sechs Kindern. In den Fördergruppen lernen Kinder aus verschiedenen Stammgruppen gemeinsam.
Wichtig: Zur Psychomotorikstunde kommen immer alle Schulanfänger einer Stammgruppe gemeinsam, einmal pro Woche, über ein halbes bis ein Jahr lang (ändert sich wegen der Februareinschulung!). Diese Situation, gemeinsam in den Förderraum zu kommen, ist ein wichtiger Aspekt der integrativen Arbeit. Nicht nur die »Problemkinder« lernen, üben, spielen im Förderraum!

Diagnostik und Förderung stehen in einem engen Zusammenhang. Pädagogische Diagnostik richtet sich nicht auf die punktuelle Erhebung von isolierten Teilaspekten des kindlichen Entwicklungsstandes, sondern es geht um Informationen über die Entwicklung des Kindes im Hinblick auf schulische Anforderungen, um Sensibilität für Probleme im Bildungs- und Entwicklungsprozess des einzelnen Kindes. Wahrgenommene Probleme sollen in den situativen Kontexten beschrieben, analysiert und gelöst werden. Die Fragestellungen einer lernprozessbegleitenden Diagnostik richten sich auf die gesamte pädagogische Situation und auf Möglichkeiten ihrer Änderung, nicht allein auf Merkmale des Kindes.

Unterschiede in den Begabungen und Neigungen, im Lern-, Arbeits- und Sozialverhalten sind als individuelle Entwicklungschancen zu sehen. Hierbei gilt es auch, das Selbstwertgefühl, das Selbstvertrauen in die eigene Leistung und die Leistungsfreude des Kindes zu stärken. Aus einem solchen Förderverständnis ergibt sich die Notwendigkeit, den «Defizitblick» zu überwinden und Fehler »als Stationen auf dem Weg zum Können«, als die aktuelle Leistung des Kindes anzusehen (Rahmenplan Grundschule 1995, S. 92).

Die Analyse auftretender Lernprobleme wird grundsätzlich so angegangen, dass nach den Möglichkeiten und Fähigkeiten des Kindes *und* den Erfordernissen hinsichtlich der Unterrichtsgestaltung gefragt wird. Somit gehören Vorbeugung und Minderung von Beeinträchtigungen zu einer solchen veränderten Didaktik und dem Konzept der Förderung und der pädagogischen Diagnostik. Daher heißt es in den Rahmenvorgaben: *Im Schulversuch kann sonderpädagogische Förderung integriert werden* (Amtsblatt, S. 582).

Auf eine sonderpädagogische Unterstützung kann in Einzelfällen jedoch nicht verzichtet werden.

Einschulungsalter

Artikel 145 der Weimarer Reichsverfassung vom 11.08.1919 begründete eine allgemeine Schulbesuchspflicht und sah von Anfang an (Grundschulgesetz vom 28.04.1920) ein Schuleintrittsalter von sechs Jahren vor. Hieran hat sich im Prinzip bis heute nichts geändert, auch wenn für die einzelnen Länder der Bundesrepublik erst das so genannte Hamburger Abkommen vom 18.10.1964 die Einheitlichkeit brachte. Die Debatte über das Alter der Schulabgänger im Vergleich zu anderen europäischen Ländern sowie der Rechtsanspruch auf einen Kindergartenplatz richten in jüngster Zeit den Blick auf das Einschulungsalter. Die veränderten Rahmenvorgaben führen in den beteiligten Schulen zu Änderungen des Einschulungsalters.

»Es zeigt sich jetzt nach sieben Jahren der veränderten Einschulungspraxis, dass die Frage nach der Zurückstellung der Kinder bei der Schulanmeldung die absolute Ausnahme bleibt.

Vielmehr steigt die Zahl der Anträge auf vorzeitige Einschulung allmählich an. Die Akzeptanz steigt, dass alle Kinder bei Erreichen des 6. Lebensjahres eingeschult werden können. Elterngespräche sind nicht mehr so heftig wie in den ersten Jahren. Eltern sind kritisch, lassen sich aber von Eltern, die schon Kinder in unserer Schule haben, überzeugen. Gleichwohl kursieren in der Schulgemeinde immer noch Gerüchte, denen man aber durch

Sachlichkeit und Informationsangebot begegnen kann« (HILLIGER 2001, S. 9).

»25% unserer Kinder sind Antragskinder. Kinder werden an unserer Schule immer jünger eingeschult, etliche Kinder verlassen schon mit neun Jahren unsere Schule. Hier muss intensiv mit den weiterführenden Schulen gearbeitet werden« (Grundschule Salzböden).

Schlussbemerkung

An den Schulen im Schulversuch vollzieht sich auf der Basis der Rahmenvorgaben ein Paradigmenwechsel, der Zeit braucht. Nach Auffassung der beteiligten Schulen stimmen die Eckdaten, auch wenn viele Fragen weiter bearbeitet werden müssen, z. B.: Materialentwicklung, Übergang in das dritte Schuljahr, Verzahnung der Arbeit in der Schuleingangsstufe mit dem 3./4. Schuljahr, das Arbeitsfeld der Sozialpädagogin.

Die Änderung der Einschulung wird nicht durch eine Änderung der organisatorischen und rechtlichen Vorgaben erreicht, da die dem Schulversuch zugrunde liegenden Überzeugungen bei weitem nicht den Erfahrungen und Einstellungen aller beteiligten Personen entsprechen. Insofern sind Widerstände aus der Öffentlichkeit und in Kollegien anzutreffen und auch weiterhin zu erwarten. Die Veränderung der Denk- und Handlungsgewohnheiten ist ein langwieriger Prozess. Vor einer überstürzten Einführung der Schuleingangsstufe muss gewarnt werden. Der Misserfolg wäre vorprogrammiert.

Die Veränderung der Einschulung sollte in absehbarer Zeit als eine Herausforderung für engagierte Lehrkräfte an reformbereiten Schulen erhalten bleiben. Nicht flächendeckende Einführung sollte das Ziel sein, sondern Ausweitung der Schulversuche und Unterstützung der Schulen, die diesen Weg gehen wollen. Bausteine können bereits jetzt von anderen Schulen erprobt werden. Die rechtlichen Rahmenbedingungen sollten so geändert werden, dass sie Entwicklungen zulassen, eröffnen und anstoßen.

Literatur

Amtsblatt des Hessischen Kultusministeriums: Schulversuch »Neukonzeption der Schuleingangsstufe«. In: Heft 8/1998, S. 579-583

BURK, K./MANGELSDORF, M./SCHOELER, U. U. A.: Die neue Schuleingangsstufe. Lernen und Lehren in entwicklungsheterogenen Gruppen. Weinheim und Basel 1998

Faust-Siehl, G. u. a.: Die Zukunft beginnt in der Grundschule. Empfehlungen zur Reform der Primarstufe. Frankfurt 1996
Fölling-Albers, M. (Hrsg.): Veränderte Kindheit – Veränderte Grundschule. Beiträge zur Reform der Grundschule, Bd. 75. Arbeitskreis Grundschule, Frankfurt 1989
Haarmann, D. (Hrsg.): Handbuch Grundschule. 2 Bände, Weinheim 1994, 3. Aufl. 1997
Hilliger, E.: Die Praxis der neuen Schuleingangsstufe. Bad Arolsen 2001 (Unveröffentl. Manuskript)
Kern, A.: Sitzenbleiberelend und Schulreife. Freiburg 1951
Rahmenplan Grundschule, hrsg. vom Hessischen Kultusministerium. Wiesbaden 1995
Weigert, E.: »Der so genannte Ernst des Lebens«. Schulpflicht – Einschulung – Erstunterricht. In: Haarmann, D. (Hrsg.) 1994, S. 102-113

HERBERT BRÄNDLE

Schulanfang in der Lindenschule Hohenacker

Die Lindenschule Hohenacker in Waiblingen ist eine Grund- und Hauptschule im Einzugsgebiet von Stuttgart. Knapp dreihundert Schüler besuchen die dreizügige Grundschule und die Klassen fünf und sechs der Hauptschule. Die Klassen sieben bis neun sind im Nachbarort Bittenfeld an der dortigen Schillerschule untergebracht.

Im Frühjahr 1997 initiierte das baden-württembergische Kultusministerium unter dem Titel *Schulanfang auf neuen Wegen* verschiedene Versuche, die Schuleingangsstufe zu verändern. Die Aussicht, die Schuleingangsphase an der eigenen Schule aktiver, als dies bislang in Baden-Württemberg möglich gewesen war, zu verändern und möglicherweise zu verbessern, führte zu einer sehr intensiven Auseinandersetzung zunächst zwischen den Lehrerinnen der ersten Klassen und der Schulleitung. Nach der grundsätzlichen Entscheidung für die Modellvariante A2 (altergemischte Klassen mit zwei Einschulungsterminen im Schuljahr) wurde begonnen ein eigenes Konzept zu entwickeln, das folgende Elemente enthielt:

Einschulungsmodus	Einschulung ohne Zurückstellung, keine Überprüfung der Schulfähigkeit
Einschulungsalter	Einschulungsalter mindestens 6,0 Jahre zum Ende des Einschulungsmonats
Einschulungsperiode	Halbjährliche Einschulung zum 01.09. und 01.03.
Organisationsform	Jahrgangsübergreifende Lerngruppen
Differenzierung und Individualisierung	Binnen- und Außendifferenzierung; Teamteaching mit Lehrerin, Kernzeitbetreuerin oder Student/-in als Möglichkeit mit einzelnen Gruppen gezielt arbeiten zu können; Offene Unterrichtsformen (Wochenplan, Freiarbeit, individualisierter Lernplan)

Verweildauer	Ein bis drei Jahre bzw. bei Frühjahrseinschulung eineinhalb bis dreieinhalb Jahre
Beurteilung	Ein Schulbericht zum Schuljahresende, ein ausführliches Elterngespräch jeweils zum Halbjahr, keine Noten bis zum Ende der Eingangsstufe.
Übergang nach Klasse 3	Eltern und Lehrer entscheiden nach gemeinsamer Beratung, ob das jeweilige Kind in die Klasse 3 überwechselt oder noch ein Jahr in der Eingangsstufe verbleibt.
Zusätzliches Personal	Einbeziehung der Kernzeitgruppe, Erweiterung des zeitlichen Rahmens und der Aufgaben; zusätzliche Erzieher/-innen oder Sonderpädagog/-innen; Lehramtsstudent/-innen der Pädagogischen Hochschule
Zusammenarbeit mit Eltern	Regelmäßige Information der Eltern, Lernseminar für Eltern (Lernen lernen, Kindern beim Lernen helfen)
Fortbildung	Teilnahme an Fortbildungsveranstaltungen für alle beteiligten Lehrkräfte ermöglichen, schulinterne Fortbildung verstärken.
Erprobungsdauer	4 Schuljahre
Öffnungszeiten	Feste Öffnungszeiten (5 Zeitstunden pro Tag), z.B. von 07.40 Uhr bis 12.45 Uhr (derzeitige Festlegung der Unterrichtsstunden) mit offener und betreuter Eingangszeit.

Nachdem die schulischen Gremien diesem Konzept zugestimmt hatten und die Genehmigung des Oberschulamts Stuttgart vorlag, begannen wir die Erzieherinnen unserer Kindergärten und die Eltern intensiv und umfassend zu informieren. Dies war ein schwieriges Unterfangen, weil wir zunächst auf viel Skepsis und Ängste trafen. Parallel dazu begann das Schulanfangsteam, das selbst gewählte Konzept mit Leben zu erfüllen, zu planen, zu modifizieren, zu verwerfen und wieder neu zu überdenken.

Zum Schuljahr 97/98 begann unser Schulversuch mit drei Gruppen mit einer durchschnittlichen Klassenstärke von 22 Schülern. Pro Klasse erhielten wir 25 Lehrerwochenstunden, das sind vier Wochenstunden mehr als Normalklassen erhalten. Leider stellte es sich sehr schnell heraus, dass einige unserer Ideen den fehlenden oder nicht zu erhaltenden Ressourcen zum Opfer fallen mussten. So war es nicht möglich, die vorhandene Kernzeitbetreuung in das neue Modell zu integrieren. Deshalb mussten wir sehr schnell die Hoffnung aufgeben, für die Kinder eine feste Öffnungszeit von fünf Zeitstunden anbieten zu können. Bewährt hat sich im ersten Jahr ein offener Unterrichtsanfang, bei dem die Kinder zwischen 07.40 Uhr und 08.10 Uhr mit einer Freiarbeitsphase den Unterricht beginnen konnten. Trotzdem verzichteten wir ab dem zweiten Versuchsjahr auf diese Gleitzeit zugunsten von Differenzierungsstunden für die verschiedenen Gruppierungen.

Bei unserer ersten Frühjahrseinschulung im März 1998 konnten wir 18 Kinder neu aufnehmen. Damit ergaben sich Klassenstärken von 28 bis 29 Schülern – eindeutig zuviel für die von uns angestrebten Unterrichtsformen. Seither achten wir darauf, dass nicht mehr als 24 Kinder in einer Lerngruppe sind. Dies ist seit dem Schuljahr 1998/99 leichter möglich, weil wir seither sechs Lerngruppen in der Eingangsstufe haben.

Inzwischen blicken wir auf drei Jahre Erfahrung mit unserem Schulanfangsmodell zurück. Dabei fällt auf, dass wir ständig dabei sind, unser Konzept zu verändern. Im Folgenden soll versucht werden, dem ursprünglichen Konzept die inzwischen gewachsene Praxis gegenüberzustellen. Deshalb tauchen Begriffe der vorstehenden Tabelle im Folgenden wieder auf; ihre Bedeutung hat sich aber in den meisten Fällen verändert.

Einschulungsmodus

Im Laufe des ersten Versuchsjahres erkannten wir zunehmend die Bedeutung einer möglichst guten Eingangsdiagnostik. Wenn wir die Kinder dort abholen wollen, wo sie stehen, müssen wir diesen Standpunkt in den für den Anfangsunterricht wichtigen Bereichen möglichst genau und möglichst früh definieren. Als Anregung diente uns der Ansatz der Differenzierungsprobe von BREUER/WEUFFEN. Wir erweiterten sie im Sinne von E. PISCHNER und ergänzten sie durch Bereiche, von denen wir glaubten, dass sie für unsere Fragestellung relevant sind. Seit dem laufenden Schuljahr besuchen wir alle potenziellen Schulanfänger des kommenden Kalenderjahres zwischen September und Dezember und führen mit ihnen in der Einzelsituation unsere MDP-LSH (Modifizierte Differenzierungsprobe der Lindenschule Hohenacker) durch. Sie umfasst folgende Bereiche: optisch-graphomotorische Differenzierung, akustisch-phonematische Differenzierung, kinästhetisch-artikulatorische Differenzierung, rhythmische Differenzierung, Mengen- und Zahlverständnis, Wortschatztest, Grobmotorik, Laute erkennen und Feinmotorik.

Dieses Verfahren ist sehr zeitaufwendig (25 – 45 Minuten Testzeit pro Kind), vor allem weil wir die Ergebnisse mit den Erzieherinnen und den Eltern besprechen, um schon während der Kindergartenzeit evtl. notwendige Fördermaßnahmen einleiten zu können. Wir glauben, dass der Aufwand trotzdem gerechtfertigt ist, weil er uns die Eingangsvoraussetzungen unserer Schulanfänger deutlich macht und damit konkrete Hilfsangebote ab den ersten Schultagen ermöglicht. So wollen wir ab dem kommenden Schuljahr z. B. den Kindern, die im Subtest »Laute erkennen« einen deutlichen Förderbedarf aufweisen, ein entsprechendes Angebot machen.

Interessant ist es, die gewonnenen Erkenntnisse statistisch aufzuarbeiten. Dabei zeigt sich z. B., dass ein großer Teil unserer Schulanfänger (knapp 20 %) ca. 9 Monate vor der eigentlichen Einschulung in mehr als fünf der oben genannten Kategorien einen Förderbedarf aufweist.

Einschulungsalter und Einschulungsperiode

Die halbjährliche Einschulung wird inzwischen von Eltern und Erzieherinnen wie selbstverständlich angenommen als eine gute Möglichkeit, den möglichst optimalen Einschulungszeitpunkt beim jeweiligen Kind zu treffen. Obwohl die zweimalige Einschulung sowohl für den Kindergarten als auch für die Anfangsklassen einschneidende Veränderungen und ein Mehrfaches an Arbeitsaufwand gebracht hat, werden die Vorteile stärker bewertet.

Differenzierung und Individualisierung oder »Schulisches Lernen neu definieren«

Der Anspruch, Kinder dort abholen zu wollen, wo sie stehen – und dies jedes halbe Jahr von neuem – führt zwangsläufig zu einer gravierenden Veränderung schulischen Lernens. Es bedeutet den Abschied vom gleichtaktigen, vom Lehrer oder Schülerbuch bestimmten Voranschreiten des Lehrgangs für alle, im besten Fall garniert mit Sequenzen innerer Differenzierung. Es bedeutet den Versuch, Lernen als individuellen, in erster Linie vom Lerner abhängigen Prozess zu begreifen und den Unterricht entsprechend zu organisieren.

Dies zu begreifen und zu realisieren ist sicher die schwierigste unserer Aufgaben. Denn sie erfordert als Voraussetzung, dem Kind und seiner

Entwicklung mindestens ebenso zu vertrauen, wie wir bisher unserer Unterrichtskunst vertraut haben. Sie bedeutet, das einzelne Kind stärker in den Blick zu nehmen, ohne den Bildungsplan aus dem Hinterkopf zu verlieren.

Wir haben auf ein Schülerbuch im klassischen Sinne verzichtet und dafür nach Lehr- und Lernmitteln gesucht, die ein möglichst selbständiges, selbstkontrolliertes Lernen ermöglichen. »Lesen durch Schreiben« von Jürgen Reichen kommt unserer Arbeitsweise entgegen, wie sich überhaupt in den jüngeren Veröffentlichungen zum Schriftspracherwerb viele Ansätze finden, die für uns geeignet sind (z. B. zur Textproduktion, zum Grundwortschatz u. Ä.). Für Mathematik tun wir uns schwerer.

Eine Hilfe sind uns unsere selbst entworfenen Arbeitshefte für Deutsch und Mathematik. Wir haben strikt darauf geachtet, dass nur solche Aufgaben Eingang finden, die von den Kindern auch ohne direkte Lehrerhilfe bewältigt werden können. Allerdings müssen wir aufpassen: Es gibt Kinder, die diese Hefte so schnell wie möglich »abarbeiten«, manchmal, scheint es, mehr mechanisch als mit Lerngewinn – und für manche Eltern scheinen die Hefte ein Gradmesser für den Leistungsstand ihres Kindes zu werden.

Dadurch besteht die Gefahr, wie bisher das Ergebnis in den Vordergrund zu stellen und den Lernweg, den eigentlichen Lernprozess, zu übersehen. »Richtige« Ergebnisse werden häufig als Indiz für gute Lernprozesse angesehen. Dagegen spricht, dass es uns eben nicht gleichgül-

tig sein kann, auf welche Weise unser Schüler zu der Aussage 8 + 7 = 15 kommt.

Ein Schritt in die richtige Richtung scheinen unsere thematischen »Werkstätten« zu sein. Hier sind uns die in den letzten Jahren gehäuft angebotenen käuflichen Materialien eine große Hilfe. Im Schulanfangsteam werden sie gesichtet und auf unsere Verhältnisse modifiziert, ergänzt und verbessert. Verbessert heißt auch: ansehnlicher und haltbarer gemacht.

Und doch empfinden wir manches noch als Stückwerk. Noch suchen wir den »roten Faden«, der für das einzelne Kind eine ganz konkrete Hilfe ist, ihm sagt, wo es steht und wie es weitergeht. Der aber auch für die Lehrerinnen und die Eltern diese Fragen beantworten hilft. Hier gibt es sicher noch manches zu tun, hier sind wir um jede Anregung dankbar.

Zusätzliches Personal oder »Lehren und Lernen im Team«

Es wurde weiter oben schon angeführt, dass die erhofften Fachleute ausgeblieben sind. Die Ursachen sind vielschichtig, aber im Ergebnis gleich: Wir konnten weder Sonderpädagogen noch Erzieherinnen in den Schulversuch integrieren. Wir hätten gerne von ihrem Fachwissen und ihrer Erfahrung profitiert und unseren Kindern gewünscht, dass sie diese Hil-

fen erhalten hätten können. Dass ein entsprechender Bedarf gegeben ist, wurde schon oben angedeutet.

Dies umso mehr, als wir seit dem Schuljahr 1999/2000 eine vom zuständigen Oberschulamt anerkannte Integrationsschule sind. Wir dürfen seither behinderte Kinder in unserer Schule aufnehmen, betreuen und fördern – aber ohne Fachpersonal und ohne eine einzige Lehrerstunde mehr.

Überwiegend gute Erfahrungen haben wir mit dem Einsatz von Studentinnen der Pädagogischen Hochschule gemacht, die wir sowohl im Tages- als auch im Blockpraktikum in den Anfangsklassen gut einsetzen konnten. Sie sind aber natürlich kein Ersatz für ausgebildetes Fachpersonal.

Mangels dieser Hilfen mussten und müssen wir uns auf eigene Ressourcen besinnen. Entgegen kam uns, dass wir von Anfang an unseren Schulversuch als Team angegangen sind. Die Arbeit mit und in diesem Team war für die beteiligten Lehrerinnen sicher eine der fruchtbarsten und positivsten Erfahrungen bei diesem Projekt. Dabei war es keineswegs selbstverständlich, dass Kollegen, die zum Teil schon Jahre nebeneinander gearbeitet hatten, auch miteinander arbeiten können und dass die, die neu ins Team stießen, integriert werden konnten. Es soll auch nicht verschwiegen werden, dass es bei dieser Zusammenarbeit auch zum Teil erhebliche Reibungsverluste gab. Trotzdem scheint es konsequent, dass Lehrer, die ihre Kinder zu Lernformen führen wollen, die

geprägt sind von Zusammenarbeit, Voneinander-Lernen und Miteinander-Arbeiten, diese Tugenden in ihrem Team selbst entwickeln und pflegen.

Verweildauer, Beurteilung und Übergang nach Klasse 3

Nach unseren bisherigen Erfahrungen wird die ganze Bandbreite unserer Möglichkeiten ausgenützt. In der Regel besuchen die meisten Kinder zwei Jahre lang die Eingangsstufe, bei den im Frühjahr eingeschulten Kindern hält sich der Anteil der Übergänge in die Klasse 3 nach eineinhalb Jahren bzw. zweieinhalb Jahren in etwa die Waage. Daneben hatten wir ein Kind, das im Frühjahr 1999 eingeschult wurde und im September in die Klasse 3 wechselte, die es jetzt mit dem besten Zeugnis der Klasse beendete. Und wir haben ein Kind, das erst nach dreieinhalb Jahren die Eingangsstufe verlassen wird.

Zu Beginn des Versuchs haben wir uns immer wieder dabei ertappt, dass wir davon gesprochen haben, dass ein Kind die Klasse 2 wiederholt. Heute reden wir wie selbstverständlich davon, dass dieses Kind noch ein Jahr in der Eingangsstufe verbleibt. Der Unterschied mag nur graduell sein, aber er ist wichtig.

Kinder ohne Noten zu beurteilen erscheint vielen Menschen – auch und vor allem Kollegen der weiterführenden Schulen – geradezu unmög-

lich. Sie ohne Noten gar zu versetzen, muss jedem echten Juristen ein Gräuel sein. Da wir die Kinder ständig beim Arbeiten beobachten, zwar auch die Ergebnisse betrachten, aber immer stärker den Weg in Augenschein nehmen, vermögen wir sehr genau zu sagen, wie weit das jeweilige Kind im Lernprozess der einzelnen Fächer steht. Diese Informationen fließen ein in die Beratung der Eltern, die bei der Entscheidung, wann der Übergang in die Klasse 3 vorgenommen werden soll, stark von uns in die Pflicht genommen werden. Dabei setzt sich offenbar immer stärker eine ganzheitliche Betrachtung durch: Nicht nur Deutsch und Mathematik beeinflussen diese Entscheidung, sondern auch die persönliche und soziale Entwicklung des jeweiligen Kindes.

Elternarbeit

Wir haben wesentlich mehr Kontakte mit den Eltern, auch mehr Beratungstermine. Das kostet viel Zeit, genügt aber nicht. Wir glauben, dass es wichtig wäre, den Eltern mehr Informationen, mehr Wissen und mehr Sicherheit zu geben. Diese Form der Elternarbeit können wir aber zurzeit noch nicht leisten. Einen ersten vorsichtigen Versuch haben wir für das kommende Schuljahr angedacht: Wir möchten Eltern von Kindern mit einer LRS-Problematik dazu anleiten, diese Kinder zu unterstützen und die Arbeit der Schule noch stärker aktiv zu begleiten.

Erprobungsdauer oder »Wie geht es weiter?«

Genau genommen kommen wir nach den Sommerferien ins vierte und letzte Versuchsjahr. Doch steht für uns fest, dass es weitergehen wird. Noch sind viele Fragen ungelöst, ist vieles nicht erprobt. Wir möchten unseren Schulversuch fortsetzen. Davon gehen auch die Eltern aus.

Wir haben gegenüber der Schulverwaltung deutlich gemacht, dass wir vor einer möglichen Beendigung dieses Vorhabens eine Vorlaufzeit von mindestens drei Jahren benötigen. In diesen Tagen informieren wir die Eltern, deren Kinder im Jahre 2001 eingeschult werden und diese Kinder, werden in der Regel die Eingangsstufe im Jahre 2003 verlassen. Wir hoffen, dass wir innerhalb dieses Zeitraumes wenigstens unter den bisherigen Bedingungen weiterarbeiten können.

Ruth Cosson

Veränderte Schuleingangsphase – Beispiele aus Nordrhein-Westfalen

Grundsätzliche Überlegungen

»Nicht der Kopf geht in die Schule,
es kommt immer das ganze Kind«
(Quelle unbekannt).

Als im April 1920 das Grundschulgesetz in Kraft trat, mit dem eine für alle Kinder gemeinsame Grundschule in Kraft trat, »ging ein pädagogischer Traum in Erfüllung« (Knörzer/Grass 1992, S. 11).

Bereits in der Reformpädagogik orientierte man sich am individuellen Entwicklungsstand des Kindes und verfolgte »das Prinzip des Wachsenlassens« (ebd., S. 21). Ausgehend von den tatsächlich bestehenden Begabungsunterschieden, den individuellen Lerngeschwindigkeiten, den unterschiedlich angeborenen oder erworbenen Persönlichkeitsdispositionen stellt sich die Grundschule seit fast 100 Jahren die Aufgabe, alle und jeden Einzelnen zu fördern, zu fordern und »die Verschiedenheit von Menschen produktiv zu nutzen« (ebd., S. 28).

»Die Chancengleichheit in der Bildung entscheidet sich bereits in frühen Lernphasen« (Koalitionsvereinbarung NRW 2000). Mit dieser Feststellung wird auch von bildungspolitischer Seite der Blick auf die seit längerer Zeit diskutierte Schuleingangsphase gelenkt.

Die Grundschule ist die gemeinsame Bildungsstufe aller Kinder mit der Aufgabe, sie »unter Berücksichtigung ihrer individuellen Voraussetzungen … gleichermaßen umfassend zu fördern« (AO-GS NRW §1). In NRW werden gemäß AO-GS NRW, § 2.3 noch nicht schulfähige Kinder für ein Schuljahr vom Schulbesuch zurückgestellt und besuchen während dieser Zeit einen Schulkindergarten (SKG), der als Teil der Grundschule gilt. Er wird vom Grundsatz her als eigene Lerngruppe geführt und von Sozialpädagogen geleitet. Dort soll das Kind unter Berücksichtigung seiner individuellen Lern- und Entwicklungsmöglichkeiten durch fördernde und ermutigende Hilfe zum systematischen Lernen geführt werden. Zusammengefasst bedeutet das: Der Schulkindergarten bekommt die Aufgabe zugewiesen, fehlende Schulfähigkeit auszugleichen.

Der Begriff »Schulfähigkeit« erfährt (noch) keine einheitliche Definition, sondern er hängt häufig vom Anforderungsprofil der jeweiligen Grundschule ab. Zusätzlich kann er nicht länger als Grundvoraussetzung für die Einschulung betrachtet werden. Die Schulfähigkeit der Kinder gilt es zu entwickeln.

In einer ersten Klasse treffen immer Kinder zusammen, die zwar kalendarisch etwa gleich alt sind, jedoch über ein breites, vielfältiges Spektrum an individueller vor- und außerschulischer Erfahrung verfügen. Die ansteigende Heterogenität der Kinder und ihre unterschiedlichen Entwicklungsstadien bei der Einschulung stellen die bisher häufig praktizierte Gleichschrittigkeit in Form des für alle verbindlich organisierten Lernens in Frage. Der Schulanfang bedeutet nämlich für kein Kind eine »Stunde Null«.

In den letzten Jahren fand in diesem Zusammenhang ein Paradigmenwechsel von der Selektion zur Integration statt. Zunehmend wird an Grundschulen in NRW von Anfang an die Idee der Schule als Gemeinschaft für alle Kinder betont. Durch die Neugestaltung der Schuleingangsphase erhalten auch die Kinder mit besonderem Förderbedarf hinsichtlich ihres allgemeinen Entwicklungsstandes ihren Platz in einer heterogenen Lerngemeinschaft. Dort können sie möglicherweise ihre Entwicklungsrückstände im Sinne der ganzheitlichen Förderung schneller ausgleichen als in der isolierten Lerngemeinschaft eines Schulkindergartens.

Zwar wird häufig der Vorwurf erhoben, in keinem bildungspolitischen Bereich sei »der Müllhaufen gescheiterter oder begonnener und dann nicht oder nur halbherzig fortgeführter Reformen so groß wie im Bereich der Grundschule« (Wendt 2000, S. 46), dennoch mach(t)en sich immer mehr Schulen in NRW auf den Weg, an ihren Systemen im Rahmen des jeweiligen Schulprogramms mit kleinen Schritten die Schuleingangsphase zu verändern, indem sie, zum Wohle der ihnen anvertrauten Kinder, Möglichkeiten optimaler Lernstrukturen umsetzen. Sie sind sich bewusst, dass die Weichen für einen späteren Lern- und Schulerfolg mit der Einschulung gestellt werden. Diese Schulen möchten das Versagen des Kindes bereits dann abwenden, wenn es sich anbahnt, nämlich im Anfangsunterricht.

Der folgende Artikel beschäftigt sich mit einigen der Schulen, die sich besonders innovativ dieser Aufgabe stellen. Engagiert beschreiten sie Wege, die zu neuen Zielen während der Schuleingangsphase führen. Dieser Beitrag möchte auch andere Schulen ermutigen, unter Berücksichtigung ihrer individuellen Gegebenheiten ebenfalls Schritte in die Richtung der veränderten Schuleingangsphase zu wagen.

Die in diesem Artikel beschriebenen Schulen repräsentieren nur einen kleinen Ausschnitt der Schulwirklichkeit in NRW. Ich bin sicher, an weiteren Standorten strukturieren andere Grundschulen die Schuleingangsphase in ähnlicher Weise. Dieser Artikel soll daher besonders die Schulen zum Handeln ermutigen und ermuntern, die momentan erst über eine Neuakzentuierung der Schuleingangsphase nachdenken.

Die von mir besuchten Schulen befinden sich in unterschiedlichen Gebieten Nordrhein-Westfalens, am Niederrhein, am Rande des Teutoburger Waldes, also eher mit ländlichen Schulumfeldern, im sozialen Brennpunkt im Ruhrgebiet und im Aachener Raum. Sie begannen vor unterschiedlich langer Zeit mit der Ausgestaltung eines Konzepts zum kindgerechten Schulanfang. Die Zeitspannen reichen von neun Jahren bis zu sechs Monaten.

Auch die Gründe für den Wunsch nach Veränderung waren verschieden. Ging es zum einen darum, die drohende Versetzung der Sozialpädagogin durch sinkende Schülerzahlen im Schulkindergarten abzuwenden, so waren es in anderen Fällen sowohl eine vom Kollegium gewünschte Neuakzentuierung des pädagogischen Schwerpunkts der Schule als auch das Bemühen, den gemeinsamen Unterricht Behinderter und Nichtbehinderter (GU) mit der Förderung der zurückgestellten Kinder konzeptionell zu verbinden. An einer weiteren Schule erfolgte die Anfrage der Schulaufsicht, sich mit Beginn dieses Schuljahres einem nordrhein-westfälischen BLK-Versuch anzuschließen.

Bevor die Schulen mit der Neukonzeption der Schuleingangsphase begannen, war ein intensiver Diskurs in Konferenzen notwendig. Er diente dazu, räumliche und personelle Ressourcen festzustellen und das gemeinsame pädagogische Grundverständnis des Kollegiums mit gegenseitigen Erwartungen und Zielen in den Blickpunkt zu rücken. Dann erst war es möglich, Absprachen zum offenen, differenzierten Unterricht zu treffen, Grundzüge von veränderten Förderkonzepten zu entwickeln und innerhalb des Kollegiums kooperative, teamorientierte Arbeitsformen aufzunehmen. Zusätzlich mussten verbindliche Vereinbarungen zu (kollegiumsinternen) Fortbildungen getroffen werden.

Meine folgenden Beschreibungen bezüglich der Klassenaufteilung, Förderkonzepte, Personalressourcen beziehen sich auf das Schuljahr 2000/1. Die Konzepte werden von den Kollegien regelmäßig evaluiert und fortgeschrieben. Die Personalressourcen unterliegen den entsprechenden Zuweisungen durch die Schulaufsicht.

Allen hier beschriebenen Schulen wird seit Jahren oder sogar seit Jahrzehnten formal ein Schulkindergarten zugeordnet, in dem nicht nur die Kinder der Stammschule, sondern auch die der umliegenden Schulen betreut werden. Übereinstimmend und der Tradition gehorchend blieb vor der konzeptionellen Umgestaltung der jeweilige SKG von den Eingangsklassen räumlich und organisatorisch stets getrennt.

»Die Insel«, ehemaliger SKG der Grundschule Enger

Inzwischen wurden in allen Schulen, nach einer sorgfältigen Überprüfung des Raumangebots, die Schulkindergärten in das Schulgebäude hereingeholt und so in den Schulalltag integriert.

An einer Schule zogen die Kinder des SKG aus einem isolierten Pavillon in das Schulgebäude und haben ihren Klassenraum inzwischen auf der Etage, wo auch zwei Betreuungsgruppen untergebracht sind. Eine Etage darüber befinden sich die ersten Klassen und zusätzlich ein Kleingruppenraum. In anderen Schulen sind die Räume des SKG, der Eingangsklassen und weitere Gruppenräume auf einem Flur zu finden. Die räumliche Auflösung des SKG, die Teilnahme aller Kinder am differenzierten Unterricht in den ersten Klassen stellt die umfassendste Integration der SKG-Kinder dar.

Zwischen Anmeldung und erstem Schultag

Gemäß § 4 SchpflG / § 4 AO-GS erfolgt auch an den Grundschulen mit innovativem Anfangsförderkonzept weiterhin eine formale Zurückstellung der noch nicht schulfähigen Kinder durch die Schulleitung. Die Zurückstellung basiert auf dem schulärztlichen Gutachten bzw. resultiert aus dem Antrag der Erziehungsberechtigten. Darüber hinaus kann auch weiterhin eine Zurückstellung im Laufe der ersten Schulwochen vorgenommen werden.

Zwischen der Anmeldephase und dem ersten Schultag sind die meisten Schulen bestrebt, ein möglichst differenziertes Bild aller Schulanfänger zu bekommen, um einerseits diese Informationen zur späteren Klassenbildung und zur engen Passung des Förderangebots zu nutzen, andererseits, um unterstützende Maßnahmen (z.B. Sprachförderung) bis zum Schulbeginn ergreifen zu können. Der Eingangsdiagnostik gebührt ein hoher Stellenwert. Die Lehrerinnen besuchen mit der Sozialpädagogin und der Schulleitung die zukünftigen Schulneulinge in den Kindergärten. Im Rahmen von »Unterrichtsspielen«, die an den Schulen entweder am Anmeldetag oder zu einem späteren Zeitpunkt durchgeführt werden, ergeben sich weitere Beobachtungen. Beim »Unterrichtsspiel« werden die zukünftigen Schulneulinge in vielfältigen arrangierten Lern- und Spielsituationen beobachtet. Die Pädagoginnen erhalten Hinweise zur (Fein-) Motorik, Kognition, zum Stand der Sprach- und Sozialentwicklung bei den Kindern. In einer Schule hospitieren die Erzieherinnen ebenfalls beim »Unterrichtsspiel«. Auch werden die Kinder zu einer »Schnupperstunde« im bestehenden ersten Schuljahr eingeladen. Bei den sich anschließenden Nachbesprechungen nehmen neben der Schulleitung, den Sozialpädagoginnen und zukünftigen Klassenlehrerinnen teilweise auch die Erzieherinnen teil. Weitere wichtige Hinweise zum Entwicklungsstand der einzelnen Kinder ergeben die Auswertungen der schulärztlichen Untersuchungen.

In Dortmund kooperieren im Rahmen der »Interdisziplinären Schuleingangsuntersuchung« vor Ort das Team des Gesundheitsamtes zusammen mit Schulleitung, Sozialpädagogin und Sprachtherapeutin. Neben der medizinischen Untersuchung werden bei den Kindern u a. Teilaspekte der visuellen Wahrnehmung nach Frostig, die auditive Wahrnehmung und das Sequenzgedächtnis überprüft. Es wurde zudem ein Konzept ganzheitlicher Gesundheitsförderung entwickelt, das in Zusammenarbeit mit dem Gesundheitsamt, der Universität, dem Stadtteilverein und der Erziehungsberatungsstelle sowohl auf die Kompensation der gesundheitlichen Beeinträchtigungen als auch auf die Unterstützung und

Beratung der Eltern zielt. Begleitende Hilfsmaßnahmen, z. B. Sprachkurse für Mütter, werden gemeinsam eingeleitet (siehe dazu auch den Beitrag von HOLD-JAGODA in diesem Band)..

In einer Brennpunktschule eines »Stadtteils ohne Sheriff« in Kleve begleitet eine Schulsozialarbeiterin mit Standort an dieser Schule die Eltern und Kinder während aller Phasen des Schuljahres. Sie beobachtet schulpflichtige Kinder bereits in den elf Kindergärten des Schulbezirks, bietet im intensiven Austausch über Erziehungsaufgaben präventive Unterstützung in der Familienpflege und hilft später bei der Bewältigung des Schulalltags. So sorgt sie u. a. für ein pünktliches Erscheinen der Kinder zum Unterricht oder für die Erledigung der Hausaufgaben.

Die Klassenbildung und der Einsatz des pädagogischen Personals im ersten Schuljahr

Die Lerngruppen an den jeweiligen Schulen werden nach unterschiedlichen Konzepten und Kriterien gebildet.

So bleibt an einer Schule während des gesamten Schuljahres der SKG als feste Lerngruppe bestehen. In dieser Gruppe werden Kinder unterrichtet, bei denen die Zurückstellung zwingend geboten schien. Sie wiesen bereits bei der Anmeldung gravierende Defizite in mehreren Bereichen auf. Die Arbeit mit der Gruppe und die Entwicklung der Schulfähigkeit dieser Kinder obliegt im Wesentlichen der SKG-Leiterin. Sie fördert die Kinder weitgehend nach dem traditionellen Modell. Eine Aufteilung der SKG-Lerngruppe geschieht in der Regel nur unter schulspezifischem Aspekt, nämlich um Kontakte der Kinder zu den eigenen Klassenkameraden aus den umliegenden Schulen zu vertiefen.

Allerdings gehören zum Konzept der Schule die Unterstützung der Lehrerinnen durch die Sozialpädagogin im Bereich der Eingangsdiagnostik und das regelmäßige Teamteaching von Sozialpädagogin und Klassenlehrerin in jeder ersten Klasse für zwei Stunden wöchentlich. Dieser Unterricht dient der intensiveren fachlichen Förderung von Kleingruppen oder einzelner Kinder. Eine zusätzliche Förderung der Erstklässler in Kleingruppen oder als Einzelförderung außerhalb des Klassenverbandes z. B. in Bereichen der Wahrnehmung und Feinmotorik erfolgt durch die Sozialpädagogin nach Absprache mit den Klassenlehrerinnen. Während dieser Zeit unterrichtet eine Lehrerin der ersten Klasse im SKG.

In einer anderen Schule im sozialen Brennpunkt setzt sich die SKG-Lerngruppe ausschließlich aus Kindern zusammen, bei denen nur ein systemisches Bearbeiten des gesamten Bedingungsgefüges die Aussicht auf emotionale Stabilisierung und schrittweise Entwicklung der Schulfähigkeit bietet. Die Arbeit der Sozialpädagogin umfasst hier zusätzliche, intensive Elternarbeit, Begleitung von Therapien sowie die enge Kooperation mit außerschulischen Institutionen wie Familienfürsorge, Jugendamt, Erziehungsberatung und heilpädagogischen Einrichtungen. Die Kinder mit Defiziten in einigen wenigen Bereichen verbleiben in der ersten Klasse. Sie erhalten aber im SKG im Rahmen der Stundentafel zusätzliche Förderung in ihren individuellen Bedarfsbereichen wie Konzentration, Ausdauer, Sozialverhalten, Sprachentwicklung während durchschnittlich sieben Wochenstunden. Diese Förderung erfahren die Kinder jedoch nur so lange, bis sie ihre Defizite aufgearbeitet haben. Gleichzeitig besteht diese Förderung auch für solche Kinder, deren Schwächen erst im Laufe des ersten Schuljahres offenkundig werden.

In einer weiteren Schule, die über die integrative Förderung im Anfangsunterricht hinaus auch den gemeinsamen Unterricht (GU) anbietet, sind die Erstklässler auf zwei Regelklassen (schulfähige Kinder), eine Integrationsklasse (zurückgestellte und schulfähige Kinder) und zwei Klassen mit GU verteilt. Die GU–Klassen werden auch von solchen zurückgestellten Kindern besucht, bei denen ein bereits eingeleitetes VO-SF endgültige Sicherheit über den Förderort dieser Kinder geben muss. Die GU-Klassen verfügen über eine permanente Doppelbesetzung von Klassenlehrerin und Sonderpädagogin. In der Integrationsklasse (I-Klasse) arbeiten die Klassenlehrerin und die Sozialpädagogin zusammen. Eine kleine Gruppe zurückgestellter Kinder wird außerhalb der jeweiligen Klassenverbände stundenweise von einer Heilpädagogin im Bereich der sozialen Gruppenfähigkeit gefördert.

Der gemeinsame Flur, auf dem alle Klassen untergebracht sind, dient hier als zusätzlicher Unterrichtsraum für Kleingruppenförderung, für Einzelarbeit und als Rückzugsmöglichkeit. Durch eine solcherart gestaltete räumliche Anordnung entsteht bei den Kindern nicht das Gefühl des Lerngruppenwechsels. Zusätzlich bleiben auch im Unterrichtsalltag bereits vor der Einschulung gewachsene soziale Kontakte bestehen. SKG- und GU-Kinder erfahren keine Stigmatisierung mehr, sie sind integriert.

Eine andere Schule organisiert den Unterricht im ersten Schuljahr weitgehend als Werkstattunterricht. An diesen Werkstätten nehmen alle Kinder, auch die zurückgestellten, teil. Unterstützt werden die Klassenlehrerinnen während des Unterrichtsvormittags von einer Sozialpädagogin und zzt. zusätzlich von einer Jahrespraktikantin. Da bei drei Kindern im Laufe des Schuljahres ein VO-SF eingeleitet werden musste, erhalten diese bis zur endgültigen Bestimmung ihres Förderortes zusätzliche Unterstützung im Bereich der Basisqualifikationen wie Sprechfähigkeit,

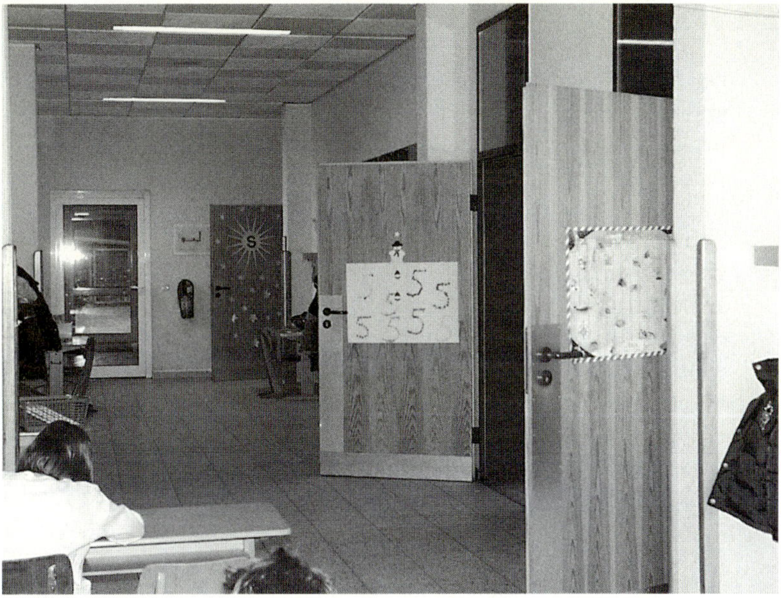

Der Flur als Unterrichtsraum

Mengenerfassung, emotionale Stabilität, Entwicklung von Toleranz, Bestätigung bei Könnenserfahrungen.

Durch eine entsprechend gute personelle Besetzung einer Klasse in Form von Klassenlehrerin, einer weiteren Lehrerin (Teilzeit) und einer Sozialpädagogin ist auch fast durchgängig ein heterogen organisierter Kleingruppenunterricht möglich. Bei dieser Organisation des Unterrichts entstehen besondere Vorteile in den Bereichen genaues Beobachten, gezielte Förderung, intensives Arbeiten und der schnellen Entwicklung von vertrautem Miteinander. Da gleichzeitig die Belastung durch eine große Lerngruppe entfällt, können leistungsstarke Kinder zügiger an die Formen des selbstständigen Arbeitens herangeführt werden. Dies bedeutet für die Pädagoginnen wiederum mehr Zeit und Aufmerksamkeit für die leistungsschwächeren Schüler/-innen.

Die unterschiedlichen Organisationsmodelle in der Schuleingangsphase erweisen sich bislang als durchweg effektvoll, bieten sie doch ein flexibleres Eingehen auf Entwicklungen der Kinder und damit hohe Durchlässigkeit beim Wechsel in den Födergruppen.

Die ersten Schulwochen: Förderdiagnostik und Förderpläne

Der Unterrichtsvormittag der ersten Klassen ist in den einzelnen Schulen unterschiedlich organisiert. Jedoch betrachtet man in allen hier beschriebenen Schulen die (Eingangs-) Diagnostik, die Unterrichtsbeobachtung und die gemeinsamen Gespräche über die Kinder (und mit ihnen) als wichtiges Instrumentarium zur Begleitung und Förderung individueller Lernprozesse. So erfolgt in den ersten Wochen nach der Einschulung grundsätzlich eine intensive Beobachtung aller Kinder durch die Klassenlehrerinnen und Sozialpädagoginnen, oftmals anhand eines durch eine Steuergruppe entwickelten und evaluierten Kriterienkatalogs. Die dann schriftlich fixierten Beobachtungen zu den Bereichen der emotionalen, sozialen, kommunikativen, kognitiven Kompetenz, zum Arbeits- und Problemlöseverhalten und zur Motorik sind, zusammen mit etwaigen bereits erstellten Profilen während der Anmeldephase, die Basis von Entwicklungsberichten und individuellen Förderplänen für die Kinder. Sie zeigen gleichzeitig zielgerichtete pädagogische Handlungsmöglichkeiten für Lehrkräfte und Kinder auf.

Der Gedankenaustausch über die Kinder reicht von kurzen, eher informellen Absprachen in der Pause bis hin zu regelmäßigen, wöchentlichen Teambesprechungen zwischen Klassenlehrerin, Sozialpädagogin, evtl. Sonderpädagogin, teilweise auch mit Einbeziehung der Schulleitung. Während dieser Sitzungen werden u.a. Unterrichtsbausteine (weiter) entwickelt, personenbezogene detaillierte Förderpläne erstellt und evaluiert, Fallbesprechungen durchgeführt, Elterngespräche vorbereitet sowie die integrative Arbeit reflektiert. Die Ergebnisse dieser Teambesprechungen stellen zusätzlich einen entsprechenden Input für Konferenzen dar.

Die weitere Begleitung der individuellen Lernprozesse

Um allen Kindern in den ersten Klassen Lernfortschritte zu ermöglichen, wird im Laufe des gesamten Schuljahres ein großer Wert auf die Förderung nebst kontinuierlicher Förderplanung als Begleitung der Lernprozesse gelegt. Dazu gehört als Leitidee nicht die Frage: »Was macht das Kind im Vergleich mit seinen Klassenkameradinnen und -kameraden noch falsch?« sondern: »Was kann es schon?« Zusätzlich überprüfen die Pädagoginnen in ihren Teamgesprächen immer wieder neu, was bei welchem Kind durch wen in welcher Form und in welchem Zeitrahmen gefördert werden sollte, um den optimalen Lernfortschritt vorzubereiten und zu erreichen.

Differenzierte Förderung in einer Kleingruppe

Die I-Klassen mit den zurückgestellten Kindern bilden eine pädagogische Einheit. Im Laufe des Schuljahres werden dort alle Kinder im Sinne der Richtlinien und in den Lernbereichen der Stundentafel unterrichtet. Dies geschieht durchgängig differenziert, individualisiert und fächerübergreifend. Selbstverständlich erfahren alle Kinder Begleitung im Lese-/Schreiblernprozess und im mathematischen Bereich.

Eine Schule erhält zudem regelmäßige Zuschüsse aus einer regionalen Stiftung. Diese Gelder sind zweckgebunden und dürfen ausschließlich zur Sprachförderung in den ersten Klassen verwendet werden. So erteilt eine Honorarkraft während elf Wochenstunden zusätzlichen Sprach-Förderunterricht.

Lernen gestaltet sich nicht linear, sondern verläuft verzweigt. Es umfasst ebenso den reinen Wissenserwerb wie die Entwicklung zusätzlicher Kompetenzen. Folglich erhalten Kinder mit erweitertem Förderbedarf während des gesamten Schuljahres zusätzliche Spiel- und Lernangebote sowohl zur Entwicklung ihrer basalen Fähigkeiten als auch zum Erwerb wichtiger Schlüsselqualifikationen. Wichtig ist auf jeden Fall die Einbeziehung des Kindes in die Planung und Durchführung der Förderung.

Am Ende der ersten Klasse

Am Ende des ersten Schulbesuchsjahres zeigen die Konzepte der von mir besuchten Schulen verschiedene Wege für die Kinder auf.

Gelingt es bei den zurückgestellten Kindern im Laufe des ersten Schuljahres eine positive Lernentwicklung zu initiieren und ihre vorhandenen Defizite auszugleichen, nehmen sie nach den Sommerferien am Unterricht der zweiten Klasse teil. Die Zurückstellung wird durch die Schulleitung aufgehoben.

Rituale in der Kleingruppe: das gemeinsame Frühstück

Bei einigen Kindern bestehen am Ende der ersten Klasse noch Teilleistungsstörungen. Einige Schulen ermöglichen solchen Kindern die Teilnahme am Unterricht der zweiten Klasse in ausgewählten Lernbereichen. In der übrigen Zeit erfolgt die Fortsetzung der individuellen Förderung entsprechend dem Bedarf der Kinder durch Lehrkräfte und Sozialpädagogin.

Ist dagegen eine erfolgreiche Mitarbeit im integrativen Unterricht der zweiten Klasse noch nicht möglich, bietet sich ein wiederholter Besuch der I-Klasse an. Im begründeten Ausnahmefall ist auch eine dreijährige Eingangsstufe denkbar. Eine Schule plant folgendes Konzept: Die Eingangsklasse setzt sich zusammen aus Kindern des SKG und der ersten und zweiten Schuljahre. Hier verbleiben die Kinder so lange, bis sie den Anschluss an das dritte Schuljahr gefunden haben. Bedingt durch eine hohe Durchlässigkeit kann dies bereits nach einem Jahr, aber auch erst nach drei Jahren geschehen.

Unterschiedliche Lösungen werden getroffen, wenn es darum geht, ein Kind nach dem Besuch der integrativen Eingangsstufe wieder seiner Stammschule zuzuführen.

Wertvoll ist die Kooperation der Stammschulen mit den »Förderschulen«, besonders wenn durch kommunale Auflagen und zur Reduzierung der Kosten für den Schulträger bisherige Fahrschüler/-innen den Schulbus nicht länger in Anspruch nehmen dürfen. Durch ein pädagogisches Miteinander von Schulaufsicht, Schulleitungen und Kollegien gelingt es trotz der Zurückstellungen, die Kinder nach erfolgreicher Förderung ihre Laufbahn in der zweiten Klasse an der Stammschule fortsetzen zu lassen. In Anlehnung an die Konzepte der abgebenden Schulen erfahren die Kinder auch hier weitere Unterstützung, sofern sie sich als notwendig herausstellt.

Eine Kooperation mit den Schulen des Umfeldes ist aber noch nicht unbedingt in allen Fällen ausgebaut. Ein integrativ arbeitender Schulleiter formuliert den Wunsch, die Lehrer/-innen der umliegenden Schulen sollten regelmäßig zwei Stunden pro Woche am Unterricht in seiner Schule teilnehmen. Er möchte in Zukunft vermeiden, dass die Kinder nach der integrativen Förderung im Anfangsunterricht prinzipiell dem ersten Schulbesuchsjahr zugeführt werden. Anderenfalls plädiert er für ein weiteres Schulbesuchsjahr der zurückgestellten Kinder an seiner Schule, damit eine gewisse Stabilisierung erreicht werden könne.

In einer Stadt verbleiben sämtliche ehemals zurückgestellten Kinder der unmittelbaren (städtischen) Nachbarschulen während der weiteren Schulbesuchsjahre an der zuerst besuchten (konfessionellen) Grundschule mit integrierter Schuleingangsstufe. Die Eltern machen in diesem Fall von ihrem Recht der Wahl der Schule Gebrauch.

Rahmenbedingungen

Alle Veränderungen bedürfen gewisser Voraussetzungen. So sind auch die beschriebenen Konzepte an bestimmte Rahmenbedingungen geknüpft, an äußere, an pädagogisch-konzeptionelle und an kollegial-strukturelle. Dazu gehören:

a) äußere Rahmenbedingungen:

- ausreichende Raumkapazität
- vielfältiges Fördermaterial

- ausgeglichene Personalzuweisung
- erhöhter Zeitaufwand

b) pädagogisch-konzeptionelle Rahmenbedingungen:

- veränderte Didaktik und Methodik des Anfangsunterrichts
- offene Unterrichtsformen
- Fokussierung auf heterogene Lerngruppen
- erweiterte (Förder-)Diagnostik
- jahrgangsübergreifende Arbeit
- veränderte Rhythmisierung des Unterrichtsvormittags
- Einbeziehung der sozialpädagogischen Arbeit

c) kollegial-strukturelle Rahmenbedingungen:

- Konsens im Kollegium
- Bereitschaft zu Mehrarbeit
- Teamarbeit der Unterrichtenden
- Akzeptanz der Sozialpädagogin
- Ausdauer und Kreativität in der Umgestaltungsphase
- zusätzliche Fortbildungsbereitschaft

Um möglichst umfassend alle Lehrkräfte in das Konzept einzubinden, sind regelmäßige gegenseitige Hospitationen unerlässlich. Sie bewirken ebenso den Abbau von Berührungsängsten und Konkurrenzdenken wie Einblicke in spezifische grundschul- und sozialpädagogische Arbeitsweisen.

Veränderungen und Ergebnisse

Aus den hier dargestellten Konzepten, gleichgültig, wie lange sie schon vorliegen, lässt sich herauslesen, dass die Kinder umfassende Entwicklungs- und Lernerfolge verzeichnen. Zusätzlich ist erkennbar, dass sich auch bei den pädagogischen Lehrkräften eine veränderte Einstellung zum Anfangsunterricht entwickelt (hat). Darüber hinaus erzeugen das Miteinander bei der Konzeption und Durchführung des Unterrichts, der Austausch, die neuen, gemeinsam zu bewältigenden Aufgaben in den Kollegien nach und nach eine Haltung im Sinne der Corporate Identity und eine Steigerung der Berufszufriedenheit.

Die intensive Zusammenarbeit der Lehrerinnen mit den Sozialpädagoginnen führt während der Arbeit im gesamten ersten Schuljahr auf beiden Seiten zu einer Entfaltung der Blickwinkel. Auf Grund der Ergänzung und Erweiterung der Kompetenzen, der gemeinsamen Beratungen bei der Förderung der Kinder ergibt sich eine größere Sicherheit bei pädagogischen Entscheidungen. Die Sozialpädagogin sieht sich nicht länger als »Einzelkämpferin« an ihrem Standort. Sie steht durchgängig den Kindern (und Lehrkräften) aller Anfangsklassen zur Verfügung.

Auch die Eltern befürworten uneingeschränkt die integrative Arbeit mit ihren schulpflichtigen, aber noch nicht schulfähigen Kindern. In ihrer Wahrnehmung verändert sich der Stellenwert der Zurückstellung für ihr Kind erheblich. Gleichzeitig nimmt die Wertschätzung der Arbeit der Sozialpädagogin zu. War es in der Vergangenheit für viele Eltern nicht möglich, die eigenständige Professionalität der Sozialpädagogin zu erkennen, so ist sie nun nicht länger »nur für das Spielen« zuständig, sondern sie gestaltet mit den Lehrkräften Unterricht und Förderung in Kooperation.

Allerdings werden auch Hinweise gegeben auf eine deutliche Mehrbelastung der Lehrkräfte und Sozialpädagoginnen durch vielfältige zusätzliche Aufgabenbereiche, durch zeitintensive Kooperationsformen und, damit verbunden, durch ein hohes Maß an Fortbildung. Auch die Arbeit aller pädagogischen Fachkräfte im Team gelang an den Schulen nicht von heute auf morgen. Hilfreich erwiesen sich hier Geduld, Toleranz, Transparenz, Offenheit und der Mut zur Langsamkeit. Besondere Schwierigkeiten zeigten sich immer dann, wenn unter unzureichenden personellen Bedingungen, besonders auf sozialpädagogischer Seite, gearbeitet werden musste.

Fazit

In NRW ist die Zurückstellung der noch nicht schulfähigen Kinder in den Schulkindergarten durch die AO-GS eindeutig geregelt. Dennoch initiieren eine Reihe von Schulen Veränderungen durch Erprobung alternativer Möglichkeiten in der Einschulungspraxis. Es ist zunächst sekundär, ob eine Schule Stundenpläne nach einem bestimmten Raster verändert, in welchem Umfang diagnostische Verfahren und individuelle Förderpläne entworfen und weiterentwickelt werden, in welcher Häufigkeit Teambesprechungen stattfinden, wie schnell sich erweiterte Kooperationsformen im Kollegium stabilisieren. Anfänge bei der positiven Umgestaltung des Anfangsunterrichts können in unterschiedlichen Bereichen gemacht werden. Es gibt eine große Bandbereite von Alternativen. Sie alle bedürfen jedoch einerseits einer veränderten Einstellung des Kollegiums. Andererseits benötigen sie sowohl die Unterstützung durch die Schulaufsicht, z. B. im Bereich der Lehrerzuweisung, als auch durch den Schulträger bei der Bereitstellung sächlicher Mittel.

»Neue Wege erleichtern den kindgerechten Start ins Schulleben« (Dr. Annette Schavan). Mögen die angeführten Beschreibungen noch vielen weiteren Grundschulen Mut machen, eine Schuleingangsphase zu schaffen, die es allen Kindern ermöglicht, miteinander zu lernen und zu leben, die sich hauptsächlich an der Individualität des Kindes orientiert und nicht am Unterrichtsstoff und die den Weg bereitet für ein lebenslanges erfolgreiches Lernen im Rahmen des persönlichen Leistungsvermögens.

Literatur

Burk, K. u. a.: Die neue Schuleingangsstufe. Weinheim und Basel 1998

Knörzer, W. / Grass, K.: Den Anfang der Schulzeit pädagogisch gestalten. Weinheim und Basel 1992

Kultusminister des Landes Nordrhein-Westfalen (Hrsg.): Richtlinien Grundschule. Düsseldorf 1985

Landesinstitut für Schule und Weiterbildung (Hrsg.): Lern- und Unterrichtsbeobachtung in den Anfangsklassen. Bönen 1997

Landesinstitut für Schule und Weiterbildung (Hrsg.): Schulanfang. Soest 1992

Verordnung über den Bildungsgang der Grundschule (AO – GS), Kommentar. Essen 1998

Wendt, P.: Welche Bildungspolitik braucht die Grundschule? In: Grundschule, 32. Jg., 2000/H. 10, S. 45-47

Uwe Hameyer

Spannungsfeld Eingangsphase - Innovationsstandards tragfähiger Praxis

Die Eingangsphase der Grundschule ist ein kritischer Bereich in der Lernbiographie von Kindern. In der Zeit vor Schuleintritt spielen Kinder etwa 12.000 bis 15.000 Stunden. Sie erforschen in diesem Lebensabschnitt ihre Welt und versuchen, sich in ihr zurechtzufinden. Vielfach eignen sie sich ihre Wirklichkeit spielend an, auch wenn das natürlich nicht konflikt- und belastungsfrei möglich ist. Die Schule wartet mit weiteren 10.000 bis 15.000 Stunden *Lern*zeit. Die Kinder wissen das alles nicht. Zumindest ist ihr Bewusstsein davon nicht belastet. Aber sie ahnen, dass eine andere Welt beginnt.

Selten gerät ein Mensch, der mit sich selbst beschäftigt ist wie das 6- und 7-jährige Kind, in derart herausfordernde Spannungs- und Erwartungsfelder hinein. Kinder lernen nur dann gut, wenn das personale und soziale Vertrauen in der für sie neuen schulischen Welt gestärkt wer-

Vier Leitideen für erfolgreiches Lernen

den, ohne dadurch Konfliktsituationen meiden zu müssen. Sie kommen in ihrem Lernen weiter, wenn ihre Lernbiographien in den schulischen Domänen des Wissens und Könnens Wertschätzung finden. Sie kommen weiter, wenn wir ihre Gefühlswelten ernst nehmen und ihre Ideen, Theorien und Wünsche artikulierbar sind. Das alles setzt die Förderung von *Selbstwirksamkeit* und *Zutrauen* in das eigene Lernenkönnen voraus, und natürlich muss dabei der Sinn des Schulbesuchs für das einzelne Kind erkennbar sein, nicht nur jener Sinn oder jene Funktion, die die Erziehungsberechtigten wichtig finden. In voranstehender Abbildung sind vier Leitideen für erfolgreiches Lernen genannt, die in ähnlicher Weise für Erwachsene gelten. Wer Innovationen in der Eingangsphase plant und umsetzt, muss sich der pädagogischen Bezugspunkte vergewissern, die das Dach all dessen sind, was in dem Haus geschieht.

In der Bundesrepublik haben sich einige Länder während des zurückliegenden Jahrzehnts mit der Frage beschäftigt, wie die Eingangsphase im Primarbereich so zu gestalten ist, dass den individuellen Voraussetzungen und Fähigkeiten der Kinder konsequenter Rechnung getragen wird. Wie können die Kinder an der Brückenstelle ihrer persönlichen Entwicklung so vorbereitet werden, dass sie mit Ausdauer, Motivation und Erfolg lernen? Wie gelingt es, dass sie ihre Identität finden und etwas leisten können?

Auf dem Erfahrungshintergrund schleswig-holsteinischer und anderer Schulversuche (ALBERS/HAMEYER/SCHUSDZIARRA 1997, 1999) werde ich auf kritische Ereignisse im Entwicklungsprozess der einzelnen Schule eingehen, die für die Umsetzung von Innovationen bedeutsam sind. An Innovationsstandards möchte ich gegen Ende des Beitrags aufzeigen, worauf es ankommt, um Innovationen erfahrungsgestützt *und* orientierungsichernd vorzubereiten.

Qualitätsmerkmale des Schulanfangsunterrichts

Die Gestaltung von Schule und Unterricht zu Beginn der Schulzeit erweist sich als besonders komplex, weil strukturelle, inhaltliche und pädagogische Ziele ineinander greifen müssen. Damit entsteht eine erhebliche Herausforderung an Innovationsbemühungen. Die betreffenden Länder und Schulen setzen unterschiedliche Modelle dieser *systemischen Integration* um. Der vorliegende Band vermittelt einen Eindruck davon.

- Gute Grundschulen erarbeiten die »Schulfähigkeit« ihrer Kinder mit ihnen zusammen. Schule kann aktivierender Lebens- und Erfahrungsraum werden, wenn es darum geht, nicht nur Sachen zu klären, sondern das Kind zu stärken (von Hentig 1985). Kinder können und dürfen nicht voreilig auf die angeblich sequentielle Logik fachlicher Wissenssysteme verpflichtet werden. Das heimliche Curriculum und der offizielle Lehrplan unserer Schulen sind immer noch überwiegend wissensenzyklopädisch geprägt; das berufliche Selbstbild von Lehrern und Lehrerinnen trägt Elemente dieses Denkens in sich, obwohl unstrittig ist, dass guter Unterricht seine Qualität nie allein aus dem Fach heraus gewinnen kann. Unterricht, auch Fachunterricht, ist *pädagogisch* zu begründen, aus *pädagogischer* Sicht motivierend aufzubauen, am Kind auszurichten. Guter Unterricht hat mit Abbilddidaktik oder reiner Vermittlungstechnik für angeblich gesicherte Wissensbestände wenig zu tun.

- In nahezu allen kulturellen und ökonomischen Lebensbereichen vollzieht sich ein Paradigmenwechsel vom enzyklopädischen Denken zu neuen Ordnungssystemen des Wissens und neuen, systemischen Denkformen. Zusammenhänge hoch spezialisierten Wissens müssen rekonstruiert werden. Das Ganze ist in den Blick zu nehmen. Teamarbeit ist angesagt und vernetztes Denken, damit der Mensch die künstlich isolierten Bausteine unseres Wissens als Wirksysteme versteht. Schule hat sich gegenüber Strukturwandel erstaunlich beharrlich gezeigt mit relativ stabilen Formen fachlicher Wissensorganisation, obwohl strukturelle Lebens- und Lernprobleme der Kinder längst nicht mehr mit klassischen Ordnungsmodellen und Denkweisen verstanden, geschweige denn gelöst werden können.

- Grundschularbeit kann bei Lebens- und Lernerfahrungen der Kinder ansetzen, ohne mit thematischen Anforderungen in Konflikt zu stehen. Guter Unterricht bestärkt das Kind auf der Suche nach eigenen Lernmöglichkeiten und nach effektiven Formen des Lernens und Erkennens. In einem explorationsoffenen Unterricht können Kinder ihre Fähigkeiten und Interessen in aktiven Formen des Lernens auf den Prüfstand stellen, ihre Stärken ausbauen, Schwächen überwinden, Zutrauen in das eigene Können finden und Vertrauen in andere setzen. Die Kinder finden aufgrund behutsamer Lernkompetenzentwicklung (Hameyer 2001) heraus, welche Fortschritte und Wirkungen sie bei entsprechenden Anstrengungen erzielen, wie sie diese selbst bewerten können, und sie lernen auch, welches Wissen und welche Arbeitsweisen sie brauchen, um selbsttätig weiterzulernen. Sie lernen, ihre Welt zu erkunden und sich in ihr auszukennen.

- Guter Unterricht kann so gestaltet sein, dass sich Kinder elementare Sozialerfahrungen, Einstellungen, Fertigkeiten und Fähigkeiten aneignen, die ihre Lern- und Leistungsfähigkeit, vor allem Lernfreude, festigen.

- Spielend lernen und Lernen im Spiel sind dabei zentrale Leitvorstellungen. Über das Spiel kann sich das Kind auf weitgehend unverplante Art ausdrücken und Erfahrungen verarbeiten. Es lernt im Spiel, mit Spannungen und Konflikten umzugehen. Es macht sich dabei Grundregeln der Kommunikation zu eigen. Wir wissen, dass solche Grundregeln für die Lern- und Persönlichkeitsentwicklung von Kindern ebenso wichtig sind wie für den Aufbau von Sozialverhalten. Das Spiel eröffnet Kindern Möglichkeiten, sich mit der sie umgebenden Lebenswelt aktiv auseinander zu setzen.

- Die Erfahrungen eines Kindes in der Eingangsphase haben grundlegenden Wert für alle zukünftigen Lern- und Leistungsmuster. Was die Kinder im Positiven wie im Negativen erleben, was sie lernen und was nicht, welche sozialen Bindungen entstehen, das alles beeinflusst ihre Identitätsfindung.

Ergebnisse aus Fallstudien

Die Schulversuche zur Eingangsphase haben den Fehler auszuschalten versucht, entweder nur das Curriculum zu erneuern *oder* Strukturen umzubauen *oder* die Lehrerinnen und Lehrer weiterzubilden. Vorteile systemischer Vernetzung wurden genutzt. Anhand von Leithypothesen, denen wir mit Hilfe von Interviews an zwölf Schulen mit flexibler Eingangsphase in Schleswig-Holstein nachgegangen sind, lassen sich auf der Folie dieses systemischen Ansatzes einige Befunde festhalten.

Professionelle Zuversicht

Standortgespräche und Interviews mit den Koooperationsschulen in Schleswig-Holstein, die eine flexible Eingangsphase einrichten konnten, haben verdeutlicht, dass die Lehrerinnen neue Formen pädagogischer Arbeit mit der Schulleitung abstimmen (müssen). Sie suchen – ohne notwendigerweise auf Signale seitens der Schulleitung zu warten – von sich aus nach Problemlösungen. Sie arbeiten an Lösungsideen weiter, sind neugierig auf Hinweise zur Implementation und ertrinken nicht im Auflisten von Problemen. Sie bilden sich weiter, planen im Team und tauschen Erfahrungen untereinander aus.

Derart reflexives Lehrerhandeln ist nicht selbstverständlich. Wir wissen aus internationalen Innovationsstudien, dass reflexive Professionalität der Funktion von Licht gleichkommt, ohne die nichts wachsen kann. In der Fachsprache ist von »ownership« und Identität die Rede. Diese Kategorien deuten auf einen Sachverhalt hin, der mit *professioneller Zuversicht* angesprochen ist, nämlich sich aktiv eine neue Idee zu eigen machen, diese mit Engagement umsetzen, aber auch Zwischenschritte auswerten, Alternativen einschätzen und die besten Optionen auswählen.

Das Gegenteil professioneller Identität ist universalistisches Anspruchsdenken. Das drückt sich beispielsweise darin aus, wenn jemand meint, dass erst eine Reihe von Bedingungen ausserhalb seiner Selbst und ausserhalb der Schule herzustellen sind, bevor er meint etwas verändern zu können. Warten auf gute Verhältnisse wird zum Abstellgleis, aus dem der Redner sich auch gar nicht heraus bewegen möchte.

Integrative Elternarbeit

Nahezu alle Interviews machen deutlich, dass es nicht ausreicht, Eltern, deren Kinder eingeschult werden sollen, durch Informationen über den neuen Abschnitt ihres Kindes in Kenntnis zu setzen. Information ist eine notwendige, aber nicht hinreichende Seite integrativer Elternarbeit. Alle Kooperationsschulen haben ihre eigenen Modelle erarbeitet, denen gemeinsam ist, dass die Eltern weitgehend und intensiv in Beratungs- und Entscheidungsprozesse über die Einschulung des Kindes einbezogen werden. Gerade in Zweifelsfällen, wo der Wunsch auf Elternseite besteht, ein Kind zurückzustellen, wird den Eltern teils in einem »Stationenplan« eine Vielzahl von Möglichkeiten angeboten, sich beraten zu lassen, die Schule kennenzulernen, sich über die Arbeit an der Schule und die Förderungsmöglichkeiten für das Kind zu unterrichten. Grundlinie integrativer Elternarbeit ist es, die Eltern gründlich – teils in Einzelgesprächen – zu beraten, Transparenz durch Information herzustellen, ihre Wünsche und Besorgnisse ernst zu nehmen, ohne von der Argumentation für das einzelne Kind zu lassen.

Umsetzung in Schritten

In allen Kooperationsschulen, das zeigen die Interviews sehr deutlich, ist eine Strategie in kleinen Schritten zu erkennen, die abgestimmt sind. In keinem Fall wird eine Maßnahme durchgeführt, weil einige im Kollegium davon überzeugt sind, ohne diese mit anderen innerhalb der Schule und mit dem schulischen Umfeld abzugleichen. Damit ist hoher Kommunikationsaufwand verbunden. Der Aufbau einer flexiblen Eingangsphase verlangt erheblichen Arbeitseinsatz und Zeit. Der Zeitaufwand zahlt sich u.a. durch sichtbare Erfolge auf der Schülerseite und durch Zufriedenheit mancher zunächst skeptischer Eltern aus.

Explorative Entwicklung

Die Kooperationsschulen haben Sicherungen für den Fall eingebaut, dass bestimmte Lösungen oder Innovationsideen nicht so funktionieren, wie sie gedacht sind. Explorativ bedeutet, sich in einem klar begrenzten Bereich, in dem etwas Neues überschaubar ausprobiert werden kann, zu bewegen und sich auch von einer Lösung verabschieden zu können, wenn diese den Erwartungen nicht entspricht. Diese explorative Orientierung der Tätigkeit an den Kooperationsschulen ist ein Elementarbestandteil des Vorgehens in kleinen, aufeinander abgestimmten Schritten auch insoweit, als Rückkopplungen vorgesehen sind. Man wird nicht wegen einer Programmatik etwas unbedingt durchsetzen wollen, wenn die Praxis zeigt, dass andere Lösungen effektiver sind. Die Lehrerinnen suchen von sich aus nach guten Lösungen.

Wirksames Lernen

Die Lehrenden halten im Blick, dass alle Kinder nach ihren Möglichkeiten gefordert und gefördert werden. Lehrerinnen und Lehrer setzen dort Fragezeichen, wo über eine lange Zeitspanne ein eingeschultes Kind nicht mit Erfolg mitarbeiten kann. Dabei ist auch zu sehen, dass sich keine Schule programmatisch für die Reduzierung der Rückstellungsquote auf 0 % ausspricht. Es müsse immer möglich sein, in Ausnahmefällen das eine oder andere Kind zurückzustellen, wenn die Schule nicht ausreichend geeignet oder vorbereitet ist, das betreffende Kind aufzunehmen. Ein interessanter Vorschlag wird aus einer Schule berichtet – eine Schule solle in der Argumentationspflicht stehen. Das bedeutet, ausführlich begründen zu müssen, wenn eine Rückstellung ausgesprochen wird. Die Begründung ist pädagogisch zu leisten; sie darf nicht mit kapazitären oder anderen formalen Überlegungen gekoppelt sein.

Ergebnisse aus der Schulinnovationsforschung

Die Fallstudienergebnisse und Statements können auf dem Hintergrund internationaler Innovationsforschung eingeordnet werden.

In der international vergleichenden Studie namens IMPACT (in Zusammenarbeit mit Jan van den Akker/Niederlande und Ronald Anderson/USA) wurden Erkenntnisse über die Stabilisierung von Innovationen gewonnen. IMPACT bedeutet »Implementing Activity-Based Science Teaching in Elementary Schools«. Im Mittelpunkt stand das reflektierte »Durchhalten« der einzelnen Schule bei ihren Innovationsbemühungen. Wir interessierten uns für Schulen als »sich selbst steuernde und korrigierende Systeme«. Die IMPACT-Schulen brauchten für die systemische, vernetzte Umsetzung ihrer Innovationen eine mittlere Laufzeit von drei bis sechs Jahren.

Mit einem komplexen Forschungsmodell qualitativer und quantitativer Methoden gelang es, die Biographien wirksamer Langzeitinnovationen relativ genau zu rekonstruieren. Insgesamt 15 Schulen wurden über teils vier zeitversetzte Wochen auf die Frage hin analysiert, was sie tun, um ihre Innovationspläne von der Idee bis zur nachweislichen Realisation umzusetzen, anzupassen und zu verankern. Und wie änderten sich die ursprünglichen Pläne? Uns interessierten speziell die Prozesse der Anreicherung und Neugestaltung von Schulqualität (Hameyer/van den Akker/Anderson/Ekholm 1998, Ekholm/Ploug-Olsen 1991, Hameyer 1997). Wir wählten »normale« Schulen aus, nicht den Modellversuch oder die Pilotschule mit Sonderausstattung. Im Einzelnen ging es um folgende Fragen:

- Was tut eine Grundschule, um sich zu erneuern, sie jedoch über keine speziellen Versuchsmittel verfügt?
- Wie gelang es, die Selbsttätigkeit des Kindes beim Erkunden naturwissenschaftlich-technischer Phänomene zu unterstützen und zu verstärken?
- Welche Unterrichtsmuster und Differenzierungsformen wurden zu diesem Zweck realisiert?
- Inwieweit beteiligten sich die Kinder an der Planung von Unterricht – zum Beispiel in Projektstunden, im Wochenplanunterricht oder auch in »normalen« Stunden?
- Was tat die Schulleitung, um schulinterne Innovationsprozesse zu erleichtern, zu begleiten oder nachhaltig zu unterstützen? Welche Einflüsse führen auf das Umfeld der Schule zurück (Eltern, Behörden, Bildungspolitik, Verbände) und in welcher Weise?

Die Ergebnisse lassen sich auf einige Kernpunkte verdichten. Sie machen in der Summe deutlich, dass die *Qualität der Schulentwicklungspro-*

zesse entscheidend dafür verantwortlich ist, inwieweit es gelingt, eine Innovationsidee durch die Verständigung, das Verdeutlichen, die Interaktion und das gemeinsame Entscheiden in der Schulpraxis zu verstetigen. Das stimmt mit dem überein, was wir in Schleswig-Holstein an Grundschulen mit flexibler Eingangsphase herausfanden.

Merkmale von Innovationsprozessen

In unseren ersten Instrumenten und Interviews fragten wir nach fünf Phasen: *Einstieg*: Welche Anlässe oder Gründe führten zum Einstieg in tätigkeitsorientierte Lehr- und Lernformen? (Frage nach dem »Debüt«). Was ereignete sich während dieser Phase im Einzelnen? *Exploration*: In welcher Form setzten sich Lehrerinnen und Lehrer, Schülerinnen und Schüler, Schulleiter, Eltern und Verantwortliche aus Behörde oder Gemeinde mit der Innovation auseinander? Zu welchen Schlüssen gelangten sie, und wieso? Welche Entscheidungen resultierten aus der Exploration? *Umstrukturierung*: Welches sind die strukturbildenden Phasen oder Etappen der Implementation? Wie im Einzelnen wurde Schülerselbsttätigkeit umgesetzt (unterrichtliche Implementation)? Was trug der Schulleiter bei und welche externen Hilfen erleichterten die Arbeit? *Routine*: Aufgrund welcher Voraussetzungen wurden tätigkeitsorientierte Lehr- und Lernformen wiederholt praktiziert? Woran konnte man eine allmähliche

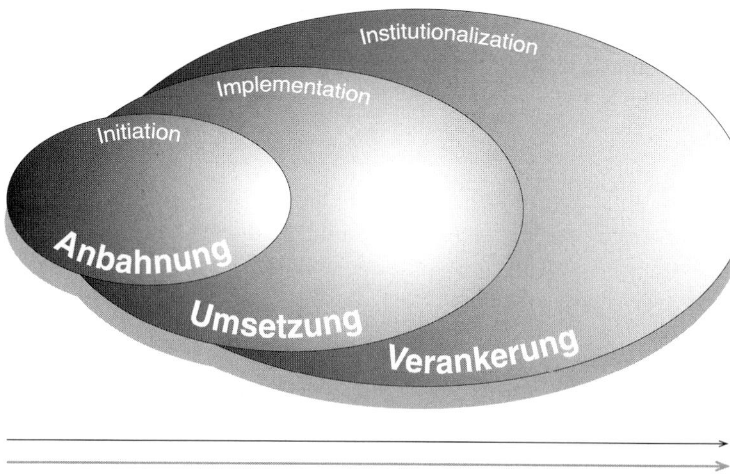

(Laufzeit etwa 3 bis 6 Jahre, teils länger)

Drei-Phasen-Modell von Innovationsprozessen

Routinisierung erkennen? Was erleichterte diesen Prozess? Welche Schwierigkeiten wurden wie überwunden? *Regelpraxis*: Woran ist abzulesen, dass tätigkeitsorientierte Unterrichtsmuster zu einem festen Bestandteil der Regelpraxis geworden sind? Welche Indikatoren zeigen das an? Welches sind die wichtigsten Ereignisse nach der beginnenden Routine? Über alle Schulen der beteiligten Länder konnten wir diese Stadien der Modellannahme später auf ein Drei-Phasen-Modell verdichten (siehe Abbildung auf der linken Seite).

Wenn wir die Fallstudien und Vergleiche zusammenfassen, so ergibt sich folgendes Bild: *Schulentwicklung ist ein Prozess*, nicht ein singuläres Ereignis oder nur eine Kette von Entscheidungen. Die Prozesse umfassen einen beträchtlichen Zeitraum, manchmal viele Jahre (siehe auch MILES 1983 und FULLAN 1985). Die Entwicklungen sind fast nie als linear oder stetig zu bezeichnen. Bisweilen stagniert das Vorankommen im Schulentwicklungsprozess, dann wieder geht es zügig weiter. Die Fallstudien berichten von unvorhergesehenen kritischen Ereignissen und Wendepunkten.

Die anscheinend unberechenbare Ereigniskette birgt auf der anderen Seite gute Möglichkeiten, zwischen Entscheidungsrichtungen eine begründete Wahl zu treffen. Viele der an Schulentwicklungsprozessen Beteiligten sind rationalem Denken verpflichtet, obgleich die Prozesse selbst nicht immer einen logischen Verlauf nehmen. Da es Menschen sind, die in der Schule und Schulentwicklung zusammenarbeiten, findet der Entwicklungsprozess seine Basis im Engagement und in den Emotionen der Beteiligten.

Eine Reihe von Teilprozessen sind in den Gesamtprozess eingebettet. Während der Initiierungsphase werden Energie und Engagement aktiviert; die Schule startet vorbereitende Aktionen im Blick auf den größeren Veränderungshorizont. Implementierung bedeutet die Prüfung und Bewährung des Neuen in der Praxis. Durch praktische Prüfungs- und Erprobungsschritte entstehen vielleicht adaptierte Lösungen. Diese Lösungen werden im Zusammenspiel von Schule und lokalem Umfeld eingeschätzt. In der Institutionalisierungsphase wird das Neue in die Regeln und Muster der Praxis eingebaut oder diese werden selbst geändert. Ein Bild zunehmender Wirksamkeit entsteht. Das Neue wird zur Gewohnheit und Routine, so dass die Schulen es selbst fast nicht mehr als Innovation bemerken. In hoch entwickelten Schulen findet man manchmal einen vierten Teilprozess, die Verbreitungsphase. In diesem Fall öffnet sich die Schule mit ihren neuen Arbeitsweisen und Innovationsroutinen für andere Schulen oder Interessenten. So entsteht ein Transfer – ein Prozess des »Tauschens« und Lernens in der Region.

Die Zeit von der Initiierungs- bis zur Institutionalisierungsphase variiert erheblich, je nachdem, um welche Schule es geht (Velzen/Miles/Ekholm/Hameyer/Robin 1985). Das hat auch mit den inhaltlichen Schwerpunkten der jeweiligen Innovation zu tun. Forschungsübersichten (Ekholm 1998) zeigen, dass Innovationen zwischen zwei und achtzehn Jahre dauern können, bis der Institutionalisierungsgrad erreicht ist.

Während der Initiierungsphase besteht das Risiko, dass die besonders engagierten, »forschen« Schulmitglieder den Zug der Innovation zu beschleunigen versuchen, während es anderen viel zu schnell geht. Die Gefahr liegt auf der Hand: Isolierte Inseln können in der Schule entstehen. Es können sich allerlei Missverständnisse einschleichen. Das Neue wird als Provokation gegen alten Brauch empfunden, teils auch als Widerspruch gegen Privilegien. Konflikte können zudem dann auflodern, wenn das Neue als Waffe in den schulinternen Auseinandersetzungen missbraucht wird. Während der Implementierungsphase, wo man in der Schule das Neue auf seine Beständigkeit und in konkreten Anwendungssituationen prüft und testet, besteht das Risiko, dass man vorschnell meint, das Neue passe sich nicht richtig an die vorherrschenden Arbeitstraditionen an und sei deswegen ungeeignet.

Ist die Institutionalisierungsphase erreicht, schließen sich mehr und mehr Personen an. Das Neue ist in der Institutionalisierungsphase zum echten Besitz der Schule geworden. Sie zeigt die Wirksamkeit und Tragfähigkeit des Neuen auch anderen Schulen. Durch klare Identifizierung

mit dem Neuen trägt die Schule die Idee nach außen. Wenn andere die Innovationslösung einer Schule wertschätzen, wird die Weiterarbeit gestärkt, werden Schulklima und Identität gefördert.

Wie gelingt es nun einer Schule, diese drei oder vier Phasen erfolgreich zu bestreiten? Die Schulentwicklungsforschung spricht von Teilfunktionen oder von Teilrollen, die es einer Schule leichter machen können, innovative Herausforderungen zu bestehen. Um Schulentwicklungsarbeit erfolgreich zu gestalten, braucht man Menschen, ein Zeitbudget und einen Raum, um sich auf etwas Neues zu konzentrieren und etwas Sinnvolles erfinden zu können.

Eine solche Teilrolle ist der Erfinder oder die Erfinderin. Gute Erfinder beachten, dass die Innovation für ihre Schule einzigartig und weiterführend ist. Sie arbeiten eine Idee so durch, dass sie nicht als exklusiv oder wirklichkeitsblind erscheint. Eine »Fernlösung« würde zu schnell zurückgewiesen. Erfinder werden sich mit »Gestaltern« abstimmen. Diese sind Umsetzungsspezialisten und versuchen, die Idee zu elaborieren und anzupassen. Weitreichende Ideen werden zu Beginn fast immer unrealistisch wirken. Ein Gestalter übernimmt die Ideen vom Erfinder und verändert sie unter dem Blickpunkt ihrer Praktikabilität. Und natürlich bedeutet diese Rollendifferenzierung nicht, dass die Personen nicht zusammenarbeiten, im Gegenteil.

Eine dritte Teilrolle im schulischen Innovationsprozess ist der Visionär. Mit kosmischen Zukunftsszenarien hat das nichts zu tun. Der Visionär benützt die Ideen der Empfinder und die praktischen Lösungen der Gestalter, kombiniert sie im Blick auf eigene Beobachtungen zur aktuellen Situation in Schule und Gesellschaft und schätzt ein, welche Situationen auf die Schule zukommen werden (Ekholm/Hameyer 2000).

Innovative Schulen haben Kritik und Impuls zugleich benutzt, nicht gegeneinander ausgespielt, sondern aus beidem gelernt. Der Kritiker beobachtet den Entwicklungsprozess und bewertet ihn. Diese Rolle erfordert eine Person, die positiv gegenüber der neuen Lösung eingestellt ist, aber ausreichend mutig ist, um mit Kollegen kritisch umzugehen und diese Kritik in die eigenen Anstrengungen zum Wohl der Schule einzubeziehen. Der »Schrittmacher« erhält sein Mandat von anderen aus der Schule. Er hat das Recht, andere einzuladen und zu fragen, warum sie nicht mitmachen, obwohl das Neue doch schulintern gestattet oder gestützt sei.

Alle Teilrollen machen für das Design von Schulentwicklungsprozessen Sinn, zumal wenn eine Schule die Strecke von der Initiierungs- zur Institutionalisierungsphase gut »durchstehen« möchte. Die überlappenden drei Phasen und die Rollenüberlegungen spiegeln sich in den Innovationsstudien; sie bieten verschiedene Blickpunkte auf konkrete

IMPACT-Ergebnisse an, die als Teilmerkmale gelingender Innovationstätigkeit in einigen Punkten, stark vereinfacht, zusammengefasst werden sollen.

Handlungsmaximen innovativer Schulen

Welches sind nach unseren Forschungsstudien zentrale Indikatoren einer selbsterneuerungsfähigen Schule, die die genannten Teilprozesse ausgestaltet und zu einem institutionalisierten Abschluss bringt?

Selbsttätigkeit fördern. Alle IMPACT-Schulen betonen die Selbsttätigkeit als wirksame Methode für effektives Lernen der 9- und 10-Jährigen. Die Lehrerinnen und Schulleiter verbinden mit dieser Methode die Stärkung des Selbstvertrauens beim Kind und die Sicherung der Zuversicht, dass die Kinder ihr Lernen schrittweise eigenverantwortlich mitgestalten. Formen und Grade der Selbsttätigkeit haben wir über längere Zeitabschnitte untersucht sowie, damit verbunden, Merkmale der Settings, in denen die Kinder selbsttätig lernen.
Unterrichtsqualität erhöhen. Selbsttätigkeit ist nicht nur an Wochenplanunterricht oder Projektstunden gebunden. Fast immer fanden wir die methodische Kombination verschiedener Methoden: Entdeckendes Lernen, Gruppenarbeit, Kreis- und Klassengespräche, darbietende Methoden und Einzelarbeit. Die Unterrichtsqualität ist dabei zentral. Jede Fallstudie enthält umfangreiche Daten und Aufzeichnungen von Unterrichtsstunden. Das betrifft zum Beispiel die Einführung von Tages- und Wochenplänen, die Lerndiagnose und Lernhilfe, die didaktische Fantasie der Lehrerinnen und Lehrer, die Zusammenarbeit mit Eltern als Experten in der Schule, die Herstellung von Materialien aller Art, die Differenzierung der Unterrichtsmethoden, das Experiment in der Schulklasse.

Klassenräume umgestalten. Warum ändern Lehrerinnen ihren Unterricht? Viele wünschen sich Abwechslung bei der unterrichtlichen Tätigkeit. »Omväxling« ist das in den schwedischen Studien benannte Stichwort. Lehrerinnen und Lehrer wollen nicht jahrelang dasselbe tun. Hinzu kommt eine weitere Triebfeder: die veränderten Bedingungen des Lernens in Schule und Lebenswelt. Mit umgestalteten Klassenräumen und aktivierenden Lernwelten könne man die Motivation zum Lernen stärken. Ihr Wohlbefinden in der Schule steigt, und der Weg zu konkreten Erfahrungssituationen wird geebnet. Eine Lehrerin aus Bremen bemerkte dazu: Im traditionellen Unterricht sei sie schnell »kaputt«, »ausgelaugt« und – was viel gravierender sei – »enttäuscht« gewesen. Beim Angebotsunterricht in veränderter Lernumgebung »könnte ich den ganzen Tag verbringen«. Die Argumente für umgestaltete Klassenzimmer sind weitgehend anerkannt. Die Schule soll den Kindern einen Ausgleich für verloren gegangene Lebens- und Erfahrungsräume bieten, indem sie sich selbst zu einem für Kinder entwicklungsgünstigen »Lernbiotop« verändert.

Am Bewährten ansetzen. Jeder Eingriff in soziale Systeme setzt die Kenntnis geltender Handlungsregeln, Konventionen und Ermessensspielräume im System voraus. Pläne schmieden allein nützt nichts. Umsetzungsprobleme organisatorischer Art erscheinen wie beharrliche Stehaufmännchen und müssen wiederholt angepackt werden: Wie ist Unterrichten zu zweit möglich? Was ist stundenplantechnisch zu tun, um Hospitationen zu erleichtern? Wie sage ich es meinem Hausmeister und dem Reinigungspersonal, dass die Teppiche in einigen Klassen liegen bleiben sollen? Wie kann die Zahl der Doppelstunden erhöht werden? Eine Innovation muss angesichts solcher Aspekte bis ins Detail durchdacht sein, zumal andere sie als Bedrohung empfinden könnten. Die Fallstudien von IMPACT zeigen, dass das Neue den respektierten Praktiker als Mitstreiter braucht: Schulpraktische Versiertheit und pädagogische Fantasie sind vonnöten. Die Lehrerinnen und Lehrer aller Grundschulen, die wir untersuchten, waren nie Aussenseiter, sondern als gute Unterrichtspraktiker anerkannt.

Zielklarheit sichern. Zielklarheit ist eine der wichtigsten Voraussetzungen für kontinuierliche, verlässliche Mitarbeit der Beteiligten. Dieses Kriterium wurde nicht durch umfangreiche Zielkataloge eingelöst; Zielklarheit entstand immer wieder erneut durch die Gewähr für Transparenz der praktischen Versuche, zum Beispiel im Rahmen von Hospitationen, durch Berichte, Erfahrungsaustausch und Feedback, nicht zuletzt in Gestalt von Materialien, die am anschaulichsten Rechenschaft darüber ablegen, was mit einer neuen Lernform eigentlich beabsichtigt ist. Aber auch das offene Klassenzimmer zum Schnuppern für Neugierige und Interessierte hilft: Eltern, Kinder und Nachbarkolleginnen blicken über den »geöffneten« Zaun.

Pufferzonen einrichten. In allen Fällen wurden explorative Einführungsphasen eingerichtet – gewissermaßen Pufferzonen, um sich auf das Neue zwar gründlich, aber zunächst ohne Langzeitverpflichtung einzulassen. Von niemandem wurde verlangt, das Neue sofort gut zu finden. Eine Rückzugsgarantie war gewährleistet. In der Einführungsphase wurde die Arbeit dabei schulintern nach Kräften unterstützt. Der Schulleiter als Impulsgeber und Helfer spielt dabei eine gestaltende Rolle (siehe oben). Bei missglückten Innovationen sind diese Phasen meist nicht vorhanden.

Feedback sicherstellen. Bekräftigende Rückkopplungen sind ebenso bedeutsam wie Selbstkritik für gelingende Steuerungsprozesse. Ohne Feedback läuft man an der Realität rasch vorbei. Wo der Unterricht geöffnet wurde, konnten sich Schule, Eltern und Öffentlichkeit häufig von den Auswirkungen selbststeuerungsintensiven Unterrichts auf das Schülerverhalten überzeugen. Die Freude an der Schule war ersichtlich, die Lernleistungen stiegen, was bei den Eltern und im Kollegium Anerkennung zur Folge hatte.

Authentisch handeln. Die Beweggründe innovativer Lehrerinnen und Lehrer sind interessant – kaum Karrieredenken, zumeist intrinsischer Ansporn zu neuen Taten, gelegentlich allerdings von Schulleiter/-in oder den Kolleginnen und Kollegen ermuntert. Die Beteiligten suchen aktiv nach Möglichkeiten, ihren eigenen Unterricht zu verbessern, auch wenn die Umstellung Zeit kostet und mit Enttäuschungen oder Rückschlägen verbunden sein kann. Die Ernsthaftigkeit des Engagements steht außer Zweifel. Und noch etwas kennzeichnet ihre Authentizität: Wissen, Können und Wollen sind elaboriert und konsistent. Die stufige Weiterentwicklung der eigenen Praxis erfolgt im Rhythmus des Könnenszuwachses, des Willens zum Weitermachen und der Zuversicht, dass Ziel und Weg richtig sind.

Reflexivität steigern. Die Lehrerinnen und Lehrer der IMPACT-Schulen sind Selbstkritik und Kritik von anderer Seite gewohnt. Sie lernen aus Fehlern und fühlen sich nicht verletzt, wenn andere auf kritische Punkte des eigenen Verhaltens aufmerksam machen. SCHÖN (1983) schreibt solchen »reflective practitioners« folgende Merkmale zu: Der reflexive Pädagoge gesteht sich unzureichendes Wissen ein und ist willens, weiterzulernen und sich auf neue Situationen einzustellen.

Schule proaktiv leiten. In den meisten IMPACT-Schulen erwiesen sich die Schulleiter/-innen als proaktive Triebfeder im Uhrenwerk der Schule (in den amerikanischen nur teilweise). Auf die Systemunterschiede können wir jetzt nicht eingehen. Die Schulleiter/-innen suchen von sich aus vorausblickend nach Verbesserungsmöglichkeiten, unterstützen Lehrerinitiativen, wo immer möglich, sie tragen mit Rat und Tat zum Gelingen bei und schaffen ein innovationsfreundliches Klima, das zum Mitmachen anregt und Sanktionen vermeidet. Die Schulleiter/-innen schützen die Aktionsräume. Sie überlegen, wie die Schule weiterentwickelt und das Kollegium einbezogen werden kann. Sie sind stark initiativ, fördern ein innovationsoffenes Schulklima und stellen sich gegebenenfalls vor die Innovationserfinder und -gestalter. Den Schulleiter als Bremser fanden wir selten, eher den anerkannten Berater, der Unterstützung bietet, aber auch warnt, sich nicht mit dicken Innovationsbündeln gleichsam zu überladen. Er schätzt es, wenn das Neue eingeteilt wird und Überschaubarkeit für alle gewährleistet ist.

Neuartige Lösungen suchen. Die Schulen entwickeln Selbsterneuerungsspielräume und schützen diese vor externen Machteinflüssen. Lehrerinnen und Lehrer sind gewohnt, unerforschtes Terrain zu erkunden. Ihre »Expeditionen« werden durch Rat seitens der Schulleitung begleitet. Die Schulleitung wiederum ist aufgeschlossen für explorative Verhaltensweisen. Sie ist variationstolerant und erwartet sogar kreative Lösungen, auch wenn dadurch an dem einen oder anderen Baustein des Ordnungsgefüges der Schule gerüttelt wird. Ungewöhnliche Ideen finden Zuspruch, insoweit sie konkret ausformuliert sind. Es gibt kein Veto, nur weil vielleicht von Konventionen abgewichen wird. Auf das Pädagogisch-Konstruktive des Neuen kommt es an. Wird das Engagement das Schulleben bereichern und den Unterricht verbessern?

Vernetzt denken. Die Schulleiter versuchten vorausschauend, Innovationsfolgen und Nebenwirkungen abzuschätzen. Sie bemühten sich um diese Vorschau, um sich ein Bild zu machen, was auf die Schule als Ganzes zukommt und was begleitend zu tun ist. Auf den ersten Blick mag es paradox erscheinen, dass die Schulen eine Logik der Reihenfolge einhalten (siehe Abschnitt »Merkmale von Innovationsprozessen«) und gleichzeitig vernetzt-komplex handeln. Mit vernetztem Denken ist gemeint, nicht nur einen Aspekt ins Auge zu fassen, sondern die komplexen Folgen des Eingriffs in das System Schule vorwegzunehmen, um darauf aufbauend eine Logik der Schrittfolge zu entwickeln und die Aktionen abzustimmen. Die Einführung des Wochenplans zum Beispiel wurde nicht nur von den Zielen her durchdacht, sondern in Auseinandersetzung mit den Besonderheiten der Schule durchstrukturiert, variiert und kompetent etabliert.

Souveränität walten lassen. Die innovative Schule belohnt Zivilcourage, nämlich etwas auch dann zu tun, wenn der Staat es nicht ausdrücklich verlangt oder gebietet. Legalistisches Verhalten hat in »guten« Schulen kaum Platz. Gesetze, Bestimmungen und Lehrpläne werden in erster Linie nach pädagogischen Qualitätskriterien ausgelegt. Dies trifft auch auf die Kontrollmechanismen zu. Innovationsprozesse werden weitgehend schulintern gesteuert und verantwortet. Schulleitung und Kollegium sind die eigentlichen Erfinder oder Macher. Die Gewaltenteilung zwischen pädagogischer Gestaltung und administrativer Kontrolle wird teilweise suspendiert. Als verantwortlicher Souverän der pädagogischen Arbeit vor Ort reklamiert die Schule mehr Kontrollbefugnisse als früher, zumeist allerdings ohne jegliches Aufsehen. Innovationen, die überwiegend aufgrund von Status- oder Staatsautorität durchgesetzt werden, werden in der Regel kritisch beurteilt.

Schulklima fördern. An »guten« Schulen ist die Zusammenarbeit überdurchschnittlich ausgeprägt. Lehrer besuchen gegenseitig Unterricht, koordinieren die Entwicklung von Lernmaterialien, gestalten die Klassenräume nach gemeinsamen Plänen aus (alle Bremer Wochenplanklassen sind ähnlich eingerichtet). Allen Schulen ist dabei eine offene Struktur der Interaktion gemeinsam. Das erleichtert den Versuch, Unterricht neu zu gestalten, ohne lange Rechtfertigungsdebatten führen zu müssen. Unterstützt wird das durch ein aktivierendes Schulklima, stabile Formen der Kooperation, aufgeschlossene und erfindungsreiche Schulleiter sowie eine reflexive Grundhaltung im Kollegium.

Kontinuität sichern. Geringer Personalwechsel gilt – mit Einschränkungen – als Vorteil, auch wenn Routine dann leicht überhand nimmt. In Bremen wie auch anderswo gab es seit über 10 Jahren eine nur sehr geringe Fluktuation im Kollegium. Kontinuität ist Proviant zum Durchhalten: Aus allen mir bekannten Erfolgsberichten ist kaum ein Fall bekannt, in dem sich nicht mindestens eine Person im Sinne eines »stakeholder« unbeirrt darum kümmert, gerade den Zögernden und Zweiflern das Gute am Neuen zu verdeutlichen. Diese »Stakeholder« sorgen für fortdauernde Zielklarheit und versuchen, die Umsetzbarkeit der Innovation für alle nachvollziehbar zu machen – eben nicht nur für die ohnehin überzeugten Mitstreiter. Ernste Schwierigkeiten tauchen zumeist dann auf, wenn Schlüsselpersonen, die den Innovationsprozess in Gang setzten, die Schule wechseln. Meistens sind das gerade Experten von hoher Qualität.

Folgerungen

Die jüngste Geschichte pädagogischer Innovationen macht deutlich, dass die Grundschule ein umfassenderes, komplexeres System darstellt als jenes soziale Gebilde, das wir innerhalb der Schulmauer als Schule zu bezeichnen gewöhnt sind. Schule ist nicht nur eine öffentliche Institution.

Sie steht im Wirkkreis der Öffentlichkeit. Wir müssen ihre soziale Topographie über die Grenzen der Mauern hinaus denken. Dies bedeutet zweierlei: (1) Die Grundschule ist autonomer geworden und doch ist sie zugleich stärker in die Beobachtung und Mitentscheidung durch die Öffentlichkeit eingebunden. (2) Sie verfügt über neue Möglichkeiten, sich darzustellen, für ihre Arbeit einzustehen und Unterstützung in ihrem Umfeld zu gewinnen. Schule ist ein durchlässigeres System geworden.

Wir können Schule als Initiativraum konzipieren, der selbst darüber entscheidet, welches seine Schwerpunkte sind, wie man miteinander umgeht, wie die Zusammenarbeit zwischen Eltern und Schule aussieht. Das ist bei der veränderten flexiblen Eingangsphase von hohem Gewicht. Durch die gewachsene Öffentlichkeit und Durchschaubarkeit der Grundschule haben die Eltern nicht nur ein erweitertes Mitspracherecht, sondern sie empfinden dies auch so und reklamieren Mitsprache. Wir müssen davon ausgehen, dass Schule ihre Ziele und Innovationen immer auch vor und mit Eltern zu verdeutlichen hat. Jede Mitsprache und jedes Mitgestaltungsrecht setzen hohe Verantwortlichkeit voraus. Ohne genaues Informiertsein, ohne Kundigkeit wäre es um die Demokratie nicht gut bestellt.

Die Professionalität des Lehrerseins gerät durch verstärkte Mitbestimmungsrechte nicht ins Abseits, sondern ist herausgefordert, den Prozess der Zusammenarbeit und die Informationsarbeit zu stärken. Das ist für die Eingangsphase besonders relevant, weil sie eine sensible Nahtstelle zwischen Eltern und Schule darstellt. Diese These besagt nicht, dass die Schule stillschweigend zu einer Elternschule wird. Unterricht wird in erster Linie von Lehrerinnen und Lehrern verantwortet. Sie sind dafür zuständig, was die Kinder lernen, wie die Lernumgebung aussieht und wie jedes einzelne Kind gefordert wird. Sie sind die Professionellen und haben darüber zu entscheiden, was pädagogisch zu tun ist.

Überzeugende Ideen allein verändern Schule nicht – selbst dann nicht, wenn der Fall ausreichender Sachmittel eintritt. Aus konkreter Utopie Wirklichkeit schaffen – das ist ein Anspruch, der viererlei verlangt:

- Klarheit der Konzeption
- Triftigkeit der Ziele
- Angemessenheit der Mittel
- Realisierbarkeit der Wege

Dabei kommt es auf das Zusammenspiel aller Kräfte an, auf die Stimmigkeit der »pädagogischen« Komposition, die wie jedes gute Konzert folgendes voraussetzt: Geschulte Orchestermitglieder, hervorragende Instrumente, Mut zum Experimentalstück, eine das Publikum fesselnde Inszenierung, Zeit für gründliches Einstudieren, abgestimmte Partituren, Resonanz in der Öffentlichkeit, attraktive Spielpläne, einen anerkannten, durchsetzungsfähigen und kreativen Intendanten, engagierte Künstler und immer auch neu Engagierte – nicht zuletzt natürlich Kritik, Anerkennung und Beifall.

Literatur

ALBERS, S. / HAMEYER, U. / SCHUSDZIARRA, G. (Hrsg.): Flexible Eingangsphase in der Grundschule – Sechs Porträts aus der Praxis. Band I. Kiel 1997

ALBERS, S. / HAMEYER, U. / SCHUSDZIARRA, G. (Hrsg): Flexible Eingangsphase in der Grundschule – Sechs Porträts aus der Praxis. Band II. Kiel 1999

EKHOLM, M.: The knowledge base on school improvement. Some thoughts about what is known and what actions are taken. Paper presented at the International Workshop »The Challenge of School Transformation: What Works?« February 26th-28th, 1998 at the Max Planck Institute for Human Development, Berlin

EKHOLM, M. / PLOUG-OLSEN, T.: Förbättringar av skolor – nordiska lärdomar och internationell inspiration inför 2000-talet. Nordiska Ministerrådet, Köpenhamn 1991

EKHOLM, M. / HAMEYER, U.: Wie können wir unsere Schulentwicklung tragfähig machen? In: Grundschule 32. Jg., 2000/H. 6, S. 29-33

FULLAN, M.: Change processes and strategies at the school level. In: The Elementary School Journal (85) 1985, 3, pp. 391-421

HAMEYER, U.: Grundschule 2000 – Perspektiven für die Reform der Grundschule mit Beispielen aus vier Ländern. In: GÜNTHER, H. / HEGELE, I. U. A. (Hrsg.): Grundschule 2000 – Perspektiven für die Reform der Grundschule. Landau 1994, S. 4–23

HAMEYER, U.: Grundschule als Initiativraum gestalten. Topographie einer lernenden Organisation. In: Grundschule 29. Jg., 1997/H. 4, S. 8-12

HAMEYER, U.: Lernkompetenzen in der Schule. (Polykopie) Kiel 2001

HAMEYER, U. / AKKER J. VAN DEN. / ANDERSON, R. / EKHOLM, M.: Portraits of productive schools. An international study of institutionalizing activity-based practices in elementary science. New York 1995

HENTIG, H. VON: Die Menschen stärken, die Sachen klären. Stuttgart 1985

MILES, M. B.: Unravelling the mystery of institutionalization. In: Educational Leadership 1983, pp. 14-19

MILES, M. B. / EKHOLM, M. / VANDENBERGHE, R.: Lasting school improvement. Exploring the process of institutionalization (OECD publication). Leuven 1987

SCHÖN, D. A.: The Reflective practitioner – How professionals think in action. London 1983

VELZEN W. VAN / MILES, M. B. / EKHOLM, M. / HAMEYER, U. / ROBIN, D.: Making school improvement work. A conceptual guide to practice (OECD publication). Leuven 1985

4 Hilfen

du Bist gut.
und Mit meine-
r klase bin ich
zu fri
den

von: MoRitZ

Renate Hold-Jagoda[1)]

Von der Statusdiagnostik zur professionellen Fachberatung: Schulärztlicher und Schulpsychologischer Dienst kooperieren mit Grundschulen

Einschulung unter Regel- und Versuchsbedingungen und die Aufgaben des Schulärztlichen und Schulpsychologischen Dienstes

Für die Kooperation der Schulen mit dem Schulärztlichen und Schulpsychologischen Dienst sehen die gesetzlichen Regelungen bezüglich des Schuleingangs Folgendes vor:

Die Beteiligung des Schulärztlichen und des Schulpsychologischen Dienstes beim Einschulungsverfahren ist im § 58 des Hessischen Schulgesetzes festgelegt: Über die vorzeitige Einschulung von Kindern (Vollendung des 6. Lebensjahres in der Zeit vom 01.07. bis 31.12.) entscheidet die Schulleitung unter Berücksichtigung des schulärztlichen Gutachtens. Über die Zurückstellung schulpflichtiger Kinder, die noch nicht den für den Schulbesuch erforderlichen körperlichen, geistigen und seelischen Entwicklungsstand haben, entscheidet ebenfalls die Schulleitung unter Beteiligung des Schulärztlichen und Schulpsychologischen Dienstes.

Inhaltlich waren zu Beginn der 70er Jahre mit differenzierten Schuleingangsuntersuchungen, einem veränderten Anfangsunterricht sowie der Einführung von Eingangsstufen wichtige Schritte in eine neue Richtung erfolgt: Nicht allein die »Schulfähigkeit« des Kindes, sondern auch die »Kindfähigkeit« der Schule sollten als Entscheidungsgrundlage für die Einschulung dienen.

Eine differenzierte Schulfähigkeitsfeststellung hat einen veränderten Anfangsunterricht zur Folge, der den unterschiedlichen Lernausgangslagen der Schulanfänger durch individuelle Förderung und Forderung entspricht. Dieser Unterricht berücksichtigt, dass zum Schuleintrittsalter die oben genannten Kompetenzen bei den Kindern unterschiedlich ausgeprägt sind. Die inhaltlichen und methodischen Angebote sollen die individuelle Lernentwicklung und damit eine Integration von intuitivem (in der Vorschulzeit erworbenem) und schulischem Lernen begünstigen.

Gleichzeitig sollen eine positive Einstellung zu den Lerngegenständen, die Identitätsentwicklung und die Anbahnung von Wertvorstellungen ermöglicht werden.

Da die Entwicklung des Selbstkonzepts des Kindes beim Schulanfang eine Umstrukturierung erfährt, soll das soziale Umfeld in der Schule die Möglichkeit bieten, dass sich das Kind von der Lehrkraft und von der Gruppe akzeptiert fühlen (Zugehörigkeitsgefühl), sich selbst als handelnde Person erfahren (Autonomiegefühl) und als tüchtig erleben kann (Erfolgsgefühl). Die Lehrer/-innen haben die Aufgabe, die Beziehung zu den Kindern positiv zu gestalten und die Fortschritte des Lernens sichtbar zu machen.

Wenn wie im Schulversuch gewünscht wird, dass alle schulpflichtigen und – auf Elternwunsch – Kann-Kinder eingeschult und ihrem Kenntnisstand und Entwicklungsstand entsprechend in der Schule gefördert und gefordert werden, ist es nicht mehr notwendig, darüber zu entscheiden, ob ein Kind in die Schule gehen darf oder nicht, sondern darüber, welche Bedingungen, Anreize, Förderung ein Kind in seiner jeweiligen Umgebung einschließlich der Schule braucht, um einen erfolgreichen Schulstart zu erfahren, die eigenen Lernfortschritte zu erkennen und sich insgesamt positiv zu entwickeln. (Gesondert zu betrachten sind die Kinder mit sonderpädagogischem Förderbedarf.)

Für den BLK-Modellversuch zur neuen Schuleingangsstufe (1994–1999) war deshalb schon im Rahmenkonzept festgelegt, dass pädagogische und schulärztliche, bei Bedarf auch schulpsychologische Beobachtungen und Feststellungen konkrete Hinweise für unterrichtliches Handeln und spezifische Fördermaßnahmen liefern sollen. Somit tritt die Frage der Schulfähigkeit klar in den Hintergrund, soweit nicht ganz gravierende Erschwernisse vorliegen. Es geht nicht mehr darum, ob ein Kind die Schule besuchen kann oder darf, sondern wie der Schulanfang im Hinblick auf die Stärken und Schwächen der einzelnen Kinder gestaltet werden muss.

Über die Beteiligung im Einzelfall hinaus wird eine Zusammenarbeit zwischen den Grundschulen und den schulärztlichen, schulpsychologischen, auch sonderpädagogischen Diensten auf der Grundlage der veränderten Zielsetzungen angestrebt.

Die Schulen wünschen sich Rat zum Umgang mit und konkrete Hinweise zur Förderung von bestimmten Kindern.

Einige Schulen mit Eingangsstufe (Schulbeginn für Fünfjährige in einer ein- oder zweijährigen Form, in Hessen seit den 70er Jahren an ca. 50 Schulen) betonen die positiven Erfahrungen mit zwei Untersuchungen durch den Schularzt bzw. die Schulärztin (vor der Einschulung im Alter von fünf Jahren und im ersten Schulbesuchsjahr im Alter von sechs Jahren). Damit bleibt die schulärztliche Arbeit nicht auf einen punktuellen Kontakt beschränkt, sondern kann die Entwicklung im Umfeld Schule in Diagnostik und Beratung miteinbeziehen.

Als notwendig und wichtig wird von den Schulen die gegenseitige Information bewertet, auch über das einzelne Kind hinaus. Gleichzeitig wird aber auch die Einschränkung durch begrenzte Zeitressourcen bei der Schule und beim Schulärztlichen Dienst gesehen.

Aufgabengebiete des Schulärztlichen Dienstes

Die schulärztliche Untersuchung zum Schulbeginn

Sowohl von medizinischer als auch von pädagogischer Seite wird die schulärztliche Untersuchung aller schulpflichtigen Kinder und der Kann-Kinder als unverzichtbar angesehen. Nur sie gewährleistet, dass – über die pädagogische Diagnostik hinaus – die schulgesundheitlich relevanten Probleme erkannt, benannt und in der Gestaltung des Unterrichts berücksichtigt werden. Diejenigen Kinder, die im Zusammenhang mit der Schulaufnahme einen weitergehenden gesundheitlichen Abklärungsbedarf aufweisen, benötigen dabei eine besonders intensive schulärztliche Zuwendung.

Die Vorlage des gelben Untersuchungsheftes mit einer als »nicht auffällig« dokumentierten Krankheitsfrüherkennungsuntersuchung U 9 erlaubt nicht den Rückschluss, es liege keine gesundheitlich relevante Fragestellung vor. Sie bietet auch keine konkrete Hilfestellung zu den individuellen Erfordernissen im Anfangsunterricht.

Statt der einmaligen Schuleingangsuntersuchung können auch zwei Untersuchungen innerhalb eines längeren Zeitraums, z.B. noch im Kindergarten und innerhalb der ersten Monate nach Schulbeginn bzw. kurz nach Schuleintritt durchgeführt werden. Ermöglicht würde dadurch eine längerfristige Verlaufsbeobachtung und eine Entwicklungsdiagnostik unter förderrelevanten Aspekten bei einzelnen Kindern. Der Schularzt bzw. die Schulärztin kann dadurch auch günstige Entwicklungen bei Kindern mit Schwierigkeiten im neuen Umfeld Schule beobachten und eigene Empfehlungen auf ihre Effektivität hin selbst überprüfen. Dadurch eröffnet sich die Chance, beim einzelnen Kind nicht nur Defizite zu entdecken und das Kind darüber zu definieren, sondern Entwicklungs- und Kompensationsmöglichkeiten zu erforschen, die auch die Stärken des Kindes ins Blickfeld rücken.

Die schulärztliche Fachberatung für die Schule

Um eine Schule im Hinblick auf ihre Problemlage beraten zu können, ist die Kenntnis der zugrunde liegenden pädagogischen Ansätze und des veränderten Unterrichts Voraussetzung. Spezielle Bedürfnisse einzelner Kinder, die in der bzw. den Einschulungsuntersuchung(en) deutlich werden, legen eine enge Kooperation zwischen den Lehrkräften und dem sozialpädagogischen Fachpersonal und dem Schulärztlichen Dienst nahe.

Über das einzelne Kind hinaus kann der Schularzt bzw. die Schulärztin durch den Informationsaustausch am Schulanfang wichtige Beiträge leisten für präventive Maßnahmen im Bereich der Schuleingangsstufe.

Die schulärztliche Fachberatung lässt sich auch im Hinblick auf die Gesundheitsförderung im Rahmen des Schulprogramms, d.h. für die fächerübergreifenden Aufgabengebiete nutzen. Als »Betriebsarzt« kann der Schularzt oder die Schulärztin – auch im Sinne von Prävention – die förderlichen und nichtförderlichen Bedingungen der jeweiligen Schule für alle Kinder und Lehrkräfte nach gesundheitlichen Gesichtspunkten beobachten und auf dieser Grundlage beraten.

Schularzt und Schulärztin als Ansprechpartner für Eltern

In Regionen mit unzulänglicher kinderärztlicher Versorgung kann gerade während der ersten Zeit des Schulbesuchs eine schulärztliche Sprechstunde in der Schule sinnvoll und nützlich sein. Eine solche Sprechstunde in der Schule motiviert möglicherweise auch die Eltern, die die üblichen Untersuchungen nicht wahrnehmen. Informationsabende an den Schulen sind für Eltern eine wichtige Anregung und Motivation. Dies gilt vor allem dann, wenn den Eltern bewusst wird, wie sich die gesundheitliche Verfassung auf schulische Leistungen auswirken kann.

Formen der Kooperation zwischen Schulärztlichem Dienst und Schule

Um direkt, konkret und authentisch einen Eindruck von den pädagogischen Ansätzen der Schulen im Schulversuch zu gewinnen, bietet sich für Schulärzte und Schulärztinnen – nach Absprache mit den Lehrkräften – die Hospitation im Unterricht an. Zusätzlich ergibt sich hier – wie auch durch die Teilnahme an den Kennenlerntagen – die Möglichkeit, bestimmte Kinder über die individuelle Untersuchungssituation hinaus in der Schülergruppe bei der schulischen Arbeit zu beobachten. Für die unterrichtenden Lehrkräfte ist es notwendig, Informationen und Hinweise über die Auswirkungen gesundheitlicher Einschränkungen und Ausgleichspotentiale bei einzelnen Kindern zu erhalten, um vorbeugen und in akuten Situationen angemessen reagieren zu können.

Konferenzen bieten sich zum gegenseitigen Kennenlernen von Schularzt oder Schulärztin und Kollegium an, zur Diskussion allgemeiner Fragen sowie zur Bearbeitung von Problemstellungen mit medizinischem Bezug.

»Runde Tische« mit der Beteiligung von Schulärzten, Schulpsychologen, Lehrkräften, sozialpädagogischen Fachkräften und – je nach Erfordernis – Eltern können für ausgewählte Fälle in effizienter Weise eine umfassende Diagnostik zusammenstellen und entsprechende Fördermöglichkeiten erarbeiten, diskutieren und festlegen. Die rechtlichen Bestimmungen sind zu beachten. U.a. sind die Teilnehmer des Runden Tisches zur Amtsverschwiegenheit verpflichtet.

Der Beitrag des Schulpsychologischen Dienstes

Durch die Zugehörigkeit zum Staatlichen Schulamt und die Zuständigkeit für alle Schulformen, damit auch für die Grundschulen, sind die Schulpsychologinnen und -psychologen über Schulentwicklung allgemein und die Veränderungen in der Grundschulpädagogik im Besonderen informiert.

Auf der Grundlage seiner allgemeinen Aufgabenstellung kann der Schulpsychologische Dienst Schulen mit einer veränderten Einschulung ein Beratungsangebot machen, das sich an den besonderen Bedürfnissen und Fragestellungen der in diesen Schulen tätigen Menschen orientiert. Inhalte schulpsychologischer Beratung sind sowohl Lern- und Entwicklungsprozesse einzelner Kinder oder Kindergruppen als auch der professionelle Umgang von einzelnen Lehrerinnen und Lehrern und dem sozialpädagogischen Fachpersonal, von Lehrergruppen oder ganzen Kollegien mit diesen Kindern und die Kooperation mit den Eltern dieser Kinder sowie mit den Institutionen der Jugendhilfe.

Gerade dort, wo Schulen neue Wege gehen, anders als gewohnt planen, agieren und reagieren wollen, sind alle betroffenen Personen gefordert, für sich selbst und andere Handlungsalternativen zu entwickeln, um sich in der neuen Situation adäquat und optimal verhalten zu können.

Mitarbeit in den Schulen

Auf einzelne Kinder bezogen: Die Veränderung der Einschulungspraxis verlangt von dem in der Klasse tätigen Team, möglichst viel über die Kinder, ihre Lernvoraussetzungen und Lernbesonderheiten zu erfahren.

Diese Kenntnisse lassen sich durch schulpsychologische Diagnostik vertiefen und erweitern, so dass eine verlässliche Grundlage für pädagogische Entscheidungen und adäquate Fördermaßnahmen entsteht (z. B. in Form eines gezielten Aufmerksamkeits- und/oder Verhaltenstrainings in der Kleingruppe).

In der Startphase kann das Klassenteam dabei vom Schulpsychologischen Dienst unterstützt werden.

Da die Diagnostik im Sinne einer prozessorientierten Kind-Umfeld-Diagnostik verstanden wird, kann der Blick des Schulpsychologen bzw. der Schulpsychologin von außen auf das Beziehungsgefüge Kind–Klassenteam und Lerngruppe als wichtige zusätzliche Informationsquelle genutzt werden. Am »Runden Tisch« kann die Schule – wie bereits für den Schulärztlichen Dienst beschrieben – die beteiligten Professionen zusammenführen, um auf der Grundlage aller Erkenntnisse und Empfehlungen sowohl interventive als auch präventive Maßnahmen für ein bestimmtes Kind oder eine Kindergruppe zu planen und durchzuführen.

Auf die Kindergruppe bezogen: Besonderes Merkmal der neuen Eingangsstufe ist die Heterogenität der Schülergruppen. Durch die unterschiedlich entwickelten Kinder und die individuelle Verweildauer verlaufen Gruppenprozesse anders als in den üblichen Jahrgangsklassen. Dies gilt in Bezug auf das einzelne Kind, das zu einer bestehenden Gruppe dazu kommt, sowie die Gruppe, die »neue« Kinder integrieren und »alte« entlassen muss, aber auch in Bezug auf die unterrichtenden Personen, die sich nicht nur in ihrem Lernangebot, sondern auch in der Gestaltung ihrer Beziehung zu Einzelkind und Gruppe auf den Wechsel einstellen müssen. Für die emotionale und soziale Entwicklung bieten sich spezielle Chancen, wenn diese Gruppendynamik in ihren Auswirkungen auf die Kinder rechtzeitig erkannt, analysiert, gesteuert und positiv genutzt wird.

Auf die Lehrer/-innen und sozialpädagogischen Fachkräfte bezogen: Für personnahe Problem- und Fragestellungen (veränderte Beziehung zum einzelnen Schulkind, zur Gruppe, besondere Kooperationsnotwendigkeiten, Umgang mit eigenen Kräften) bieten Schulpsychologen und Schulpsychologinnen Einzelberatungen bzw. Supervisionsgruppen an. Fachbezogene Themenbereiche wie Wahrnehmungsförderung, Lese-Rechtschreibschwäche, Förderdiagnostik können zusammen mit Schulpsychologen bzw. Schulpsychologinnen auf Pädagogischen Konferenzen erarbeitet oder in Fortbildungsveranstaltungen angeboten werden. Techniken der Gesprächsführung und Moderation lassen sich ebenfalls in dieser Form vermitteln.

Auf die Organisation Schule bezogen: Analog zur Beteiligung des Schulpsychologischen Dienstes an der Entwicklung von Schulprogrammen kann er von Schulen auch in die Konzeptarbeit eingebunden werden u. a. mit folgenden Schwerpunkten: interne Evaluationsvorhaben, Entwicklung neuer Beurteilungsformen und -praktiken (ohne den herkömmlichen Klassenverband als Bezugsrahmen) und Realisierung der veränderten Beratungsaufgaben.

Die systembezogene Form der Zusammenarbeit zwischen Schule und Schulpsychologischem Dienst kann sich auch auf die Kollegiumsentwicklung bzw. Teamentwicklung und auf Konfliktmanagement beziehen.

Auf Eltern bezogen: Der veränderte Schulanfang kann zur Verunsicherung von Eltern führen. Hier kann die externe Sichtweise in Form der Stellungnahme des Schulpsychologen bzw. der Schulpsychologin die Schule bei der Vermittlung ihres Konzepts unterstützen, z. B. durch die Mitarbeit bei der Vorbereitung eines Elternabends oder auch durch eine direkte Beteiligung.

Schlussbemerkung

Selbstverständlich stehen Schulen in der Kooperation sowohl mit dem Schulärztlichen als auch dem Schulpsychologischen Dienst nicht am Anfang, sondern können oft schon auf jahrelange gemeinsame Erfahrungen zurückblicken. Allerdings können gewohnte und eingespielte Kooperationsformen den Blick versperren auf andere bisher nicht genutzte Ressourcen und Kompetenzen. Es ist die Absicht des vorliegenden Beitrags, auf diese neuen Möglichkeiten hinzuweisen. Beim Schulärztlichen Dienst der Stadt Frankfurt können ggflls. weitere Unterlagen (z. B. Formularvorlagen) bezogen werden.

1) Diese Vorschläge wurden von der Autorin (Schulpsychologin) mit Holger Meireis (Schularzt), Karlheinz Burk, Udo Schoeler und Angela Wirtz und Kolleginnen aus dem Schulpsychologischen Dienst 1999 im Rahmen des hessischen BLK-Modellversuchs zur neuen Schuleingangsstufe erarbeitet (hier leicht gekürzt).

Gabriele Faust-Siehl / Angelika Speck-Hamdan

Auswahlbibliographie zum Thema Schulanfang

Ergänzend verweisen wir auf die Auswahlbibliographie im Band von R. Portmann (Hrsg.), Kinder kommen zur Schule, Hilfen und Hinweise für eine kindorientierte Einschulungspraxis, Beiträge zur Reform der Grundschule, Bd. 73, Frankfurt 1988, S. 207ff., sowie auf die Literaturübersicht, die F. Heinzel für den Band von A. Prengel, Vielfalt durch gute Ordnung im Anfangsunterricht, Opladen 1999, S. 221ff., zusammengestellt hat.

Bellenberg, G.: Individuelle Schullaufbahnen. Eine empirische Untersuchung über Bildungsverläufe von der Einschulung bis zum Abschluss. Weinheim 1999
Eine Studie, die auf der Basis von Selbstauskünften von ca. 3000 Schülerinnen und Schülern nordrhein-westfälischer Abschlussklassen deren Schullaufbahnen rekonstruiert. Die jährlichen Schulstatistiken stellen nur Querschnitte dar, die sich nicht zu Laufbahnmustern verknüpfen lassen. Die Verfasserin schließt diese Lücke und erweitert die Kenntnisse insbesondere zum Zusammenhang zwischen Einschulungszeitpunkt und weiterem Schulerfolg, zur Durchlässigkeit zwischen den Bildungswegen und -stufen, zur Bruchlosigkeit von Schulkarrieren und zum bildungsgangspezifischen Zeitverbrauch. Vorzeitig eingeschulte Kinder sind in allen Schulformen zu finden und wiederholen häufiger mindestens eine Klasse als fristgemäß und verspätet Eingeschulte. Allerdings erlauben die geringen Fallzahlen, wie die Verfasserin selbst schreibt, keine abschließenden Aussagen (die Wiederholer-Quote von 28 % betrifft nur 56 vorzeitig Eingeschulte unter den 3000 Befragten = 16 Schüler/-innen).

Burgener-Woeffray, A.: Grundlagen der Schuleintrittsdiagnostik. Kritik traditioneller Verfahren und Entwurf eines umfassenden Konzepts. Bern u. a. O. 1996

Eine Grundlagenarbeit und das neueste umfassende theoretische Konzept. Sehr eindrücklich wird der Abschied vom Selektionsprinzip und die Anerkennung der Heterogenität in den Voraussetzungen der Kinder und den schulischen Anforderungen dargestellt. Schuleingangsdiagnostik soll Entwicklungsdiagnostik sein, die auch im Dienst des Lernfortschritts steht und ökologische Kontexte berücksichtigt. Ein Beobachtungsinventar systematisiert die in quasi-natürlichen Situationen erhobenen Informationen, ein Leitfaden dient als Gerüst des Gesprächs, in dem begründete Entscheidungen über die Förderung des Kindes fallen können.

Burk, K./Mangelsdorf, M./Schoeler, U. u. a.: Die neue Schuleingangsstufe. Lernen und Lehren in entwicklungsheterogenen Gruppen. Weinheim und Basel 1998

Das Team des hessischen Modellversuchs der Bund-Länder-Kommission zieht nach vier Jahren Bilanz. Themen sind u. a. die Veränderung der Einschulung und der Schulaufnahme, Diagnostik und Didaktik in heterogenen Lerngruppen, Organisationsformen der Altersmischung und das sozialpädagogische Arbeitsfeld. Hinzu kommen Abschnitte zur Fortbildung und Schulentwicklung sowie zur bildungspolitischen und pädagogischen Bedeutung des Schulversuchs. Zahlreiche Erfahrungen aus der schulischen Arbeit fließen ein.

ELSCHENBROICH, D.: Weltwissen der Siebenjährigen. Wie Kinder die Welt entdecken können. München 2001

Ein Buch zum Schmökern und zum Nachdenken. Die Autorin hat Menschen aller Schichten – Eltern, Pädagogen, Hirnforscher, Arbeitslose etc. – gebeten, einen Bildungskatalog für Siebenjährige zu entwerfen. Was sollten Kinder in ihren ersten sieben Lebensjahren erlebt haben, was sollten sie können, was sollten sie wissen? Herausgekommen ist ein bunter Reigen an Vorschlägen, durchaus nicht immer solchen, die der Realität unserer Bildungsinstitutionen resp. dem Unterricht im ersten Schuljahr nahe kommen.

European Child Care And Education – Study Group: School-age assessment of child development: Long-term impact of pre-school experiences on school success, and family-school relationships. Report submitted to the European Union DG XII: Science, Research and Development. RTD Action: Targeted Socio-Economic Research. 1999 (http://www.cordis.lu/improving/socio-economic/publications.htm)

Abschlussbericht einer internationalen Langzeitstudie zur Qualität der familiären, vorschulischen und schulischen Erziehung und ihrem Einfluss auf die kindliche Entwicklung. Das Untersuchungsdesign und die Erhebungsinstrumente entsprechen weitgehend denen der deutschen Teilstudie von W. TIETZE (Hrsg.) U.A., Wie gut sind unsere Kindergärten? (ebenfalls in der Auswahlbibliographie, siehe unten). Die drei beteiligten Länder (Österreich, Spanien und Deutschland) und die zwei Messzeitpunkte im vierten und achten Lebensjahr erlauben interessante vergleichende Aussagen und – daraus abgeleitet – bildungspolitische Empfehlungen.

Fthenakis, W. E./Textor, M. R. (Hrsg.): Pädagogische Ansätze im Kindergarten. Weinheim und Basel 2000
Ein aktueller kommentierter Überblick über die zehn wichtigsten Konzepte der Kindergartenpädagogik. Es werden sowohl klassische als auch neuere Ansätze dargestellt: Fröbel, Montessori, Steiner, Wygotski, der Situationsansatz, Reggio-Pädagogik, der Projekt-Ansatz, das High/Scope Vorschulcurriculum, der »entwicklungsgemäße Ansatz« u.w.m. Jeder Darstellung folgt ein kritischer und ergänzender Kommentar. Das Buch weitet den Blick auf internationale pädagogische Konzepte zur Vorschulerziehung.

Hacker, H.: Vom Kindergarten zur Grundschule. Theorie und Praxis eines kindgerechten Übergangs. Bad Heilbrunn/Obb. 1992, 2. Auflage 1998
Eine Pädagogik des Übergangs ist allenfalls in Umrissen zu erkennen, eine »Pädagogik der Kontinuität« (Hacker) noch ein Desiderat. Auf dem Weg dazu erörtert das Buch in den Anfangskapiteln den Schuleintritt historisch-systematisch. Abschnitte sind u.a. Fröbels Sicht, Kern und dem Schulreifeproblem, den Eingangsstufenversuchen sowie dem entwicklungsökologischen Ansatz Bronfenbrenners gewidmet. In die Kapitel zum Kindergarten, der Kooperation Kindergarten – Grundschule und dem Schulanfang fließen auch praktische Beispiele ein.

Kammermeyer, G.: Schulfähigkeit. Kriterien und diagnostische/prognostische Kompetenz von Lehrerinnen, Lehrern und Erzieherinnen. Bad Heilbrunn/Obb. 2000

Ein kompetenter Blick auf das Problem der Schulfähigkeitsdiagnostik. Die Frage der Schulfähigkeit wird vor dem Hintergrund der aktuellen Diskussion um die Reform des Schulanfangs ausführlich – auch im internationalen Vergleich – diskutiert. Im Mittelpunkt steht eine empirische Untersuchung über die subjektiven Theorien von Lehrkräften und Erzieherinnen und Erziehern über die Kriterien der Schulfähigkeit. Besonders herausgestellt wird die Bedeutung einer Diagnostik im Team.

Kiper, H./Nauck, J. (Hrsg.): Unterrichten im ersten Schuljahr. Pädagogische Überlegungen, fachdidaktische Grundlagen, Anregungen für die Praxis. Baltmannsweiler 1999

Ein Sammelband, der die aktuelle Diskussion widerspiegelt und Einblicke in die pädagogischen Grundlagen und die Lernbereiche – sowohl fächerübergreifend als auch fachbezogen – des ersten Schuljahrs gibt. Außerdem wird aus zwei Forschungsprojekten zur neuen Schuleingangsstufe und zur Einrichtung des Klassenrats im ersten Schuljahr berichtet. Der Band spannt bewusst einen weiten Bogen und verbindet theoretische Reflexionen mit praktischen Beispielen.

KNÖRZER, W. / GRASS, K.: Den Anfang der Schulzeit pädagogisch gestalten. Studien- und Arbeitsbuch für den Anfangsunterricht. Weinheim und Basel 1992, 4. vollständig überarbeitete Auflage 1998

Ein Studien- und Arbeitsbuch, das den Schulanfang umfassend in den Blick nimmt. Es beginnt mit der Einschulung selbst, die in ihren Etappen von den Vorerwartungen bis zum ersten Schultag und Elternabend diskutiert und mit Beispielen konkretisiert wird. Ein Abschnitt widmet sich der Kooperation zwischen Kindergarten und Grundschule in ihren Chancen und Gefahren. Darüber hinaus werden thematisiert: Schulfähigkeit und Ansätze zu deren Diagnostik, die Konsequenzen der »Veränderten Kindheit«, Schuleintrittskrisen, Leistung und Verbalbeurteilung sowie Freie Arbeit als bevorzugte Methode des Anfangsunterrichts.

KÜSPERT, P. / SCHNEIDER, W.: Hören, lauschen, lernen. Sprachspiele für Kinder im Vorschulalter. Würzburger Trainingsprogramm zur Vorbereitung auf den Erwerb der Schriftsprache. Göttingen 1999, 2. Aufl. 2000

Dieses Würzburger Trainingsprogramm erleichtert Kindern mit Schwächen in der phonologischen Bewusstheit das Lesen- und Schreibenlernen. Es ist sehr erfolgreich und die Effekte sind stabil. Der Zeitpunkt des Einsatzes ist das letzte Kindergartenhalbjahr. Die Einführung ist allgemein verständlich geschrieben und berührt alle relevanten Fragen. Das Begleitheft enthält auch die Anleitung für die Durchführung, einen präzise einzuhaltenden Trainingsplan mit einer täglichen Übungszeit von 10 Minuten und die Beschreibungen der Spiele. Zum Band gehören Bildkarten in einer Kartonbox.

Laging, *R. (Hrsg.): Altersgemischtes Lernen in der Schule. Grundlagen, Schulmodelle, Unterrichtspraxis. Baltmannsweiler 1999*

In verschiedenen aktuellen und historischen Reformmodellen ersetzen jahrgangsübergreifende Lerngruppen, die auch dem Alter nach heterogen sind, die üblichen, nach dem Prinzip der Homogenität organisierten Jahrgangsklassen. Zahlreiche Schuleingangsstufen werden bereits jahrgangsübergreifend geführt. Das Buch erörtert die Grundlagen des altersgemischten Lernens und Untersuchungen bzw. Einschätzungen zur Forschungslage sowie Evaluationsansätze. Danach werden mehrere Schulreformmodelle mit ihrer Konzeption der Altersmischung vorgestellt. Im dritten Teil geben mehrere Beiträge konkrete Einblicke in die Praxis jahrgangsübergreifender Lerngruppen.

Mader, *J.: Schulkindergarten und Zurückstellung. Zur Bedeutung schulisch-ökologischer Bedingungen bei der Einschulung. Münster 1989*

Die Arbeit untersucht an Nordrhein-Westfalen die schülerunabhängigen Bedingungen für Zurückstellungen auf der Ebene der einzelnen Schule und fragt nach den ursächlichen Zusammenhängen. Auf der Grundlage einer historischen und systematischen Analyse des Einschulungsproblems entwickelt der Autor ein komplexes heuristisches Modell, das die Grundlage für Pfadanalysen bildet. Die Schulen unterscheiden sich in ihrem Zurückstellungsmuster (vor oder nach Schulbeginn) und in der Häufigkeit (zwischen weniger als 2 % und 18 bzw. 20 % der Schulanfänger). Vom Vorhandensein eines Schulkindergartens an der Schule geht der stärkste direkte Effekt aus. Weitere relevante Faktoren sind u.a. die Frequenz der Anfangsklasse, die Einstellung der Klassenlehrerinnen und -lehrer bezüglich des Nutzens integrierter Förderung und der Einsatz von Verfahren zur Schulfähigkeitsfeststellung.

OBERHUEMER, P. / ULICH, M.: Kinderbetreuung in Europa. Tageseinrichtungen und pädagogisches Personal. Eine Bestandsaufnahme in den Ländern der Europäischen Union. Weinheim und Basel 1997

Das Buch basiert auf einer detaillierten mehrjährigen Bestandsaufnahme des Staatsinstituts für Frühpädagogik in den 15 Ländern der Europäischen Union. Das gleichzeitig auch in englischer Sprache erschienene Buch bietet erstmals einen ausgezeichneten Überblick über die Angebote zur Betreuung, Bildung und Erziehung für Vorschulkinder in Europa und die Qualifikation des Personals. Die Länderberichte informieren auch über den gesellschaftlichen Kontext der Kinderbetreuung. Sie sind für die verschiedensten Personenkreise – z. B. Erzieher/-innen, Eltern und Arbeitgeber/-innen im Zusammenhang mit der zunehmenden internationalen beruflichen Mobilität – und für Aus- und Fortbildung sowie die Forschung interessant.

PRENGEL, A.: Vielfalt durch gute Ordnung im Anfangsunterricht. Unter Mitarbeit von U. GEILING, F. HEINZEL und M. HEMME-KREUTTER. Opladen 1999

Ein Plädoyer für eine Einschulung ohne Auslese, für die Heterogenität. Als Weg dazu wird eine »gute Ordnung« in der Didaktik des Anfangsunterrichts vorgestellt, die sich in markanten und für die Kinder gut verständlichen Strukturen niederschlägt. Interessant sind außerdem die Ausflüge in bildungshistorische Gefilde, vor allem auch in die Geschichte der Einschulungspraxis in der DDR.

Rossbach, H.-G. / Tietze, W.: Schullaufbahnen in der Primarstufe. Eine empirische Untersuchung zu Integration und Segregation von Grundschülern. Münster 1996

Die für Nordrhein-Westfalen repräsentative Untersuchung analysiert – auf dem Hintergrund einer systemtheoretischen Modellvorstellung zu Schullaufbahnen – vor allem die Auswirkungen von schulischen und klassenspezifischen Merkmalen auf Erfolg und Scheitern in der Grundschule. Dieser Ansatz unterscheidet sich von der üblichen Betrachtungsweise, die die Ursachen für Zurückstellung, Überweisung in die Sonderschule und Klassenwiederholung bzw. den erfolgreichen Besuch der Grundschule ausschließlich in individuellen Schülermerkmalen sucht. Nach wie vor finden sich hohe Segregationsraten in den ersten beiden Klassen. Kleine Klassen und eine gute Unterrichtsversorgung haben günstige Effekte. Die kumulierte Segregationsrate von 19,1 % während der Grundschulzeit (alle Ereignisse addiert) stellt das integrative Selbstverständnis der Grundschule in Frage.

Schmitt, R. u. a.: Grundschule in Europa – Europa in der Grundschule. Beiträge zur Reform der Grundschule, Bd. 83/84. Frankfurt 1992

Die erste Auflage enthält 30 Länderberichte, die gezielte Vergleiche der Grundbildung in den europäischen Staaten erlauben. Gesichtspunkte sind u. a. die Dauer, Ziele und Inhalte der Grundbildung, Leistungsmessung und Zeugnisse, die Zeit der Schüler in der Schule sowie das Sonderschulwesen und die Schulautonomie. Behandelt wird auch die Vorschulerziehung, soweit sie verpflichtend ist. Unterrichtsbeispiele für die Grundschule zum Thema Europa ergänzen die Übersichten. Eine vollständige Neubearbeitung, die u. a. die in der Zwischenzeit hinzu gekommenen Länder berücksichtigt, ist in Vorbereitung.

Schneider, I. K.: Einschulungserlebnisse im 20. Jahrhundert. Studie im Rahmen pädagogischer Biographieforschung. Weinheim 1996

Der Band enthält 112 Erzählungen über die eigene Einschulung aus allen zehn Dekaden des 20. Jahrhunderts (von 1904 bis nach 1990). Sie wurden teilweise von den Erzählern selbst aufgeschrieben, teilweise auf der Grundlage von narrativen Interviews verfasst. Erzählt wird über das familiäre Umfeld, die Schule, Erfahrungen im Vorfeld und die Einschulung selbst sowie die ersten Schultage. Soweit verfügbar, ergänzen Fotografien die Berichte. Die Einführung skizziert den theoretischen Rahmen der pädagogischen Biographieforschung. Im Auswertungsabschnitt werden u. a. die allgemeinen Strukturen des Einschulungserlebnisses dargelegt (»Vorbereitung«, »Erwartung« und »Erfüllung«, jeweils mit zahlreichen Unterkategorien).

Shepard, L. A./Smith, M. L. (Eds.): Flunking grades: Research and policies on retention. London: The Falmer Press 1989

Das Buch beschäftigt sich umfassend mit dem Problem des Sitzenbleibens/Wiederholens einer Jahrgangsstufe, vor allem mit den diesbezüglichen Einstellungen und Überzeugungen von Schülern, Eltern und Lehrkräften und mit den Auswirkungen auf die Schulleistungen und auf sozial-emotionale Empfindungen der Schülerinnen und Schüler. Dabei wird auch auf die besonderen Probleme zu Schulbeginn (verspätete Einschulungen) eingegangen. Vorgestellt werden sowohl Forschungsergebnisse als auch praktische Maßnahmen.

Tietze, W. (Hrsg.) u. a.: Wie gut sind unsere Kindergärten? Eine Untersuchung zur pädagogischen Qualität in deutschen Kindergärten. Neuwied 1998

Eine empirische Untersuchung zur Kindergartenqualität. Mit verschiedenen Instrumenten werden 103 repräsentativ ausgewählte Halb- und Ganztagskindergartengruppen in Ost- und Westdeutschland untersucht. Erhoben werden u.a. die pädagogischen Orientierungen in Familie und Kindergarten, die pädagogische Qualität häuslicher Umwelten, die Struktur- und Prozessqualität im Kindergarten und die kindliche Entwicklung, die von der Qualität der vorschulischen Erziehung substantiell beeinflusst wird. Das zentrale Ergebnis besteht darin, dass nur bei knapp einem Drittel von einer guten Prozessqualität gesprochen werden kann, zwei Drittel erfüllen nur mittelmäßige Ansprüche, 2 % (ausschließlich Ganztagsgruppen West) liegen noch darunter. Die Prozessqualität ist zu einem erheblichen Teil durch vorgegebene Rahmenbedingungen wie Öffnungszeiten, Gruppengröße, Raumangebot und Vorbereitungszeit des Personals bestimmt. Hier liegen die Ansatzpunkte für Verbesserungen.

Zimmer, J./Preissing, Ch./Thiel, T./Heck, A./Krappmann, L.: Kindergärten auf dem Prüfstand. Dem Situationsansatz auf der Spur. Abschlussbericht zum Projekt »Zur Evaluation des Erprobungsprogramms«. Seelze-Velber 1997

Das Buch fasst die Ergebnisse von zwei Jahren der »Spurensuche« zusammen. Gesucht wurde nach den in der Kindergartenpraxis nach wie vor Bestand habenden Elementen der Reform der siebziger Jahre, nicht zuletzt in der Absicht, daraus für zukünftige Reformen zu lernen. In einem Kapitel werden die Ergebnisse regionaler Hearings, in denen die Praxis, die Aus- und Fortbildung, Fachberatung, Träger und Ministerien vertreten waren, dargestellt. Ein umfangreicher Abschnitt analysiert auf dem Hintergrund des Situationsansatzes unter 13 Gesichtspunkten die gegenwärtige Praxis in 39 ehemaligen Erprobungskindergärten. Das entstehende Bild zeigt die Spannweite der aktuellen Kindergartenarbeit.

Autorinnen und Autoren

HERBERT BRÄNDLE
Lindenschule
Rechbergstr. 27
71336 Waiblingen

DR. KARLHEINZ BURK
Altvaterstr. 3
69437 Frankfurt

RUTH COSSON
Landesinstitut für Schule und Weiterbildung
Paradieser Weg 64
59494 Soest

Prof. Dr. GABRIELE FAUST-SIEHL
Institut für Pädagogik der Elementar- und Primarstufe
Fachbereich Erziehungswissenschaften
Johann Wolfgang Goethe-Universität
Postfach 11 19 32
60054 Frankfurt/M.

Prof. Dr. HARTMUT HACKER
Institut für Grundschulpädagogik
Erziehungswissenschaftliche Fakultät
Universität Leipzig
Karl-Heine-Str. 22b
04229 Leipzig

Prof. Dr. UWE HAMEYER
Institut für Pädagogik
Christian-Albrechts-Universität
Olshausenstr. 75
24118 Kiel

RENATE HOLD-JAGODA
Rubensstr. 33
60596 Frankfurt

Dr. Gisela Kammermeyer
Erziehungswissenschaftliche Fakultät
der Universität Erlangen-Nürnberg
Lehrstuhl für Grundschulpädagogik und –didaktik I
Regensburger Str. 160
90478 Nürnberg

Prof. Dr. Günther Opp
Institut für Rehabilitationspädagogik
Martin-Luther-Universität Halle-Wittenberg
Selkestr. 9
06122 Halle/Saale

Prof. Dr. Jeanette Roos
Psychologie – Fakultät I
Pädagogische Hochschule Heidelberg
Keplerstr. 87
69120 Heidelberg

Prof. Dr. Hans-Günther Rossbach
Institut für Schul- und Hochschulforschung
Universität Lüneburg
21332 Lüneburg

Prof. Dr. Angelika Speck-Hamdan
Institut für Schulpädagogik und Grundschuldidaktik
Ludwig-Maximilians-Universität München
Leopoldstr. 13
80802 München

Prof. Dr. Sabine Walper
Institut für Pädagogik
Ludwig-Maximilians-Universität München
Leopoldstr. 13
80802 München

Beiträge zur Reform der Grundschule

Herausgeber: Der Vorstand des Grundschulverbandes - Arbeitskreis Grundschule e.V.

Lieferbare Bände

Mitgliederbände:

45 Lernorte außerhalb des Klassenzimmers Teil 1
49 Lernorte außerhalb des Klassenzimmers Teil 2
58/59 Gemeinsam leben-gemeinsam lernen
60 Kinder finden zu sich selbst
61/62 Frauen machen Schule
67/68 Schreiben ist wichtig
69 Ästhetische Erziehung in der Grundschule
71 Umwelterziehung
74 Interkulturelles Lernen
75 Veränderte Kindheit-gestalten und aneignen
76 Lyrik für Kinder-gestalten und aneignen
78 Alltag im offenen Unterricht
79/80 Kinder heute - Herausforderung für die Schule
81 Theater macht Schule - Schule macht Theater
82 Die 6jährige Grundschule in Berlin
85 Bewegung, Spiel und Sport in der Grundschule
87 Leistung der Schule - Leistung der Kinder
88/89 Wohnortnahe Integration
90 MädchenStärken
91 Lernwerkstätten
92/93 Religion in der Grundschule
95 Gewalt und Aggression
96 Mit Kindern rechnen
97 Sexualerziehung von Anfang an!
98 Die Zukunft beginnt in der Grundschule
o. Nr. Zukunft für Kinder - Grundschule 2000 Bundesgrundschulkonferenz, Berlin 1995
99 Kunst in der Grundschule
100 Sozialpädagogik in der Grundschule
101 Sachunterricht in der Grundschule
102 Musik in der Grundschule CD zu Band 102
103 Grundschule und neue Medien
104 Schatzkiste Sprache 1
105 An der Schwelle zum dritten Jahrtausend (Bundes-Grundschul-Kongress 1999)
106 Spielen in der Grundschule
107 Literarisches Lernen
108 Mit Eltern die Grundschule kindgerecht entwickeln
109 Rechtschreibunterricht für die Klassen 1-6
110 Grundschule - Schule der Vielfalt und Gemeinsamkeit
111 Schulanfang ohne Umwege
112 Grundlegende Bildung in und für Europa

Sonderbände:

S 41 Rolle des Schulleiters - Kooperation
S 43 Schulleben u. Schulgemeinde
S 45 Entlastungsstrategien f. Schulleiter
S 47 Gesundheitserziehung
S 52 Die Ganze Halbtagsschule
S 53 Fremdsprachen i. d. Grundschule
S 54 Grundschule u. Bibliothek
S 55 Fördern und Förderunterricht
S 56 Teamarbeit in der Grundschule
S 57 Jahrgangsübergreifendes Lernen
S 58 Jahrbuch Grundschule '98 Themen: „Offener Unterricht", „Mathematik"
S 59 Grundschulen planen, bauen, neu gestalten
S 60 Jahrbuch Grundschule '99 Themen: „Schulfähigkeit" „Sprachdidaktik"
S 61 Kooperierende Grundschulen
S 62 Jahrbuch Grundschule '01 "Kindheitsforschung, Forschung zum Sachunterricht"

„Projekt" Eine Welt in der Schule

Sammelband: Dritte Welt in der Grundschule
Sammelband: Eine Welt in der Schule, Kl. 1-10
Ausleihservice: Projekt „Eine Welt ..."
Aminatas Entdeckung (Kinderbuch)
Materialband zu Aminatas Entdeckung

Als Mitglied im Grundschulverband ...

... unterstützen Sie mit 15.000 anderen Mitgliedern die Weiterentwicklung der Grundschule zu einer kindgerechten Schule

... erhalten Sie jährlich 2 Bände der Reihe »Beiträge zur Reform der Grundschule« (korporative Mitglieder zusätzlich 1 Sonderband)

... erhalten Sie viermal jährlich die Mitgliederzeitschrift »Grundschulverband aktuell«

Hiermit trete ich dem Grundschulverband · Arbeitskreis Grundschule e.V. bei als:

☐ **Einzelmitglied** (Jahreslieferung: 2 Mitgliederbände) Jahresbeitrag 36,- €
  ☐ Lehramtsanwärter/in, Teilzeitbeschäftigte/r Jahresbeitrag 28,- €
  ☐ Studierende/r, Arbeitslose/r Jahresbeitrag 21,- €

☐ **Erweiterte Mitgliedschaft** (Schulen, Institutionen, Einzelpersonen) (Jahreslieferung: Mitgliederbände und 1 Sonderband, über die eine Bücherrechnung ausgestellt wird) Jahresbeitrag 41,- €

☐ **Fördermitglied** (Unterstützt die Ziele des Verbandes und erhält regelmäßig die Zeitschrift und Informationen) Jahresbeitrag 26,- €

BEITRITTSERKLÄRUNG

An den
Grundschulverband ·
Arbeitskreis Grundschule e.V.
Postfach 900148

60441 Frankfurt/Main

Hiermit trete ich dem Grundschulverband · Arbeitskreis Grundschule e.V. bei als

☐ **Einzelmitglied** — Jahresbeitrag 36,- €
(Jahreslieferung: 2 Mitgliederbände)
  ☐ Lehramtsanwärter/in, Teilzeitbeschäftigte/r — Jahresbeitrag 28,- €
  ☐ Studierende/r, Arbeitslose/r — Jahresbeitrag 21,- €

☐ **Erweiterte Mitgliedschaft** — Jahresbeitrag 41,- €
(Schulen, Institutionen, Einzelpersonen)
(Jahreslieferung: Mitgliederbände und 1 Sonderband, über die eine Bücherrechnung ausgestellt wird)

☐ **Fördermitglied** — Jahresbeitrag 26,- €
(Unterstützt die Ziele des Verbandes und erhält regelmäßig die Zeitschrift und aktuelle Informationen)

Name

Straße und Hausnummer

PLZ und Ort

Datum und Unterschrift

Für Ihren Beitritt zum Grundschulverband · Arbeitskreis Grundschule e.V. halten wir folgendes Werbeangebot für Sie bereit:
(Bitte nur eine der beiden Möglichkeiten ankreuzen!)

☐ Als neues Mitglied im Grundschulverband · Arbeitskreis Grundschule e.V. wünsche ich mir den Band ____________ als Aufnahmegeschenk.

☐ Oben genanntes Mitglied habe ich für den Grundschulverband · Arbeitskreis Grundschule e.V. geworben. Als Werbeprämie senden Sie mir bitte den Band ____________ an folgende Anschrift:

Name

Straße und Hausnummer

PLZ und Ort

An den
Grundschulverband ·
Arbeitskreis Grundschule e.V.
Postfach 900148

60441 Frankfurt/Main